普通高等教育"十四五"系列教材

战略管理——新思维与商业竞争分析工具

主编 舒波

中国水利水电出版社
www.waterpub.com.cn

·北京·

内 容 提 要

本书阐述了以战略管理思维为基本脉络，融合商业竞争分析方法和管理咨询工具理论而形成的理论体系。全书分为五编，包括战略思维与基本脉络、战略分析的逻辑、战略选择的思路、战略实施的路径、战略思维的实现；分为十二章，内容有绪论，外部环境分析，内部环境分析，基准化分析，声誉分析与管理，企业使命、愿景与战略目标，业务层战略，商业模式与蓝海战略，动态竞争分析，公司层战略，战略实施，战略选择与评价模型。除第十二章外，每章均有中国情境下企业战略思维案例，并集结了战略咨询的诸多分析工具。

本书可以作为高等学校工商管理专业本科和研究生的教材用书，也可作为对战略管理感兴趣的学习者的参考书籍。

图书在版编目（ＣＩＰ）数据

战略管理：新思维与商业竞争分析工具 / 舒波主编. -- 北京：中国水利水电出版社，2024.3
普通高等教育"十四五"系列教材
ISBN 978-7-5226-2406-8

Ⅰ.①战⋯ Ⅱ.①舒⋯ Ⅲ.①企业战略－战略管理－高等学校－教材 Ⅳ.①F272.1

中国国家版本馆CIP数据核字(2024)第066638号

策划编辑：陈红华　责任编辑：张玉玲　加工编辑：刘　瑜　封面设计：苏　敏

书　　名	普通高等教育"十四五"系列教材 战略管理——新思维与商业竞争分析工具 ZHANLÜE GUANLI——XINSIWEI YU SHANGYE JINGZHENG FENXI GONGJU
作　　者	主编　舒波
出版发行	中国水利水电出版社 （北京市海淀区玉渊潭南路1号D座　100038） 网址：www.waterpub.com.cn E-mail：mchannel@263.net（答疑） 　　　　sales@mwr.gov.cn 电话：（010）68545888（营销中心）、82562819（组稿）
经　　售	北京科水图书销售有限公司 电话：（010）68545874、63202643 全国各地新华书店和相关出版物销售网点
排　　版	北京万水电子信息有限公司
印　　刷	三河市德贤弘印务有限公司
规　　格	184mm×260mm　16开本　16.25印张　403千字
版　　次	2024年3月第1版　2024年3月第1次印刷
印　　数	0001—2000册
定　　价	52.00元

凡购买我社图书，如有缺页、倒页、脱页的，本社营销中心负责调换

版权所有·侵权必究

前　　言

20 世纪后半叶以来,战略管理课程一直是诸多高校工商管理类专业的必修课。该课程不仅着眼于培养掌握战略理论框架的工商管理人才,更着重培养工商管理人才全球化的战略思维,以及运用战略咨询工具开发战略管理的实战能力。近年来,我国国力逐步增强,中国成为全球第二大经济体,涌现出许多世界级的企业,它们的出色业绩和发展经验为中国情境下战略管理理论提供了精彩的案例素材。

笔者从事战略管理相关教学课程十七年,在不断的战略管理教学积累中追赶着中国情境下战略管理的新思维和新理念,加之开设"战略思维与商业竞争分析"等课程,对于战略管理课程的内容体系有了更多的思考。一方面,工商管理类学生的能力培养中亟须具有前沿性、应用性的战略管理类课程。特别是近年来,我国企业由以经验为主的管理时代进入以战略管理为引领的中国制造、高质量发展的新时期,加之国内管理咨询领域中对战略管理思维和商业竞争分析的相关要求更高,需要更多能够切实将战略管理及其工具应用于实践的专业管理咨询和高级管理人员。另一方面,工商管理大类教学中战略管理方向是重要的方向之一,越来越多的学习者对我国一些优秀企业的战略成就感兴趣。本教材结合中国情境战略管理脉络的理论体系,并充分融合思政元素,体现与战略理论相结合的管理思维、文化自信、高远志向、工匠精神、责任意识、创新精神、核心价值,可以为国内其他高校所应用和借鉴。

因此,本教材阐述了以战略管理思维为基本脉络,融合商业竞争分析方法和管理咨询工具理论而形成的理论体系,是针对国家双一流学科专业教材建设的要求而编写的。

1. 本教材的主要特色

（1）按照战略形成和实现的逻辑引导读者战略思维的形成。全书分为五编,包括战略思维与基本脉络、战略分析的逻辑、战略选择的思路、战略实施的路径、战略思维的实现。

（2）结合本土情境战略案例。每章均加入中国情境下的企业战略思维案例,既体现文化自信,又和中国本土情境相融合。

（3）以商业竞争分析工具应用为特色。近年来,管理咨询工具特别是战略咨询工具和商业竞争分析方法被不断完善和被开发出来,需要战略管理理论的持续充实和完善。本教材力图综合目前战略咨询工具和商业竞争分析方法,让学习者用系统、可开发的工具建构战略思维,提升学习者对战略管理思维的应用能力。

2. 本教材的主要内容

本教材包括五编、十二章内容。第一编为战略思维与基本脉络,由第一章内容构成。第一章是绪论,主要包括商业竞争与新竞争理念、商业竞争中战略的意义、战略及战略管理的概念和内容、战略管理研究的四个学派等内容。第二编为战略分析的逻辑,包括第二章到第五章。第二章是外部环境分析,包括外部环境分析的基本内容、宏观环境分析、产业环境分析、战略群组分析、竞争对手分析、EFE 矩阵分析方法；第三章是内部环境分析,包括内部环境分析的基本内容、价值链分析、比较与均衡分析、持续竞争优势分析、内部环境分析技术、SWOT 分析等。第二章、第三章是内外部环境分析的整体框架,第四章、第五章则作为内部环境分析和外部环境分析的补充。其中，第四章是基准化分析，是在外部分析竞争对手和内部分析企业自身资源和能力时都可以应用的工具，包括的内容有基准化分析的含义与类型、基准化分析的工具、基准化分析流程等。第五章是声誉分析与管理，是针对企业内部环境中的重要无形资源——声誉资源展开阐述的，包括声誉的概念及作用、声誉分析、声誉管理等内容。第三编为战略选择的思路，包括第六章到第十章，阐述了从战略定位到业务层战略、动态竞争战略到公司层面战略的选择。其中，第六章是企业使命、愿景与战略目标，包括企业使命与愿景、战略定位、战略目标等企业战略方向相关内容。第七章是业务层战略，包括业务层战略的概念和种类、成本领先战略、差异化战略、集中战略、整合战略与战略钟等内容。第八章为商业模式与蓝海战略，是第七章业务层战略的补充，主要内容包括商业模式的内涵、构成、创新方法以及蓝海战略等。第九章是动态竞争分析，包括竞争对抗模型、分散行业与规模经济行业的竞争战略、不同生命周期阶段企业的竞争战略等内容。第十章是公司层战略，主要内容包括公司层战略的内涵、产品—市场战略、多元化战略、一体化战略、并购与战略联盟、国际化战略等。第四编为战略实施的路径，由第十一章内容构成。第十一章是战略实施，对战略实施的概念和任务、公司治理、组织结构、职能战略进行了阐述，最后案例内容为公司治理的七个基本原理。第五编为战略思维的实现，由第十二章内容构成。第十二章是战略选择与评价模型，这些模型是战略咨询的重要工具。除了部分工具在之前的各章节内容中有所描述之外，该章还详细介绍了战略制定决策工具（大战略矩阵、市场成熟度/协同度矩阵、SPACE 矩阵、麦肯锡三层面理论、GE 矩阵、BCG 三四规则矩阵、3C 战略三角模型、QSPM 矩阵）以及战略实施与评估工具（战略地图、麦肯锡 7S 模型、EVA 评价体系）。

3. 致谢本书的其他贡献者

本教材虽然主要由笔者完成并校稿，但少不了燕山大学研究生程培娴、黄凯悦、查钰文、王韧、梁玉琳、王飞、李敏、舒小艺、王雅贤、靳晓双、刘朝晖、郑凯夫及燕山大学里仁学院闫舒月前期对各章资料的搜集和整理工作，李晨旭、冯雪、杨明昕、刘少鹏对书稿的校正工作，在此表示感谢。

落叶纷飞，入冬之际，党的二十大刚刚闭幕，回顾二十大提出"中国共产党的中心任务就是团结带领全国各族人民全面建成社会主义现代化强国、实现第二个百年奋斗目标，以中国式现代化全面推进中华民族伟大复兴"，内心倍感振奋。同时，在笔者的心中，国之强大，离不开中国企业在全球竞争中备"高质量"之盔甲，携"战略"之装备，持续茁壮成长！谨以此书奉献给热爱战略管理的学习者。

舒波

2022 年 12 月

目 录

前言

第一编 战略思维与基本脉络

第一章 绪论 ………………………………… 1
第一节 商业竞争与新竞争理念 ………… 1
一、什么是商业竞争？ …………………… 1
二、新竞争理念 …………………………… 1
第二节 解读商业竞争中战略的意义 …… 3
一、商业竞争中企业正确选择战略的
意义 …………………………………… 3
二、商业竞争中对战略人才的迫切需求 …… 5
第三节 关键概念 ………………………… 5
一、战略的概念 …………………………… 5
二、战略管理的概念和内容 ……………… 11
第四节 战略管理研究的四个学派 ……… 12
一、战略规划学派 ………………………… 12
二、适应学派 ……………………………… 14
三、产业组织学派 ………………………… 16
四、资源基础学派 ………………………… 18
复习思考题 ………………………………… 18
【中国情境下企业战略思维案例】 ……… 19

第二编 战略分析的逻辑

第二章 外部环境分析 ……………………… 21
第一节 外部环境分析的基本内容 ……… 21
一、外部环境分析的内容 ………………… 21
二、外部环境分析步骤 …………………… 22
第二节 宏观环境分析 …………………… 22
一、PEST（PESTEL）分析模型的
内容 …………………………………… 22
二、PEST（PESTEL）分析模型的
步骤 …………………………………… 24
第三节 产业环境分析 …………………… 25
一、行业结构 ……………………………… 26
二、行业结构的度量 ……………………… 27
三、波特的五力模型分析 ………………… 27
四、行业生命周期 ………………………… 32
第四节 战略群组分析 …………………… 34
一、战略群组概述 ………………………… 34
二、战略群组分析图 ……………………… 34
第五节 竞争对手分析 …………………… 35
一、竞争对手的识别 ……………………… 35
二、竞争对手分析的目的 ………………… 36
三、波特的竞争对手分析模型 …………… 37
四、其他竞争对手分析模型 ……………… 38
第六节 EFE 矩阵分析方法 ……………… 39
一、EFE 矩阵分析方法的概念 …………… 39
二、EFE 矩阵分析方法的步骤 …………… 40
复习思考题 ………………………………… 41
【中国情境下企业战略思维案例】 ……… 41

第三章 内部环境分析 ……………………… 46
第一节 内部环境分析的基本内容 ……… 46
一、企业资源和能力的内涵 ……………… 46
二、核心竞争力的内涵和特征 …………… 49
三、企业内部环境分析的步骤 …………… 51
第二节 价值链分析 ……………………… 51
一、价值链的概念与构成 ………………… 51
二、价值链分析过程 ……………………… 53
第三节 比较与均衡分析 ………………… 54
一、资源比较分析 ………………………… 54
二、资源均衡分析 ………………………… 57
第四节 持续竞争优势分析 ……………… 60
一、持续竞争优势的内涵 ………………… 61

二、持续竞争优势的评价标准……………63
第五节　内部环境分析技术………………65
　　一、雷达图分析…………………………65
　　二、内部因素评价矩阵（IFE 矩阵）……66
第六节　SWOT 分析………………………68
　　一、SWOT 分析的内容…………………68
　　二、SWOT 分析矩阵……………………69
复习思考题……………………………………71
【中国情境下企业战略思维案例】…………71

第四章　基准化分析……………………………73
第一节　基准化分析的含义与类型………73
　　一、基准化分析的含义…………………73
　　二、基准化分析的分类…………………75
第二节　基准化分析的工具………………76
　　一、关键成功因素（CSF）………………76
　　二、关键绩效指标（KPI）………………79
　　三、平衡计分卡（BSC）…………………81
第三节　基准化分析的流程………………84
　　一、标杆准备……………………………84

二、标杆规划………………………………85
三、标杆比较………………………………88
四、标杆学习………………………………89
复习思考题……………………………………89
【中国情境下企业战略思维案例】…………90

第五章　声誉分析与管理………………………93
第一节　声誉的概念及作用………………93
　　一、企业声誉及声誉管理内涵…………93
　　二、企业声誉管理的重要性……………94
第二节　声誉分析…………………………95
　　一、声誉商数……………………………95
　　二、声誉特征……………………………96
第三节　声誉管理…………………………96
　　一、企业声誉管理的原则………………97
　　二、企业声誉管理的过程………………97
　　三、互联网时代企业声誉的构建………98
复习思考题……………………………………100
【中国情境下企业战略思维案例】…………100

第三编　战略选择的思路

第六章　企业使命、愿景与战略目标…………102
第一节　企业使命与愿景…………………102
　　一、企业使命……………………………102
　　二、企业愿景……………………………103
　　三、企业愿景与企业使命的关系………104
　　四、企业使命和企业愿景的制定………105
第二节　战略定位…………………………108
　　一、战略定位的含义与价值……………108
　　二、战略定位的关键内容………………109
第三节　战略目标…………………………109
　　一、战略目标的内涵……………………109
　　二、战略目标设定原则…………………111
　　三、战略目标来源………………………112
复习思考题……………………………………113
【中国情境下企业战略思维案例】…………113

第七章　业务层战略……………………………116
第一节　业务层战略的概念和种类………116

一、业务层战略的概念……………………116
二、业务层战略的种类……………………116
第二节　成本领先战略……………………117
　　一、成本领先战略的概念………………118
　　二、成本优势的建立……………………118
　　三、成本领先战略的价值………………120
　　四、成本领先战略的风险………………122
　　五、成本领先战略的组织与实施………122
第三节　差异化战略………………………123
　　一、差异化战略的概念…………………123
　　二、产品差异的建立……………………124
　　三、差异化战略的价值…………………127
　　四、差异化战略的适用场合……………128
　　五、差异化战略的风险…………………128
　　六、差异化战略的组织与实施…………129
第四节　集中战略…………………………129
　　一、集中战略的内涵……………………129

二、集中战略的种类……………………130
　　三、集中战略的竞争优势………………130
　　四、集中战略的适用条件………………130
　　五、集中战略的竞争风险………………131
　　六、集中战略的实施……………………131
　第五节　整合战略与战略钟…………………131
　　一、整合战略……………………………132
　　二、整合战略的竞争风险………………132
　　三、战略钟………………………………133
　复习思考题……………………………………134
　【中国情境下企业战略思维案例】…………134
第八章　商业模式与蓝海战略……………………138
　第一节　商业模式的内涵……………………138
　　一、什么是商业模式……………………138
　　二、商业模式与战略的关系……………139
　第二节　商业模式的构成……………………139
　　一、客户细分……………………………140
　　二、价值主张……………………………140
　　三、渠道通路……………………………141
　　四、客户关系……………………………141
　　五、收入来源……………………………142
　　六、核心资源……………………………142
　　七、关键业务……………………………142
　　八、重要合作……………………………143
　　九、成本结构……………………………143
　第三节　商业模式的创新方法………………143
　　一、客户洞察……………………………144
　　二、创意构思……………………………144
　　三、可视思考……………………………145
　　四、原型制作……………………………145
　　五、故事讲述……………………………145
　　六、情景推测……………………………146
　第四节　蓝海战略……………………………146
　　一、蓝海战略的内涵……………………146
　　二、蓝海战略的分析工具………………147
　　三、如何有效运用蓝海战略……………150
　复习思考题……………………………………151
　【中国情境下企业战略思维案例】…………152

第九章　动态竞争分析……………………………156
　第一节　竞争对抗模型………………………156
　　一、竞争动态……………………………156
　　二、竞争对抗模型基本内容……………156
　　三、典型市场类型的动态性竞争………159
　第二节　分散行业与规模经济行业的竞争
　　　　　战略……………………………………162
　　一、分散行业的竞争战略………………162
　　二、规模经济行业的竞争战略…………163
　第三节　不同生命周期阶段企业的竞争
　　　　　战略……………………………………167
　　一、企业生命周期划分…………………167
　　二、不同生命周期竞争策略……………168
　复习思考题……………………………………169
　【中国情境下企业战略思维案例】…………170
第十章　公司层战略………………………………172
　第一节　公司层战略的内涵…………………172
　　一、公司层战略的概念…………………172
　　二、公司层战略与企业成长……………172
　　三、公司层战略的方向…………………174
　第二节　产品—市场战略……………………175
　　一、市场渗透战略………………………175
　　二、市场开发战略………………………176
　　三、产品开发战略………………………177
　第三节　多元化战略…………………………178
　　一、多元化战略的内涵…………………178
　　二、多元化战略的分类…………………179
　　三、企业多元化的原因…………………180
　　四、多元化战略分析工具………………181
　第四节　一体化战略…………………………183
　　一、纵向一体化…………………………183
　　二、横向一体化…………………………184
　第五节　并购与战略联盟……………………185
　　一、并购战略……………………………185
　　二、战略联盟……………………………193
　第六节　国际化战略…………………………196
　　一、国际化战略的概念和种类…………196
　　二、企业选择国际化战略的动因………197

三、国际化战略选择的关键问题……198
复习思考题……202

【中国情境下企业战略思维案例】……202

第四编　战略实施的路径

第十一章　战略实施……206
第一节　战略实施的概念和任务……206
一、战略实施的概念……206
二、战略实施的主要任务……206
第二节　公司治理……208
一、公司治理的内涵……208
二、公司治理失灵的表现及原因……209
三、公司内部治理的工具……211
四、公司外部治理的工具……213
第三节　组织结构……213
一、组织结构调整的战略含义……214
二、组织结构调整的原则和内容……214
三、业务层次的组织结构……216
四、公司战略层次的组织结构……218
五、中间结构与结构变异……221
六、国际化经营的组织结构……222
第四节　职能战略……223
一、生产运作战略……223
二、研发战略……224
三、财务战略……224
四、营销战略……224
五、品牌战略……225
六、人力资源战略……225
复习思考题……226

【中国情境下企业战略思维案例】……226

第五编　战略思维的实现

第十二章　战略选择与评价模型……230
第一节　战略制定决策工具……230
一、大战略矩阵……230
二、市场成熟度/协同度矩阵……232
三、SPACE矩阵……233
四、麦肯锡三层面理论……235
五、GE矩阵……237
六、BCG三四规则矩阵……238
七、3C战略三角模型……239
八、QSPM矩阵……241
第二节　战略实施与评估工具……243
一、战略地图……243
二、麦肯锡7S模型……246
三、EVA评价体系……248
复习思考题……250

参考文献

第一编 战略思维与基本脉络

第一章 绪 论

知识要点	教学目标
商业竞争与新竞争概念	掌握商业竞争的概念,了解新竞争的五个理念
解读商业竞争中战略的意义	了解战略的意义
关键概念	掌握战略的概念和特征,掌握战略管理、竞争优势、超额利润的概念
战略管理研究的四个学派	了解战略管理的概念,并深入理解战略的内涵

快速变革和动荡已经波及全球,中国市场近年来更是处于"互联网+"和创新席卷全行业的大浪潮中,许多领域日新月异,行业界限和前景不明,很多企业甚至凭借不断试错实现快速发展。在此背景下,关于战略管理理论和方法过时的观点不断出现,战略管理仍然是企业发展中面临的最重要问题。请思考:什么是战略?战略要研究什么?

第一节 商业竞争与新竞争理念

在理解战略的相关内容之前,先要了解什么是商业竞争,有哪些新竞争理念。

一、什么是商业竞争?

商业竞争是指多家公司之间为争夺市场阵地和市场份额而进行的角逐和较量。例如,两家生产手机的企业在市场上相遇时,为了赢得顾客,它们之间必然存在竞争,这种商业竞争是同类企业的同类产品之间的竞争。数码相机刚刚推出市场的时候,不仅其生产企业之间存在竞争,生产传统相机的企业还会成为生产数码相机企业的竞争对手。因此,商业竞争也可能发生在生产新旧替代产品的企业之间。商业竞争和商品竞争的概念有区别。商品竞争包括买方竞争、卖方竞争和买卖双方的竞争。商业竞争则更强调卖方之间的竞争,其前提是要形成供大于求的买方市场。

二、新竞争理念

从"你死我活"的争斗到合作竞争、差异化竞争再到无竞争状态,竞争观念一直在指引着企业的发展方向。随着社会环境和商业社会的不断发展,企业的竞争观念也在不断演化。

以下是五种新竞争理念。

（一）竞争是优胜劣汰，不可避免

竞争是不可避免的，企业要生存，一定会有竞争。竞争不可避免有三个原因，第一是所谓"伺机而动"，例如 2020 年 11 月 17 日，百度宣布斥资 36 亿美元全资收购直播平台 YY，收购部分包括 YY 移动应用、YY 直播网站、YY 直播客户端等内容，主要就是看重 YY 直播成熟的造星体系和闭环，会与百度的秀场直播形成协同效应，能更充分应用百度搜索引擎这个巨大的流量池。竞争不具有一般意义上的同情心。"弱"不仅不会受到保护，反而会因为先天劣势而备受打击。而大的企业如果不思进取，也很快会在竞争中被淘汰出局。第二是政策控制。企业在竞争中必须有章可循，遵守国家法律。第三是由于科技的进步，某些行业会自然淘汰。1995 年下半年开始，传呼业务在手机强大的攻势下，逐渐败下阵来，传呼用户开始不再增加。1996 年开始出现下滑，用户减少，传呼台数量也急剧下降。竞争造成的疼痛在提醒企业：如果不采取措施，听之任之，事情会变得越来越糟糕。激烈的竞争使企业感到恐惧，但恐惧有如身体的疼痛，在一定的情况下是有益的，它能够提出警示。

（二）竞争有收益也有风险

竞争是一项需要成本的活动，竞争不仅会带来利益，也伴随着巨大的风险。因此，消灭对手不是竞争的最终目的，壮大自己、发展自己才是目的。竞争包括如下风险。第一，失效风险，即正面竞争没有取得预期效果。例如，宝洁公司对润妍产品进行了三年的概念测试，结果一上市就面临黑芝麻产品的竞争，一年就败北。第二，意外风险，即正面竞争产生了意想不到的意外后果。例如，博士伦公司曾经为了将强大的竞争对手赶出市场，采取了正面竞争战略，结果确实将竞争对手赶出了市场，但由于竞争对手被其他行业资金雄厚的大企业收购，重新进入隐形眼镜市场，使得博士伦公司面临着一个更大的竞争对手。第三，报复风险，即竞争对手采取激烈的报复性措施。第四，延续风险，即竞争不能如期结束，反而有逐步升级之势。第五，损失风险，即正面竞争虽取得胜利，但自身也受到重创。哈佛商学院有句名言：你不应该奢望比别人做得更好，重要的是你这样才能跟别人不一样。

（三）能力+速度才是企业的胜数

企业的竞争力来源于企业的组织能力，组织能力包括产品开发能力、生产能力、营销能力、管理能力等。企业依靠能力获得的竞争优势并不意味着在所有的竞争战役中都能取胜。在取胜的关键因素——能力与速度之间，往往速度更关键。所谓"兵贵神速"，如今不是大鱼吃小鱼的时代，而是快鱼吃慢鱼的时代。在运动场上，人的速度往往是天生的，运动速度提高是有限的。在生意场上，企业的反应速度可以通过制度的完善、员工的培训、工作态度的转变来提高。竞争好比下棋，早下对一步棋，胜负往往就已有分晓。

例如，在奥妮惨败、市场出现瞬间空白之际，比起规避风险来说，更重要的是尽快填补空白，但宝洁却把三年时间浪费在市场研究和概念测试上。试想，如果润妍能在奥妮败退的一年内推出，那么市场上恐怕早没有夏士莲黑芝麻洗发水的生存空间。

（四）合作与协同竞争的必要

如今，竞争对手之间存在着相互依存的关系。产品与服务越来越具有系统性，没有单一的企业可以提供所有的产品和服务。因此，每家企业关注的重点从竞争者转移到优选客户，怎样为优选客户提供长期、反复、多样、整体的产品与服务成为唯一的目标。竞争的中心不在于怎样比对手强，使竞争者弱，而在于怎样提升优选客户的忠诚度。在全球化竞争中，企业追求新技术和快速市场突破，以与竞争者合作的方式最能有效地学习新技术和抢占本地市场的滩头阵地。例如，波音公司曾与日本企业结成联盟，共同开发波音 767 宽体民用喷气客机。企业与市场的经营理念改变了，对手弱并不能使自己更强，对手强却有可能使自己更强。市场与消费是创造出来的，是一组企业合作创造出来的。没有单个的企业可以创造产业系统中各配套技术，没有单个企业愿意单独投资来创造出新的产业价值区域，没有单个企业能够承担创造新的产业价值系统的风险。因此，合作成为第一选择，竞争是第二选择。微处理器生产厂的投资通常要超过 10 亿美元，任何一家企业在这样的行业里单枪匹马地发展，所冒的风险实在太大。摩托罗拉曾与日本东芝结盟的动机之一便是分担建立微处理器制造厂的高额固定成本开支。当一家企业的市场占有率超过 50%以后，企业将持续前进；当一家企业的市场占有率超过 80%以后，往往走下坡路，所谓物极必反。

（五）好的竞争对手的选择

成功的企业会选择合适的竞争对手。合适的竞争对手会给企业带来好处，具体表现在以下方面。第一，竞争对手会增强领先企业的竞争优势。比如，竞争对手能够吸收市场需求的波动，提升顾客对产品、服务差异化的辨别能力，可服务于企业自身不关注的细分市场，起到成本保护的作用，降低反垄断的危险，增强企业的竞争动力。其次，好的竞争对手有助于改善当前的产业结构。例如，好的竞争对手能增加产业需求，增加顾客的认同感，从竞争对手的广告中获益，带动互补产品的市场，协助市场开发等。"好"的竞争对手就如同一位"好"的教练，能使自身的水平快速提升。

第二节　解读商业竞争中战略的意义

在社会生活中，随着经验的积累和在实践中的不断成长，每个人都会形成一些战略思维。但要拥有系统的战略思维，需要从理论和实践两个路径交互验证和体会。那么，在商业竞争中，战略的意义体现在哪些方面？本节将从两个方面来阐述。

一、商业竞争中企业正确选择战略的意义

（一）战略与企业寿命

1959 年马森·海尔瑞提出企业的发展也符合生物学中的生命周期之后，许多学者都对企业的生命周期进行了研究，企业的生命周期具有 S 曲线的特征不断得到论证。其中，美国管理学家伊查克·爱迪斯用二十多年的时间研究企业如何发展、老化和衰亡。他在《企业生命周期》一书中，把企业生命周期分为十个阶段，即孕育期、婴儿期、学步期、青春期、壮年期、稳定期、贵族期、官僚化早期、官僚期、死亡。每家企业都面临着生命周期的挑战，企业需要制订一个详尽周密的计划才能保持其成长的连续性。荷兰壳牌公司曾经对公司寿命进行研究，研究结果显示，跨国公司的平均寿命是 40～50 年。在荷兰壳牌公司工作 38 年的美国管理学家阿里·德赫斯在《有生命的公司》一书中提到，《财富》杂志评选出的全球 500 强企业，平均寿命还不到 50 年，而那些存活下来的幸运者中，至少有 45%每 10 年会遭遇一次毁灭性的打击。在许多国家，40%的公司活不到 10 年。一般公司的平均寿命只有 12.5 年，多数公司难以活过最初的 10 年（这 10 年是死亡率最高的阶段）。上海财经大学的陆拥俊、江若尘在 2016 年对我国企业寿命进行研究，结果显示，在世界 500 强榜单中，中国 100 年以上的

企业只有 6 家，50 年以上的企业只有 25 家，30 年以上的企业有 43 家。而美国 50 年以上的企业就有 81 家，日本有 39 家。中国民营企业的平均寿命仅为 15.23 年，远低于国有企业的平均寿命。就全国来看，我国集团企业的平均寿命为 7～8 年，而小企业的寿命更加短，平均寿命在 2.9 年。可见，公司是会消亡的。因此，如何保持成长性、延长生命周期，始终是企业发展中最为重要的命题。企业需要制定战略，以保持成长的连续性。

（二）战略与企业成功

成功的企业是相似的，而失败的企业各有各的原因。在商业竞争中，企业只有找准定位，用战略思维和统筹布局，才能在商战中制胜，成为成功企业。当整个行业不景气时，仍然有企业能够持续盈利，那更证明企业战略选择的重要作用。

下面来看一个案例。自 2001 年 9 月 11 日恐怖袭击事件发生后，美国航空业笼罩在一片阴影中。经济衰退、乘机人数减少、保安和保险费用增加以及行业内的低价竞争，导致美国各大航空公司的盈利持续下滑。2002 年 8 月 11 日，美国第七大、全球第十四大航空公司——美国航空公司向弗吉尼亚州东区美国破产法院申请破产保护，成为"9·11"事件后第一家走向破产的大航空公司；12 月 9 日，美国联合航空公司由于 18 亿美元的贷款担保申请被拒以及无力偿还将到期的近 10 亿美元债务，正式提出破产保护申请，成为美国有史以来申请破产保护的最大航空公司；美国最大的航空公司——美洲航空当时发表声明，要求雇员接受冻薪建议；位列美国第三的德尔塔航空公司 2002 年第 3 季度财务报告显示，公司亏损 3.26 亿美元，远远高于 2001 年同期 2.59 亿美元的亏损，为此，公司计划裁员 7000～8000 人，占其员工总数的 10%～12%。虽然美国前十大航空公司大多处于亏损状态，但是排名第六的西南航空公司却始终保持盈利，在被认为经营环境最为恶劣的 2001 年第 4 季度，西南航空公司毛利润为 2.46 亿美元，净利润为 6350 万美元；2002 年 2 月，公司正式宣布计划招聘 4000 名员工。有关记录显示，西南航空自从 1973 年公司首次盈利以来就一直保持着良好记录，无论是在机票价格战或经济衰退的年份，还是在遇到石油危机或其他意想不到的灾难之时，西南航空都没有亏损过。2020 年，美国西南航空公司在《财富》全球最受赞赏的公司中排名第 11 位；2021 年，在全球《财富》500 强中排名第 336 位，是全球极少的持续盈利的公司。

为什么企业几家欢喜几家愁？奥妙何在？一家企业之所以出色，可能是因为它处于一个可以防备市场竞争的市场位置，可能是因为它具有独特的资源或能力，可能是因为它的组织结构和战略恰当地适应了市场变化，抓住了市场机遇，或有效地降低了交易成本。企业战略就是要研究这些内容。

（三）战略与动态环境变化

外部环境变化让企业对战略的选择不能一成不变，企业必须适应外部环境，找到威胁，抓住机会，根据自身资源中的优势和劣势进行优化，才能生存和发展。目前，全球化进程不可逆转，"顾客为王"的市场时代和迅速变化的技术，使得企业面临的环境中有更多的变数，战略适应性的意义就更为重要。第一，顾客占上风。满足顾客的需求是企业产品能够销售出去的关键，顾客需求也是不断变化，并可以被不断引导的，历史上不乏大企业因为无法满足顾客需求而退出市场的案例。例如，诺基亚 2020 年仍然是《财富》五百强企业，其电信基础设施领域的强大技术储备和产品处于全球领先地位，但其手机业务早已被其他企业并购而风光不再。第二，全球化竞争态势。自我国加入 WTO 后，国际、国内两个市场成为一个统一的大市场。一部汽车的组装，需要四大洲 20 多个国家提供部件；一架客机的零部件，来自 70

多个国家的数百家供应商；18000 公里之外的里约热内卢，用着产自中国的自拍杆。2020 年发达国家的产业链回迁计划，包括美国的"再工业化"战略，并不是全球化的倒退，而是以全球化的方式实现"去全球化"的目标，这凸显了新常态下全球化竞争的复杂性。第三，技术进步步伐加快。电话进入 25% 的美国家庭花了 35 年时间，而互联网只花了 7 年；超级自动化、多重体验、增强现实等技术的实现将加速技术变革；在 2020 年，云计算兴起，SSD（Solid State Drive，固态硬盘）继续发展，很多企业将工作负载从云平台遣返回内部部署数据中心；从自动驾驶汽车到联合收割机，到工厂的智能机器设备，再到互联网发布第一条信息，距今已经有 50 年的时间，在这 50 年中，科技改变了企业、关系和社会本身，生产效率不断提升。综上，顾客占上风、全球化竞争更加复杂、技术翻天覆地的变化等因素，使得企业不能仅仅依靠企业家的天赋，而更需要真正"胸怀全球，放眼世界"的战略管理者。

二、商业竞争中对战略人才的迫切需求

如上所述，企业如想不断成长、应对复杂的动态外部环境和持续成功，就需要有正确的战略作指引，如此一来，就更需要战略管理人才。一方面，企业会吸引有战略管理思维和战略管理能力的高级人才作为高级管理者。已经形成战略思维的高级管理者应该有如下能力。第一，战略预测的能力。高级管理者应在把握战略所涉及的事物或对象的现实状况和未来发展趋势的基础上，对战略目标、战略任务及战略手段的可行性及实施效果有科学的预测。第二，战略定位的能力。高级管理者应确定企业使命、战略目标、战略定位、战略思路，并提出战略任务。第三，战略实施和修正的能力。战略措施是指为了实现战略目标、完成战略任务而采用的各种方式方法、手段。如果战略预测有误，或者事物发生重要的变化，就要根据实际情况（信息反馈）及时修改战略目标和计划等，有时甚至要放弃整个战略。另一方面，企业也借助管理咨询公司的战略咨询服务，获得对公司发展战略的科学规划方案。经过 20 多年的发展，中国咨询行业已经从开发、培育进入自我增长的阶段，随着企业咨询服务需求的不断增多，我国的管理咨询公司不断强大起来。近年来，在我国管理咨询行业著名的外资咨询公司包括埃森哲、贝恩、毕博、波士顿等公司，中资公司有爱维龙媒、AMT、北大纵横、百斯特等公司。战略规划咨询是管理咨询公司核心业务之一，内容涉及行业标杆分析、企业战略规划方案、商业模式设计、战略执行辅导、战略蓝图设计等方面。学习本课程，有助于学员形成战略新思维，成为企业的高级管理人才，或者跨入管理咨询行业成为行业精英。

第三节 关 键 概 念

一、战略的概念

（一）军事上战略的概念

在西方，"战略"一词来源于希腊语 Strategos 及其演变过来的 Stragia，原本是军事术语，前者指将军，后者指战役或谋略。有人认为，公元 579 年东罗马帝国皇帝毛莱斯在 *Strategicon* 一书中提出，战略是在地图上进行战争的艺术，它所研究的对象是整个战场。我国早在春秋时代，著名军事学家孙武所作的《孙子兵法》就蕴含着丰富的战略思想，流传至今。利德尔·哈

特的《战略论》也是战略巨著。军事上，战略是指将帅的智谋和军事力量的运用，它要确定在一定时期内战略攻击的主要方向，兵力的总体部署和所要达到的基本目标。军事上的战略有如下特点：第一，随着环境变化，战略模式有所不同；第二，有明确的目标，包括战争目的、政策目的等；第三，实现战略目标是有成本的；第四，战略研究的对象是目标、手段、资源三者之间的关系。

（二）企业战略的概念

当一家企业不知道往哪里走时，企业的命运将取决于其运气，而好运气的概率太小了。因此，企业需要战略的规划和引领。那么，什么是企业战略呢？关于企业的战略概念，不同学者有不同的解读。

1. 众说纷纭

美国哈佛商学院是近代战略管理研究的重要基地。用哈佛派的思路来说，企业的战略要综合考虑该企业的资源和技能、在经济环境中的机会、管理者的愿望，而且这种愿望应当含有社会责任。哈佛大学著名教授迈克尔·波特在他的名著《竞争战略》中提到，实际上，制定竞争战略是规划一个更广义的模式，即一家企业怎样去竞争，需要什么样的经营策略来实现自己的目标。波特教授强调，竞争战略主要是靠企业全面的成本控制、不同于别的企业的特点以及有所侧重。罗杰·A.凯琳教授认为，企业战略是一家企业的指导思想。他指出，在竞争环境中，企业战略是企业活动中组织行为的座右铭。钱德勒教授认为，企业战略可以被定义为基本的长期目标，企业采取一系列的行动和分配所必需的资源来获得目标的实现。安德鲁斯在1965年将企业战略定义为，用一系列的主要方针、计划来实现企业目的，包括企业现在做什么业务、想做什么业务，企业现在是一家什么样的公司、想成为一家什么样的公司等内容。奎因认为，战略是一种模式或计划，它将一个组织的主要目的、政策与活动按照一定的顺序结合成一个紧密的整体。一个较为完善的战略有助于企业根据自己的内部能力与弱点、环境中的预期变化以及竞争对手可能采取的行动而合理地配置自己的资源。安索夫指出，企业在制定战略时，有必要先确定自己的经营性质。无论怎样确定自己的经营性质，目前的产品和市场与未来的产品和市场之间存在着一种内在的联系，安索夫称这种现象为"共同的经营主线"（Common Threads）。通过分析"共同的经营主线"，企业可以把握未来发展方向，同时也可以正确地运用这条主线，恰当地指导自己的内部管理。

2. 巴尼的定义

综观诸多的战略定义，巴尼将战略及战略管理的定义归纳为三类：等级定义、匹配定义和包容定义。

（1）等级定义。等级定义认为，企业战略的实施包含四个层面：第一，使命，即对企业长远做什么和成为什么的看法；第二，目标，即企业使命所覆盖的每一领域具体明确的业绩指标；第三，战略，即实现企业使命和目标的手段；第四，战术政策，即为实现战略而采取的行动。根据这一定义框架，战略是为实现企业使命和目标所采取的途径和手段，而战略管理则是决定企业的使命和目标，选定特定的战略，并通过特定的战术活动实施这些战略的过程。

1）等级定义的长处。第一，强调战略与绩效之间的关系，提供了明确的鉴别企业战略好坏的标准：好战略使企业能够实现使命和目标，坏战略使企业难以实现使命和目标。第二，强调制定实施战略的多个层次：使命、目标、战略、战术。战略的层次与大型多元化公司中等级制度各层次有一个大致的对应关系,在公司层面,战略管理的主要侧重点在公司使命和目标的形成,事业部则侧重使命和目标实现所需要的战略的制定,事业部内各职能部门着重于战术的制定。第三,强调战略不只是一种单纯的理念,而必须通过资源分配变为具体的行动。

2)等级定义的不足。第一,等级定义没有充分强调竞争环境对战略制定实施和企业业绩的影响,这样,高层管理者在形成使命时可能会过于内向和以自我为中心。虽然这种内部分析十分必要,但必须和竞争环境分析联系在一起,企业才能制定恰当的使命和目标,进而选择恰当的战略和战术。有时,企业遇到了意外的机会,它们决定利用这样的机会选择相应的战略,并取得了好的绩效,所以有时企业不能过于强调正式系统战略的制定过程。这样战略被称为冒出来的战略或意外的战略,即"有心栽花花不开,无心插柳柳成荫"。这背后的根本原因在于环境和机会的变化往往是难以预测和把握的。计划没有变化快,如果固守僵死的计划程式,就可能丧失某些机会,甚至被变化的时代抛弃。第二,等级定义对如何选择使命、目标、战略和战术缺乏指导性。可供选择来支持使命的目标很多,一家企业应选择哪些目标,哪些应予优选,哪些应当忽略,究竟应当选择何种战略,等级战略并没有提供这些问题的答案。

(2)匹配定义。匹配定义的要点如图 1-1 所示。该定义的逻辑是显而易见的。在制定任何战略之前,应首先对自身条件和外部环境进行考察和评价,然后在此基础上选择并制定正确的战略。在这里,企业战略被看作企业利用优势、回避弱点,对外部环境中的威胁和机会做出反应而采取的行动。战略管理则是企业分析竞争环境,以发现威胁和机会,分析自身资源和能力,以明确优势和弱点,然后将这种分析结果相匹配,扬长避短、趋利避害,以选择战略的过程。匹配定义是当前在战略管理领域中占支配地位的方法。这一支配过程通常叫作 SWOT 分析。

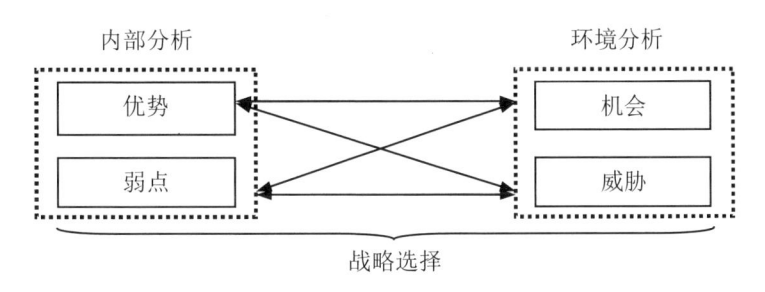

图 1-1 战略的匹配定义

1)匹配定义的长处。第一,强调企业竞争环境对战略选择和企业绩效的影响。匹配方法的应用必定涉及对企业如何削减威胁、利用机会的分析,这就使得企业较不可能选择市场和竞争前景不好的战略。

第二,强调企业内部优势和弱点对企业战略选择和企业绩效的影响。首先,在该模型中,战略选择不只取决于环境,威胁和机会也是重要的考虑因素。从这一角度看,"市场需要什么,企业就生产什么"的观点是不正确的。市场的需要只是一种机会,如果企业缺乏竞争所需要的资源和能力,勉强为之,只会造成一有机会就一拥而上,最终还是会因为竞争雷同和缺乏优势而败下阵来的局面。只有当一家企业具备独特的资源和能力(即特异能力)时,才能建立起竞争优势,抓住机会而取得卓著的成效。其次,强调战略与企业绩效相联系,并提供了判断企业战略好坏的标准。好战略就是使企业能够消减威胁，利用机会，发挥优势，回避弱点的战略。

2）匹配定义的不足。与等级定义一样，匹配战略的观点倾向于强调有计划的战略而忽视意外的战略。这种定义明确了进行战略选择时应提出的问题，但并未说明应如何提出这些问题；指出了应当将内部优势和弱点与外部威胁和机会相匹配，但并未回答企业的优势和弱点，以及环境威胁和机会究竟是什么；也未说明究竟应当如何匹配。

（3）包容定义。以加拿大麦吉尔大学亨利·明茨伯格教授为代表的一些作者曾对按部就班的正式战略计划过程提出异议，认为战略的定义应当具有更大的灵活性和包容性。明茨伯格借鉴营销学中的 4Ps 定义提出了战略的 5Ps，从五个不同的侧面对战略完整性的内涵进行了阐述。该定义认为，企业战略是由五种规范的定义阐明的，即计划（Plan）、计谋（Ploy）、模式（Pattern）、定位（Position）和观念（Perspective）构成了企业战略的 5Ps。值得强调的是，企业战略仍只有一个，这五个定义只不过是从不同角度对战略加以阐述。

第一，战略是一种计划。明茨伯格指出，大多数人把战略看成是一种计划，即它是一种有意识的有预先计划的行动，一种处理某种局势的方针。他承认，把战略说成是一种计划是有充分依据的。

第二，战略是一种计谋。这是指在特定的环境下，企业把战略作为威慑和战胜竞争对手的一种手段。或根据对手的反应而调整自己的行动，其实质是强调在战略制定和实施过程中应当与对手互动，即动态竞争。战略目的的实现不一定依靠行动，因为有时候误导和恐吓也可以达到相同的目的。这种定义强调战略是一种计谋，目的是要读者注意针对性、互动性和策略性。诸葛亮唱空城计就体现了这一点。相对而言，东方文化将战略视为计谋的大有人在，而欧美一般将其视为规划。例如，一家企业得知竞争对手想要扩大生产能力时，便提出自己的战略是扩大厂房面积和生产能力。由于该企业资金雄厚、产品质量优异，竞争对手无力竞争下去，便放弃扩大生产能力的设想。然而，实际情况却是，一旦竞争对手采取了放弃的态度，该企业并没有将扩大能力的战略付诸实施。因此，这种战略只能称为一种计策，使企业对竞争对手构成威胁。或者说，这时的战略便成了一种威慑因素。

第三，战略是一种模式。这是明茨伯格的核心思想所在。他认为，仅把战略定义为企业采取经营活动之前的一种计划是不充分的。在现实中，人们仍需要有一种定义说明战略执行结果的行为，即战略体现为一系列的行为。根据这个定义，当年福特汽车公司的总裁亨利·福特要求 T 型福特汽车只漆成黑色的行为，就可以理解为一种战略。这就是说，无论企业是否事先对战略有所考虑，只要有具体的经营行为，就有战略。这种战略与企业的行为相一致，行为的最终结果说明了战略的执行情况，使之有水到渠成的效果。在实践中，计划好的战略可能最后没有实施，这是未实现的战略，而有些行动的决策是事先没有预计到的，随着时间的推移形成了一个一致的模式，成为事实上的战略。这是自发的战略或意外的战略。明茨伯格特别强调意外战略的作用。战略作为一种计划与战略作为一种模式两种定义是相互独立的。在实践中，计划往往可能在最后没有实施，模式则可能事先并没有具体计划，但最后却形成了。就是说，战略可能是人类行为的结果，而不是人类设计的结果。因此，我们可以称第一个定义的战略是设计的战略，而第三个定义的战略是已实现的战略。已设计的战略与已实现的战略之间是准备实施的战略，这是指那些已经设计出来，即将实施的战略。自发的战略则是指那些预先没有计划，自发产生的战略。没有实现的战略是指那些只有预先计划而没有结果的战略。战略实际上是一种从计划向实现流动的结果。那些不能实现的战略在战略设计结束之后，通过一个单独的渠道消失，脱离准备实施的战略的渠道。此外，准备实施的战略与自发的战略则通过各自的渠道，流向已实现的战略。这是一种动态的战略观点，它将整个战略看成是一种"行为流"的运动过程，如图1-2所示。我们可以把行为流的含义理解为企业战略管理的一种规律性的过程，即它可以是按照理想化发展的过程，可以是经过不断改造取得成功的过程，可以是半途而废使企业蒙受巨大损失的过程，也可以是还没有实施就因环境的巨大变化而不得不搁置一边等客观存在的规律性的管理过程。在企业实际运作中，也确实存在两种情况：一是企业面向未来，设定目标，制订战略方案，然后执行；二是企业面对历史，总结经验，摒弃不足，提出企业发展与运作模式。前者就是作为计划的战略，后者则是作为模式的战略。

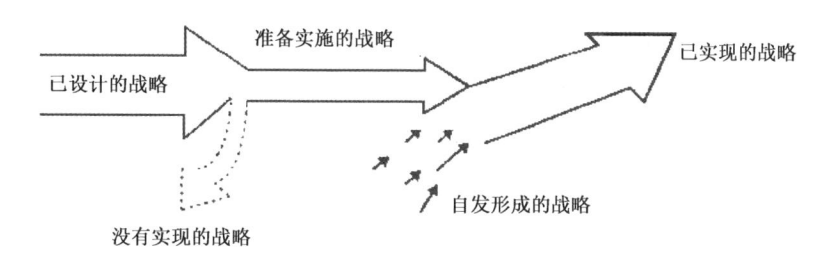

图 1-2　战略作为"行为流"的运动过程

第四，战略是一种定位。强调企业与竞争环境的联系，就是确定以何种方式让特定的产品进入特定的市场，从而处于一种独特的竞争地位。一个事物是否是战略取决于当事人所处的时间，在今天看来是战术问题，明天可能被证明是战略问题。因此，有许多细节问题在一定时间一定程度上应被视为战略。例如，在与通用汽车公司的竞争战中，亨利·福特一世痛失市场份额的原因之一就是他只同意将汽车漆成黑色，而拒绝漆成其他颜色，油漆的颜色选择看起来不是战略问题，但最后却成了不折不扣的战略问题。可见，战略的范围很广，它可以包括产品及生产过程、顾客及市场企业责任与自我利益等任何经营活动及行为，不过重要的是，战略应是一种定位，对企业而言，即自己在市场中的位置。在这里，战略实际上成为企业与环境之间的一种中坚力量，使企业内外更加融洽。换言之，战略就是要将企业的重要资源集中到相应的地方，形成一个产品与市场的生长圈。

第五，战略是一种观念。第四个定义是要确定企业在外部环境中的位置，而这一定义是眼睛向内，把注意力放在战略家的思维上。这里战略被看成为一种观念，它体现组织中人们对客观世界固有的认识方式。例如，有些企业是进取型的，力争创造新的技术，开拓新的市场；而有的企业一成不变，固守在原有的市场上。凡此种种，企业的经营者对客观世界的不同认识会产生不同的经营效果。由此可以看出，"战略是一种观念"的定义，强调了战略都是抽象的概念，只存在于需要战略的人的头脑之中，没有谁亲眼见过战略，或触摸过战略。可以说，每一种战略都是人们思维的创造物，是一种精神的产物。战略是一种观念的重要实质在于，同价值观、文化和理想等精神内容为组织成员所共有一样，战略的观念要通过组织成员的期望和行为而形成共享。在这个定义里，还需强调集体的意识。个人的期望和行为是通过集体的期望和行为反映出来的。也就是说，战略所反映的价值取向应当符合绝大多数员工的价值取向，这样的战略才能把全体员工聚合在一起，有利于战略目标的实现。因此，研究一个组织的战略，要了解和掌握该组织的期望如何在成员间分享，以及如何在共同一致的基础上采取行动。该定义强调主观、定性的一面，特别是企业家精神、企业文化对战略制定和实施的重要影响。

综上所述，可以把战略的五种定义归纳如下，见表1-1。

表1-1 战略的五种定义

战略定义	含义
计划型战略定义	强调企业管理人员要有意识地进行领导，凡事谋划在前，行事在后
计谋型战略定义	强调战略是为威胁或击败竞争对手而采取的一种手段，重在达成预期竞争目的
模式型战略定义	强调战略重在行动，否则只是空想；战略也可以自发地产生
定位型战略定义	强调企业应适应外部环境，创造条件更好地进行经营上的竞争或合作
观念型战略定义	强调战略过程的整体意识，要求企业成员共享战略观念，形成一致的行动

这些不同的定义，有助于加深对战略过程的理解，避免发生概念上的混乱。不过，应该看到，这五种定义存在着一定的内在联系。它们有时是某种程度的替代，如定位型战略定义可代替计划型战略定义。但在大多数情况下，它们之间的关系是互补的，使战略趋于完善。因此，只能说每个战略定义有其特殊性，不能说哪种战略定义更为重要。

例如，日本本田公司曾被当作利用观念型战略定义进入计划、进入某种预想位置的典型例子而广为宣传。本田公司作为一个低成本的生产厂商，有意识地以进攻型方式进入了美国的摩托车市场，打破了美国本土产品的垄断，创造了小型家庭用车市场。实际上，本田公司事先并不是有意识地进入美国市场销售小型家庭摩托车的，不过在该公司的总经理清楚了本田在市场上所处的位置以后，马上制订出相应的计划，深入占领了这一市场。这个例子说明，战略的定义和顺序应根据企业自身情况采用。

1) 包容定义的长处。包容定义代表了整合学派。其融合诸家观点，考虑了更多的影响战略和企业绩效的因素，反映了企业战略内在的多重性和复杂性，认为不能依赖于固定僵死的计划和程序，而应根据变化了的条件和现实情况去抓住各种机会。包容定义还指出战略是一种观念，虽然实际应用时最后必然表现成资源分配的决策、优先顺序和行动计划，但战略本身可以作为企业的一种激励工具，帮助企业形成更强的凝聚力和进取心。

2) 包容定义的不足。包容定义虽然力图包罗所有的观点，但无法穷尽所有的现象和学说。包容定义中有些观点是相互冲突的，导致究竟以哪一种方法作为战略制定时的基本指导十分模糊。

3. 企业战略的概念与特征

本书选择目前较为通用的战略概念，即企业战略是企业以未来为主导，为求得生存发展而做出的有关全局的策划和谋略，同时也是对开发核心竞争力并获得竞争优势的整套承诺和行动的整合与协调。

战略的概念包含三个特征。第一，战略一定是面向未来的，时代变迁和生活方式变化隐含着巨大的商业机会，需要高层领导者提前预判和捕捉机会。第二，战略需要在经营活动之前有目的、有意识地开发，美国牛仔裤战略思维的成功源于企业紧盯"二战"后的婴儿潮中出生的孩子长大后穿什么。企业要有主动精神，未雨绸缪。第三，战略需要建立强大而灵活的态势，适当地定位，帮助企业建立一种进可以攻、退可以守的市场地位。

二、战略管理的概念和内容

（一）战略管理的概念

战略管理是指企业确定其使命，根据组织外部环境和内部条件设定企业的战略目标，为保证目标的实现而进行谋划，并依靠企业内部能力将所谋划的内容和最终决策付诸实施，以及在实施过程中进行控制的动态管理过程。

（二）战略管理的过程与内容

战略管理的过程包括战略分析、战略选择与评价和战略实施三个过程（也可以说是三个阶段），如图 1-3 所示。

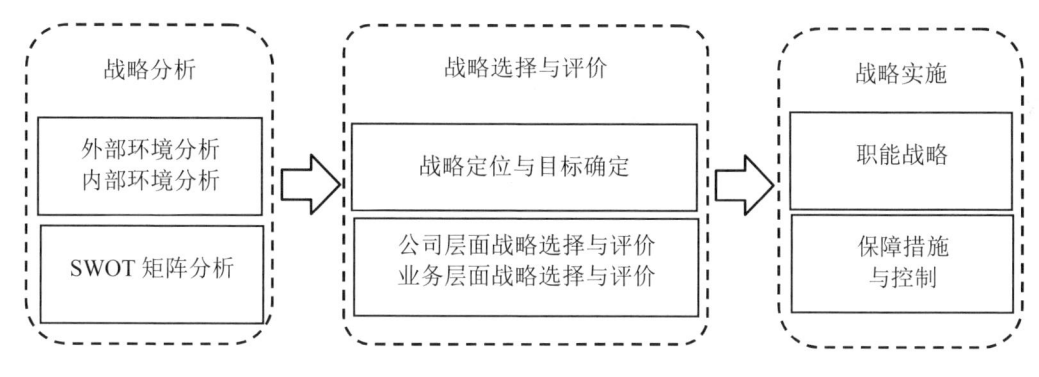

```
┌─────────────────┐    ┌───────────────────────┐    ┌─────────────────┐
│    战略分析      │    │    战略选择与评价      │    │    战略实施      │
│ ┌─────────────┐ │    │ ┌───────────────────┐ │    │ ┌─────────────┐ │
│ │外部环境分析 │ │ ⇒  │ │ 战略定位与目标确定 │ │ ⇒  │ │  职能战略   │ │
│ │内部环境分析 │ │    │ └───────────────────┘ │    │ └─────────────┘ │
│ └─────────────┘ │    │ ┌───────────────────┐ │    │ ┌─────────────┐ │
│ ┌─────────────┐ │    │ │公司层面战略选择与评价│ │   │ │ 保障措施    │ │
│ │ SWOT 矩阵分析│ │    │ │业务层面战略选择与评价│ │   │ │ 与控制      │ │
│ └─────────────┘ │    │ └───────────────────┘ │    │ └─────────────┘ │
└─────────────────┘    └───────────────────────┘    └─────────────────┘
```

图 1-3　战略管理过程

第一阶段：战略分析阶段。战略分析是对企业的战略环境进行分析、评价，并预测这些环境未来发展的趋势，以及这些趋势可能对企业造成的影响，包括企业外部环境分析和企业内部资源和能力分析两部分。企业外部环境分析一般包括宏观环境分析、行业环境分析、竞争对手分析三个层次。宏观环境分析需要从政治、经济、社会文化、技术等视角分析，可以采用 PEST 分析框架。行业环境分析需要考虑行业的竞争情况和盈利能力，一般采用波特的五力模型分析。竞争对手分析需要分析有关战略的竞争对手全部信息，比如竞争对手的战略、财务、生产、研发、营销、人力资源构成等多方面信息，一般可以采用战略群组分析框架和竞争对手分析框架两个工具。外部环境分析的目的是适时地寻找和发现有利于企业发展的机会，以及对企业来说所存在的威胁，做到"知彼"，以便在制定和选择战略时能够利用外部条件所提供的机会而避开对企业的威胁因素。企业内部资源和能力分析即是分析企业本身所具备的条件，也就是企业所具备的素质，它包括生产经营活动的各个方面，如生产、技术、市场营销、财务、研究与开发、员工情况、管理能力等。企业需要对自己所拥有的无形资源和有形资源进行系统分析和评估，采用价值链分析和持续竞争优势标准等分析工具、比较研究和均衡分析等分析方法发现优势或弱点，以便在制定和实施战略时能扬长避短、发挥优势，有效地利用自身的各种资源。战略分析可以体现为 SWOT 分析矩阵的形式，为战略选择做出准备。

第二阶段：战略选择与评价阶段。战略选择与评价过程的实质是战略决策过程，是对战略进行探索、制定以及选择的过程。一家跨行业经营的企业的战略选择应当解决两个基本的战略问题：一是企业的经营范围或战略经营领域，也称公司层面的战略，即规定企业从事生产经营活动的行业，明确企业的性质，确定企业以什么样的产品或服务来满足哪一类顾客的需求；二是企业在某一特定经营领域的竞争优势，也称业务层面的战略，即要确定企业提供的产品或服务，要在什么基础上取得超过竞争对手的优势。

第三阶段：战略实施阶段。企业的战略方案确定后，必须通过具体化的实际行动，才能实现战略目标。一般来说可在四个方面来推进战略的实施。一是制定职能策略，如生产策略、研究与开发策略、市场营销策略、财务策略等。应在这些职能策略中体现策略推进步骤、采取措施、具体项目以及大体的时间安排等。二是对企业的组织机构进行构建，以使构造出的机构能够适应所采取的战略，为战略实施提供一个有利的环境。三是要使领导者的素质及能力与所执行的战略相匹配，即挑选合适的企业高层管理者来贯彻既定的战略方案。四是做好保障措施。为了实施战略，需要在企业文化建设、资金、人力资源、技术等方面做好支持保障工作。另外，在战略的具体化和实施过程中，还需要对实施过程进行监控，将经过信息反馈回来的实际成效与预定的战略目标进行比较，如二者有显著的偏差，就应当采取有效的措施进行纠正。当由于原来分析不周、判断有误，或环境发生了预想不到的变化而产生偏差时，甚至可能会重新审视环境，制定新的战略方案，进行新一轮的战略管理过程。

第四节　战略管理研究的四个学派

> 女士们，先生们，请快来看战略管理这只大象。
>
> ——亨利·明茨伯格《战略历程——纵览战略管理学派》

这是亨利·明茨伯格借鉴古老的盲人摸象的寓言来告诉人们，战略管理理论非常广博。战略管理研究专家们从不同的角度研究战略管理的内容，有时候他们像盲人摸象一样将战略管理的研究重心仅偏于某一方面，形成了战略管理研究的理论丛林。明茨伯格等人曾经将所有战略思想归并为十个学派，而我国著名的管理专家周三多先生将20世纪60年代以来的战略管理思想归并为四个学派，包括战略规划学派、适应学派、产业组织学派和资源基础学派。

一、战略规划学派

（一）背景

最早的战略规划思想来源于20世纪初的预算思想，其核心是控制偏差与管理复杂难题。到了20世纪50年代，出现了长期规划的思想，当时常用的方法是差距分析。到20世纪60年代，企业兴起多元化经营的浪潮，当时流行的观念是，多元化经营能够像横向兼并一样强化企业在行业中的地位。企业不满足于年度预算，开始使用运筹学与改进的预测技术进行规划，企业经理们甚至认为战略规划是设计、实施能够提高企业竞争力战略的唯一最佳途径。

（二）核心思想

战略规划学派主张战略是一种优化理论，要注重现有资源与未来机遇的匹配。具体而言就是指企业根据经营环境因子，例如消费倾向、竞争供应等因素来对企业资源进行优化配置。

（三）主要代表人物的贡献

战略规划学派的代表人物是安德鲁斯、安索夫和安东尼。

20世纪60年代，哈佛商学院的安德鲁斯和克里斯滕森使用单项法形成了战略规划的基本理论体系。安德鲁斯认为，战略是要让企业自身的条件与所遇到的机会相适应。战略管理的基本步骤包括资料的搜集与分析、战略制定、评估、选择与实施。这种方法实质上认为战略是如何匹配公司能力与其竞争环境的商机。SWOT分析常常被用于战略规划。战略规划的具体步骤是：第一，研究外部环境条件与趋势及公司的内部能力；第二，识别外部机遇和风险与公司内部的独特能力；第三，通过评估决定机遇与资源的最佳匹配；第四，作出战略选择。安德鲁斯认为，一个战略应当包括四个要素：市场机遇、公司能力与资源、个人价值与抱负、社会责任。战略规划的核心任务是将机会与资源/能力相匹配。同时，安德鲁斯提出了一系列匹配工具。最早的战略规划是单向的、静态的、经过周密考虑的、理性的过程。战略规划理论后来发展的方向是动态化。安索夫认为，最有效的战略规划的方法是权变的，战略规划的好坏与组织面临的环境的变化密切相关，两者匹配不好会对盈利产生消极影响。安索夫在1972年首次引入战略管理的概念。从现在看，他的战略管理概念就是动态的战略规划的概念。安东尼提出了一个较为复杂而现实的管理过程，他将这个过程分为战略规划、管理控制与操作控制。"三安范式"奠定了战略管理的过程观，即经理制定与促成竞争战略、组织的构想与长期目标。

（四）代表性分析工具

战略规划学派的战略管理分析工具相对而言比较丰富。由于战略规划学派的核心思想注重的是现有资源与未来机遇的匹配，因此需要预测工具和匹配工具。其中预测工具主要以运筹学方法和统计学方法为主，还算不上是独特的工具。而匹配工具是战略规划学派独特的分析工具，包括SWOT分析、波士顿矩阵、产品与市场矩阵、SPACE矩阵等。SWOT分析是通过对企业的资源和能力进行分析指出企业的优势和劣势，通过对外部环境的分析指出其机遇和威胁，战略的逻辑显然是：未来的行动要使机遇与优势相匹配，避免威胁，克服劣势。但事实上，SWOT分析本身并不是匹配工具，它是匹配之前的分析工具。

波士顿矩阵（及其变形）、产品与市场矩阵、SPACE矩阵是真正的匹配工具。波士顿矩阵是波士顿咨询集团公司开发的，适合于分析企业业务组合状况。该方法将企业的现有业务按照增长速度及现有市场份额分为明星、问题、金牛、瘦狗四类，然后根据各项业务性质和它们的组合状态确定优化业务组合的对策。产品与市场组合矩阵也是一种常用的战略匹配工具。产品是反映企业内部维度的因素，市场是反映企业外部维度的因素。安索夫提出了这一矩阵的四种策略：市场渗透、产品开发、市场开发和多元化经营。SPACE矩阵又称战略位置与行动评价矩阵，是一种与波士顿矩阵类似的匹配方法。它采用两个内部要素（财务优势与竞争优势）、两个外部要素（环境稳定性与产业优势），匹配后得到四种战略：进攻、保守、防御、竞争。

（五）战略规划的理论缺陷

战略规划理论后来遭到一些战略专家的批评。其中明茨伯格的意见最具典型性。战略规划的核心思想比较注重现有资源与未来机遇的匹配，是一种非主动性的、非创造性的战略思想。这种思想并不注重创造机遇与创造资源与能力以实现企业战略目标，更强调企业作为一个游戏的接受者在产业中竞争，很少去刻意培养企业某种能力或别人无法替代的资源来赢得竞争优势。战略规划学派也不注重企业长期竞争优势的获取，对企业如何通过创新打破游戏规则来赢得竞争力没有提出任何有效的建议。明茨伯格指出战略规划有三种谬误。第一，预测是可能的。事实上,除了某些重复出现的事件外,由于环境的不确定性,预测常常成为不可能。第二,战略具有可分离性。在企业实践中,战略的制定与战略实施是不可分离的。战略制定过程往往是一个学习的过程。战略家亲自去挖掘思考才能成为战略。第三,战略是明确的、详细的、常规性的未来计划。在许多情况下,战略应该是一个宽泛的远景,而不是去准确地描述计划,以便能够更好地适应不断变化的环境。常规程序无法预测不连续性或创建新战略。尽管战略规划学派受到了诸多专家的批评,但目前战略管理过程的核心内容仍然是战略规划的思想和内容。

二、适应学派

(一)背景

环境不连续的现实动摇了战略规划的基础。20世纪70年代企业经济环境最大的特征是环境变化的突发性,以1973年的石油危机为代表。这一时期更重要的特征是全球性竞争加剧,企业兼并有增无减。多元化经营的企业的业绩远比专一化经营的企业要好。但过度不相关的多元化不但没有分散企业风险,而且加剧了经营风险。环境变化的步伐越来越快,战略规划的关于未来可以预测、可以计划的思想越来越受到怀疑。

(二)战略思想的突破

战略规划是以未来可预测为前提的,动荡的环境动摇了企业对战略规划的信仰,以环境不确定为基础的适应学派应运而生。适应学派的主要特点是强调战略的动态变化。战略思想在这时的突破就是:最合适的战略制定与决策过程依赖于环境波动的程度。

(三)代表人物与主要理论

适应学派的代表人物有奎因、明茨伯格、伊丹敬之、钱德勒、圣吉、柯林斯与泼拉斯等。

1. 自然选择论与适应进化论

自然选择论沿袭了"物竞天择、适者生存"的达尔文进化论思想。伊丹敬之认为,战略成功的要素在于战略的适应性,战略适应包括环境适应、资源适应和组织适应。他认为,战略决定公司义务活动的框架,并对协调活动提供指导,以使公司能够应对并影响不断变化的环境。战略将公司喜好的环境和它希望成为组织类型结合起来。钱德勒的著名观点是组织结构随着战略的改变而改变,并出版了《战略与结构》一书。环境适应说实质上也是一种进化的观点,途径依赖是它的核心概念。用进化论的观点来看,战略就是开发动态的途径依赖模型,允许可能的随机偏差和企业内或企业间的选择。适应进化论主要特点有:战略是动态的,进化模型关注战略变化的步伐与轨迹;战略存在偏差,组织不断搜寻各种不同的战略选择;战略要研究选择过程如何影响战略变化的步伐和轨迹以及战略变化如何反过来影响选择过程。适应理论强调监控环境与调整行为是同时与持续进行的。事实上,动态战略规划理论也包括了一些适应学派的观点,但适应理论改变了战略规划的假设,它假定环境是开放的、动态的和难以预测的。

2. 逻辑改良主义

奎因提出了逻辑改良主义。奎因认为,战略就是对环境变化的逻辑反应。一家企业通过审视环境与尝试新战略来不断学习与调整,以确保和环境变化相适应。逻辑改良主义的要点是:小的战略举措可以允许反复地实验,同时在行动中感知环境的变化,当这种小的举措被证明是成功的,这种战略就会得到进一步发展;股东追求短期回报,因此对投资大量钱与物来支持大的战略变化不敏感；人们认为应该不断调整战略以保证企业适应环境的变化，否则战略将萎缩，长期下来将导致企业剧烈的战略变化；机遇管理有助于战略与变化的市场相匹配；员工比较习惯细小渐变。逻辑改良主义的行为方式有利于形成个人与组织的共识、理解、接受和承诺，从而有效地实施战略。

3. 学习模型

学习模型的假设是企业唯一的持久竞争优势是比其竞争对手学得更快的能力。20世纪90年代后期适应学派的一个新发展是学习型组织理论的出现，代表人物是圣吉。圣吉提出了学习型组织和五项修炼。学习型组织是指通过培养弥漫整个组织的学习气氛，充分发挥员工的创造性思维能力而建立起来的一种有机的、高度柔性的、扁平化的、符合人性的、能持续发展的组织。这种组织具有持续学习的能力，具有高于个人绩效总和的综合绩效。五项修炼包括自我超越、改善心智模式、建立共同远景、团体学习与系统思考。学习型组织看起来是一种组织设计思想，实际上是一种战略思想。

4. 远景论

远景论强调企业的远景在企业战略中的重要作用。柯林斯与泼拉斯等人是这一学派的代表。他们指出，美国长寿公司能够持续成功的关键在于它们的首席执行官的核心意识形态被定位在企业管理的核心。这些远景公司在它们的组织内发展了一种特殊的机制，使得进取精神在数代首席执行官手中延续。他们指出，虽然那些成功企业的战略与实践在不断适应着变化的环境，但企业的核心价值和核心意图保持稳定。他们用阴、阳这两个中国传统文化概念来描述远景。远景包括两部分，核心意识形态和构想的未来。核心意识形态说明我们代表什么和我们为什么存在，是"阴"，是恒久不变的。构想的未来是期望形成的、希望实现的与我们希望创造的东西，需要不断通过变化来实现，这是"阳"。

（四）分析工具

适应学派的分析工具包括SMFA法、脚本分析、战略不确定性评估矩阵等。

1. SMFA法

SMFA法提出了外部分析的四要素：审视（Scanning）、监控（Monitoring）、预测（Forecasting）、评估（Assessing）。其中审视是确定环境变化与趋势的早期信号。审视要求企业对模糊的、不完全的、不连续的信息加以处理。许多企业采用预警系统来防止企业出现经营危机。监控通过不断地观察环境的变化确定是否即将出现一个重要的趋势，确定不同环境事件的含义。预测则根据监控的变化与趋势确定预期可能出现的结果。虽然适应学派认为环境的变化不可预测，但适应学派强调试错的方法，先预测，错了再改，在对环境的不断监控下，不断修正自己的预测。评估则决定环境变化与趋势对企业战略与企业管理的影响的重要性与紧迫性。SMFA法的核心是确定企业面临的机遇与威胁，即确定那些有助于企业获得战略竞争力的条件以及那些阻碍企业获得竞争力的约束因素。

2. 脚本分析

脚本分析是用来分析多个事件共同起作用并相互影响的环境的工具。分析中需要将几个相关事件的未来趋势整合成几个关于未来环境的总体脚本，确定某一脚本的可能性。脚本分析包括四个阶段：确定脚本、制定脚本战略、估计脚本发生的可能性与悔过分析。

3. 战略不确定性评估矩阵

战略不确定性评估矩阵通过重要性和紧迫性来分析环境事件。对于紧迫性弱而重要性小的事件只需要监控即可,对于影响重大又比较急迫的事件,企业要仔细分析并制定详细的应对战略。

(五)理论的进步性与弱点

该理论的进步性体现在充分考虑了环境的动态性。但其致命弱点是缺乏有效的分析工具,有严重的生命类比色彩。生物学中的奥斯本定律的结论是,高度特化和最完善的类型必将归于消亡,而原始、保守、较少分化的类型往往成为新的适应放散中心。而作为企业战略而言,过于依赖变化的环境而迅速改变或优化战略,如果类比生物学定理,是不是也影响生命周期的延长呢?这是一个值得深入思考的问题,该理论并没有清晰的解释。

三、产业组织学派

(一)背景

20世纪五六十年代,"二战"后的美国经济出现了空前的繁荣,随之而来的是竞争的加剧。到了70年代,国际上政治、经济又出现了动荡,企业生存和发展越来越艰难。在这种新的竞争环境下,一些垄断行业拥有很高的行业壁垒,获取着非常丰厚的利润。在这些行业中,即使经营得不怎么好的企业,仍然可以获得很好的收益。因此,产业组织学派认为,企业成功最关键的因素是选择有吸引力的行业进入,行业是企业成功的关键。

(二)主要代表人物

哈佛商学院的迈克尔·波特是产业组织学派最重要的代表人物。迈克尔·波特于1980年出版了《竞争战略》一书,提出了五种力量和三种基本战略的观点。基本竞争战略有三种:成本领先战略、差异化战略、集中战略。企业必须从这三种战略中选择一种作为其主导战略。1985年,波特出版了《竞争优势》一书,提出了著名的价值链理论,并提出价值链重构对于企业拥有竞争优势的重要意义。1990年又出版了《国家竞争优势》,其中核心的内容是钻石模型,又称钻石理论、菱形理论及国家竞争优势理论。波特的钻石模型用于分析一个国家某种产业为什么会在国际上有较强的竞争力,决定一个国家的某种产业竞争力的有四个主要因素,分别是生产要素,需求条件,相关产业和支持产业的表现,企业的战略、结构、竞争对手的表现。这四个要素具有双向作用,形成钻石体系。在四大要素之外还存在两大变数:政府与机会。机会是无法控制的,政府政策的影响也十分重要。钻石模型为从事国际经济贸易理论研究及其政策的制定提供了全新的思路。

(三)产业组织理论中的哈佛学派与芝加哥学派

20世纪60年代,产业组织理论基本同时出现了哈佛学院和芝加哥学派两种理论流派。尽管这两种流派都以新古典理论为出发点,但由于其理论逻辑、思考问题的方法及对象不同,在理论结论上存在很大差异。

哈佛学派又被称为结构主义,主要代表人物有贝恩、谢雷等人,其遵循"S-C-P"逻辑体系,认为产业的绩效取决于卖方和买方的行为,卖方和买方的行为取决于市场结构,结构反过来又取决于基本状况,如技术和产品需求等条件。哈佛学派的反托拉斯含义十分明显,反托拉斯政策不应该只关注企业的行为,而更多地关注市场结构。两种流派的论战结果也大大深化了产业组织领域的研究和认识,为新产业组织兴起奠定了基础。

芝加哥学派又被称为效率主义,更加重视对结构—行为—绩效的理论分析,认为应该从价格理论的基础假定出发,强调市场的竞争效率。芝加哥学派的主要代表人物有斯蒂格勒、德姆塞茨、波斯纳、麦杰等。芝加哥的主要理论思想范式是竞争性均衡模型。哈佛学派强调了政府对高集中度产业的反托拉斯干预,芝加哥学派反对政府干预,认为政府干预本身会带来壁垒,降低市场机制的配置效率。

(四) PIMS 分析

PIMS（Profit Impact of Market,战略与绩效）研究最早于 1960 年在美国通用电气公司内部开展,主要目的是研究市场占有率的高低对一个经营单位的业绩到底有何影响。以通用电气公司各个经营单位的一些情况作为数据来源,经过几年的研究和验证,研究人员建立了一个回归模型。该模型能够辨别出与投资收益率密切相关的一些因素,而且这些因素能够较强地解释投资收益率的变化。到 1972 年,PIMS 研究的参与者已不再局限于通用电气公司内部的研究人员,而是包括哈佛商学院和市场科学研究所的学者们。在这个阶段,该项研究所用的数据库不仅涉及通用电气公司的情况,还包括许多其他公司内经营单位的信息资料。1975 年,参加 PIMS 研究的成员公司发起成立了一个非营利性的研究机构,名为"战略规划研究所"。该研究所负责管理 PIMS 项目并继续进行研究。此后,又持续有上百个公司参加了 PIMS 项目,其中多数在财富 500 家全球最大的企业中榜上有名。

(五) 分析工具

产业组织学派的分析工具丰富且有效,众所周知的有五力模型、价值链、战略集团分析、竞争对手分析框架等。波特五力模型是迈克尔·波特于 20 世纪 80 年代初提出的。他认为,行业中存在着决定竞争规模和程度的五种力量,这五种力量综合起来影响着产业的吸引力以及现有企业的竞争战略决策。1985 年,波特在其所著的《竞争优势》一书中首次提出了价值链的概念,指出它是对增加一家企业产品或服务的实用性或价值的一系列作业活动的描述,主要包括企业内部价值链、竞争对手价值链和行业价值链三部分。公司想要制定适合自己的竞争战略,为自己企业准确定位,前提是必须了解行业内甚至潜在对手的详细情况。对竞争对手的分析一定要系统而且深入,仅仅凭借非正式印象、臆想和直观感觉就采取行动是不科学的。波特在《竞争战略》一书中提出了竞争对手分析的模型,具体是从企业的现行战略、未来目标、竞争实力和自我假设四个方面分析竞争对手的行为和反应模式。战略群组分析是战略分析工具之一。在 20 世纪 80 年代,多头垄断理论的发展使得研究者渐渐倾向于将企业作为分析研究的基本单位,于是战略集团理论被提出,定义的基础来自企业行为的相似性。

(六) 产业组织理论的突破与局限

产业组织学派的突破体现在三个方面:第一,认为产业选择是企业战略的关键;第二,体现了企业战略理论的动态化;第三,提出了赢得竞争优势的途径。

但是,针对该理论也出现了几个方面的质疑。第一,对产业集中度与利润率、价格之间关系的质疑。产业组织学派认为,产业集中度高的行业有更高的行业利润率。而有学者认为是较高的价格和利润率造就了更加强大的企业,从而形成了较高的行业集中度。第二,能否同时采用成本领先战略和差异化战略。波特认为成本领先战略和差异化战略企业只选其一是最好的选择,企业标新立异就必须牺牲成本优势,或者采用成本领先就必须放弃差异化产品和服务,"脚踩两只船"容易导致低利润。但 20 世纪 90 年代至今的实际情况是,越来越多的企业通过成本领先与差异化综合战略而取得成功。第三,企业成功的关键到底是什么。产业组织学派认为进入有吸引力的行业是企业成功的关键。但越来越多的研究表明,同一行业中成功企业与平庸企业的利润率之差,往往高于不同行业的利润率之差,因此,选择好行业未必是企业最关键的成功条件,而是否拥有更多的资源和能力优势,成为越来越重要的企业成功条件。

四、资源基础学派

(一)产生背景

资源基础学派的产生一方面是由于时代特征的变化、波特等产业组织学派的支撑理论的局限性以及战略理论的新发展,另一方面由于是 20 世纪 90 年代管理实践中出现的多元化的退潮与归核化的兴起。

(二)资源与能力决定论

资源论的基本思想是,把企业看成资源的集合体,将目标集中在资源的特性和战略要素市场上,并以此来解释企业的可持续优势和相互间的差异。资源基础理论认为,企业是各种资源的集合体。由于各种不同的原因,企业拥有的资源各不相同,具有异质性,这种异质性决定了企业竞争力的差异。概括地讲,资源基础理论主要包括以下三方面的内容。第一,企业竞争优势的来源是特殊的异质资源。资源基础理论认为,各种资源具有多种用途,其中又以货币资金为最。企业的经营决策就是指定各种资源的特定用途,且决策一旦实施就不可还原。因此,在任何一个时点上,企业都会拥有基于先前资源配置进行决策后带来的资源储备,这种资源储备将限制、影响企业下一步的决策,即资源的开发过程倾向于降低企业灵活性。第二,竞争优势的持续性取决于资源的不可模仿性。企业竞争优势根源于企业的特殊资源,这种特殊资源能够给企业带来经济租金。在经济利益的驱动下,没有获得经济租金的企业肯定会模仿优势企业,其结果则是企业趋同,租金消散。因此,企业竞争优势及经济租金的存在说明优势企业的特殊资源可能被其他企业模仿,企业可以通过因果关系含糊、路径依赖性、模仿成本等因素阻碍其他企业的模仿。第三,特殊资源的获取与管理。资源基础理论为企业的长远发展指明了方向,即培育、获取能给企业带来竞争优势的特殊资源,例如组织学习、知识管理、建立外部网络等。

(三)资源基础理论的缺陷

第一,资源基础理论过分强调企业内部而对企业外部重视不够,由此产生的企业战略不一定能适应市场环境的变化;第二,对企业不完全模仿和不完全模仿资源的确定过于模糊,操作起来非常困难,而且这种战略资源也极容易被其他企业所模仿。

四个学派的观点既表现了战略管理理论的发展逻辑,又展示了战略管理理论的不同侧重点。在战略规划学派理论的基础上,不断补充适应学派、产业组织学派、资源基础学派的理论精华,同时又不断填充、融合新的理论和新的工具,才形成今天我们看到的战略管理理论体系。近些年来,商业模式理论、平台战略理论、信息共享理论等新思维逐渐渗透、集成在战略管理理论中,为企业提供更为丰富的战略管理实战工具。

复习思考题

1. 你如何认识商业竞争中战略的作用?
2. 什么是战略?什么是战略管理?
3. 战略管理的四个学派的观点有什么不同?它们各自的战略管理工具有哪些?

【中国情境下企业战略思维案例】

中国企业家战略思维的标杆——任正非居安思危的全球化观念[1][2]

一、华为公司及其全球化市场

目前，华为公司对自己使命的定义是：成为全球领先的信息与通信技术（ICT）解决方案供应商，专注于 ICT 领域，坚持稳健经营、持续创新、开放合作。在电信运营商、企业、终端和云计算等多个领域，华为致力于构建端到端的解决方案优势。公司的目标是为运营商客户、企业客户和消费者提供具有竞争力的 ICT 解决方案、产品和服务，同时努力实现未来信息社会的愿景，为构建更加美好的全连接世界贡献力量。

1987 年，华为技术有限公司在广东省深圳市龙岗区正式成立。1996 年，华为与长江实业旗下的和记电讯达成合作，共同推出以窄带交换机为核心的"商业网"产品。利用中俄战略协作伙伴关系变化带来的商机，华为加速与俄罗斯的合作，1996 年进入独联体市场，在接下来的三年里，华为在莫斯科到西伯利亚首府诺沃西比尔斯克之间铺设了超过 3000 千米的光纤电缆。自 1998 年起，华为逐步将业务拓展至全球核心市场欧美。1999 年，公司在印度班加罗尔设立研发中心，该中心在 2001 年和 2003 年分别获得 CMM4 级认证和 CMM5 级认证。华为成为中国移动全国 CAMEL PhaseⅡ智能网的主要供应商，该网络是当时全球最大和最先进的智能网络。在 1999 年至 2000 年的两年内，华为相继赢得了越南、老挝、柬埔寨和泰国的 GSM 市场。随后，公司将优势扩大至中东和非洲市场。2001 年，华为与俄罗斯国家电信部门签署了上千万美元的 GSM 设备供应合同。2002 年，公司海外市场销售额达到 5.52 亿美元。尽管在 2001 年到 2002 年期间，全球电信基础设施的投资下降了 50%，华为的国际销售额仍然增长了 68%，从 2001 年的 3.28 亿美元增至 2002 年的 5.52 亿美元。公司通过 UL 的 TL9000 质量管理系统认证，成为部署世界上第一个移动模式的中国移动的供应商。2002 年底，华为获得了 3797 千米的超长距离国家光传输干线订单。到 2003 年，华为在独联体国家的销售额超过 3 亿美元，位居该市场国际大型设备供应商之前列。欧洲市场成为华为业务拓展的重点，多项创新业务在欧洲首次落地，例如在德国推出的第一个分布式基站和第一个 2G/3G 合并基站商用地点。与此同时，华为的全球能力中心、财务中心和风险控制中心都设在了欧洲。从销售收入贡献来看，欧洲在公司的全球业务中占据举足轻重的地位。2013 年，华为首次超越全球第一大电信设备制造商爱立信，位居《财富》世界 500 强第 315 位，"2018 世界品牌 500 强"揭晓，华为排名第 58 位，2019 年《财富》世界 500 强名单中，华为排名第 61 位。2019 年 8 月 9 日，华为正式发布鸿蒙系统，同年 8 月 22 日，华为投资控股有限公司在"2019 中国民营企业 500 强"中以 7212 亿营收排名第一。2020 年 8 月 10 日，《财富》公布世界 500 强榜单，华为排名第 49 位。2020 年 11 月 17 日，华为投资控股有限公司整体出售荣耀业务资产。对于交割后的荣耀，华为不再持有任何股份，也不参与其经营管理和决策。

---

[1] 中国科技新闻网：《华为发布 2021 年上半年财报，重压之下危机四伏》，https://www.sohu.com/a/482371793_100165512。

[2] 磐石之心：《任正非对美国的态度：从学习到竞争》，https://baijiahao.baidu.com/s?id=1619512471331283780&wfr=spider&for=pc。

二、任正非的全球化战略思维

《任正非对美国的态度：从学习到竞争》中，华为创始人任正非强调："一个领导人至关重要的素质在于方向和节奏的把握。他的水平就是合适的灰度。坚定不移的正确方向来自对灰度、妥协与宽容的深刻理解。清晰的方向常常是在混沌中产生的，在灰色中脱颖而出。方向是随时间与空间而变化的，往往又会变得不那么清晰，事物并非非白即黑、非此即彼。"

2017年，任正非考察美国波士顿、达拉斯、拉斯维加斯、纽约等城市以及哈佛大学与麻省理工后，撰写了《六点美国印象让我心酸》一文。文中，他对美国人的工作态度表示赞叹，认为他们踏实、专一，精益求精，且保持着开放的学术风气。他指出美国人创造的航天飞机、大规模硅片、超大型计算机、超微型终端，以及先进的电信设备和测试仪器都是由他们勤劳努力创造的，这表明任正非深刻认识到美国在科技、教育、文化、环保和管理方面的领先地位。他进一步表示，不发达国家为了获取高技术产品，需要用大量初级产品进行交换。初级产品随处可得，价格有规律，而高技术产品独特而价格随意，用以偿还风险投资和优秀人才的酬金，并且这并非掠夺。世世代代繁荣梦想的破灭提醒人们，中华民族需要踏踏实实、直面自身弱点，才能振兴。

任正非以华为著名的"攻打城墙口"理论为例，强调了"自胜"的表现。一般攻打城墙常常是横向布阵，从多个角度向墙上攻击。然而，任正非更倾向于"纵向布兵攻打城墙口"，先攻下一个城墙口，再向两边扩展。面对近年来的热钱涌动、互联网概念炒作和互联网创业的浪潮，他呼吁不要盲目羡慕他人的成功，不要沉迷于炒作互联网精神，更要踏实夯实基础平台，并防止误导年轻员工。他表示，华为要一直踏实做学问，过去三十年华为一直坚持攻打同一个"城墙口"，在资金和人力上的投入逐年递增。他相信这种对同一个"城墙口"的坚持是独特的，全球很少有公司敢于如此投入。他对研究所在单点上的突破表示自豪，并强调在同一方向上多点突破，横向拉通，华为有自信在未来三五年内保持竞争力。在通信技术领域，华为通过30年的攻坚克难，已成为行业领导者，在全球市场连年取得份额第一，这其实就体现华为通过"自胜"积蓄了"胜人"的力量；在手机市场，销量超越苹果，位居全球第二。此外，华为的麒麟和海思芯片已经在移动芯片领域站稳脚跟，而在5G标准中，华为主推的PolarCode在短码方案中胜出，与美国高通主推的LDPC长码方案齐头并进。

在人才观方面，任正非表示："30年的努力，我们把航母划到了起跑线，而未来智能社会时代还是难以想象的，华为需要更多、成千上万的英雄们划桨。"华为需要英雄们创新迎接未来智能社会的挑战。他鼓励华为人与全球科学家共同喝咖啡，并提出"一杯咖啡吸收宇宙的力量"的独特理念，彰显了对学术交流和创新的极高重视。

案例分析题：
1. 谈谈你对任正非全球化战略思维的认识。
2. 查阅资料，说明华为公司在全球化竞争中的新举措及评价。

第二编　战略分析的逻辑

第二章　外部环境分析

知识要点	教学目标
外部环境分析的基本内容	了解什么是企业的外部环境，分析外部环境的意义
宏观环境分析	了解宏观环境的相关内容，掌握PEST（PESTEL）分析模型
产业环境分析	了解行业环境的相关内容，掌握波特五力模型分析法
战略群组分析	掌握战略群组分析
竞争对手分析	掌握竞争对手分析的作用、意义和方法
EFE矩阵分析方法	了解EFE矩阵的构成并能熟练应用该矩阵分析机会和威胁

任何企业都不能脱离环境而单独生存，当企业在制定发展战略时，必须要考虑到外部环境的变化对企业本身产生的影响。当前信息化的世界瞬息万变，企业所面临的外部环境也更加复杂，这对企业的处理应变能力提出了更高的要求。在本章中需要思考的问题是：什么是企业的外部环境？企业在面对瞬息万变的外部环境时，如何进行分析并发现企业的机会和威胁？

第一节　外部环境分析的基本内容

企业的外部环境对企业的成长和盈利能力具有深远的影响。诸如战争、经济周期及新技术出现等都会给企业带来机会和威胁，进而对企业的战略行动产生重大影响。本节主要讲外部环境的构成。

一、外部环境分析的内容

外部环境是存在于企业边界之外、企业无法控制但对企业有潜在影响的各类因素的总称。在进行外部环境分析之前，要先明确哪些因素属于外部环境。按照对企业的影响程度不同，可以将外部环境分为三个层次，即宏观环境、行业环境、竞争环境，如图2-1所示。

（一）宏观环境

宏观环境主要包括政治环境、经济环境、社会环境、技术环境等。这些要素基本构成了企业所生存的社会的各个方面，并对处在这一社会中的企业造成不同程度的影响。其中，政治环境主要是指一个国家或地区的政治制度、体制、方针政策、法律法规等。当企业进行宏观环境分析时，通常会选择使用PEST分析模型。

（二）行业环境

行业是生产出具有共同特征的产品的企业或企业群体的集合。处于同一行业的企业通常受类似环境因素的影响，这些因素构成了行业环境。相较于宏观环境，企业受行业环境的影响更加直接和具体。在进行外部环境分析时，通常使用波特五力模型对行业环境的具体因素进行识别、分析。

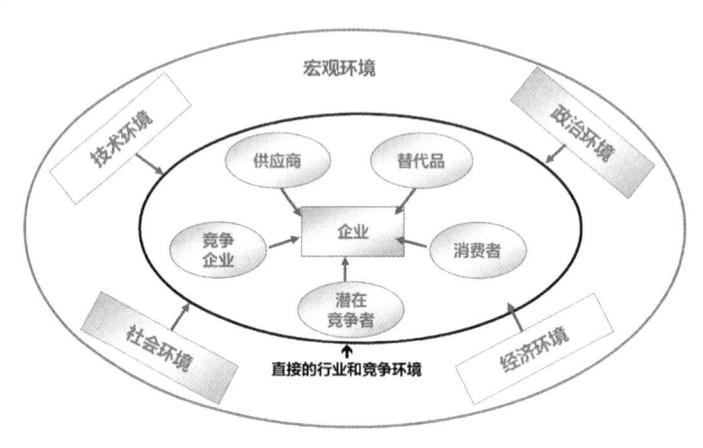

图 2-1　外部环境构成

（三）竞争环境

当行业的企业达到一定数量时就会形成竞争。竞争环境分析涉及与企业形成直接竞争关系的对象以及与此相关的竞争利益和竞争强度的分析。其中，竞争对象既包括现有竞争对象，即现有行业的直接竞争者和潜在竞争者，也包括行业之外的新的潜在竞争者。企业了解竞争环境是对一般环境分析和产业环境分析的必要补充。

二、外部环境分析步骤

无论采用什么模型对外部环境进行分析，企业要做的不外乎以下三步：第一，根据宏观环境、行业环境和竞争对手分析的结果列出环境因素清单；第二，厘清各环境因素对企业战略的影响；第三，明确企业战略的关键机会和威胁。

第二节　宏观环境分析

宏观环境包含企业所面临的政治、经济、社会、技术、自然环境以及法律等方面因素。一般我们使用 PEST 分析模型对企业所面临的宏观环境进行分析。

一、PEST（PESTEL）分析模型的内容

PEST 分析模型是一种被广泛运用的工具，其中 PEST 是政治（Political）、经济（Economic）、社会文化（Social）、技术（Technological）四个环境因素的首字母缩写。企业在进行宏观环境分析时需要加入生态自然环境（Environmental）和法律因素（Legal），称为 PESTEL 分析模型，又称大环境分析模型，是分析宏观环境的有效工具，它不仅能够分析外部环境，而且能够识别一切对组织有冲击作用的力量，是调查组织外部影响因素的方法。

（一）政治因素（Political）

政治因素是指一定国家或地区内制约影响企业发展的政治制度、政治结构、方针政策倾向、政治团体和政治形势等因素。它影响、制约着企业的经营行为，尤其是影响企业中长期的战略规划，是企业在进行战略决策必须考虑的主要因素。2022年10月16日党的二十大报告提出"全面建成社会主义现代化强国，总的战略安排是分两步走：从二〇二〇年到二〇三五年基本实现社会主义现代化；从二〇三五年到本世纪中叶把我国建成富强民主文明和谐美丽的社会主义现代化强国。到本世纪中叶，把我国建设成为综合国力和国际影响力领先的社会主义现代化强国"。这为我国经济社会总体发展提出了宏伟的发展方向和总目标。同时，党的二十大强调了"发展是党执政兴国的第一要务"。"坚持以推动高质量发展为主题，把实施扩大内需战略同深化供给侧结构性改革有机结合起来，增强国内大循环内生动力和可靠性，提升国际循环质量和水平，加快建设现代化经济体系，着力提高全要素生产率，着力提升产业链供应链韧性和安全水平，着力推进城乡融合和区域协调发展，推动经济实现质的有效提升和量的合理增长。"这些都为企业战略的选择提供了指导方针和发展方向。

政治环境分析一般考虑以下因素：政府的管制和管制解除；政府采购规模和政策；特种关税；与其他国家的关系；财政和货币政策的变化；特殊的地方及行业规定；进出口限制；他国的政治条件；政府的预算规模等。

（二）经济因素（Economic）

经济环境是指构成企业生存和发展的社会经济状况及国家经济政策，主要由一个国家的宏观经济政策、社会经济结构、经济体制、经济发展水平以及未来的经济走势等要素构成。一般来说，在宏观经济大发展的情况下，市场扩大，需求增加，企业发展机会就多。反之，在宏观经济低速发展或停顿甚至倒退的情况下，市场需求增长很小甚至不增长，这样企业发展机会就少。经济政策包括国家、政党制定的一定时间内全国经济发展战略和产业政策、国民收入分配政策、价格政策、物资流通政策、金融货币政策等。社会经济结构主要包括产业结构、分配结构、交换结构、消费结构、技术结构，其中最重要的是产业结构。经济发展水平是指一个国家经济发展的规模、速度和所要达到的水准，反映一个国家经济发展水平的常用指标是国民生产总值、国民收入、人均国民收入、经济发展速度、经济增长速度等。例如，人均国民收入与旅游产业发展密切相关，人均国民收入越高，旅游需求越大。这些指标对企业认识国家经济全局发展状况、宏观经济形势和企业工作环境的变化是非常有帮助的。

经济环境分析可以考虑如下因素：可支配的收入水平；GDP增长；消费模式；劳动生产率水平；进出口因素；股票市场因素；区间的收入和消费习惯差别；劳动力及资本输出；财政政策；居民的消费趋向；通货膨胀率；货币市场利率；汇率等。

（三）社会文化因素（Social）

社会文化因素指企业所处的社会结构、社会风俗、习惯、信仰、价值观念、行为规范、生活方式、文化传统、人口规模及地理分布等因素。

社会文化环境分析可以考虑如下因素：生活方式变化、职业预期、收入差距、消费者积极性、成家率、人口增长率、人口年龄分布、人口地区迁移、平均寿命、公众道德观念、社会责任、价值观、审美观、地区性趣味和偏好等。

（四）技术因素（Technological）

技术因素包括国家和社会的科技实力、科技体制、科技政策与科技立法。技术因素不仅仅包括那些引起革命性变化的发明，还包括与企业生产有关的新技术、新工艺、新材料的出现和发展趋势以及应用前景。科技实力是一个国家或地区的科技研究与开发的实力。科技体制是一个国家社会科技系统的结构、运行方式及其与国民经济其他部门的关系状态的总称。科技政策与科技立法是指国家凭借行政权力与立法权力，对科技事业开展管理和指导的途径。在科技实力方面，我国特高压输电技术是世界上最先进的输电技术，另外在量子通信技术、5G技术、高铁技术、超级水稻、人造太阳等技术方面达到国际领先水平。2020年彭博创新指数公布，德国排名第一，韩国排名第二，新加坡位列第三，而美国排在第九位，中国排在第十五位。彭博社的研究人员认为，中国的生产率和研发人员密集度还存在劣势，但中国在专利领域的排名仅次于美国。在科技体制方面，2015年以来我国涉及40多个管理部门的上百项科技计划（专项、基金等）已全面整合为五大类。截至2020年底，《深化科技体制改革实施方案》部署的143项任务已全面完成。

技术因素分析可以考虑如下因素：政府开发研究费用、工业研究开发总费用、专利保护、新产品、技术的最新发展、智慧技术带来的效率提高、本行业关键技术和技术资源、技术利用率等。

（五）其他因素

PESTEL是在PEST分析模型基础上将环境因素（Environmental）和法律因素（Legal）从社会文化因素和政治因素中提取出来加以详细分析而形成的。在分析一个企业集团所处的背景的时候，通常通过这六个因素来进行分析。

环境因素即一个组织的活动、产品或服务中能与环境发生相互作用的因素。分析时需要考虑的因素包括：对非产业环境（自然环境、道德标准）的影响、媒体关注程度、可持续发展空间（气候、能源、资源、循环）、全球相关行业发展（模式、趋势、影响）等。

法律因素即企业外部的法律、法规、司法状况和公民法律意识所组成的综合系统。分析时需要考虑的因素包括世界性公约、条款、基本法（宪法、民法）、劳动保护法、公司法和合同法、行业竞争法、环境保护法、消费者权益保护法、行业公约等。

二、PEST（PESTEL）分析模型的步骤

PEST（PESTEL）分析模型包括三个步骤：首先，深入考虑与所在的特定环境相关的每一个PEST（PESTEL）因素；其次，对用于PEST（PESTEL）各因素分析的信息进行确认并归类；最后，分析这些信息并得出有效结论。这三个步骤缺一不可。表2-1列示了PESTEL分析维度的关键点，可以作为进行宏观环境分析的框架。

表2-1 PESTEL分析模型维度的关键点

因素	重要指标和要点	
政治因素	政府的管制和管制解除 政府采购规模和政策 特种关税 专利数量 国际关系 财政和货币政策的变化	特殊的地方及行业规定 世界原油、货币及劳动力市场 进出口限制 他国的政治条件 政府的预算规模

续表

因素	重要指标和要点	
经济因素	可支配的收入水平 GDP 增长 消费模式 政府预算 劳动生产率水平 进出口因素 股票市场因素	地区间的收入和消费习惯差别 劳动力及资本输出 财政政策 居民的消费趋向 通货膨胀率 货币市场利率 汇率
社会文化因素	企业或行业的特殊利益集团 国家和企业市场人口的变化 生活方式 公众道德观念 社会责任	收入差距 人均收入 价值观、审美观 地区性趣味和偏好评价
技术因素	企业在生产经营中使用了哪些技术？ 这些技术对企业的重要程度如何？ 外购的原材料和零部件包含哪些技术？ 上述的外部技术中哪些是至关重要的？为什么？ 企业是否可以持续利用这些外部技术？ 这些技术最近的发展动向如何？哪些企业掌握最新的技术动态？ 这些技术在未来会发生哪些变化？ 企业对以往的关键技术曾进行过哪些投资？	企业的技术水平和竞争对手相比如何？ 企业及其竞争对手在产品的开发和设计、工艺革新和生产等方面进行了哪些投资？ 外界对各公司技术水平的主观排序如何？ 企业的产品成本和增值结构是什么？ 企业的现有技术有哪些能应用？利用程度如何？ 企业想实现目前的经营目标，需要拥有哪些技术资源？ 公司的技术对企业竞争地位的影响如何？是否影响企业的经营战略？
环境因素	企业概况（数量、规模、结构、分布） 该行业与相关行业发展趋势（起步、摸索、落后） 对相关行业的影响 对其他行业的影响	对非产业环境影响（自然环境、道德标准） 媒体关注程度 可持续发展空间（气候、能源、资源、循环） 全球相关行业发展（模式、趋势、影响）
法律因素	世界性公约、条款 基本法（宪法、民法） 劳动保护法 公司法和合同法 行业竞争法	环境保护法 消费者权益保护法 行业公约

第三节　产业环境分析

　　正如第一节所提到的，处于同一行业的企业通常受到类似环境因素的影响，这些环境因素就是行业环境。对行业环境的分析能够帮助企业更加清晰认识自身在行业竞争中所处的地位和竞争对手的相关情况。

一、行业结构

（一）行业结构的概念

行业结构，又称产业结构或市场结构，指在特定的市场中，企业间在数量、份额、规模上的关系，以及由此决定的竞争形势。决定行业结构的因素有很多，主要有以下三种。

1. 行业集中度

行业集中度是决定市场结构最基本、最重要的因素，集中体现了市场的竞争和垄断程度。一般用来衡量产业集中或分散程度的工具是产业集中度，即某一产业中最大的几个企业的收入总和与该产业总体销售收入的比率。

2. 产品差别

产品的差别即产品差异，指产业内相互竞争的厂商所生产的产品之间替代程度的不完全性。它会影响顾客对产品的购买偏好和对企业品牌的忠诚度。当某一行业的产品缺乏差异性时，市场上大量同质的产品会让顾客对某一企业品牌的忠诚度下降，为了争抢客户资源，企业之间可能采取"价格战"等竞争方式，加剧了竞争的激烈程度。

产品差异优势主要反映在以下几个方面。第一，企业以专利或技术秘诀形式拥有在优良产品设计方面的有效控制权，使消费者把控制权与优良的产品等同化，企业成了高品质产品的象征，增加了消费者对该企业产品的偏好度。第二，在位企业在长期经营过程中在定价和销售服务等方面树立了良好声誉，增加了消费者对该企业产品的偏好度。第三，在位企业通过以往的广告宣传而建立的消费者忠诚以及对销售渠道的控制，使得新进入企业在销售成本上处于劣势。第四，消费者对在位企业和新进入企业的产品质量信息存在着不对称性。由于消费者已经了解在位企业的产品质量，而新进入企业的产品质量对消费者来说是未知的，因此新企业就必须向消费者提供更高的销售折扣率或比在位企业支付更高的单位营销费用来吸引消费者试用自己的产品，新企业在生产和营销成本上处于劣势，从而限制了新企业的进入。

3. 进入壁垒

进入壁垒是针对新进入行业的企业而言的。当企业去开拓新的业务时，必须面对陌生环境对生产经营造成的不利因素。

进入壁垒的难易程度由市场的竞争状况、社会法律环境等多种因素决定。进入壁垒按照进入壁垒的成因把它划分为两类：结构性进入壁垒和策略性进入壁垒。前者是指企业自身无法支配的、外生的，由产品技术特点、资源供给条件、社会法律制度、政府行为以及消费者偏好等因素所形成的壁垒。后者即进入阻挠，是指产业内在位企业为保持在市场上的主导地位，获取垄断利润，利用自身的优势通过一系列有意识的策略性行为构筑起的防止潜在进入者进入的壁垒。构成进入壁垒的结构性因素主要有规模经济、绝对成本优势、必要资本量、产品差别化、网络效应和政府管制等。

进入壁垒越坚固，企业在新市场中成长的阻力就越大，因此企业在进入一个新行业之前，管理者必须对将要进入的市场行业有充分的了解。

（二）行业结构分析目的

企业进行行业结构的分析主要是为了维持和获得竞争优势。具体表现为：明确影响企业竞争行为和获利性的产业结构的主要特点，分析行业结构、竞争态势和获利水平之间的关系；评价产业的吸引力；利用行业结构的变化趋势预测其未来获利能力的变化；帮助企业寻找和利用影响产业结构的机会以缓解企业之间的激烈竞争；分析竞争态势和顾客需求，以明确行业关键的成功因素。

二、行业结构的度量

行业集中度指数又称"行业集中率"，是指该行业的相关市场内前 N 家最大的企业所占市场份额（产值、产量、销售额、销售量、职工人数、资产总额等）的总和。在进行行业集中度的测算时，以 CR_n 来表示产业（行业）的集中程度。例如，CR_4 是指四个最大的企业占有该相关市场的份额。计算公式为：

$$CR_n = 前n位企业销售额 / 行业总销售额$$

CR_n 越大，说明这一行业的集中度越高，市场竞争越趋向于垄断；反之，集中度越低，市场竞争越趋向于竞争。通常 $n=4$ 或者 $n=8$，此时行业集中度就分别表示产业内规模最大的前4家或者前8家企业的集中度。根据美国经济学家贝恩和日本通产省对产业集中度的划分标准，可将产业市场结构粗分为寡占型和竞争型两类，见表2-2。

表2-2 市场结构分类

市场结构集中度	CR_4 值/%	CR_8 值/%
寡占Ⅰ型	$CR_4 \geq 85$	—
寡占Ⅱ型	$75 \leq CR_4 < 85$	$CR_8 \geq 85$
寡占Ⅲ型	$50 \leq CR_4 < 75$	$75 \leq CR_8 < 85$
寡占Ⅳ型	$35 \leq CR_4 < 50$	$45 \leq CR_8 < 75$
寡占Ⅴ型	$30 \leq CR_4 < 35$	$40 \leq CR_8 < 45$
竞争型	$CR_4 < 30$	$CR_8 < 40$

除了行业集中度指数外，赫芬达尔—赫希曼指数也是经济学界和政府管制部门使用较多的指标。赫芬达尔—赫希曼指数（Herfindahl-Hirschman Index，HHI），简称赫芬达尔指数，是指一个行业中各市场竞争主体所占行业总收入或总资产百分比的平方和，用来计量市场份额的变化，即市场中厂商规模的离散度。计算公式为：

$$HHI = \sum_{i=1}^{n}(X_i/X)^2 \quad (i=1,2,...,n)$$

式中，X 为市场的总规模，X_i 为 i 企业的规模，n 为该产业内的企业数。当 HHI 指数小于 1000 时，该市场为低集中度市场；当 HHI 指数小于 1800、大于 1000 时，该市场为中集中度市场；当 HHI 指数大于 1800 时，该市场为高集中度市场。

三、波特的五力模型分析

根据迈克尔·波特教授提出的行业环境分析模型，在每个行业中都存在着决定行业结构和竞争态势的五种力量，分别为潜在竞争者的威胁、现有企业之间的竞争、替代品的威胁、供应商的议价能力与购买者的议价压力，这种模型也被称为"波特五力模型"，如图2-2所示。

（一）潜在竞争者的威胁

企业的逐利性使市场上不断出现企业进入或退出的情况。潜在竞争者，即新加入的企业既为市场带来了新的活力，也让现有市场的竞争更加激烈。这些由新加入的企业带来的影响被称为潜在竞争者的威胁。面对这种威胁，行业中现有企业需要考虑的是威胁程度的高低和通过什么方式来阻止更多潜在竞争者进入行业。具体需要考虑的问题包括：潜在的新进入者来自哪里？可能以哪种方式进入？如何阻止他们进入？企业可以通过行业扫描图来发现新进入者来自哪里。新进入者的进入方式包括新产品进入、行业内联合、行业外联合等形式，企业需要从行业发展实践和大量商业信息搜索等途径发现新进入者可能的进入形式。阻止新进入者进入的途径是提高其进入壁垒。新进入者的威胁取决于以下几个方面。

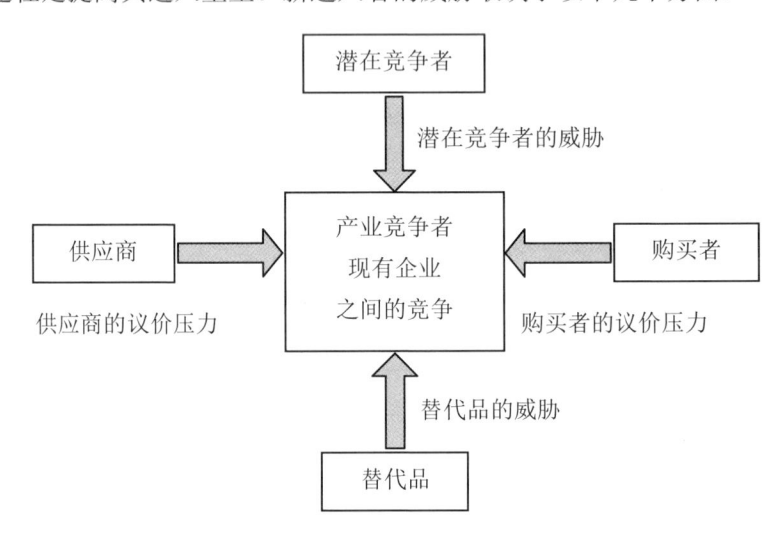

图 2-2　波特的行业分析五力模型

1. 规模经济效益

规模经济是指在一定时期内产品的单位成本随生产规模和产量的增加而降低。事实上，几乎企业的每项职能，如制造、采购、研发、营销等，都存在规模经济效益。规模经济的存在给新进入者设置了障碍，迫使新进入者不得不面临两难选择：要么一开始就承担大规模生产而导致高成本投入的风险，要么承担小规模生产带来的产品成本的劣势。根据图 2-3，随着产出的增加，规模经济行业的企业成本不断下降，当产出增加到某一水平时会达到成本最低点 MES，企业生产 MES 的产出会获得最低成本。如果新进入者不能实现最低成本的产出，则它进入该行业会面临更大的竞争风险。

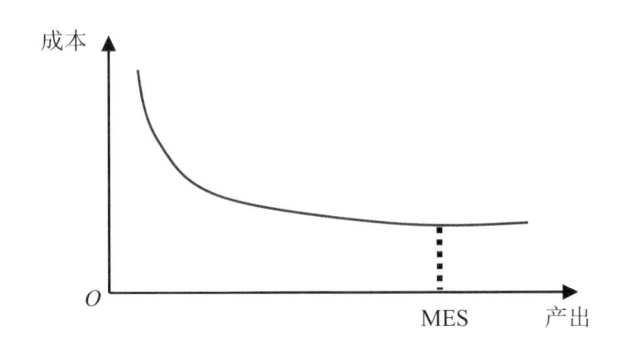

图 2-3　规模经济效益的影响

2. 品牌忠诚度

每一个行业都有已经受顾客认可的企业品牌，长时间内建立起的顾客忠诚度让这些企业拥有了无形的优势。对于新进入的企业来说，短期内要让顾客认可自己的产品十分困难。新进入企业往往会采取打折促销、广告宣传的方式在短期内提升品牌知名度，但是要想长期获得顾客的信任与其他企业竞争，还得依赖企业的特色产品、服务或价格优势。

3. 资金需求

在企业正式运转之前，为了维系正常的生产经营活动需要投入启动资金。这种资金需求不仅仅是指生产产品所需要的资金，还包括研发、广告及促销等方面所需要的大量资金。高的资金需求带给新进入者更高的进入壁垒。

4. 分销渠道

一般来说，由于市场分销能力有限，原有的分销商一般是为现有的企业服务，往往不愿意经销新厂家的产品。为此，新加入者要想其产品进入市场，就必须通过让利、合作、广告补贴等方式让原有的分销商接受其产品，或者建立全新的分销网络，但这样会降低新进入企业的利润，加大进入难度。

5. 转换成本

购买者是否接受新进入者提供的产品不仅与产品的价格、质量和功能有关，而且与转换成本有关。转换成本是指购买者从原供应者处购买产品转换到另一个供应者时需要支付的一次性成本。它包括雇员再培训的成本、新的辅助设备成本、检验考核新产品所需的时间及费用、产品重新设计的费用等。新进入者必须尽量降低产品成本或提高产品的附加值以弥补购买者因转换成本过高而受到的损失。因此，购买者的转换成本越高，新进入者进入现有行业的难度也就越大。

6. 其他障碍

除了以上进入市场的障碍因素，新进入者的障碍大小还受到该行业内现有企业的反应程度的影响。现有企业一般不会欢迎新进入者，新进入者在进入该行业前，应预想到现有企业采取抵抗行为的可能性和强度。现有企业采取抵抗行为的大小，取决于企业的财力状况、固定资产规模、行业增长速度以及该行业的成熟程度等。如果新进入者对现有企业的核心利益造成明显损害，而现有企业又拥有相当充裕的资源，那么现有企业极有可能对新进入者做出强烈反应，新进入者的进入就极有可能被遏制。长期合同、专利和专有技术、学习曲线的效应、首创品牌的优势都是新进入者的进入障碍。

（二）现有企业之间的竞争

现有企业之间的竞争是指产业内各个企业之间的竞争关系和程度。分析现有企业之间的竞争，需要考虑如何评价和选择竞争对手，为什么会产生激烈的竞争，如何减少竞争、降低其强度等问题。

针对如何评价和选择竞争对手的问题，需要考虑有效的竞争对手分析。一般分析竞争对手，需要对其战略目标、组织机构、人力资源、营销手段、生产技术和工艺流程、产品研究与开发、财务状况、合作伙伴、个性与文化等方面进行全面了解，同时考虑应用后面章节中介绍的竞争对手分析框架。我们知道，由于企业具有逐利的本质，加之政策对不正当竞争、垄断加以规制，科技进步也导致某些行业自然淘汰等，竞争是不可避免的。竞争是一项需要成本的活动，不仅会带来利益，同时也伴随着失效、意外、延续、损失等风险。竞争对手之间存在着相互依存的关系，产品与服务越来越具有系统性，没有单一的企业可以提供所有的产品和服务，因此，需要选择好的竞争对手。

为什么有些行业中存在激烈的竞争？如何减少竞争、降低竞争强度？需要考虑造成产业内企业之间竞争激烈程度高的原因。具体包括：行业增长（市场增长率）缓慢；竞争者多且力量相当；固定成本或库存成本高；缺少产品特色与用户的转变费用低；生产能力过剩或退出壁垒高等。

进入壁垒和退出壁垒对行业竞争有重要影响。进入壁垒是指产业内既存企业对于潜在进入企业和刚刚进入这个产业的新企业所具有的某种优势的程度。正如前文在进入壁垒理论内容中所述，规模经济、客户忠诚度、资本金投入、转换成本、必要资本量及沉没成本、产品差别、绝对费用、政策法律、既存企业的战略性阻止行为等都是影响进入壁垒的重要变量。退出壁垒也叫退出障碍，是指企业在退出某个行业时所遇到的困难和要付出的代价。现有企业在市场前景不好、企业业绩不佳时意欲退出该产业（市场），但由于各种因素的阻挠，资源不能顺利转移出去。退出壁垒高低与以下因素有关。第一，专业化的固定资产，如固定资产清算价值低或转换成本高，则退出壁垒高。第二，退出的费用，如劳动合同规定的赔偿、安置费、大量的库存物品、由于纵向一体化形成的原材料加工基地及市场网络等费用。第三，和公司其他业务的战略关系密切，如退出某一行业会使企业在其他经营领域的产品、市场形象和营销能力等方面受到很大影响。另外，还有感情和心理障碍、政府和社会约束等。进入壁垒的高低影响行业的利润，退出壁垒的高低影响行业的风险。如图2-4所示，低进入壁垒、低退出壁垒的行业是稳定的低利润行业；低进入壁垒、高退出壁垒的行业是低利润高风险行业；高进入壁垒、低退出壁垒行业是稳定的高利润行业；高进入壁垒、高退出壁垒的行业是高利润高风险行业。从图2-4中可以看出：从行业利润的角度来看，最好的情况是进入壁垒较高而退出壁垒低，在这种情况下，新进入者将受到抵制，而在本行业经营不成功的企业会离开。反之，进入壁垒低而退出壁垒高是最不利的情况，在这种情况下，当某行业景气时，众多企业纷纷进入该行业；当该行业不景气时，过剩的生产能力仍然留在该行业内，企业之间竞争激烈，相当多的企业会因竞争不利而陷入困境。一般而言，稳定的低利润和高利润高风险是行业结构分析中最常见的情况。

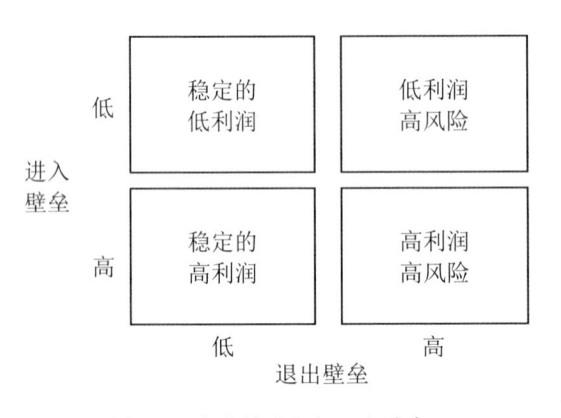

	低	高
低	稳定的低利润	低利润高风险
高	稳定的高利润	高利润高风险

进入壁垒（纵轴） 退出壁垒（横轴）

图2-4　企业的进入与退出壁垒

（三）替代品的威胁

替代品是指那些与本企业产品具有相同功能或类似功能的产品。对替代品威胁进行分析需要考虑替代品有哪些、替代是否能够真正发生作用以及如何摆脱替代的威胁。

首先要辨识替代品。替代品是与该产品实现相同总体功能的产品与服务，替代的形式有多种。第一种是简单形式的替代，即一种产品替代另一种产品是在同一买方价值链中实现相同的功能。例如，E-mail 替代传统的普通信函，微信与 QQ 的相互功能替代。第二种形式是相对复杂的替代，即替代品实现的功能与现有产品提供的功能不尽相同。例如，空调对暖气的替代，在我国北方居民更习惯于暖气制热的舒服和温暖，而空调制热一般作为替代品。但空调除了制热还有制冷的功能，暖气仅仅是制热。第三种形式的替代是无购买行为的替代。例如，乘坐夜间的高铁去旅游可以省掉当夜的酒店住宿费用。第四种形式的替代是回收品的替代。例如，购买二手车而不是新车。第五种形式的替代是上下游替代。例如，微信支付的普及使得银行的自动取款机使用率下降，从而减少了上游企业自动取款机的销售市场。

其次，替代品是否能够发挥替代作用、产生威胁，取决于替代品的经济性，可以用价值价格比 RVP 来表示。RVP 表示单位价格能够给顾客带来的价值大小，替代品的 RVP 越高，替代作用越可能产生。摆脱替代的威胁的方法包括：行业内企业通过宣传本产品的竞争优势等多种举措集体反击替代品；提高本产品的 RVP；提高转换成本；通过研发等举措寻找不受替代品影响的新用途；进入替代品产业；目标转向新的细分市场或者寻求与替代品共存的方法。

（四）供应商的议价能力

供应商是指企业从事生产经营活动所需要的各种资源、配件等的供应单位。它们往往通过提高价格或降低质量及服务的手段，向产业链的下游企业施加压力，以此来获得尽可能多的产业利润。在分析供应商讨价还价能力过程中，需要了解为什么能够对企业讨价还价、如何对待供应商的讨价还价等问题。

供应商为什么能讨价还价呢？这取决于供应商讨价还价的压力。以下情况对本企业而言供应商讨价还价压力大：第一，供应商的集中程度高或本行业的集中程度低；第二，供应品的可替代程度低；第三，本行业对于供应商的重要性低；第四，供应品对本行业的重要性更大；第五，供应品的更具特色、转变费用高；第六，供应商前向一体化的可能性增加；第七，本行业企业后向一体化的可能性小。

对待供应商讨价还价可以采取两个途径。第一，把供应商作为竞争对手来对待。对作为竞争对手的供应商的做法包括寻找备选供应源，减少依赖性；寻找替代品；表明企业的后向一体化能力；选择小供应商，一般小供应商的讨价还价压力小。第二，把供应商作为合作伙伴来对待。针对作为合作伙伴的供应商，企业可以采用与供应商签署长期合同、帮助供应商了解顾客以及分担供应商的风险等做法。

（五）购买者的议价能力

购买者（顾客、用户）必然希望所购产品物美价廉、服务周到，因此，他们要求提高产品质量和服务水平，从而同该产业内的企业讨价还价，使得产业内的企业相互竞争，导致产业利润下降。分析购买者讨价还价的压力需要思考顾客为什么购买我们的产品、顾客讨价还价能力的来源等问题。

回答"顾客为什么买我们的产品"的问题需要有效的顾客分析，需要明确谁是企业真正的顾客、他们的核心价值是什么，以及针对这些顾客需要改进的方向。

> 📖 **小案例：央视无锡影视基地有效的顾客分析**

1987年无锡影视基地建立，其最初将拍摄电视连续剧《唐明皇》《三国演义》和《水浒传》等电视剧所需要的建筑和道具建成了唐城、三国城和水浒城三大景区。景区集互动性、观赏性、体验性为一体，在2016年获得"创新力景区金奖"。其中，2001年的一次营销战略中有效的顾客分析，至今耐人寻味。2001年，央视无锡影视基地的散客和团队两个市场都呈现出显著的下降趋势，主要原因是媒体对景区当时一些设施陈旧等问题有负面的宣传，而且当时景区的散客主要以观光客为主，周边游客来过之后，重游的比例很低。因此，景区聘请营销专家进行顾客分析，认为团队客人是景区未来收入增长的重要客源。调研发现，团队游客下降的真正原因是，对远距离团队游客和跨地区组团有重大影响力的、地接能力较强的本地旅行社，不愿意推荐央视无锡影视基地。于是无锡影视基地在"长三角城市群"精准确定了上海、南京、杭州三个城市的地接旅行社，并了解他们的需求，发现地接旅行社不选择该景点的原因是景区已经严重老化，需要进行新产品开发，同时景区火爆之时对旅行社比较轻视。因此，景区进行产品创新，开发"古战船太湖黄金游"项目，并将该水上项目免费送给旅行社。

影响顾客讨价还价能力的因素主要有：用户的集中程度、本行业产品的标准化程度、用户在本行业购买的产品的成本比重、转变费用、用户的盈利能力、用户后向一体化的可能性、本行业前向一体化的可能性、本行业产品对用户质量的影响程度、用户掌握行业信息的程度。一般而言，以下因素会提升用户讨价还价能力，从而加大对本行业的威胁：用户集中程度高，本行业产品标准化程度低，用户在本行业购买的产品成本比重低，转变费用低，用户盈利能力强，用户后向一体化可能性大，本行业前向一体化可能性小，本行业产品对用户质量的影响程度小，用户掌握行业信息的程度高。

（六）其他利益相关者的影响

政府机构及企业的股东、债权人、工会组织等其他利益相关者群体对产业竞争的性质与获利能力也有直接的影响。每个利益相关者都用自己的标准衡量企业经营业绩，按照对自己影响的好坏来衡量企业高级管理层的决策行为。另外，英特尔前总裁安迪·格鲁夫自波特五力模型分析中衍生出第六力（为协力业者的力量），即互补企业因素。协力业者指与自身企业具有相互支持与互补关系的其他企业。在互补关系中，该公司的产品与另一家公司的产品互相配合使用，可得到更好的使用效果。协力业者间的利益通常互相一致，彼此间产品相互支持，并拥有共同的利益。但任何新技术、新方法或新科技的出现，都可能改变协力业者间的平衡共生关系。例如，汽车需要汽油，计算机需要软件，Apple生态圈需要各种App。通常情况下，互补企业的利益是一致的。但有时会出现一方过于强势的情况，从而引发矛盾。

四、行业生命周期

行业的生命周期是指从行业出现直到行业完全退出社会经济活动所经历的时间。按照行业生命周期理论，每一个行业都要经过形成期、成长期、成熟期、衰退期四个发展阶段。这是由行业规模和竞争强度来决定的，如图2-5所示。

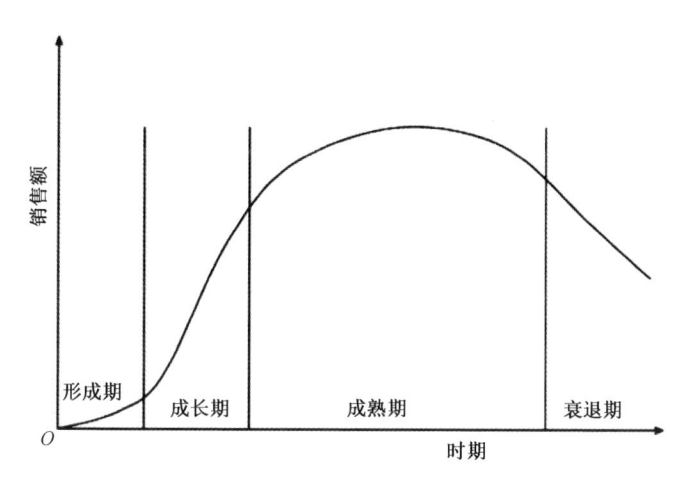

图 2-5　行业生命周期曲线

形成期是指某一行业刚出现的阶段。在此阶段，企业刚建立或刚生产某种产品，忙于发展技术能力和开辟新用户，市场占有率分散且变动，行业内竞争者较少。此时产品设计尚未成熟与定型，产品的开发、销售成本很高，利润很低甚至亏损，企业进入壁垒低，市场风险小。本阶段内企业主要关心如何获得足够的资金投入以确保生存和发展，其重要职能是研究开发产品和技术。

进入成长期，行业的产品已比较完善，顾客对产品的认知程度迅速提高，市场迅速扩大，企业的销售额和利润快速增长，进入壁垒提高。同时，丰厚的利润空间促使不少企业加入该行业，行业的规模扩大，竞争日趋激烈。企业的经营显现复杂性，市场营销和生产管理成为企业的关键职能。

进入成熟期，行业的市场趋于饱和，销售额已难以增长，甚至在成熟期后期开始下降。买方市场形成，行业盈利能力下降。技术、用户和市场占有率大体上稳定而清晰，行业进入壁垒很高。行业内部竞争异常激烈，合并、兼并大量出现，行业由分散走向集中，只留下少量的大企业。产品成本和市场营销有效性成为企业能否存留的关键因素。

到了衰退期，由于替代品的出现，市场萎缩，行业规模变小，产品销售量和利润水平大幅度下降，原有企业纷纷退出该行业领域，这一阶段的行业可能延续较长时间，也可能迅速消失。在此阶段，企业面临较多难以预料的风险因素，成功退出或转移战略的制定与实施成为企业战略管理活动的主要内容。

区分各个阶段的标志为市场增长率，需求增长率，产品品种，竞争者数量，进入、退出壁垒，技术变革，用户购买时间、购买行为等。

第四节　战略群组分析

行业中几乎每一个企业都有与其地位相同或类似的其他企业，企业不仅要关注自身发展，也要了解这些定位相同、战略类似的企业的发展状况。

一、战略群组概述

（一）战略群组的概念

战略群组是指一个行业内执行同样或类似战略并具有类似战略特征的企业集群。这里的战略领域包括技术领先的程度、产品质量、定价策略、销售渠道的选择以及对顾客服务的程度和类型。在行业中，一些战略相同、地位相同的企业组成了一个战略群组，同一行业中会出现一个或几个战略群组。

（二）战略群组分析的意义

在越来越强的竞争环境中，企业进行战略群组分析的意义在于：第一，可以使企业很好地了解战略群组内企业的竞争状况以及某一群组与其他群组的差异点所在；第二，可以帮助企业预测市场变化以及发现新的战略机会；第三，揭示不同战略集团之间流动的难点与障碍所在。对于战略群组而言，像成本结构、规模经济、差异化、转换成本、分销渠道、资金、专利等因素会为那些希望通过转换战略而进入另一个战略群组的企业设置障碍。因此，战略群组分析能为企业的战略转换提供参考，让企业更准确地把握产业中竞争的边界。

二、战略群组分析图

企业在进行战略群组分析时，通常会采用战略群组分析图来作为分析工具。根据波特的理论，企业可以通过以下特征组合来划分战略群体：产品（或服务）的差异化程度，各地区交叉的程度，细分市场的数目，所使用的分销渠道，品牌的数量，营销的力度（如广告覆盖面、销售人员的数目等），纵向一体化的程度，产品的服务质量，技术领先程度（是技术领先者而不是技术追随者），研究开发能力（生产过程或产品的革新程度），成本定位（为降低成本所作的投资大小等），能力的利用率，价格水平，装备水平，所有者结构，与政府、金融界等外部利益相关者的关系，组织的规模。

为清楚地识别不同的战略群体，通常可以在上述特征中选择两项有代表性的特征，绘制二维的坐标图。按选定的两个特征把行业内的企业分别列在这个坐标图内，再把大致在相同战略空间的企业归为同一个战略群体，最后给每个战略群体画一个圆，使其半径与各个战略群体占整个行业销售收入的份额成正比，这样就绘制出了一张战略群体分析图。根据以上分析，可以选择"品牌营销力度"和"品牌地区覆盖率"作为组合特征，画出某地区食品业战略群组分析图，如图2-6所示。

在进行绘图时，要注意图轴的选择原则：第一，最佳变量是对战略群组形成起决定作用的变量；第二，所选图轴不可一同变化；第三，变量无须是连续或单调的；第四，战略群组分析图并不唯一。在绘制完成战略群组分析图之后，企业就可以清楚看出行业的战略群组分布情况和每一个战略群组内的竞争状况。同时，不同战略群组的边界也一目了然，这样有助于企业跨越壁垒进入另一个战略群组，为企业在行业中的竞争提供战略机会。

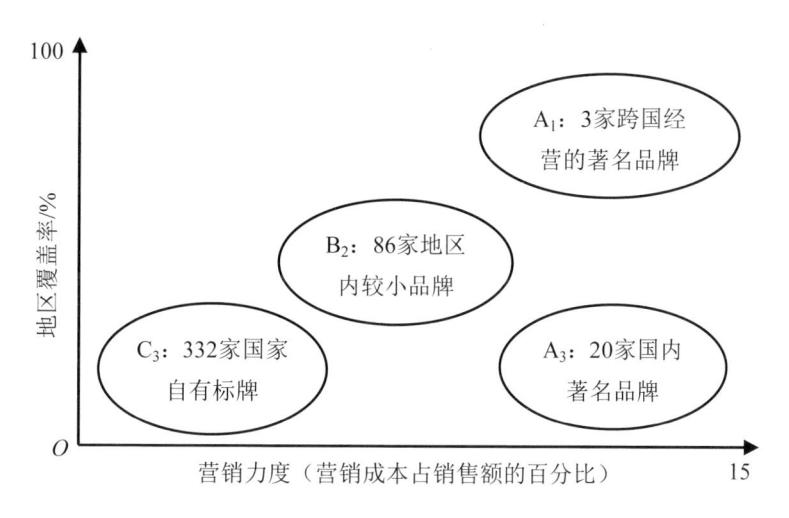

图 2-6　某地区食品业的战略群组

由图 2-6 中可知，某地区食品业分为四个战略群组，A_1 代表 3 家跨国经营的著名品牌企业，虽然企业数量少，但企业规模庞大，并且这 3 家企业地区覆盖率较大，营销力度最大；A_3 代表 20 家拥有国内著名品牌的企业，这些企业在本国的营销力度非常大，市场为国内范围的顾客；B_2 代表 86 家拥有地区内较小品牌的企业，这些企业的市场范围不仅在国内，而且已经有部分产品出口到周边国家，地区覆盖率和营销力度都处于中等水平；C_3 代表 332 家国家自有标牌的企业，这些企业规模小，在本国销售，地区覆盖率和营销力度都处于较低的水平。分析图 2-6 可以发现，各战略群组的区域战略定位不尽相同，群组之间竞争并不激烈，而群组内部的企业才是彼此重要的竞争对手。战略群组分析图也可以用于分析企业意图改变战略时需要考虑的移动壁垒，例如，如果有企业原来处于 B_2 战略群组，想进入 A_1 战略群组，就需要突破地区覆盖率、营销力度的战略壁垒。同时，战略群组分析图也表明了目前的市场空穴，例如在图 2-6 中 B_1、B_3、A_2、C_1、C_2 等位置就存在市场空穴，即市场机会。如果经过评估，发现 B_1 市场很有吸引力，就可能有企业在未来进入这一领域。

第五节　竞争对手分析

竞争对手是指那些对企业现有市场地位构成直接威胁或对企业目标市场地位构成主要挑战的竞争者。掌握主要竞争对手可能采取的战略行动及其实质，可以对企业战略调整形成重要支撑。

一、竞争对手的识别

竞争对手是指那些对自己的战略产生影响的企业。

企业在识别竞争对手时，可以借用前述的战略群组分析工具。一般而言，企业通常会将同类型产品的公司作为最主要的竞争对手，处于同一战略群组的企业是直接的竞争对手。不过，思考自己和行业标杆品牌之间的关系和将它们视为竞争对手是两码事。如果实力过于悬殊，所谓的竞争根本不存在。竞争对手有时候也不一定是同行业的企业，例如，美国西南航空公司把高速公路上的汽车企业作为自己的竞争对手。顾客家附近的快递柜，它虽然不是一个快递公司，却也是快递公司的竞争对手。有一些顾客出于保护隐私或者掌控局面的目的，根本不希望快递员上家里来，或者不想被动等待上门，所以他们更愿意主动到快递柜寄出快递。送菜上门的社区买菜平台，未来也可能是快递公司的竞争对手。给居民家里送菜的时候，顺便也把快递寄走（这并非不可能，某购物平台就是在客户签收商品的时候，以更优惠的价格收取要寄的快递，发展了更多的个人快递业务）。因此，不仅要重视现有直接竞争对手，潜在的进入者也不容忽视。在集中度较低的行业，识别主要竞争对手存在一定难度和相应的研究成本。

企业应该密切关注主要的直接竞争对手，尤其是那些与自己同速增长或比自己增长快的竞争对手，必须注意发现任何竞争优势的来源。一些竞争对手可能不是在每个细分市场都出现，而是出现在某特定的市场中。因此对不同竞争对手需要进行不同深度水平的分析，对那些已经或有能力对公司的核心业务产生重要影响的竞争对手尤其要密切关注。

现有直接竞争对手可能会因打破现有市场结构而损失惨重，因此主要的竞争威胁不一定来自它们，而可能来自新的潜在的竞争对手。新的竞争对手包括以下几种：进入壁垒低的企业，有明显经验效应或协同性收益的企业，前向或后向一体化企业，非相关产品收购者，进入将给其带来财务上的协同效应、具有潜在技术竞争优势的企业。

识别主要竞争对手要进行有效的竞争情报收集和分析。竞争情报根据其载体形式可分为印刷型信息、网络信息、口头信息和实物信息四种基本类型。竞争情报的来源包括报刊、行业协会出版物、产业研究报告、政府文件、产品样本手册、信用调查报告、企业招聘广告、企业内部人员及内部信息系统、经销商、供应商、行业会议、展览会、客户、专业调查咨询机构等。

竞争应由顾客定义，而不是由企业自己。现实中很少有企业通过访问顾客来确立竞争对手。即使是外部的咨询公司，在做竞争分析的时候，大多也是根据自己对行业的研究、对高层的访谈了解来描绘的。但是在顾客群体中发生的竞争，远比桌面研究复杂。竞争是动态的，它们很可能超出了企业内部固化的自我理解。正确定义竞争对手，最重要是看顾客如何看待竞争，不是来自顾客的竞争模式都是无效的。比如喝酒后无法开车，他可以选择代驾服务；可以付费给会开车的店员帮忙开车；可以打车回家，第二天再来取回车辆；可以叫朋友来帮忙开车或者接自己回家。不同的方案都可以取代代驾的服务，因而它们都属于竞争范畴。企业或者相关的咨询公司做竞争分析时，应与实际使用产品的顾客交谈。交谈也是有技巧的，不要直接问"你认为某品牌的竞争对手是谁"，而要询问他们尝试了哪些解决方案；在购买公司的产品之前，还考虑了哪些其他的产品或方案；在使用公司的产品时会放弃什么；如果有的顾客曾经停止使用公司的产品，可以询问为什么；是否切换使用了新的解决方案；等等。

二、竞争对手分析的目的

进行竞争对手分析的主要目的就是"扬长避短"，学习对手的优势，弥补自身的不足，从而在竞争环境中实现更有效的"进攻"和更周密的"防御"。在进行分析时，一是为了学习领先者的长处为自身的发展提供模板和思路；二是为了寻找对方的战略盲点，寻找能够超越对方的机会。

三、波特的竞争对手分析模型

波特竞争对手分析模型出自《竞争战略》，该模型从企业的长远目标、现行战略、能力和假设四个方面来分析竞争对手的行为和反应模式。按照迈克尔·波特教授的观点，一个企业在一个产业当中展开经营的时候，一定会面对和企业产生直接竞争关系的竞争对手，那么企业就应该对竞争对手从以上四个角度做分析。竞争实力因素影响主要竞争对手的行动能力和处理行业事件的能力，其他三个因素影响主要竞争对手反击的可能性、时间、性质和强烈程度。

（一）长远目标

长远目标体现了企业未来的发展重点，表现了竞争者竞争性行为的动机。在分析竞争者的长远目标时，要着重对比和企业自身目标的异同。自身的目标同竞争对手的目标相比如何？竞争者未来的重点是什么？对待风险的态度是什么？除了分析竞争对手未来的财务目标外，还可以重点分析其社会责任、环境保护、技术领先等非财务方面的目标设定。通过对竞争对手未来目标的分析，了解每位竞争对手对其目前的市场地位和财务状况的满意度，推断竞争者的未来发展走势和可能采取的行动，从而针对主要竞争者可能采取的战略行动做出及时有效的回应。对竞争对手目标的了解也有助于预测竞争对手对企业战略决策的反应，帮助企业避免那些会引发竞争对手产生激烈对抗的战略行动。

经过分析，如果发现竞争对手确定的未来目标和现在的目标存在很大的差异，说明对手把目标做了重大的调整，表明竞争对手对他目前的经营状况并不是特别的满意。伴随着目标的调整，接着要调整相应的战略和策略，这种调整就有可能对企业自身造成冲击和影响，必须要提前做好准备。还有一种可能性，如果发现对手的未来目标和他现在的目标没有明显差异，就意味着为了实现目标，他所采取的战略、策略基本上会保持稳定，企业也可以考虑不变。所以分析竞争对手的未来目标可能发生的变化以及变化的程度，可以帮助企业预警、预测到底要不要变。

（二）现行战略

对竞争对手现行战略进行分析的目的是了解竞争对手现在正在干什么、能够做什么。对现行战略进行分析需要回答：竞争对手现在的竞争战略是怎样的？在竞争的环境中战略能够支持变化的环境吗？另外，还应分析竞争对手继续实施现行战略或改变现行战略的可能性。对当前业绩及前景较满意的企业可能会继续实施现行战略，当然，也可能做一些调整。但是，业绩很差的竞争对手一般会推出新的战略行动。分析竞争对手的现行战略可以采用价值链分析、SWOT等工具。

在我国城镇化提升速度放缓的背景下，诸多家电企业选择多元化战略。例如，有的家电企业选择将智能家居与智能制造相结合，多元化生产机器人、压缩机等产品。也有的家电企业进入新能源汽车领域，开展多元化经营。在多元化战略指导下，这些企业采取或自主研发，或并购其他企业等方式实现多元化。

（三）能力

竞争对手的能力包括产品能力、分销能力、生产能力、研发能力、财务实力、管理能力、适应变化的能力、竞争反击能力等，这些能力的分析有助于判断主要竞争对手的行动能力和处理行业事件的能力。

> 小案例：SW 航空公司的快速反击能力

BL 航空公司是一家以成本领先为竞争优势的企业，经常挑起价格战。有一次，BL 航空公司将机票打六折，向 SW 航空公司发起挑战。SW 航空公司立即发布两个优惠政策供乘客选择：第一，机票打六折；第二，机票不打折，但给乘客额外赠送一瓶威士忌酒。结果由于 SW 航空公司的多数常客是商务客人，他们的差旅费由企业报销，所以，大部分乘客选择额外赠送一瓶威士忌酒。这样，SW 航空公司竟然成了当地威士忌酒最大的批发商。SW 航空公司如此迅速的反击能力常常让竞争对手头疼不已。

（四）假设

竞争对手的目标是建立在其对环境和自身的认识之上的，这些认识就是竞争对手的假设。竞争对手的战略假设有两类：一是竞争对手对自身力量、市场地位、发展前景等方面的假设，即竞争对手自我假设；二是竞争对手对自身所在行业及行业内其他企业的假设，如竞争对手对行业竞争强度、主要行业威胁、行业发展前景、行业潜在获利能力等方面的认识和判断。进行竞争对手假设需要回答：竞争者对行业和自己的假设分别是什么？我们假设未来是可变的吗？竞争环境稳定性的假设是什么？竞争对手的战略假设受下列因素的影响：企业的历史和文化、企业领导者的背景、在市场上成功或失败的经验、行业中的惯性思维等。大西洋与太平洋茶叶公司（AP 公司）曾经因为对竞争对手错误地假设而痛失市场领导者的地位。AP 公司于 1859 年创立，以经营食品为主。1936 年进入超级市场行业，后来受到竞争对手塞夫韦联营商场和克罗阁连锁商店的挑战。1971 年，AP 公司为了摆脱两个强有力的竞争对手的威胁，改为超级廉价商店，展开价格竞争。但最后的结果是，虽然 AP 公司 1972 年的销售额高达 63 亿美元，但亏损 5130 万元，受到了竞争对手的敌对和合伙股东的抱怨，还将领先的地位让给了塞夫韦联营商场。为什么呢？主要是它假设竞争对手会跟着它这个行业领导型企业一起降价。但事实是塞夫韦联营商场调整了产品结构，售卖与 AP 公司不同的商品，甚至对这些不同的商品略提高了价格。因此，竞争博弈中必须要对竞争对手做出多种可能的假设，从而迅速做出应对竞争的准确策略。

四、其他竞争对手分析模型

（一）罗斯查尔德的竞争对手分析模型

罗斯查尔德于 1979 年提出了比较常用的竞争对手分析模型。将竞争对手信息分成五个相互独立的部分：竞争对手的创意和设计能力、生产能力、市场能力、财务能力和管理能力。各项竞争对手能力下包含以下核心的内容。

第一，创意和设计能力。①技术资源：技术理念、专利和版权、技术复杂性、技术一体化。②人力资源：核心人物和技能、外部技术群体的使用。③研发资金：研发投入总额占销售额的百分比、整个时间范围内的一致性、内部集中、政府扶持。④技术性策略：技术专业化、技术能力、资源能力、时效性。⑤管理过程：全面质量管理、六西格玛、质量屋。

第二，生产能力。①实物资源：厂房大小、地理位置、使用年限、设备、工序。②人力资源：主要人物和技能、工作队伍。③供应商：质量、能力、承诺。

第三，市场能力。①销售队伍：技能、规模、类型、地理位置。②分销网络：技能、类型。③服务和销售政策。④广告：技能、类型。⑤人力资源：主要人物和技能、人员流动。⑥资金：总额、随时间变化的一致性、占销售额的百分比、薪酬体系。

第四，财务能力。①长期：负债/资产比率、负债成本。②短期：现金或现金等价物、贷款额度、负债类型、负债成本。③清算。④经营回报：边际利润、利润、现金流、销售、资产、营销支出的回报、存货、应收账款调整。⑤人力资源：核心人物和技能、人员调整/流动。⑥财务评估系统：预算、预测、控制。

第五，管理能力。①核心任务：企业核心任务制度的目标和优先次序、价值、薪酬体系。②决策：决策层次、决策类型、决策速度。③战略规划：计划的类型、计划的重点、计划的时间跨度。④人员配备：员工资历和人员流动、员工经验、职务调动政策。⑤组织：集中程度、职能划分、人员使用情况。

（二）普赖斯科特的竞争对手跟踪模型

1999年8月，约翰·普赖斯科特教授在安徽黄山召开的全国竞争情报技能和案例分析学术研讨会上作了题为"竞争对手跟踪分析"的专题报告，提出了竞争对手跟踪的金字塔模型。作为《竞争情报丛书》之一的《竞争对手分析》一书中以此模型建构了竞争对手和竞争环境的预警系统框架，使该模型起到了论纲的作用，故称竞争对手跟踪模型。

模型分为底层、中层、上层三层，呈金字塔状。底层是竞争对手基础数据库，存放竞争对手关键性的历史数据和过去形成的分析结果，是企业掌握竞争对手的基础知识。中层的更新数据库记录的是企业持续跟踪竞争对手的每一个新动作，定期取得的对手近期动向和当前状况，还有初步的分析判断，这些形成了关于对手的新知识。上层的分析和预测，是在综合了基础知识和最新知识后，得到的竞争对手状况评估和行动预测。它是企业决策的依据，由此实现了由竞争信息形成竞争决策的提炼和升华。金字塔图外面分散着"点的竞争信息"，是企业获得的零散的、突发性的竞争对手信息。由于这些点信息出现得非常规律，企业更有必要对之进行去伪存真、由表及里的深入分析。点的竞争信息经过处理之后，常常作为激发因子直接和上层的评估预测及时联系起来，激活上层的分析行为，同时亦作为最新知识加入到已有的竞争对手知识中去。

本节所描述的竞争对手分析模型可以互补使用，这样能更准确地分析竞争对手。

第六节 EFE 矩阵分析方法

EFE 矩阵（外部要素评价矩阵）是一种量化的分析手段。企业通过 EFE 矩阵能够从外部对目标对象进行全面的分析，确定其面对的优势、劣势、机会和威胁。

一、EFE 矩阵分析方法的概念

外部要素评价矩阵（External Factor Evaluation Matrix，EFE 矩阵），是对外部环境进行分析的工具。其做法是从机会和威胁两个方面找出影响企业未来发展的关键因素，根据各个因素影响程度的大小确定权数，再按企业对各关键因素的有效反应程度对各关键因素进行评分，最后算出企业的总加权分数。通过 EFE 矩阵，企业可以把自己所面临的机会与威胁汇总，了解企业的全部吸引力。

二、EFE 矩阵分析方法的步骤

通常建立一个完整的 EFE 矩阵需要以下五个步骤。

1. 列出在外部分析过程中确认的关键因素
（1）因素总数在 10~20 个之间。
（2）因素包括影响企业和所在产业的各种机会与威胁。
（3）首先列举机会，然后列举威胁。
（4）尽量具体，可采用百分比、比率和对比数字。

2. 赋予每个因素以权重
（1）数值由 0.0（不重要）到 1.0（非常重要）。
（2）权重反映该因素对于企业在产业中取得成功的影响的相对大小。
（3）机会往往比威胁得到更高的权重，但当威胁因素特别严重时也可得到高权重。
（4）确定权重的方法：对成功竞争者和不成功竞争者进行比较，以及通过集体讨论而达成共识。
（5）所有因素的权重总和必须等于 1。

3. 按照企业现行战略对关键因素的有效反应程度对各关键因素进行评分
（1）分值范围 1~4。
（2）4 代表反应很好，3 代表反应超过平均水平，2 代表反应为平均水平，1 代表反应很差。
（3）评分反映了企业现行战略的有效性，因此它是以公司为基准的。
（4）步骤 2 的权重是以产业为基准的。

4. 计算加权分数和总加权分数
（1）用每个因素的权重乘以它的评分，即得到每个因素的加权分数。
（2）将所有因素的加权分数相加，以得到企业的总加权分数。

无论 EFE 矩阵包含多少因素，总加权分数的范围都是从最低的 1.0 到最高的 4.0，平均分为 2.5。高于 2.5 说明企业对外部影响因素能做出反应。EFE 矩阵应包含 10~20 个关键因素，因素数不影响总加权分数的范围，因为权重总和永远等于 1。

小案例：A 教育培训学校的外部环境 EFE 矩阵分析

A 教育培训学校坐落于×市，是经×市教育局批准成立的正规合法办学机构。自 2000 年成立以来，该教育培训学校吸引了大量的学员，使其从大学生教育培训学校中脱颖而出，成为×市乃至省内最具影响力的培训学校之一。学校以会计证、导游证、心理咨询师、律师证、专接本考试、研究生考试等考前培训为主要业务，服务以大学生为主体的高层次人才，目前共有学员 3 万余人。通过对 A 教育培训学校（以下简称 A 校）外部环境的分析，对该学校进行打分，并确定 A 校的机会和威胁。目前该学校决定利用 EFE 矩阵对外部环境的关键要素进行量化评价，见表 2-3。其中关键外部因素是通过 PEST 分析、行业五力模型分析和竞争对手分析之后总结提炼出的关键外部因素——四大机会和三大威胁。然后找到 10 位教育和培训行业的专家打分，利用层次分析法进行评价，得到其权重。再请 12 位专家、12 位本企业主要管理人员对关键外部要素进行打分，得到评分值，用评分与权重的乘积并求和，得到最后总加权分数 2.80 分。总加权分数大于 2.5，说明 A 校对外部环境反应良好，因此 A 校需要抓住有利于自身发展的机遇，回避威胁，后续将再根据自身的优劣势来确定未来的发展战略。

表 2-3 A 校外部环境的 EFE 分析矩阵

项目	代码	关键外部因素	权重	评分	加权分数
机会	O1	国家政策支持	0.15	3	0.45
	O2	经济快速发展	0.10	3	0.30
	O3	市场需求增加	0.20	4	0.80
	O4	教育意识提升	0.15	3	0.45
威胁	T1	可替代性高	0.10	1	0.10
	T2	市场竞争激烈	0.20	3	0.60
	T3	缺少行业规范	0.10	1	0.10
合计			1.00	—	2.80

复习思考题

1. 试利用宏观环境分析工具对你所在城市旅游业的宏观环境做出分析。
2. 产业环境分析的目的是什么？波特五力模型的内容是什么？
3. 为什么要进行战略群组分析？选择一个你熟悉的行业进行战略群组分析。
4. 对竞争对手分析都要分析哪些方面？波特的竞争对手分析框架包括哪些部分？

【中国情境下企业战略思维案例】

携程旅行所面临的行业竞争环境[1][2]

一、携程旅行的发展概况

成立于 1999 年的携程旅行是一家在线票务服务公司，总部设在上海，已于 2003 年 12 月在美国纳斯达克成功上市。携程旅行在全国范围内设有 17 个分公司，员工超过 25000 人，拥有国内外超过六十万家会员酒店。公司整合了高科技产业和传统旅游行业，在酒店、机票、度假、商旅管理等方面向超过 9000 万会员提供全方位的旅行服务。

2015 年 10 月 26 日，携程网和去哪儿网宣布合并，百度将拥有的去哪儿网股份置换成携程增发的股份。2016 年 4 月 21 日，携程网和东航集团签署战略合作框架协议，宣布在业务、股权、资本市场等领域展开合作。2018 年 4 月 3 日，携程专车具备了网络预约出租车线上服务能力，可在全国范围内通用。2019 年 2 月，百度宣布与携程达成深度合作，百度云为携程量身定制面向场景、业务的解决方案。2019 年 5 月 27 日，OYO 酒店宣布与携程达成战略合

---

[1] 博锦：《2021 年中国在线旅游行业市场现状、竞争格局及发展前景》，https://www.xianjichina.com/news/details_279511.html。
[2] 观研报告网：《我国旅游电商行业已初具规模 携程系一家独大》，https://www.chinabaogao.com/jingzheng/202203/581949.html。

作。2019 年 11 月 7 日，携程集团与 TripAdvisor 公司宣布达成战略合作伙伴关系，扩大全球合作，合作内容包括成立合资公司、达成全球内容协议以及公司治理协议。截至 2021 年 12 月 31 日，携程集团全年净营业收入为 200 亿元，约恢复至 2019 年的 56%。中国国内旅游总收入恢复至疫情前 51%。

二、在线旅游产业链构成

在线旅游是一种新兴的旅游商业模式，随着互联网的发展而兴起。在这一商业模式中，旅游消费者通过网络向旅游服务提供商预订旅游产品或服务，通过网上支付或线下付费获取旅游资源。将旅游资源整合制作成产品在互联网上进行销售的在线旅游平台是在线旅游产业的核心，而在线旅游的核心则是线上、线下产品整合及分销的平台类企业。在线旅游产业链的上游包括旅游资源的供应商，涵盖了交通、住宿、旅游项目、服务支持等多个领域，涵盖了航空、高铁、客运、酒店、景区、租车公司、娱乐设施、保险签证等多个企业。中游则是旅游产品整合及分销的线上线下平台，根据模式可以分为线下分销和线上产品整合及分销，线上产品整合及分销模式又可分为 B2B 平台、OTA 类 B2C 平台和非 OTA 类 B2C 平台，按交易形式分为 B2B 交易模式、B2E 交易模式、B2C 交易模式、C2B 交易模式，按信息终端类型分为网站电子商务、语音电子商务、移动电子商务、多媒体电子商务，见表2-4。产业链的下游包括各类营销平台，如个人原创的 UGC 平台、社交网络、搜索引擎、视频网站、移动应用等。此外，提供在线旅游支持服务的产业，例如支付、旅游金融、到达服务、出行信息提供等，也贯穿整个产业链。

表 2-4　按交易形式和信息终端类型对在线旅游的分类

	类型	定义及相关情况
按交易形式分	B2B 交易模式	在旅游电子商务中，B2B 交易模式主要包括以下几种情况： 1. 旅游企业之间的产品代理，如旅行社代订机票与饭店客房，旅游代理商代售旅游批发商组织的旅游线路产品。 2. 组团社之间相互拼团，也就是当两家或多家组团旅行社经营同一条旅游线路，并且出团时间相近，每家旅行社只拉到较少的客人时，旅行社征得游客同意后可将客源合并，交给其中一家旅行社操作，以降低成本。 3. 旅游地接社批量订购当地旅游饭店客房、景区门票。 4. 客源地组团社与目的地地接社之间的委托、支付关系等等。 旅游业是一个由众多子行业构成、需要各子行业协调配合的综合性产业。食、宿、行、游、购、娱各类旅游企业之间存在复杂的代理、交易、合作关系，旅游 B2B 电子商务有很大的发展空间
	B2E 交易模式	B2E 中的 E 指旅游企业与之有频繁业务联系，或为之提供商务旅行管理服务的非旅游类企业、机构、机关。大型企业经常需要处理大量的公务出差、会议展览、奖励旅游事务。它们常会选择和专业的旅行社合作，由旅行社提供专业的商务旅行预算和旅行方案咨询，开展商务旅行全程代理，从而节省时间和财务成本。另一些企业则与特定机票代理商、旅游饭店保持比较固定的业务关系，由此享受优惠价格。 旅游 B2E 电子商务较先进的解决方案是企业商务旅行管理系统。它是一种安装在企业客户端的具有网络功能的应用软件系统，通过网络与旅行社电子商务系统相连
	B2C 交易模式	B2C 旅游电子商务交易模式，也就是电子旅游零售。交易时，旅游散客先通过网络获取旅游目的地信息，然后在网上自主设计旅游活动日程表，预订旅游饭店客房、车船机票等，或报名参加旅行团。对旅游业这样一个旅客高度地域分散的行业来说，旅游 B2C 电子商务方便旅游者远程搜寻、预定旅游产品，克服距离带来的信息不对称。旅游电子商务网站订房、订票是当今世界应用最为广泛的电子商务形式之一

续表

类型		定义及相关情况
按交易形式分	C2B 交易模式	C2B 交易模式是由旅游者提出需求,然后由企业通过竞争满足旅游者的需求,或者是由旅游者通过网络结成群体与旅游企业讨价还价。 旅游 C2B 电子商务主要通过电子中间商（如专业旅游网站、门户网站旅游频道）进行。这类电子中间商提供一个虚拟开放的网上中介市场,提供一个信息交互的平台。上网的旅游者可以直接发布需求信息,旅游企业查询后双方通过交流自愿达成交易
按信息终端类型分	网站电子商务	用户通过与网络相连的个人计算机访问网站实现电子商务,是目前最通用的一种形式
	语音电子商务	语音电子商务是指人们可以利用声音识别和语音合成软件,通过任何固定或移动电话来获取信息和进行交易。这种方式速度快,而且还能使电话用户享受低廉费用服务。对于旅游企业或服务网站而言,语音电子商务将使电话中心实现自动化,降低成本,改善客户服务
	移动电子商务	移动电子商务是指利用移动通信网和互联网的有机结合来进行的一种电子商务活动。未来在旅游业中将会有广泛的应用
	多媒体电子商务	多媒体电子商务一般由网络中心、呼叫处理中心、营运中心和多媒体终端组成。它将遍布全城的多媒体终端通过高速数据通道与网络信息中心和呼叫处理中心连接,通过具备声音、图像、文字功能的电子触摸屏计算机、票据打印机、POS 机、电话机以及网络通信模块等,向范围广泛的用户群提供动态、24 小时不间断的多种商业和公众信息,通过 POS 机实现基于现有金融网络的电子交易,提供交易后票据打印服务,还可以连接自动售货机、大型广告显示屏等。 为旅游服务的多媒体电子商务,一般在火车站、飞机场、饭店大厅、大型商场、重要的景区景点、旅游咨询中心等场所配置多媒体触摸屏电脑系统,根据不同场合咨询对象的需求来组织和定制应用系统

三、在线旅游产业链的中游行业（主要为旅游电商）的竞争分析

（一）潜在竞争者的威胁

旅游电商与不同国家和地区的多家酒店、航空公司、旅行社等形成了长期紧密的合作网络,实现规模经济效应,这种紧密的合作需要长期稳定的关系和积累；此外,现有的旅游电商提供许多特色服务,如积分等,使老顾客在考虑购买时面临较高的转移成本,增强了客户的忠诚度；行业内企业拥有强大的互联网支持的技术管理系统和品牌优势,这些因素构成了很高的行业进入壁垒。然而,如果其他领域的互联网企业以联合、收购行业内旅游电商的方式进入这个行业,可能会对现有行业内企业构成威胁。这种情况下,新进入者可能借助其在其他领域的资源和技术优势,打破现有企业的壁垒,影响市场份额和竞争格局。

（二）现有企业之间的竞争

随着中国旅游业的蓬勃发展和在线旅游行业的迅速崛起,携程网面临着不断增加的竞争对手。目前,携程旅行、驴妈妈旅游、途牛、飞猪旅行、同程旅行、美团、去哪儿旅行等是中国旅游电商领域的头部企业,互相之间形成了竞争态势,见表 2-5。其中,携程系（携程旅行、同程旅行、去哪儿旅行、途牛）占据主导地位,而携程旅行、美团、去哪儿旅行、同程旅行等四大平台都得到了各自互联网平台的直接支持,如携程旅行背靠百度,同程旅行和美团背靠腾讯（携程旅行持有同程旅行旗下同程艺龙 26.14% 的股份）,飞猪旅行背靠阿里巴巴。据数据显示,2020 年携程旅行市占率达到 40.7%,去哪儿旅行市占率达到 17.5%,携程系合计市占率达到 58.2%。携程网的竞争环境呈现以下几个特点：首先,携程网作为行业领先者,受

到众多竞争者的模仿，但由于其早期建设和市场占有率，超越携程的难度较大；其次，一些竞争对手背靠大型国有控股旅游集团，拥有雄厚的资金支持；再者，携程已经建立了一定的品牌知名度和客户群，但在服务和后台专业度方面仍存在差距；最后，竞争对手通常通过短期的价格战等手段争夺市场份额，形成激烈的竞争态势。综合来看，携程网在竞争激烈的旅游电商领域中面临多方面的挑战，但其市场占有率和品牌影响力为其提供了一定的竞争优势。随着市场的不断发展和竞争格局的变化，携程网需要不断提升服务水平、技术创新，以保持领先地位。

表2-5 携程及其在旅游电商领域的主要竞争对手在线用户及业务比较

项目	携程旅行	飞猪旅行	美团	去哪儿旅行	同程旅行
去重总用户量/万人（2020年10月）	11851	2558	美团：37535；美团外卖：17429	3974	16949
2021年5月活跃用户规模/万人	7800+	2100+	—	2600+	—
主要用户群体	中高端商旅用户	年轻一代	小镇青年、学生、年轻白领	职场白领	年轻白领、小镇青年
主要流量来源	先发积累、百度搜索	阿里各大生态系统	美团本地生活几大平台	携程、百度搜索	腾讯平台（微信小程序）
在线旅游核心业务	在线住宿（商旅、单店，近年进军低端市场）、在线交通（商旅）、在线度假旅游	在线住宿（中高端）、在线交通、在线度假旅游(境外游)	在线住宿（低端，近年进军中高端市场）、在线度假旅游（周边游）	在线住宿、在线交通	在线住宿、在线交通

（三）替代品的威胁

携程网面临的替代品主要包括传统线下旅行代理机构、旅游供应商的网站直销业务等。随着传统线下旅行社管理模式的改善和互联网门槛的降低，传统旅行社可以通过开发自己的网站（例如中旅在线）或者收购一些网站来进入在线旅游市场。此外，逐渐兴起的共享住宿也成为替代品的一部分，除了华住集团App、亚朵App等酒店品牌的线上业务，民宿也为在线旅游提供了越来越多的房源，而且民宿对在线旅游的依赖度更高。相较于传统酒店，在线住宿更符合消费者对于多样化住宿场景的需求，小猪短租、蚂蚁短租等细分线上业务平台日益增多。机票、酒店等直销优惠渠道也变得更加便捷，对于那些不购买"机票+酒店"组合产品的客户具有一定的吸引力。在一些航空公司的网站上，消费者可以找到价格比携程低50%~70%的机票，这给携程构成了巨大的竞争压力。因此，替代品的威胁较大。

（四）供应商的议价能力

尽管许多旅游电商进行了与传统旅游服务公司的重组，但在提供住宿选择方面，大多数酒店或旅行社并非由旅游电商所有。因此，各个旅游地的酒店、旅行社等仍然是旅游电商的主要供应商。由于提供住宿所需的建筑、装修和日常运营需要大量的资金投入，尽管像华住集团等酒店App和一些旅行社类App迅速发展，但旅游电商提供的综合性服务更能满足购买者的综合需求，因此具有更强的竞争力。总体而言，旅游电商的供应商议价能力相对有限。同时，携程等旅游电商不断向上游扩张，进一步削弱了供应商的议价能力。

（五）购买者的议价能力

不同旅游电商充分利用会员优惠政策等手段来吸引和维持固定的客户群。携程等旅游电商在其网上服务中公开明细，分类合理，并提供用户友好的查找方式，逐渐积累了一批忠诚顾客。旅游电商通过会员制度，提高购买者的转换成本，因此买方在交易中的议价能力下降。然而，一些因素也在一定程度上增强了购买者的讨价还价能力。首先，其他国内外网站作为旅游电商的替代品常常以低价格吸引顾客。其次，由于旅游电商难以实现后向一体化，与各大酒店、航空公司、旅行社等供应商之间业务的差异较大，当顾客发现在优惠服务差异不大的情况下，他们可能选择不使用携程而自行解决。第三，购买者对产品有充分的信息，具有较强的讨价还价能力。综合来看，购买者的讨价还价能力较强。

案例思考题：

1. 请总结携程旅行的行业竞争要素。
2. 尝试组成专家小组，利用 EFE 矩阵对携程旅行的行业竞争要素进行评价。

第三章 内部环境分析

知识要点	教学目标
内部环境分析的基本内容	掌握企业资源、能力、核心竞争力的概念,了解内部环境分析的步骤
价值链分析	掌握价值链分析方法,了解价值链分析的作用
比较与均衡分析	了解比较分析和均衡分析的内容、基本方法,掌握波士顿矩阵分析工具,了解产品—市场演变矩阵分析方法
持续竞争优势分析	掌握持续竞争优势的内涵和评价标准
内部环境分析技术	了解雷达图分析,掌握价值链内部战略要素评价矩阵等分析方法
SWOT 分析	了解 SWOT 分析概念,掌握 SWOT 分析具体应用

外部环境分析企业可能做什么,内部环境分析企业能够做什么,并由此决定企业应该做什么。企业不同,资源能力就不同。有些资源能力能使企业选择并实施创造价值的战略,形成竞争优势。企业内部分析的目的就是通过对企业资源和能力的分析找准自身的优势,发现自身的弱点,特别是明确作为企业竞争优势根源和基础的特异能力。

第一节 内部环境分析的基本内容

早在 20 世纪初到 20 世纪中期,哈佛商学院提出特异能力理论;1982 年,鲁梅尔特将企业的竞争优势指向企业独特的且难于被模仿的资源;1984 年,沃纳菲尔特发表了《企业资源观》一文,标志着资源观的正式诞生。企业内部环境即企业所拥有的资源和能力,其是竞争条件下造成企业运行效率差异的根本原因之一。那么,如何通过内部环境分析来了解企业自身的战略能力呢?

一、企业资源和能力的内涵

广义上,任何可以被称为企业优势或弱点的东西,或可以作为企业选择和实施战略基础的东西,都可以看作企业资源,如资产组合、属性特征、对外关系、品牌形象、员工队伍、管理人才、知识产权等。根据这一广义理解,企业的能力也可以看作是一种企业资源,一种能够帮助企业发现、获取、组合、应用和更新企业资源的高层次资源。在狭义上,资源和能力是完全不同的。前者主要从企业所拥有的各种资产的角度来解释,后者主要从解决企业问题的角度来解释。资源可以看作是相对静态的资产、项目、属性、关系和存在;能力可以理解为组合和应用资源的技能和手段,以及经营活动中具有行动导向的功能操作水平。

(一)资源的内涵及其种类

资源是指企业拥有或控制的生产性投入或者竞争性资产。企业资源不仅在品类上有差异,在品质上也有所不同。资源是与所有权相联系但又不仅仅限于拥有所有权的资产。企业资源包括有形资源和无形资源。有形资源指那些可以被观察和度量的资源。无形资源指那些在长期生产过程中逐步积累起来的资产，它以独特的方式嵌入企业，很难被竞争者分析和模仿。

1. 有形资源

有形资源是指可以被触摸、被量化的资源。一般认为有形资源可以分为四类：财务资源、组织资源、实物资源和技术资源。财务资源是指货币的来源和使用，例如资金的获得、现金管理、对债权人和债务人的控制等，是内外部的融资能力的表示。组织资源是指企业正式的报告结构、计划、控制协调系统。实物资源是指体现在其地理位置、基础设施、厂房、车间、机器设备等方面的资源。例如设备设施、原材料渠道、设备的寿命能力、建筑物等。要对其自然状态（寿命、能力、位置等）进行了解和评估。例如饭店的地理位置、整体规模、建筑设计与装修、大堂布置、客房陈设、餐厅特色；旅游景区的可进入性、吸引物的特色等。技术资源包括专利、商标、版权、商业秘密等。

2. 无形资源

无形资源一般是很难触摸、附着在实物资产上的资源。一般可分为人力资源、创新资源、声誉资源、关系与公司文化五种类型。与有形资源相比，无形资源是一种更好的、更强有力的核心竞争力来源。人力资源主要包括知识、信任、员工技能与经理才能、习惯做法等。创新资源包括创意、科研能力、创新能力等。声誉资源指对顾客而言的品牌、产品质量、耐用性、可靠性的知觉等方面的声誉积累；对供应商而言的有效率、有效益、支持性等方面的声誉积累。关系是指因企业与其他企业或组织的联盟伙伴关系而可能获得知识、技术、市场、相互信任等资源。公司文化是指公司内部的行为规范、商业准则和根深蒂固的信念等。

小案例：中国企业品牌价值

美速通商务咨询（上海）有限公司北京分公司发布文章称：全球品牌数据与分析公司凯度集团发布的 2022 年凯度 BrandZ 最具价值全球品牌排行榜中，排名前四位分别是美国的苹果、谷歌、亚马逊和微软，排名第五位和第九位的是中国的腾讯和阿里巴巴，见表 3-1。在最具价值全球品牌 100 强中，中国企业闯入前 20 强的只有茅台。美团、抖音、京东、中国工商银行、海尔、华为、平安、快手、中国移动、友邦保险和小米排在 50~100 位之间，见表 3-2。14 家企业品牌进入百强最具价值的全球品牌之中，说明中国企业品牌崛起的时代已经到来。这些企业的品牌价值体现出其无形资产所带来的竞争优势。❶

表 3-1　2022 年凯度 BrandZ 最具价值全球品牌 10 强

2022 年排名	品牌	品牌发源地	品牌价值/亿美元
1	苹果	美国	9470.62
2	谷歌	美国	8195.73
3	亚马逊	美国	7056.46
4	微软	美国	6114.60
5	腾讯	中国	2140.23

---

❶ 美通社：《凯度集团最新发布 2022 年凯度 BrandZ 最具价值全球品牌排行榜》，https://baijiahao.baidu.com/s?id=1735702070201261884&wfr=spider&for=pc。

续表

2022 年排名	品牌	品牌发源地	品牌价值/亿美元
6	麦当劳	美国	1965.26
7	Visa	美国	1910.32
8	Facebook	美国	1864.21
9	阿里巴巴	中国	1699.66
10	路易威登	法国	1242.73

表 3-2　2022 年凯度 BrandZ 最具价值全球品牌 100 强排行榜上榜中国品牌

2022 年排名	品牌	品牌价值/亿美元	品类
5	腾讯	2140.23	媒体和娱乐
9	阿里巴巴	1699.66	零售
14	茅台	1033.80	酒类
51	美团	450.51	生活方式平台
53	抖音/TikTok	434.83	媒体和娱乐
60	京东	368.12	零售
62	中国工商银行	353.15	银行
63	海尔	351.52	物联网生态
67	华为	326.72	消费科技
77	平安	274.38	保险
82	快手（新上榜）	265.35	媒体和娱乐
88	中国移动	238.13	电信服务
94	友邦保险	227.33	保险
97	小米	216.53	消费科技

（二）能力的内涵

企业能力指企业为创造产品和服务而运用资源的技能，是企业资源及其有机结合所具有的内在动力特征，能够以完成某种活动的可能性和效率来衡量。本质上讲，能力是生产规程和专业知识的融合，企业在制造产品和服务的过程中凭借这些知识从事独特的活动。表 3-3 列出了著名企业所具有的关键能力。

表 3-3　著名企业的关键能力

职能领域	能力	企业的例子
配送	有效地利用物流管理技术	京东
管理信息系统	通过收集定点采购数据有效率地控制存货	沃尔玛
市场营销	有效地推广品牌的产品 有效的顾客服务 平台营销	宝洁 海尔 百度

续表

职能领域	能力	企业的例子
生产	产品和产品远见的微型化 生产可靠的产品所需要的设计和生产技能 产品和设计质量	索尼 日本小松 华为
研发	电信技术创新 交友社交电子化 高铁技术	华为 腾讯 中国高铁
人力资源	激励、授权以及保留员工	微软
管理	展望未来潮流的能力	ZARA、Hugo Boss

能力通过任务表现出来,包括企业日常经营中必须完成的简单任务(如接受并完成订单)和复杂的任务(比如设计复杂系统、创新性营销以及制造流程)。总体上讲,这些能力组成了企业的价值链。并不是所有的能力对企业都具有同等价值,这正是资源外取迅速发展的原因。资源外取是指委托外部供应商来完成价值链上的部分活动。

企业是能力的集合体。企业拥有和控制的各种能力具有不同的属性和维度,其中最基本的关键维度是"刚性"和"柔性"。

刚性主要是指企业自主技术的实力和水平。这里的技术首先包括狭义的研发技术和生产制造技术,其次也包括广义的市场营销技术和组织管理技术等。刚性主要体现在:①它是以知识为基础的积累性学识,一般不能通过短期突击或买卖交易迅速获得,而是要经过较长时间的内部积累和学习,而且不同的企业掌握一种新技术往往需要大致相同的程序和时间;②它一旦形成并达到较高的水平,往往能够成为企业获取长期竞争优势的基础,具有稳健性,而当形势发生重大变化时,它也不容易很快地改变,具有"黏滞性";③与柔性能力相比,它是企业向高层次发展更加基本和必要的条件。

柔性主要是指企业对动态环境的有效反应和适应能力。这里的反应和适应既包括被动的响应,也包括主动的创新。柔性主要体现在:①它的目的是与动荡多变的竞争环境相适应,这就决定了它本身也具有不确定性和可伸缩性;②它的形成方式、所需的时间和形成后的形态与水平在不同的企业间可有较大的差异;③与刚性能力的最终体现多是有形的产品或直观可测的"硬"成果相比,柔性能力的最终体现多是无形的或难以直观测量的"软"成果。

二、核心竞争力的内涵和特征

(一)核心竞争力的内涵

企业核心竞争力又称核心能力,是企业资源和能力层级中的高级能力。其概念是1990年美国密歇根大学商学院教授普拉哈拉德和伦敦商学院教授加里·哈默尔在其合著的《公司核心竞争力》(*The Core Competence of the Corporation*)一书中首先提出来的,他们对核心竞争力的定义是:"在一个组织内部经过整合的知识和技能尤其是关于怎样协调多种生产技能和整合不同技术的知识和技能。"从与产品或服务的关系角度来看,核心竞争力实际上是隐含在公司核心产品或服务里面的知识和技能，或者是知识和技能的集合体。他们认为："能够使竞争力独树一帜的能力才可称为核心能力。"核心竞争力不是一个静止的、孤立的单一能力，而是与组织当前发展阶段适配的，构建在市场预测、战略决策、研究开发、生产交付、市场营销、售后服务等一系列关键活动之上的，整体运营能力的体现。

（二）核心竞争力的特征

核心竞争力拥有以下三个特征。

第一，用户价值性。这种资源和能力必须与行业的成功因子相联系，特别有助于实现用户看重的价值。核心竞争力对创造公司最终产品和服务的顾客价值贡献巨大。它的贡献在于实现顾客最为关注的、核心的、根本的利益，而不仅仅是一些普通的、短期的好处。核心竞争力最直观地表现在市场份额、销售收入、客户体验、用户价值上，也就是通过深度挖掘用户价值，建立用户黏度，强化自己的竞争优势。具体来说，即参照用户最可接受的价格，在满足用户最基本功用性的基础上，为客户提供更多"增值部分"的体验或服务（例如性价比更高、服务体验更舒适、产品设计更人性化等）。

第二，独特性。公司的核心竞争力应该是稀缺的，且难以被竞争对手复制和模仿。核心竞争力使企业在竞争中表现出差异并反映企业的特质。作为行动的能力，核心竞争力是企业胜过竞争者并长期为其产品和服务注入新的独特价值的能力。例如，建立在某项核心技术或者独有的专属设备上构建出来的技术核心竞争力，在知识产权完全受保护的情况下，由于其竞争壁垒较高，在短期内难以被其他同业者模仿或复制。

第三，延展与衍生性。因为核心竞争力是对企业所有产品或服务综合分析和梳理后，整合形成的一套更精益的管理生态，所以在边际效益没有衰减到盈亏平衡点之前，在该企业内都有规模化复制、延展的特性。特别是在IT、电子制造等高科技企业中，该特性尤为明显。核心竞争力有助于公司进入不同的市场，成为公司扩大经营的能力基础。

📖 小案例：海尔的核心竞争力

海尔集团总裁周云杰在接受新华网记者专访时称，海尔的核心竞争力就是创新能力主要体现在三方面。第一是技术创新，这是实现用户最佳体验的基础。海尔拥有面向世界的开放性研发体系，着力于满足用户提出的个性化需求，充分考虑用户体验。据统计，海尔的发明专利占整个行业的61%。中国家电行业的国际标准修正提案80%出自海尔集团。第二是平台的创新，这是海尔创新的载体。通过社群交互迅速感知用户需求，确定解决方案，从而提高用户黏性，增强顾客忠诚度。通过"U+智慧"平台实现家电智能化。第三是机制方面的创新，这是海尔创新的保障。海尔集团创造了由用户付薪的机制，员工为用户创造价值，用户决定员工的薪酬价值。❶

---

❶ 周云杰：《海尔的核心竞争力就是创新能力》，https://baijiahao.baidu.com/s?id=1608830313494970034&wfr=spider&for=pc。

三、企业内部环境分析的步骤

企业内部环境分析是对企业资源和能力进行评估的过程。资源评估需要注意的问题有两个：第一，支持战略的所有资源并非只限于合同归属的资源；第二，必须确认企业拥有能够维持战略的资源。企业内部环境分析的主要步骤是：第一，利用价值链等工具分析企业资源和能力的关键要素；第二，利用比较分析、均衡分析等方法分析这些要素对企业战略的价值，明确优势及劣势；第三，利用持久竞争优势标准结合价值链工具确定企业的核心竞争力，了解企业的战略能力。

第二节　价值链分析

企业价值链分析中包含的主要活动和辅助活动为进行资源评估提供了分析框架，价值链分析也是确定企业核心竞争力的重要工具。

一、价值链的概念与构成

（一）价值链的概念

价值链概念最先由迈克尔·波特于 1985 年提出。最初，波特指的价值链主要是针对垂直一体化公司的，强调单个企业的竞争优势。随着国际外包业务的开展，波特于 1998 年进一步提出了价值体系的概念，将研究视角扩展到不同的公司之间，这与后来出现的全球价值链概念有一定的共通之处。本章主要讲述波特针对单个企业提出的价值链。

波特认为，"每一个企业都是在设计、生产、销售、发送和辅助其产品的过程中进行种种活动的集合体。所有这些活动可以用一个价值链来表明"。企业每项生产经营活动都是其创造价值的经济活动，企业所有的互不相同但又相互联系的生产经营活动构成了创造价值的一个动态过程，即价值链。其包括九种相关活动，可分成基本增值活动和辅助性增值活动两类。

（二）价值链的构成

企业要生存和发展，必须为企业的股东和其他利益集团（包括员工、顾客、供货商以及所在地区和相关行业等）创造价值。如果把"企业"这个"黑匣子"打开，我们可以把企业创造价值的过程分解为一系列互不相同但又相互关联的经济活动（或者称之为"增值活动"），其总和即构成企业的"价值链"。任何一家企业都是其产品在设计、生产、销售、交货和售后服务方面所进行的各项活动的聚合体。每一项经营管理活动都是这一价值链条上的一个环节。企业的价值链及其进行单个活动的方式，反映了该企业的历史、战略、实施战略的方式以及活动自身的主要经济状况。企业价值链构成如图 3-1 所示，该价值链反映的是制造业的价值链，服务企业的价值链与之不同。

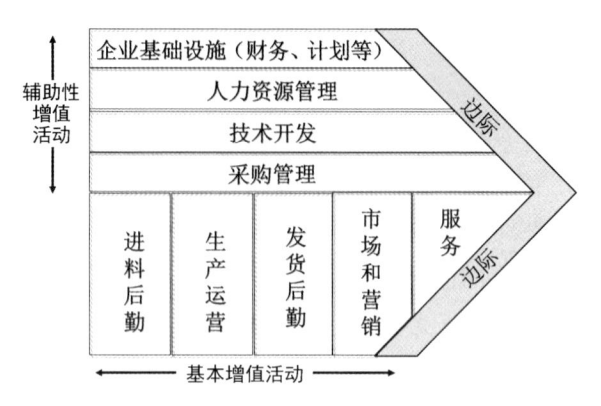

图 3-1　企业价值链构成

价值链的增值活动可以分为基本增值活动（主要活动）和辅助性增值活动（支持性活动）两大部分，见表 3-4。企业的基本增值活动，即一般意义上的"生产经营环节"，这些活动都与商品实体的加工流转直接相关。企业的辅助性增值活动，包括企业基础设施、人力资源管理、技术开发和采购管理，这里的技术开发和采购管理都是广义的。技术开发既包括生产性技术，也包括非生产性的开发管理，例如决策技术、信息技术、计划技术；采购管理既包括生产原材料，也包括其他资源投入的管理，例如，聘请有关咨询公司为企业进行广告策划、市场预测、法律咨询、信息系统设计和长期战略计划等。价值链的各环节之间相互关联，相互影响。不管是生产性还是服务性行业，企业的主要活动都可以用价值链来表示，但是不同的行业价值的具体构成并不完全相同，同一环节在各行业中的重要性也不同。例如，在农产品行业，由于产品本身相对简单，竞争主要表现为价格竞争，一般需要较少广告营销，对售后服务的要求也不是特别高，与之相应，价值链的下游环节对企业经营的整体效应的影响相对次要；而在许多工业机械行业以及其他技术性要求较高的行业，售后服务往往是竞争成败的关键。

表 3-4　价值链的基本增值活动与辅助性增值活动构成

两类活动	价值增值活动	主要内容
基本增值活动	进料后勤	与接收、存储和分配相关的各种活动，如原材料搬运、仓储、库存控制、车辆调度和向供应商退货
	生产运营	与将投入转化为最终产品形式相关的各种活动，如机械加工、包装、组装、设备维护、检测等
	发货后勤	与集中、存储和将产品发送给买方相关的各种活动，如产成品库存管理、原材料搬运、送货车辆调度等
	市场和营销	与提供买方购买产品的方式和引导它们进行购买相关的各种活动，如广告、促销、销售队伍、渠道建设等
	服务	与提供服务以增加或保持产品价值相关的各种活动，如安装、维修、培训、零部件供应等
辅助性增值活动	企业基础设施	包括财务、计划等基础设施，企业基础设施支撑了企业的价值链条

续表

两类活动	价值增值活动	主要内容
辅助性增值活动	人力资源管理	包括各种涉及所有类型人员的招聘、雇佣、培训、开发和报酬等各种活动。人力资源管理不仅对基本增值活动和辅助性增值活动起到辅助作用，而且支撑着整个价值链
	技术开发	每项价值活动都包含着技术成分，无论是技术诀窍、程序，还是在工艺设备中所体现出来的技术
	采购管理	采购管理指购买用于企业价值链各种投入的活动。采购既包括企业生产原料的采购，也包括支持性活动相关的购买行为，如研发设备的购买等

二、价值链分析过程

（一）内部价值链分析

进行价值链研究，就是要在深入行业价值链"经济学"的基础上，对其影响方面和影响程度进行深入的考察，充分权衡其中的利弊，以求得最佳的投资方案（最佳价值链结构）。通过内部价值链分析，寻找企业的价值来源。分析过程包括以下内容：

1. 确认价值活动

价值链上的每一项价值活动都会对企业最终能够实现多大的价值造成影响。因此，首先要按照主要活动和辅助活动分解企业的价值活动。企业的任何一种价值活动都是经营差异和成本优势的潜在来源。企业通过进行与其他企业不同的价值活动或构造与其他企业不同的价值链来取得差异优势。

2. 确定每项活动的成本或价值驱动因素

分析在企业的价值活动中每一种活动成本领先的原因，或者具有独特性的原因。其驱动因素可能来自本企业，也可能来自其他不归属于企业的资源。例如，企业在行业中拥有成本领先地位，有可能是因为企业内部成本控制高效，或者高技术带来的低成本等，也有可能是因为其原材料供应商与企业的合作伙伴关系十分密切，原材料价格折扣力度非常大。

3. 确认活动之间的联系，寻找竞争优势的来源

价值链中某个活动的好坏可以影响到其他环节的成本和效益。比方说，如果多花一点成本采购高质量的原材料，生产过程中就可以减少工序、少出次品，缩短加工时间。虽然价值链的每一环节都与其他环节相关，但是一个环节能在多大程度上影响其他环节的价值活动，则与其在价值链条上的位置有很大的关系。根据产品实体在价值链各环节的流转程序，企业的价值活动可以被分为上游环节和下游环节两大类。在企业的基本价值活动中，材料供应、产品开发、生产运行可以被称为上游环节；成品储运、市场营销和售后服务可以被称为下游环节。上游环节经济活动的中心是产品，与产品的技术特性紧密相关；下游环节的中心是顾客，成败优劣主要取决于顾客特点。另外，价值链基本活动之间、基本活动和辅助活动之间、辅助活动之间都有可能发生联系，从而影响企业的价值创造。例如，某家电企业研发部门和营销部门的无障碍沟通和密切合作就可能形成该部门在迅速满足顾客需求方面的竞争优势。

（二）外部价值链分析

从外部供应商处购买企业的活动而做出的战略性选择。企业通常从外部供应商处购买部分价值创造活动，这些供应商的此类价值活动具有更高的效率。企业价值链与外部价值链构成价值链系统，如图 3-2 所示。企业需要分析上游供应商价值链、下游销售渠道价值链及下游买方价值链。企业需要从上游价值链中确定能够补充企业价值链不足的活动，从下游价值链中寻找成为销售渠道价值链一部分的方法，从下游买方价值链中获得更多的买方需求信息，了解企业产品差异化的方向。

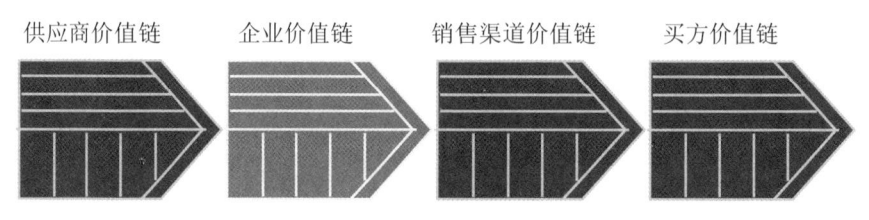

图 3-2　价值链系统

第三节　比较与均衡分析

为了分析资源的利用情况，常常使用比较研究的方法，因为战略利用相对量表示更有意义。比较研究的分析可以使用历史分析、行业标准、最佳业绩等作为比较基础。资源均衡分析包括对产品组合、现金流、管理人员、战略资源等方面的均衡分析。

一、资源比较分析

资源比较分析是把企业的资源进行横向、纵向比较，以达到认识企业资源优势及劣势的目的。比较分析法通常是把两个相互联系的、反映企业资源的要素进行比较，从数量上展示和说明资源规模大小、水平高低、速度快慢以及各种关系是否协调。

（一）资源比较分析的内容

1. 成本与效率比较

一般会对不同企业的成本与效率进行分析，这是企业分析其竞争优势和劣势的基础。成本与效率的影响因素包括四个，分别是规模经济、经验效益、供应成本、产品与工艺流程。这里要注意规模经济与经验效益的不同。规模经济是指加工厂或企业随着生产和经营规模的扩大，其单位产品成本不断下降、收益递增的一种趋势，其成本降低主要是因为（每批次的）生产规模，而不是累积产量的大小。经验效益指企业在生产某种产品和提供某种服务过程中因累积经验而产生的成本下降，即随累计产品产量的增加，生产单位产品的成本的下降，这种累积产量带来的成本下降可以用经验曲线来表示。经验效益形成原因包括：第一，由于重复工作所带来的学习效果；第二，从事一项工作一段时间后，容易进行生产工艺流程和技术的改善；第三，生产产品一段时间后，可以清楚了解顾客偏好，经过设计改善，可以在不影响功能的前提下，使零件减少，从而降低成本。比较供应成本和产品与工艺流程也是十分必要的。

2. 市场绩效比较

企业对内部资源和能力的要素分析需要评估利用这些资源和能力的市场绩效及其有效性，包括企业规模与市场占有、形象声誉、顾客获得、竞争行为等多个方面的绩效和有效性。例如，公司规模增长与市场份额是否匹配，公司形象和声誉的增值能力，公司产品或服务的功能和特性与客户要求的匹配程度，提供特殊功能成本的增加能否有效带来客户数量的增加，企业所提供的商务支持活动和顾客服务与顾客要求的匹配情况，在售前、售中和售后与客户建立的交流和关系是否可以为企业增加价值，与竞争对手在价格、质量、创新、交货时间等方面是否有优势，在员工生产率、单位成本、次品率、订单处理时间、存货周转天数等运营业绩方面是否有竞争力等。

3. 财务绩效比较

对企业财务绩效进行比较，需要分析盈利性、安全性、效率性和增长性。具体包括盈利能力（表3-5）、偿债能力（表3-6）、资本状况分析（表3-7）、运营能力分析（表3-8）等。

表3-5 盈利能力

盈利能力指标公式	含义
主营业务毛利率=毛利(主营收入-主营成本)/主营业务收入×100%	介于20%~50%，一般相对合理稳定、流动性强的商品，毛利率低。设计新颖的特殊商品（时装）毛利率高
主营业务净利率=净利润/主营业务收入×100%	反映企业基本获利能力
资产净利率=税后净利/平均总资产×100%=主营业务净利率×总资产周转率	与经营管理水平有密切关系
净资产收益率=净利润/平均所有者权益×100%	反映投资者投资回报率，股东期望平均年度净资产收益率能超过12%
已获利息倍数=(税前利润总额+利息支出)/利息支出	已获利息倍数是指上市公司息税前利润相对于所需支付债务利息的倍数，可用来分析公司在一定盈利水平下支付债务利息的能力。已获利息倍数在3以上比较合理
总资产报酬率=(利润总额+利息支出)/平均资产总额	表示企业全部资产获取收益的水平，全面反映了企业的获利能力和投入产出状况。一般情况下，企业可据此指标与市场资本利率进行比较，如果该指标大于市场利率，则表明企业可以充分利用财务杠杆进行负债经营，获取尽可能多的收益

表3-6 偿债能力

偿债能力指标公式	含义
流动比率=流动资产/流动负债×100%	流动比率是流动资产对流动负债的比率，用来衡量企业流动资产在短期债务到期以前，可以变为现金用于偿还负债的能力。指标越高，企业流动资产流转越快，偿还流动负债能力越强。国际公认200%，我国150%较好
速动比率=速动资产(流动资产-存货)/流动负债×100%	速动比率维持在1:1较为正常，它表明企业的每1元流动负债就有1元易于变现的流动资产来抵偿，短期偿债能力有可靠的保证。速动比率过低，企业的短期偿债风险较大；速动比率过高，企业在速动资产上占用资金过多，会增加企业投资的机会成本。国际公认比率100%，我国90%左右

续表

偿债能力指标公式	含义
资产负债率=负债总额/资产总额×100%	对于企业来说，资产负债率在 40%～60%之间是比较好的。资产负债率能反映经营投资的能力，也是债权人发放贷款安全程度的指标。指标越高，表明负债程度越高，经营风险越大。保守比率不高于 50%，国际公认 60%较好
长期资产适合率=(所有者权益+长期负债)/(固定资产+长期投资)×100%	该比率从企业资源配置结构方面反映了企业的偿债能力，也反映了企业资金使用的合理性，分析企业是否存在盲目投资、长期资产挤占流动资金或者负债使用不充分等问题。从维护企业财务结构稳定和长期安全性角度，该指标数值较高比较好，但过高也会带来融资成本增加的问题，理论上认为该指标大于或等于 100%较好，因此，该指标究竟多高合适，应根据企业的具体情况，参照行业平均水平确定

表 3-7　资本状况分析

资本状况指标公式	含义
资本保值增值率=扣除客观因素后的年末所有者权益/年初所有者权益×100%	指标越高，表明资本保全情况越好，企业发展潜力越大，债权人利益越有保障
资本积累率=本年所有者权益增长额/年初所有者权益×100%	指标越高，表明所有者权益增长越快，资本积累能力越强，保全情况好，持续发展能力越大

表 3-8　运营能力分析

运营能力指标公式	含义
应收账款周转率（次数）=赊销收入净额/应收账款平均余额	指标高表明企业收账迅速，账龄期限短，可减少收账费用和坏账损失，相对增加企业流动资产的投资收益，说明资产流动性大，变现快，短期偿债能力强
存货周转率=销售成本/平均存货	指标高表明企业资产由于销售顺畅而具有较高的流动性，存货转现速度快，存货占用水平低。过高则表明存货不足，产品脱销
流动资产周转次数（率）=销售收入净额/流动资产平均余额	指标高表明企业流动资产周转速度快，利用效果好
总资产周转率=销售收入净额/平均资产总额	指标高表明周转速度快，企业的营运能力强；指标低表明收入不足，或资产闲置浪费

其他重要的财务绩效测量还包括每股收益、市盈率、股票获利率、股利支付率、每股净资产、现金到期债务比、销售现金比率、全部资产现金回收率、现金满足投资比率、现金股利保障倍数等。

（二）资源比较分析的方法

1. 历史比较分析

采用历史比较方法进行分析，就是将资源的当前发展水平与以往多年的发展水平进行比较，选择比较标准可以是企业历史最高水平，也可以是企业正常经营条件下的实际值。例如，对企业短期偿债能力强弱的判断，必须要分析历史各期的变动，以便于对企业偿债能力的变动趋势做出判断。这样有利于吸取历史的经验和教训、发现问题、增强企业的偿债能力。短期偿债能力的历史比较分析采用的比较标准是过去某一时点的短期偿债能力的实际指标值。

2. 同业比较分析

同业比较分析是指将企业指标的实际值与同行业的平均标准值进行比较分析。同业比较分析有两个重要前提：一是确定同类企业；二是确定行业标准。

是否为同类企业，一般情况下可以按以下两个标准来判断：一是看最终产品是否相同，当企业生产同类产品或同系列产品，即可认定为同类企业；二是看生产结构是否相同，这里的生产结构主要是指企业原材料、生产技术、生产方式，当企业采用相同的原材料、相同的生产技术和相同的生产方式时，即使最终产品不同，也可以认为是同类企业。

企业获取行业标准值通常可以采用两种方法：一是根据财政部颁布的企业效绩评价标准（财政部已建立了企业效绩评价标准，并不定期公布）；二是根据上市公司的公开信息，进行统计分析，也可以直接利用专业分析机构按行业对上市公司主要财务指标的统计分析结果。

3. 业务比较分析

业务比较分析指的是与公司不同的业务线进行对比分析，以发现自身的优势或不足。

二、资源均衡分析

（一）资源均衡分析的内容

资源均衡分析包括业务平衡分析、现金平衡分析、管理人员均衡分析、战略均衡分析等四个方面。其中，业务平衡分析是指对各项业务经营现状、发展趋势进行分析，以确定资源分配是否合理。现金平衡分析是指是否拥有必要的现金储备或战略期内现金需要的资金来源。管理人员均衡分析是指管理者数量、质量、管理风格、管理模式等与实施战略所需人力资源的适应程度。战略均衡分析是指已有资源与可获得资源是否满足战略的需要，若不满足，如何弥补缺口。业务平衡和现金平衡是在内部资源分析中必须考虑的问题。管理者均衡和战略均衡一般在战略执行阶段予以分析。

（二）资源均衡分析的方法

1. 波士顿矩阵

波士顿矩阵是由波士顿咨询集团（Boston Consulting Group，BCG）在20世纪70年代初开发的。BCG矩阵将组织的每一个战略事业单位（SBUs）标在一种二维的矩阵图上，从而显示出哪个SBUs提供高额的潜在收益，以及哪个SBUs是组织资源的漏斗。BCG矩阵的实质是通过业务的优化组合实现企业的现金流量平衡，因此，它是既考虑业务平衡也考虑业务中现金流量平衡的一种工具。波士顿矩阵区分出四种业务组合：明星业务、难点业务、金牛业务、瘦狗业务。

波士顿矩阵认为，一般决定产品结构的基本因素有两个，即市场引力与企业实力。市场引力用销售量（额）增长率表示，确定纵坐标市场增长率的一个标准线，从而将市场增长率划分为高、低两个区域。标准线可以考虑把该行业市场的平均增长率作为界分点，或者把多种产品的市场增长率（加权）平均值作为界分点。企业实力用相对市场占有率来表示，例如，可以用GDP当年的增长率作为标准，或者以该行业平均增长率作为标准。企业实力用相对市场占有率作为横坐标，标准线可以选择1（按照布鲁斯的观点，市场份额之比小于2，竞争地位就不稳定）来区分高、低两个区域。

波士顿矩阵图如图 3-3、图 3-4 所示。

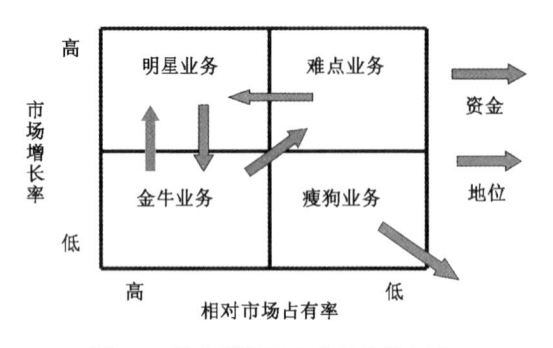

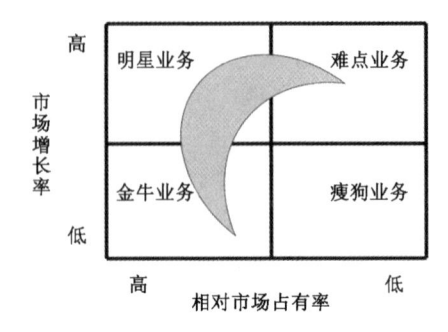

图 3-3　波士顿矩阵中业务及现金流　　　　图 3-4　波士顿矩阵的月牙布阵

（1）明星业务（高增长，高市场份额）。属于明星业务的产品处于快速增长的市场中，并且市场份额占有支配地位，但是否会产生正现金流量取决于新工厂、设备和产品开发对投资的需要量。明星业务是由难点业务继续投资发展起来的，可以视为高速成长市场中的领导者，它将成为公司未来的金牛业务。但这并不意味着明星业务一定可以给企业带来源源不断的现金流，因为市场在高速成长，企业必须继续投资，以保持与市场同步增长。

（2）难点业务（高增长，低市场份额），又称问题业务。处在这个领域中的是一些投机性产品，有较大的风险。这些产品可能利润率很高，但占有的市场份额很小，往往是公司的新业务。为发展难点业务，公司必须建立工厂，增加设备和人员，以便跟上迅速发展的市场，并超过竞争对手，这些意味着大量的资金投入。该业务如果符合企业发展长远目标，企业又具有资源优势，那么可以投入资金扩大 SBUs 的市场份额，促进难点发展成明星业务，否则适合采用收缩战略。

（3）金牛业务（低增长，高市场份额），又称现金牛业务。处在这个领域中的产品虽然能产生大量的现金，但未来的增长前景有限。它是成熟市场中的领导者，是企业现金的来源。由于市场已经成熟，企业不必通过大量投资来扩展市场规模。同时，该业务享有规模经济和高边际利润的优势，能给企业带来大量现金流。往往用金牛业务来支付账款并支持其他三种需大量现金的业务。金牛业务适合采用战略框架中提到的稳定战略，目的是保持 SBUs 的市场份额。

（4）瘦狗业务（低增长，低市场份额）。这个领域中的产品既不能产生大量的现金，也不需要投入大量现金。瘦狗业务适合采用战略框架中提到的收缩战略，目的在于出售或清算业务，以便把资源转移到更有利的领域。

按照波士顿矩阵的原理，产品市场占有率越高，创造利润的能力越强；另一方面，销售增长率越高，为了维持其增长及扩大市场占有率所需的资金亦越多。这样可以使企业的产品结构实现产品互相支持、资金良性循环的目标。按照产品在象限内的位置及移动趋势的划分，形成了波士顿矩阵的基本应用法则。

第一法则：成功的月牙环。在企业所从事的事业领域内，各种产品的分布若显示月牙环形，那么就是成功企业的象征。因为盈利大的产品不止一个，而且这些产品的销售收入都比较大，还有不少明星产品，同时，问题产品和瘦狗产品的销售量都很少。若产品结构表现得分布散乱，说明其事业内的产品结构未规划好，企业业绩必然较差。这时就应区别不同产品，采取不同策略。

第二法则：黑球失败法则。如果金牛业务一个产品都没有，或者即使有，其销售收入也几乎为零，可用一个大黑球表示。该种状况表示企业没有任何盈利大的产品，说明应当对现有产品结构进行撤退、缩小的战略调整，考虑向其他事业渗透，开发新的事业。

第三法则：西北方向大吉。一个企业的产品在四个象限中的分布越是集中于西北方向，则表示该企业的产品结构中明星产品越多，越有发展潜力；相反，产品的分布越是集中在东南角则表示瘦狗产品数量多，说明该企业产品结构衰退，经营不成功。

第四法则：踊跃移动速度法则。从每个产品的发展过程及趋势看，产品的销售增长率越高，为维持其持续增长所需资金量也相对越高；而市场占有率越大，创造利润的能力越大，持续时间也相对长一些。按正常趋势，问题产品经明星产品最后进入金牛产品阶段，标志了该产品从纯资金耗费到为企业提供效益的发展过程，但是这一趋势移动速度的快慢也影响到其所能提供的收益的大小。

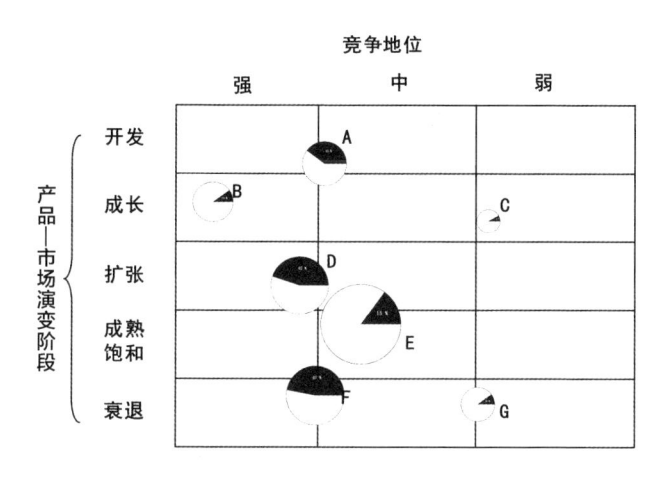

2. 产品－市场演变矩阵

产品－市场演变矩阵是由美国的查尔斯·霍弗教授首先提出的。他扩展了波士顿矩阵和通用矩阵两种战略选择方法，将业务增长率和行业吸引力因素转换成产品－市场发展阶段，从而得出 15 个方格的矩阵。产品－市场演变矩阵如图 3-5 所示。

图 3-5　产品－市场演变矩阵

产品－市场演变矩阵是从经营产品的市场演变阶段（生命周期状态）和企业竞争地位来分析企业各项业务平衡程度及未来发展战略的方法。该方法用纵、横坐标分别表示产品－市场演变阶段和企业竞争地位，产品－市场演变阶段按产品的生命周期分为五个阶段，企业竞争地位分为强、中、弱三个档，因此产品－市场演变矩阵由 15 个象限构成。圆圈表示行业规模或产品/细分市场。圆圈内扇形阴影部分表示企业各项经营业务的市场占有率。例如，图 3-5 解析为：

（1）业务单位 A。它看起来是一颗潜在的明星，拥有相对较大的市场份额，处于产品－

市场发展的开发阶段，具备获得较强的竞争地位的潜力。这些使它很有希望成为接受公司资源支持的候选者。

（2）业务单位 B。在某种程度上，它有点像 A，然而对 B 单位投资的多少取决于为什么 B 部门相对于其优势的竞争地位竟具有如此低的市场份额这一问题的答案。为此，单位 B 应当实施能够改变它这一较低市场份额的战略，以便争取更多的投资。

（3）业务单位 C。它在一个增长相对较小的行业中，占有较小的市场份额并拥有较弱的竞争地位，必须实行一种能够克服其低市场份额和弱竞争地位的战略，以争取未来投资。单位 C 很可能是一个有待脱身的对象，可以将其资源运用于单位 A 或单位 B。

（4）业务单位 D。它处于扩张阶段，占有相对大的市场份额，并处于相对弱的竞争地位。对单位 D 应当进行必要的投资以保持其相对强的竞争地位。从长期看，D 应当成为一头金牛。

（5）业务单位 E 和 F。它们是金牛，应当用来创造现金。

（6）业务单位 G。它看起来像波士顿矩阵中的瘦狗，在短期内，如果可能的话，它应当被监控着用于创造现金；长期而言，它更有可能被施以脱身战略或者清算战略。

希尔和琼斯两位学者运用霍弗的方法，直接将企业应采用的战略写入各个区域。具体模式如图 3-6 所示。

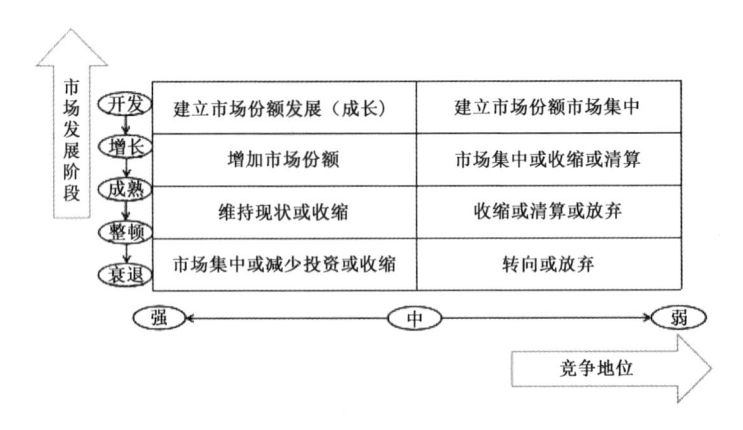

市场发展阶段	强	弱
开发	建立市场份额发展（成长）	建立市场份额市场集中
增长	增加市场份额	市场集中或收缩或清算
成熟	维持现状或收缩	收缩或清算或放弃
整顿		
衰退	市场集中或减少投资或收缩	转向或放弃

竞争地位

图 3-6　产品－市场演变战略选择

这种方法的特点就是将竞争地位这个因素只划分为强、弱两档，而且使用产品生命周期的概念。从图 3-6 中可以看出，竞争地位弱的单位应当比竞争地位强的单位提早考虑收缩或撤退的问题。当它们在行业中尚处于成长阶段时，就应当注意寻找较小的细分市场以求生存；而在行业进入扩张阶段后，就要考虑放弃或清算了。

另外，关于财务资源的平衡分析参考财务现金流量分析的相关内容，人力资源均衡分析和战略资源均衡分析的相关工具需要结合战略选择和组织机构设计的相关内容。

第四节　持续竞争优势分析

有两种方法可以帮助企业识别和构建其核心竞争力。第一种是利用可持续竞争优势的四个判断标准识别资源是否已成为或能够成为企业的核心竞争力,这四个标准包括价值性、稀缺性、难以模仿性和不可替代性;第二种是价值链分析,通过价值链分析,企业可以选择是保留、升级或开发创造价值的竞争力,还是将其外包。

一、持续竞争优势的内涵

持续竞争优势为企业特有的,针对竞争对手发掘的,能给企业带来持续的超越竞争对手的能力。企业持续竞争优势既可以是内生的,由内部核心能力决定;也可以是外生的,由外部环境条件赋予。因而它是企业系统化的综合能力,具有持久的生命力。一个企业只要能够长时间维持高于其所在产业平均水平的经营业绩,就可以认定这个企业具有可持续竞争优势。以下是有代表性的集中持续竞争优势观点。

第一,以产业结构决定理论模型为代表的企业可持续竞争优势观。该理论以迈克尔·波特为代表,认为企业的竞争优势来源于企业所处的产业结构和企业在该产业中的相对市场位势。企业在决定产业竞争的五种竞争性力量(即潜在竞争者的威胁、现有企业之间的竞争、替代品的威胁、供应商的议价能力和购买者的议价能力)的作用和影响下,能以低于竞争对手的成本来完成这些活动,或能以特异的方式创造客户价值,或能在某一细分市场内获得高于产业平均水平的收益,企业就能获得持续竞争优势。

第二,以资源基础观为代表的企业可持续竞争优势观。资源基础观以伯格·沃纳菲尔特和杰恩·巴尼等人为代表,认为企业是由一系列资源束组成的集合,企业的可持续竞争优势源自企业所拥有的资源,尤其是有价值的、稀缺的、不可完全模仿和不可替代的异质性资源。企业在信息不对称和有缺陷的要素市场上,通过资源选择和配置的最优化,实现资源价值的差异化和最大化,同时使竞争对手无法复制该资源。唯有这样,企业才能获得可持续竞争优势。

第三,基于核心能力的企业可持续竞争优势观。核心能力观以普拉哈拉德和加里·哈默尔为代表,认为企业竞争优势的来源在于企业内部内生的"核心能力"。企业通过自身独特的、有价值的、根植于企业组织内部的核心能力获得持续竞争优势。此观点强调在企业内部行为和过程中所体现的特有能力,强调企业应培育使竞争对手难以模仿、能为顾客创造显著价值并能开辟潜在市场的核心竞争力。

解读"什么是持续竞争优势?"

在管理学中,一直存在着可持续竞争优势和瞬时竞争优势的较量。建立可持续竞争优势是大部分公司战略课程的核心,而瞬时竞争优势则因其瞬时性与不确定性不那么受推崇。可持续竞争优势与瞬时竞争优势各有其优劣,所以在此借用中国古人的"中庸"智慧,将二者进行融合,取长补短,在公司管理中以可持续竞争优势做基础,用瞬时性优势做提升。建立可持续竞争优势应该立足于控制成本与质量,真正实现质优价廉。控制成本从人力成本、管理成本、产品成本等方面入手,以 ZARA 服装营销模式为例,ZARA 采用的是超市管理模式,将服装店开成了超市,把衣服摆着,由顾客自己挑、自己试,仅用几个店员就完成衣服的销售,节省了大量的人力成本。同时,ZARA 公司采取"快速、少量、多款"的品牌管理模式,在保证保持与时尚同步的同时,通过组合开发新款式快速地推出新产品,而且每种款式在每个专卖店推出的数量都只有几件,人为造成"缺货",以实现快速设计、快速生产、快速出售、快速更新的目的，这样从仓储到物流都节省了成本。而做到质优则应该从研发与原材料采购入手，从 iPhone3 到 iPhone6，虽然价格相对较高，但是消费者仍愿意为其买单，究其原因就是苹果公司在研发上下了功夫。苹果公司在中国区的研发费用就投入了 35 亿元，培养了苹果供应链中的技术专家和来自包括北京大学、清华大学和上海交通大学等高等院校的毕业生人才。用好可持续竞争优势能够为企业打下良好的基础，保持企业生命力；而合理利用企业的瞬时竞争优势则能让企业在多次竞争中脱颖而出，始终保持活力。瞬时竞争优势的缺点就是具有瞬时性，使得优势稍纵即逝，应该将企业创新力打造成瞬时竞争优势。企业应该具备长远且独到的眼光，设立专门创新研发团队，不断涉足一些前人未涉足的地方，让企业长盛不衰，将瞬时竞争优势转化为持续性竞争优势。小米的创始人雷军恰当地运用了瞬时竞争优势，开始他对手机的定位是"发烧机"，主打的是手机的性价比，从金山公司到小米公司，雷军可谓是一路补短板，也就是不断寻找新的瞬时竞争优势。他在硬件、服务、电商平台、物流上不断进行革新，一块块短板被不断补齐，真正让瞬时竞争优势变得持久，变得永恒。所以，企业需要在瞬时竞争优势和持续性竞争优势中寻找一个平衡点，使两者结合发挥最大效用，瞬时竞争优势和持续性竞争优势双管齐下，多措并举，建立长效机制，让自身拥有长效的竞争优势。要达到这个目的，应该着重从以下两个方面入手。一方面是让人力资源成为持续性竞争优势：一是完善员工管理制度，用制度留住人才，可以借鉴一些优秀企业的人力管理制度，淘汰不合适的、对企业发展无益的管理方法，最大限度地调动员工的积极性；二是树立正确的用人观，企业管理要多从员工角度出发，建立以员工为本的企业文化，重视人才的培养，注意培养和造就不同层次、不同领域的人才，让员工找到归属感与价值感；三是恰当运用人才激励机制，比如一些中小企业可以考虑把一部分公司期权分给企业的核心人才，给员工足够的发挥空间，让员工能在工作中发挥自己的最大价值，真正做到人尽其才，让员工愿意为企业的未来付出。另一方面是让持续性的企业创新成为企业不断发展演变的瞬时竞争优势。首先营造创新为主的企业文化，重视创新型人才的培养，成立公司专业的创新研发团队，要加大科技研发经费的投入，建立与创新产品相匹配的重点实验室，在政策方面给予一定的倾斜，重视创新型人才的运用，多给他们一些学习、接触新鲜事物的机会，开阔其眼界，给创新型人才一定的激励措施，同时建立"容错纠错"机制，让有创新意识的人才敢干事、能干事、干成事。其次树立市场主导创新的思维，企业创新要实现"产学研用"结合，明确企业是创新主体的地位，积极与高等院校、科研院所合作，站在国际前沿和市场高端，急市场之所需，不断获得创新的灵感，时时关注市场需求，给业务员和创新人员建立良好的沟通机制，不断提升产品品质，注重对未来市场的调研与预判，为创新定好位。最后要努力实现品牌创新，打造企业的品牌竞争优势：一是树立正确的品牌观，明确产品品牌定位，多方面组织人员进行品牌定位与品牌设计，可以邀请客户、大学教授、专家、企业员工等对品牌进行座谈，在充分论证后再进行品牌战略的定位；二是迎合市场需求，不断为品牌文化融入更多具有时代感的元素，定期进行品牌信息的收集与反馈，根据时代发展需求不断把客户喜闻乐见的因素融入品牌的内涵中。企业竞争优势的创建不是一蹴而就的，它是一个系统性、长期性工程，需要企业决策者有更大的视野与担当。只有这样，才能充分利用持续性竞争优势与瞬时竞争优势，并最终为企业所用。

（解读引自知乎。）

二、持续竞争优势的评价标准

（一）VRIN 评价框架

1984 年，沃纳菲尔特提出了基于资源的观点（Resource-Based View，RBV），它是"公司竞争优势的基础，而该优势主要在于使用一整套有价值的有形或无形资源供其使用"。根据该理论，企业是资源的捆绑。企业的不同之处取决于这些资源是什么以及它们如何相互结合。资源包括但不限于流程、功能、资产、属性、信息和知识。它们一起使企业能够执行其相关活动。但是，并非企业的所有资源都具有同等的战略意义。有些资源会给企业带来竞争优势，这些资源具有 VRIN 特性，可以通过关注以下四个基本特性来发现它们。第一，价值性（Valuable），能够带来价值的资源，可以成为竞争优势的来源。并非所有资源都同样容易获得。第二，稀有性（Rareness），所有竞争对手可用的资源很少会提供重大的竞争优势。第三，可模仿性（Imitable），竞争企业无法获得理想的资源。第四，不可替代性（Non-substitutable），理想的资源不能被任何其他资源替代。

（二）VRIO 评价框架

1991 年，美国战略管理教授杰恩·巴尼将 VRIN 框架演变为 VRIO，提供了一个完整的框架。首字母缩写词的更改是指所谓的"组织"问题，即利用资源或能力的能力。巴尼意识到企业还必须准备好并且能够利用资源的价值。满足这四个条件中的每个条件的资源都可以为企业带来竞争优势。VRIO 框架非常适合评估公司的资源，它补充了 PESTLE 分析方法。业务分析师可以使用 VRIO 来准确评估企业的内部资源、竞争优势潜力以及在相关业务领域内改善其资源的可能性。该框架也是一个企业内部优势与弱点的分析框架。该框架建立在两个假设的基础上：第一，企业具有不同的资源和能力（资源异质性假定）；第二，有些差异可以长期保持（资源不可流动假定）。

建立 VRIO 评价标准，提出了四个问题，即价值性（Valuable）问题、稀有性（Rareness）问题、可模仿性（Imitable）问题、组织（Organization）问题，见表 3-9。

表 3-9 持久竞争优势的 VRIO 标准

VRIO 要素	评价的内容
价值性问题	企业的资源和能力有竞争价值吗？能够使企业对环境威胁或机会做出反应吗？
稀有性问题	有多少企业拥有某种有价值的资源和能力？
可模仿性问题	现在不具备这种资源和能力的企业在获取它时，与已经拥有它的企业相比是否处于成本劣势？
组织问题	企业的组织架构能够利用所拥有的资源和能力吗？

1. **价值性问题**

资源和能力有竞争价值，体现在能够通过更好的顾客价值主张或盈利模式来强化公司的经营模式。从顾客角度讲，有价值的资源和能力能为用户创造价值；从企业的角度讲，有价值的资源和能力使企业能够制定和实施有效的战略来赢得竞争优势。使企业能够利用环境机会和削减环境威胁的资源和能力是优势，而使企业难以利用机会或削减威胁的资源和能力是弱点。从这个意义上讲，价值性问题将内部优势与弱点分析和外部威胁与机会分析联系起来。

2. 稀有性问题

对企业而言，即使一种资源或能力是有价值的，如果为众多企业所拥有，也不可能为任何一家企业带来竞争优势。换一句话说，有价值且稀有的资源和能力可以成为竞争优势的来源，而有价值但不稀有的资源只能是竞争均势的来源。

3. 可模仿性问题

我们经常会看到这样的情况：某企业刚推出一种产品，短时间内就会在市场上出现仿制品。如果容易被他人模仿，那么所带来的竞争优势只是暂时的。只有当不具备这些有价值且稀有的资源和能力的企业在试图建立或获取时，所付出的成本要高于已经拥有这些资源和能力的企业，并且这些资源和能力的模仿是昂贵的，它们才能成为持续竞争优势的来源。换一句话说，这些资源和能力是不能被完全模仿的。如果说，前面提到的企业已经建立了一个知名的品牌，拥有一群忠实的顾客，其他企业仅仅抄袭其产品是难以奏效的。模仿的方式包括直接复制和替代。设置模仿障碍的方法有：法律限制（例如专利）、所有权和排他性合同（例如演艺公司签下知名演员）、市场容量和规模经济、无形障碍等。其中，无形障碍包括历史条件依赖、因果关系不明（例如企业文化）、社会复杂性等。

4. 组织问题

一家企业如果拥有有价值、稀有且难以模仿的资源和能力，就具有取得竞争优势的潜力。但要充分实现这一潜力，该企业必须进行有效的组织来利用这些资源和能力。组织是利用资源和能力来创造竞争优势的管理架构，包括组织结构、管理控制体系和报酬政策。

VRIO 框架通过对以上四个问题的回答分析企业所拥有的资源是否能够使企业获得竞争优势以及获得什么类型的竞争优势见表 3-10，如果一种资源或能力是无价值的，则企业利用它将会造成竞争劣势，从而降低绩效。企业在选择和实施战略时，应尽量避免使用这些资源。如果一种资源有价值但不稀有，利用这一资源将会产生竞争优势和正常绩效。这些有价值但不稀有的资源和能力是必要的，因为利用它们虽然不能为企业带来高的绩效，但不利用它会使企业处于竞争劣势。如果一种资源和能力有价值、稀有，但模仿并不昂贵，利用这一资源将会产生暂时竞争优势和高的绩效。率先利用这一类资源的企业将会取得先动优势，但一旦竞争对手观察到这一点，就能够通过与先动企业相比没有成本劣势的直接复制和替代来获得这些资源，这样先动企业所取得的竞争优势将因其他企业的模仿而消失。如果一种资源和能力是有价值的、稀有且模仿昂贵，利用这些资源将会产生持续竞争优势和高的绩效。在这种情况下，企业竞争对手在模仿一个成功企业的资源和能力上将面对严重的成本劣势。即使这些企业能够获得这些资源和能力，但极高的成本会使它们处于竞争劣势。

表 3-10 VRIO 框架分析过程

有价值吗？	稀有吗？	模仿昂贵吗？	被组织所利用吗？	优势或弱点	竞争意义	经济绩效
否	—	—	—	弱点	竞争劣势	低于平均回报
是	否	否	是	—	竞争均势	正常回报
是	是	—	是	短期优势	暂时竞争优势	暂时高于正常回报
是	是	是	是	优势	持续竞争优势	高于正常回报

与前三个问题不同,组织问题是针对整个企业而言的,而前三个问题是针对某种特殊的资源和能力。组织问题在 VRIO 框架中是作为一种调节因素而起作用的。如果一家企业具有有价值、稀有且模仿昂贵的资源和能力,但未能用有效的组织来利用这一资源,该企业取得高于正常收益的潜力也不能实现。

第五节　内部环境分析技术

进行内部环境分析离不开内部环境分析技术的支持。根据企业自身不同的状况,选择不同的方法进行内部环境分析,是制定企业战略的出发点。本节将详细介绍雷达图和内部战略因素评价矩阵这两种内部环境分析技术。

一、雷达图分析

雷达图分析(Radar Chart Analysis)是从企业的生产性、安全性、收益性、成长性和流动性五个方面,对企业财务状况和经营现状进行直观、形象的综合分析与评价。雷达图的指标包含以下几点:

(1)生产性指标:分析生产性指标,目的在于了解在一定时期内企业的生产经营能力、水平和成果的分配。常用指标包括人均销售收入、人均净利润、人均资产总额、人均工资等。

(2)安全性指标:分析安全性指标,目的在于分析评价企业在一定时期内的偿债能力。这类指标包括流动比率、速动比率、资产负债率、所有者权益比率、利息保障倍数等。

(3)收益性指标:分析收益性指标,目的在于分析评价企业一段时期内经济收益的高低和盈利能力的大小。这类指标较多,常用的指标包括资产报酬率、所有者权益报酬率、普通股权益报酬率、普通股每股收益额、股利发放率、市盈率、销售利税率、毛利率、净利润率、成本费用利润率等。

(4)成长性指标:分析成长性指标,目的在于分析评价企业生产经营、收益增长程度和发展趋势。这类指标包括销售收入增长率、税前利润增长率、固定资产增长率、人员增长率、产品成本降低率等。

(5)流动性指标:分析流动性指标,目的在于分析评价企业在一定时期内的资金周转状况,掌握企业资金的运用效率。常用的指标包括总资产周转率、固定资产周转率、流动资产周转率、应收账款周转率、存货周转率等。

雷达图绘制具体步骤为:

第一,画出三个同心圆,同心圆的最小圆圈代表同行业平均水平的 1/2 值或最低水平,中间圆圈代表同行业平均水平,又称标准线,最大圆圈代表同行先进水平或平均水平的 1.5 倍。

第二,把这三个圆圈的 360°分成五个扇形区,分别代表收益性、安全性、流动性、成长性和生产性指标区域。

第三,从五个扇形区的圆心开始以放射线的形式分别画出相应的财务指标线,并标明指标名称及标度,财务指标线的比例尺及同心圆的大小由该经营比率的量纲与同行业的水平来决定。

第四,把企业同期的相应指标值用点标在图上,以线段依次连接相邻点,所形成的多边形折线闭环就代表了企业的现实财务状况。

图 3-7 表示了某企业的财务能力的优势和劣势。假设图 3-7 中的①~⑯的标号分别为：①资产报酬率；②所有者权益报酬率；③销售利润率；④成本费用率；⑤流动比率；⑥速动比率；⑦资产负债率；⑧所有者权益比率；⑨利息保障倍数；⑩总资产周转率；⑪应收账款周转率；⑫存货周转率；⑬销售收入增长率；⑭产值增长率；⑮人均工资；⑯人均销售收入。假设某企业所在行业的平均水平为中间的圆形线（标准线），当指标值处于标准线以内时，说明该指标低于同行业水平，需要加以改进；当指标值接近最小圆圈或处于其内时，说明该指标处于极差状态，是客户经营的危险标志；当指标值处于标准线外侧时，说明该指标处于较理想状态，是客户的优势所在。该企业在流动比率、速动比率、资产负债率、所有者权益比率等安全性方面有优势，其他方面一般。如果能够把竞争对手的相关能力也在雷达图中表现出来，则可以清晰地看到优势和劣势。可见，雷达图解决的问题是综合分析和评价企业经营状况以及寻找企业的优势和弱势。

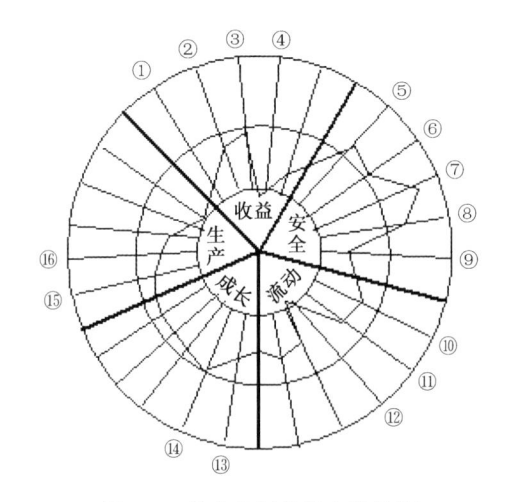

图 3-7 某企业财务能力雷达图

二、内部因素评价矩阵（IFE 矩阵）

（一）概念

内部因素评价矩阵（Internal Factor Evaluation Matrix，IFE 矩阵），是一种对内部因素进行分析的工具。其做法是从优势和劣势两个方面找出影响企业未来发展的关键因素，根据各个因素影响程度的大小确定权数，再按企业对各关键因素的有效反应程度对各关键因素进行评分，最后算出企业的总加权分数。通过 IFE 矩阵，企业可以把自己所面临的优势与劣势汇总，了解企业的全部引力。

构建内部因素评价矩阵的要点是关键内部因素的确定、权重的确定、对关键内部要素打分、计算加权评分。需要注意的是，一般权重由行业内专家主观确定。主观的偏差将导致偏颇的结论和错误的行动。

（二）建立步骤

（1）列出在内部分析过程中确定的关键因素。列出 10~20 个内部因素，包括优势和劣势两方面的。首先列出优势，然后列出劣势。要尽可能具体，采用百分比、比率和比较数字

（2）给每个因素以权重，其数值范围由 0.0（不重要）到 1.0（非常重要）。权重标志着各因素对于企业在产业中成败的影响的相对大小。无论关键因素是内部优势还是劣势，对企业绩效有较大影响的因素就应当得到较高的权重。所有权重之和等于 1.0。

（3）对各因素进行评分。1 分代表重要劣势；2 分代表次要劣势；3 分代表次要优势；4 分代表重要优势。值得注意的是，优势的评分必须为 4 或 3，劣势的评分必须为 1 或 2。评分以公司为基准，而权重则以产业为基准。

（4）用每个因素的权重乘以它的评分，即得到每个因素的加权分数。

（5）将所有因素的加权分数相加，得到企业的总加权分数。

无论 IFE 矩阵包含多少因素，总加权分数的范围都是从最低的 1.0 到最高的 4.0，平均分为 2.5。总加权分数大大低于 2.5 的企业，内部状况处于弱势；而分数大大高于 2.5 的企业，内部状况则处于强势。IFE 矩阵应包含 10～20 个关键因素，因素数不影响总加权分数的范围，因为权重总和永远等于 1。

> **小案例：Y 公司的内部要素评价**

以 Y 公司为例，构建内部因素评价矩阵，见表 3-11。其中，权重为该公司多部门管理层专家、供应商、关键顾客共同讨论确定并打分。最后得到内部因素评分值为 2.73 分，大于 2.5 分，说明公司优势较为明显。

表 3-11　Y 公司内部因素评价矩阵[1]

关键内部因素	权重	评分	加权评分
优势			
1. 产品性价比高	0.2	4	0.8
2. 新合作门店开拓速度快	0.2	4	0.8
3. 展会借力便捷	0.1	3	0.3
4. 物流便捷	0.05	3	0.15
5. 财务状况良好	0.08	3	0.24
劣势			
1. 品牌知名度低	0.12	1	0.12
2. 资金紧缺	0.1	1	0.1
3. 市场开拓人才紧缺	0.08	1	0.08
4. 缺乏完善的管理机制	0.04	2	0.08
5. 原材料成本较高	0.03	2	0.06
总计	1.0	—	2.73

注：评分值含义：1=重要劣势；2=次要劣势；3=次要优势；4=重要优势。

---

[1] 王建松：《Y 公司的战略管理研究》，硕士学位论文，长春工业大学，2021。

第六节　SWOT 分析

SWOT 分析是一种重要的环境分析手段。SWOT 分析通过对企业内部优势、内部劣势、面对机遇与外部威胁进行分析，有助于企业有效利用自身资源，制定针对性的战略，充分发挥企业优势，避免企业劣势，抓住机遇，并规避威胁。

一、SWOT 分析的内容

SWOT 分析包括分析企业面临的优势（Strength）、劣势（Weakness）、机会（Opportunity）和威胁（Threats）。因此，SWOT 分析实际上是对企业内外部条件各方面内容进行综合和概括，进而分析组织的优劣势、面临的机会和威胁的一种方法。SWOT 分析有助于企业把资源和行动聚集在自己的强项和有最多机会的地方。优劣势分析主要着眼于企业自身的实力及其与竞争对手的比较，而机会和威胁分析将注意力放在外部环境的变化及对企业的可能影响上。在分析时，应把所有的内部因素（即优劣势）集中在一起，然后用外部的力量来对这些因素进行评估。

（一）机会与威胁分析（O/T）

外部环境分析后，可以从中发现两类关键要素，一类表示环境威胁，另一类表示环境机会。环境威胁指的是环境中一种不利的发展趋势所形成的挑战，如果不采取果断的战略行为，这种不利趋势将导致公司的竞争优势受到削弱。环境机会就是对公司行为富有吸引力的领域，在这一领域中，该公司将拥有竞争优势。

企业潜在机会和威胁的常见要素见表 3-12。企业在分析机会和威胁时可以对这些要素加以考虑。

表 3-12　机会和威胁的常见要素

机会（O）	威胁（T）
● 顾客对行业产品的需求急剧上升，服务额外的顾客群或分割市场扩展到新的地域市场 ● 扩充公司产品线以满足更广泛的消费者需求 ● 利用公司现有的技能和科学技术进入新的产品线或新的业务领域 ● 在有吸引力的国外市场克服贸易壁垒 ● 并购对手公司或那些拥有专有技术和能力的公司 ● 加入战略联盟或合作经营，以扩大市场范围或提升竞争能力	● 行业中的竞争加剧，可能挤掉利润空间，市场增长速度减缓 ● 可能有强大的新进入者 ● 顾客和供应商的议价能力提高 ● 消费者的需求和偏好从该行业产品转移到别的产品 ● 不利的人口变化对该行业产品需求减少的威胁 ● 不利的经济条件威胁到关键的供应商或分销商 ● 技术变化，尤其是与公司独特竞争力相关的技术发生颠覆性变化 ● 限制性的国外贸易政策，适应新规则的代价昂贵，信贷紧张 ● 能源或其他关键投入价格上升

（二）优势与劣势分析（S/W）

当两个企业处在同一市场或者说它们都有能力向同一顾客群体提供产品和服务时，如果其中一个企业有更高的盈利率或盈利潜力，那么，我们就认为这个企业比另外一个企业更具有竞争优势。换句话说，所谓竞争优势是指一个企业超越其竞争对手的能力。能够通过 VRIO

测试的那些资源和能力一定是企业的优势,持续的竞争优势是指企业能够长期维持的优势,暂时的竞争优势可以认为是只存在于短期的竞争优势。竞争劣势是指企业与竞争对手相比缺乏的资源和能力,比如技术落后、品牌没有竞争力等。由于企业是一个整体,而且竞争优势来源十分广泛,所以在做优劣势分析时,必须从整个价值链的每个环节,将企业与竞争对手做详细的对比。表 3-13 列示了企业优势、劣势的常见要素,可以将这些要素作为参考的依据。

表 3-13 优势和劣势的常见要素

优势(S)	劣势(W)
● 与行业关键成功因素十分匹配的竞争力 ● 潜在优势和竞争性资产 ● 强大的品牌形象/公司声誉 ● 良好的财务状况以支撑业务增长 ● 优于竞争者的规模经济/学习或经验曲线 ● 强于竞争者的其他成本优势 ● 有吸引力的客户群 ● 专有技术、卓越科技水平和重要专利 ● 比供应商和顾客的议价能力强 ● 卓越的产品质量 ● 资源和能力有价值且稀缺 ● 广泛的市场覆盖或强大的全球分销能力 ● 资源和能力难以复制且不存在好的替代品 ● 联盟/合作经营提供了获取有价值的技术、竞争力或有吸引力的市场地域的机会	● 含糊的战略愿景 ● 不完善或没有被证实的核心竞争力 ● 缺乏独特竞争力或具有竞争优势的资源 ● 与竞争对手相比,产品服务更差 ● 对消费者需求缺乏关注 ● 与竞争对手相比,产品线太窄 ● 与关键竞争对手相比,有更高的单位总成本 ● 受内部运作问题或陈旧设备的困扰 ● 太多未充分利用的工厂产能 ● 资源能轻易复制且存在好的替代品 ● 状况很差的资产负债表,没有财务资源来支撑公司增长,有繁重的债务 ● 品牌形象或声誉较差,缺乏足够的分销能力 ● 相对于主要竞争对手,经销商营销网络或分销能力较差 ● 缺乏管理深度

二、SWOT 分析矩阵

企业可以在 SWOT 要素分析的基础上,利用 SWOT 分析矩阵确定企业的 SWOT 组合战略,即 SO 战略、WO 战略、ST 战略、WT 战略。SWOT 战略选择图如图 3-8 所示。

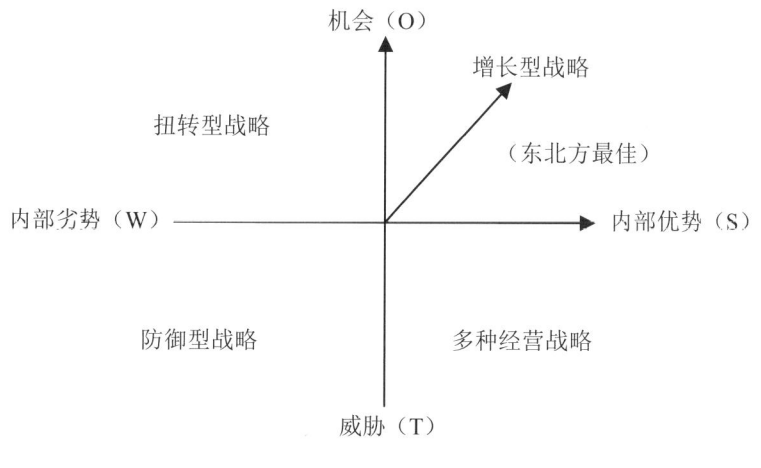

图 3-8 SWOT 战略选择图

（1）SO 战略是抓住机会并发挥优势形成的增长型战略。优势+机会能够产生杠杆效应。杠杆效应产生于内部优势与外部机会相互一致和适应时。在这种情形下，企业可以用自身内部优势撬起外部机会，使机会与优势充分结合并发挥作用。然而，机会往往是稍纵即逝的，因此企业必须敏锐地捕捉机会，把握时机，以寻求更大的发展。

（2）WO 战略是扭转劣势的情况下抓住机会的扭转型战略。劣势+机会呈现出在外部环境利好而内部资源能力不足的情况下所产生的抑制性。抑制性意味着妨碍、阻止、影响与控制。当环境提供的机会与企业内部资源优势不对称或者不能相互重叠时，企业的优势再大也得不到发挥。在这种情形下，企业就需要提供和追加某种资源，以促进内部资源劣势向优势方面转化，从而迎合或适应外部机会。

（3）ST 战略是企业用资源和优势应对不利的外部环境的多种经营战略。优势+威胁使企业脆弱性增加。脆弱性意味着优势的程度或强度被不利的外部环境影响而降低、减少。当环境状况对公司优势构成威胁时，优势得不到充分发挥，出现优势不优的脆弱局面。在这种情形下，企业可以利用多元化战略克服威胁，减少风险，寻找其他有利的环境以发挥优势。

（4）WT 战略是企业在自身资源和能力处于劣势而外部又处于不利的环境下采取的防御型战略。当企业内部劣势与企业外部威胁相遇时，企业就面临着严峻挑战，如果处理不当，可能直接关系到企业的生死存亡。因此，必须谨慎选择，可以收缩防御、回避弱势、避免风险。

结合 SWOT 分析内容和 SWOT 战略选择图，可以构建 SWOT 分析矩阵。表 3-14 为针对某房地产开发公司构建的 SWOT 矩阵分析表。

表 3-14　某房地产开发公司的 SWOT 矩阵分析[1]

外部	内部	
	优势（S） 1. 融资速度快 2. 对市场敏感度高 3. 本地知名度高 4. 开发周期短 5. 开发成本低	劣势（W） 1. 缺乏专业性管理人才 2. 高端产品少 3. 缺少技术储备 4. 资金相对不足
机遇（O） 1. 教育地产兴起 2. 消费者对高端住宅需求高 3. 城镇化的持续推进 4. 融资市场的发展 5. 海景房项目崛起	SO 战略 1. 持续开发三、四线城市的房地产 2. 抓住城镇化发展机遇，推进郊区房地产开发 3. 快速推进教育地产开发 4. 试水特色房地产项目	WO 战略 1. 差异化产品开发 2. 纵向一体化 3. 多元化战略（发展其他产业）
威胁（T） 1. 政府持续调控 2. 大型房地产的进入 3. 价格大战 4. 消费者需求多样化 5. 信贷政策缩紧	ST 战略 1. 保持现金流的充足 2. 缩短开发周期 3. 采取稳定发展战略，坚守本地市场 4. 降低开发成本	WT 战略 1. 走轻资产路线 2. 减少开发量

---

[1] 张勤坚：《秦皇岛市金盛达房地产开发有限公司发展战略研究》，硕士学位论文，燕山大学，2020。

复习思考题

1. 什么是企业资源？什么是企业能力？如何对企业资源和能力进行评估？
2. 什么是核心竞争力？其特征如何？
3. 解释价值链的概念，并结合你熟悉的企业进行价值链分析。
4. 资源比较和均衡分析的主要内容包括哪些？
5. 请结合持续竞争优势的标准分析你所熟悉的某一家企业。

【中国情境下企业战略思维案例】

资源分析与战略定位案例：士文化园的风波

21世纪初，江苏省无锡市，一位大学教授应当地政府委托，开始了一个旅游景区开发项目。这位教授将景区定名为"士文化园"。完成后，他与当地知名营销专家郑先生讨论了项目的可行性。以下是具体情况的描述。

一、士文化园的自然资源与人文资源

"士文化园"地点原为茶场，地形为背山面北的不规则山湾坡地。沿太湖而行，中间经过三个著名景区、太湖风光带"九龙十八湾"，再沿着山间小路行驶4千米左右，即可到达该镇。景区距离市区约12千米。山上郁郁葱葱的竹林在风中作响，呈现壮观景象。山间流淌着一条池塘大小的小溪，传说中是"尚书湖"，传闻历史上这里曾有过一位姓秦的尚书。山下有茶场和果园，工人们在桃树林中兴建乡村别墅、园林式餐厅和人工湖。

"士文化园"门前的一条马路正在施工，北通"九龙十八湾"太湖风景区主干道，南通火车站和通往宜兴、杭州的高速公路。景区周围无公交站点，且由于人烟稀少，未来可能难以开通公交旅游专线。站在别墅二楼窗前，眼前呈现桃红柳绿的田园风光。远处山坡上，竹林在风中摇曳，仿佛世外桃源。由于地形为山湾，不适合大规模工业发展，因此经济主要以农林副业为主。

"士文化园"给人一种阳春白雪、雅致文化、充满人文气息的感觉。"士文化"是一个内涵丰富的文化概念，涵盖了先秦、魏晋南北朝、隋唐、宋明清各个时期的文化形态。例如，先秦的"诸子百家"，强调社会关怀，突出人本文化；魏晋南北朝时期，"士族"地位较高，加上佛教的传入，士族阶层个性张扬，从社会关怀转向人生关怀；隋唐和宋明清时期的"士文化"有着不同的特征，"隋唐寒士"很有文化自信，相信"天生我材必有用"，其价值取向跟国家利益相结合，例如"学成文武艺，货与帝王家"；但是宋明理学讲的是"存天理灭人欲"，推崇王权，"士大夫文化"较为流行，个人有发展机会就"兼济天下"，没机会就"独善其身"。这个"文化园"的园内有秦尚书墓、张俊墓、孙策墓，但遗憾的是没有砖瓦字画等实质性的历史遗存，有的"尚书湖"也只是一个小池塘。

从地理位置上看，虽然"士文化园"靠近太湖，但由于山脉的阻隔，景区并不"亲水"。士文化园的地形，是一个背山面北的山湾坡地，似乎不是什么"风水宝地"。

二、几个主要的外部环境因素

无锡市历史悠久，人文气息十分浓厚，"寄畅园""东林书院"都是典型代表。"寄畅园"

"两京五部尚书、九转三朝太保",且有康熙、乾隆两代帝王14次驻留的历史记载。无锡"东林书院"是北宋理学家杨时讲学的地方,现在里面还有明代东林党领袖顾宪成、清代维新变法领袖康有为的字迹。20世纪初,长三角特别是苏锡常地区人均GDP相对较高,生活非常富足。然而,乡镇城市化和城市现代化引发了一系列问题,如空气污染、喧嚣的城市环境,以及人们的精神和工作压力较大。但无锡地区的餐饮和宾馆生意有史以来就十分兴旺,尤其商务型消费占比较大。由于市区土地有限,宾馆饭店和休闲娱乐中心的环境改善方面的难度很大。太湖风景区的周边的高档饭店价格十分昂贵。

三、战略定位

郑先生提出,首先,与其附庸所谓士文化的风雅,不如突出乡镇特色。将景区定位为乡村家园,吸引城里人前来住乡村别墅、品农家土菜、欣赏田园风光。第二,因景区初建,其方位和内容可以凭借毗邻太湖风光带的"九龙十八湾"的优势,将"士文化园"更名为"九龙湾乡村家园",以更直观地传达景区。第三,由于景区周围环境相对封闭,这既是不利因素,也能转化为有利条件,正是由于山湾地形不适宜工业发展,因此能保持原生态的田园风貌,成为江南地区难得的"净土",成为乡村家园的独特卖点。"住乡村别墅,吃农家土菜,看田园风光",在短短数月内吸引了中高端商务和休闲消费市场的关注。

另外,鉴于旅游市场开发困难,郑先生建议专注于商务型消费。同时,调整运营模式,以餐饮为主导,通过餐饮来带动住宿和商务会议,将景区作为辅助环境。相较于人文景观和自然景观,景区本身可能竞争力较弱。但若将景区与宾馆饭店和娱乐中心相比,其自然环境优势显著。无锡地区的商务型消费占比很大,这一消费群体的交通不是问题,但他们注重用餐氛围和住宿环境。九龙湾乡村家园"住乡村别墅,吃农家土菜,看田园风光"的独特卖点,具有相当大的市场吸引力。

四、实践的检验

九龙湾乡村家园2003年1月由该镇属下的无锡市十八湾旅游发展有限公司开发建设。尽管没有进行宣传,但由于其独特卖点,九龙湾乡村家园在短短几个月内迅速吸引了无锡本地中高端商务和休闲消费市场。九龙湾乡村家园有二十余座别墅、五十余间客房,提供风格迥异的宴会包厢,可同时容纳500多人用餐。此外,配备有多功能会议中心和齐全的娱乐设施。园内还提供野外烧烤、竹林野趣、垂钓登山、桑拿足浴、采茶制茶等休闲项目。

案例思考题:

1. 总结"士文化园"的优势、劣势、机会和威胁。
2. 利用SWOT矩阵进行战略组合分析,并分析现有的战略是否需要进一步优化。

第四章 基准化分析

知识要点	教学目标
基准化分析的含义与类型	了解基准化分析的概念、作用、分类
基准化分析的工具	掌握关键成功因素、关键绩效指标和平衡计分卡三种工具的应用
基准化分析的流程	了解标杆准备、标杆规划、标杆比较、标杆实施的基本流程

菲利普·科特勒解释说:"一个普通的公司和世界级的公司相比,在质量、速度和成本绩效上的差距高达10倍之多。基准化分析是寻找在公司执行任务时如何比其他公司更出色的一门艺术。"其实,中国古代战略名著《孙子兵法》也有提到"知己知彼,百战不殆;不知彼而知己,一胜一负;不知彼,不知己,每战必败"。基准化分析方法对于外部环境分析的意义是了解行业关键成功因素,对内部环境分析的作用是发现企业的优势和劣势,同时对战略选择和实施也有重要的作用。

第一节 基准化分析的含义与类型

基准化分析就是对企业所有能衡量的因素给出一个参考值。基准化分析可以是一种管理体系、学习过程,它更注重对流程的研究分析。本节我们将从其含义和类型开始学习。

一、基准化分析的含义

(一)基准化分析的定义

基准化分析(Benchmarking)就是将本企业各项活动与从事该项活动最佳者进行比较,从而提出行动方法,以弥补自身的不足。基准化分析是组织用来确认和调查另一个经济实体的关键层面,然后将调查结果应用到组织运营实践中的分析方法。

基准化分析的对象可以是组织的任何方面,如竞争对手的产品、服务、实践、流程或战略等。总之,只要是组织可以用来定义、衡量和比较的,与比较对象类似的一切特征都可以作为基准化分析的对象。如果运用得当,基准化分析将是一种强大的学习工具,它可以帮助组织获得较强的竞争优势,组织因此可以在缩减成本和提高生产率等方面超过竞争对手,从而更好地满足客户对产品或服务的需求[1]。

基准化分析是将本企业经营的各方面状况和环节与竞争对手或行业内外一流的企业进行对照分析的过程,是一种评价自身企业和研究其他组织的手段,是将外部企业的持久业绩作为自身企业的内部发展目标并将外界的最佳做法移植到本企业的经营环节中去的一种方法。

(二)基准化分析的背景

20世纪50年代中期,比率分析作为一种商业竞争分析工具首次被应用于实践中,它主要

---

[1] 弗莱舍:《商业竞争分析:有效运用新方法与经典方法》,叶盛龙译,机械工业出版社,2009。

针对的是财务比率方面的比较分析。相对比率分析是行业分析中常用的一种分析方法，其目的是要确定组织的相对财务表现，并对组织的竞争地位进行定位。然而，与组织竞争对手的财务比率进行对比分析，组织并不能搞清楚其中任何差异的相关缘由。因此，相对比率分析作为一种战略工具，存在一定的局限性。以往的分析工具都未能确认组织获取不俗和持续财务表现的方法和原因，而基准化分析的出现填补了这一分析领域的空白，它将竞争优势的结果（如出色的盈利能力）与原因（如不错的流程与实践）联系到了一起。

基准化分析起源于施乐公司。施乐曾是影印机的代名词，但日本公司在第二次世界大战以后，在诸多方面模仿美国企业的管理、营销等操作方法。日本竞争者介入瓜分市场，从1976年到1982年，施乐的市场占有率从80%降至13%。施乐于1979年在美国率先执行基准化分析，总裁柯恩斯于1982年赴日学习竞争对手，买进日本的复印机，并通过"逆向工程"，从外向内分析其零部件，并学习日本企业以全面质量管理推动全面品牌管理，从而在复印机上重新获得竞争优势。

丰田公司是日本第一个使用基准化分析的组织，日本人称它是"先行者"。当时，丰田公司将一大批骨干派往美国，了解美国"二战"后的汽车制造流程。这批人回国之后，丰田对这些流程进行了吸收和改进。基准化分析包括对调查对象顶级产品或服务、流程或战略进行调查，并将其精髓融入自己的组织，提高自身的竞争优势。

20世纪80年代到90年代初期，基准化分析的主要对象集中在产品上，即同行业竞争对手所生产的产品。后来，主要对象的范围被扩展到不同行业中组织的商业流程、实践、政策和组织战略等方面。组织不仅可以对竞争对手进行基准化分析，还可以对组织的一个部门进行基准化分析，或者对与组织不在同一行业的组织的运营实践进行基准化分析。比如，如果酒店行业中的一家公司拥有世界顶级的开票程序，那么一家工程公司同样可以利用它来完善自身的开票程序。进行基准化分析的组织通常拥有一套较好的商业流程，而进行竞争者分析的组织则缺少一套好的商业流程。

如上所述，产品或服务、流程或战略都可以用来进行基准化分析。进行产品或服务的基准化分析时，组织调查的内容包括价格，技术质量，附属产品或服务的特性、效率、可靠性以及相对于直接产品或服务的其他特征；进行流程基准化分析时，组织要详细调查某个特定工作流程，如开票流程或制造流程等；进行战略基准化分析时，组织要调查其他组织在市场中成功运用的长期规划和战略实施技巧，战略基准化分析对组织的长期发展帮助很大，但也需要经过长时间实践之后才可以得到验证。❶

（三）基准化分析的主要作用

企业可以以竞争对手、行业内外一流企业、技术等为对象展开基准化分析，因此基准化分析拥有多重作用。首先，做竞争对手的基准化分析，有助于确定和比较竞争对手经营战略的组成要素；对客户的需求做对比分析，可发现本公司的不足，从而将市场、竞争力和目标的设定结合在一起，进一步确定企业的竞争力、竞争情报、竞争决策及其相互关系，作为进行研究对比的三大基点。其次，通过对行业内外一流企业的基准化分析，企业可以从任何行业中最佳企业那里得到有价值的情报，用于改进本企业的内部经营，建立起相应的赶超目标。同时，做跨行业的技术性的基准化分析，有助于技术和工艺方面的跨行业渗透。

---

❶ 弗莱舍：《商业竞争分析：有效运用新方法与经典方法》，叶盛龙译，机械工业出版社，2009。

二、基准化分析的分类

（一）根据企业运作层面不同

（1）战略层的基准化分析：将本公司的战略和对照公司的战略进行比较，找出成功战略中的关键因素。

（2）操作层的基准化分析：主要集中于比较成本和产品的差异性，重点是功能分析，一般与竞争性成本和竞争性差异有关。

（3）管理层的基准化分析：涉及分析企业的支撑功能，具体指人力资源管理、营销规划、管理信息系统等，其特点是较难用定量指标来衡量。

（二）根据分析对象主体类型不同

（1）内部基准化分析：包括对组织内部先进经验的评价与比较。比如，组织中的一个部门或一个战略业务单元可以与组织的其他部门在先进经验上实现信息共享，这是组织在内部基准化分析时常用的方法。组织之所以这样做，是基于以下几个原因。第一，相对于外部基准化分析来说，内部基准化分析简单易行，组织在信息收集上也可以做到游刃有余。第二，内部基准化分析可以为未来外部基准化分析提供初步的研究成果，组织可以很容易了解到自身所处的经营环境，并提前对其准确把握。第三，内部基准化分析可以有效帮助组织了解自身价值链，并与其他组织的优势进行对比。第四，组织还可以通过内部基准化分析获得有用的信息，以此加强与未来合作伙伴之间的互惠关系。尽管内部基准化分析的重要性不容忽视，但组织还是要尽快意识到内部基准化分析很有可能退化成组织的"祈雨舞"，组织也会因此只注重其理论性而忽视其实践性。

（2）竞争或外部基准化分析：指组织对处在同一战略集团或同一行业中的竞争对手进行基准化分析。与内部基准化分析形成鲜明对比的是，外部基准化分析说易行难，因为竞争对手是不会轻易将一些敏感信息透露给组织的。通常，组织有两种方法来弥补在竞争基准化分析中被视为"不可收集到"的信息。第一种方法是组织从基准对象的供应商和客户那里侧面收集有关竞争对手的信息，以弥补组织对基准化分析数据的硬性需求。第二种方法是利用行业协会或咨询公司进行匿名基准化分析，最终获得实用信息，这样也减少了竞争对手对敏感竞争和法律信息的保护。

（3）其他行业基准化分析：基准化分析的对象并非与组织存在直接竞争关系。其他行业基准化分析包括对非竞争组织最佳实践进行评估，对处于不同行业但使用与组织潜在竞争对手类似经营流程的组织的最佳实践进行评估，对处于不同行业且使用与组织潜在竞争对手不同经营流程的组织的最佳实践进行评估。这类基准化分析的好处在于处于非竞争状态的组织更愿意为组织的基准化分析提供信息支持。当然，这种情况也只有在实施基准化分析的组织无法仿效分析对象的商业流程时才有可能发生。

（4）全球先进经验基准化分析：这种基准化分析所选择对象与行业无关，只要是大家熟知的、具有先进经验的全球行业领导者，组织都可以选择其进行基准化分析。比如，一家连锁酒店希望增加客户满意度并提高晚餐的上座率，那么它可以选择在世界上拥有先进队列管理经验的迪士尼公司作为基准化分析的对象。这种类型的基准化分析经常会让组织获得极大的收益，因为相对于前一种方法而言，它所选择的基准化分析对象是最好的。除此之外，对全球先进经验进行基准化分析可以让组织更好地进行革新，而其他方法则稍逊一筹。但是，这种基准化分析方法的难度也是最大的，因为它最终将管理者的精力投入自身的运营当中。❶

对竞争对手的基准化分析和瞄准其他行业或全球一流企业的基准化分析中，前者一般仅限于生产同类产品或提供同类服务的企业，其目的主要是发现竞争对手的优点和不足，针对其优点，取长补短；根据其不足，选择突破口。而后者的范围就要广得多，可挑选任何业绩优良的企业。其好处是更能博采众长。另外，由于不存在竞争关系，交流信息的障碍少。

（三）根据分析流程不同

（1）内部流程标杆分析：指一个组织内部不同部门、据点、分支机构的相同作业流程的相互评量比较。以图书馆为例，比较总馆与各分馆间参考服务的作业流程，可寻找出全馆内最佳参考服务典范与解决参考服务过程中所共同遭遇的问题。图书馆内部流程标杆分析较容易搜集到丰富的资料，通常可以提供15%的改善机会，呈现图书馆问题所在的清晰图像。内部流程标杆分析的最大优点在于所需的资料和信息易于取得，不存在资料鸿沟的问题，还可以促进事业单位或部门间的沟通。缺点则是视野狭隘，不易找到最佳作业典范，很难为组织带来创新性的突破。

（2）外部竞争性流程标杆分析：以组织同业竞争者的产品、服务、作业流程作为评量比较的标杆，试图找出自身的优势或弱点。以图书馆为例，以同性质、声誉卓著的图书馆同业为标杆，比较彼此图书采购流程的差异，进而采纳仿效对方的优点，即为竞争性流程标杆分析的做法。

（3）功能性流程标杆分析：功能性流程标杆分析的对象不限同业，而是选择一特定功能或作业流程，针对在这个领域内已建立卓越性的机构进行标杆分析。这种标杆分析的对象不是机构，而是该组织的某一项典范作业流程。以图书馆为例，为提升馆员人力资源管理效能，应向以人力资源管理极享盛名的企业取经，即为一种功能性流程标杆分析。此种标杆分析经常可以引导突破性的思考，有助于创新服务与作业流程的提出。

第二节　基准化分析的工具

关键成功因素、关键绩效指标、平衡计分卡均是基准化分析的重要工具，是外部环境和内部环境的重要分析依据。

一、关键成功因素（CSF）

（一）关键成功因素的含义

关键成功因素（Critical Success Factors，CSF）是组织内部或外部经营环境中对组织的战略目标的实现具有主要影响的某些特征。最早提出者是麦肯锡咨询师唐纳德·丹尼尔，后期又有很多该领域的研究者从不同侧面说明关键成功因素的内涵。例如莱德克和布鲁诺（1984）

---

❶ 弗莱舍：《商业竞争分析：有效运用新方法与经典方法》，叶盛龙译，机械工业出版社，2009。

认为关键成功因素是指一些特性、条件或变量，如果能够适当且持续地维持和管理，就能对公司在特定产业中竞争成功产生显著的影响；希利戈斯（1992）建议美国的经理人应该重新思考产业的关键成功因素，以便能够产生有力的变革；波拉里和格兰特（1994）提出关键成功资源的说法，认为发展和使用特有的资源来区别竞争对手的资源，将比竞争对手更优越。

（二）关键成功因素的分类

关键成功因素分析在企业内部可以作为竞争情报搜集和分析的指导原则，作为战略制定的依据，在企业外部可以作为基准化分析的一个基础。按照不同来源，关键成功因素可以分为五类。

（1）环境关键成功因素：对所有企业都有一定影响的客观环境因素（例如制度、政治、经济等）成为企业发展中的关键成功因素。环境 CSF 变化时，公司必须考虑针对这种变化做出快速、适当的反应，调整自身战略。例如，互联网平台类企业的发展成为零售行业成功的关键因素；录音和唱片行业应对互联网的冲击，必须不断创新。

（2）行业关键成功因素：在任何一个行业或市场内，都有一些与别的行业不同的因素对获取成功起着关键的作用。行业 CSF 必须从需求特征、技术特征、产品特征、顾客、生产流程等角度来考察分析。例如，瓶装水行业的关键成功因素来自广告、品牌、包装等因素，商学院关键成功因素可能来自高水平研究人才、校友资源、学校声誉。

（3）组织关键成功因素：组织 CSF 对所有企业而言都是共同的，比如招聘、培训最好的人才，组织运作效率等。组织中的具体职能部门也有自己的 CSF，每个公司对组织 CSF 都拥有较高的控制能力。组织 CSF 已经成为一个组织低成本高效率运作的必备能力。

（4）公司本身关键成功因素：公司的创新可能改变整个行业的 CSF，公司的发展历史和传统会影响公司 CSF 的选择，公司 CSF 主要基于自身的能力和资源。

（5）偶发因素关键成功因素：偶发因素是一些原先无法估计到的暂时性因素，但它们会在一段时间内对公司正在实施的战略产生相当大的影响。

了解五种类型的关键成功因素，对企业具有重要的意义。了解环境 CSF 可以对重大变化做出预测，可以率先采取行动，了解行业 CSF 可以判断有无能力进入行业或选择进入的切入点，了解竞争对手和本公司的 CSF，可以准确判断公司的竞争地位和优劣势。

（三）关键成功因素分析的步骤

第一，确定公司定位。明确公司的行业定位、目标市场，确定行业内竞争对手、产品的生命周期。对企业的目的是什么、服务于谁、客户需求及潜在需求是什么、为什么行业会存在等问题做出明确回答。

第二，识别关键成功因素。识别关键成功因素的方法主要包括顾客访问法、专家意见法、管理人员访谈法。主要访谈的内容包括行业买家在选择产品和服务方面的标准、企业有什么样的能力和资源才能获得竞争优势、成功企业的共性等。在识别关键成功因素的实践中，可以采用鱼骨图识别潜在 CSF，利用影响程度分析表、因果图示、层次分析法辅助分析 CSF。

第三，搜集关键成功因素信息进行比较评估。将 CSF 层层映射到具体的业务活动中，通过公开的信息源分析、问卷调查、访谈搜集本企业与关键竞争对手在关键成功因素方面的信息，并进行比较，确定自己的优势和劣势，见表 4-1、表 4-2。

表 4-1　关键成功因素情报搜集

CSF	竞争情报
快速有效的服务	竞争对手服务的特征列表，注意方法上的不同
产品质量	竞争产品的反求工程，用户调查，供应商和分销商调查
产品特征	产品手册，反求工程
财政、盈利率	年度报告，信用信息
形象、品牌	用户调查，贸易调查
价格	价格列表，价格变化的描述

表 4-2　本企业 CSF 与行业平均水平和竞争对手比较

CSF	平均评价	竞争对手的最小/最大	本企业评价值	优劣判断
高效的车间生产	1.9	0/3	2.8	相对优势
始终如一的质量	1.4	−1/2	1	劣势
产品形象	0.5	0/1	0.5	一般
…	…	…	…	…

第四，制订行动计划。根据 CSF 有针对性地建立能力和配置资源，逐步增强公司在各 CSF 上的优势，提高公司在行业内的竞争地位。可以构造企业对 CSF 的拥有程度和行业重要程度矩阵，判断企业未来的发展方向。关键因素分析主要分析各要素对行业竞争的重要性以及本企业拥有程度，将各因素根据两维指标在矩阵中定位后，企业可以直观地分析出企业对关键因素的拥有程度。企业应将其核心能力构建在行业关键成功因素上，企业资源投入应从拥有程度高但本身重要性不高的那些因素中转移出来，转投到那些目前拥有程度低但对行业竞争成功意义重大的因素中去。如图 4-1 所示，某行业 CSF 在市场推广、人力资源、品牌、销售和技术方面具有行业竞争重要性，而在市场推广和人力资源方面不足。虽然企业在质量、资金、政府关系方面拥有度较高，但这几个因素并不是行业成功的关键因素，因此，应该更关注市场推广和人力资源，着力弥补不足。

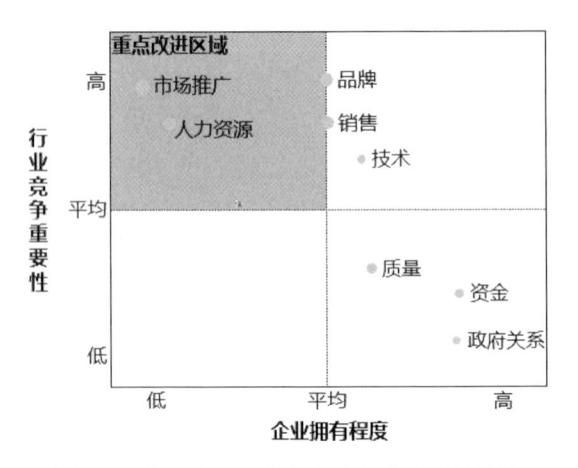

图 4-1　某企业 CSF 拥有度和行业重要性矩阵

二、关键绩效指标（KPI）

（一）关键绩效指标的含义

关键绩效指标（Key Performance Indicator，KPI）是指企业总体战略目标决策经过层层分解后所产生的可操作的战术目标，是总体战略决策执行效果的监测指针。KPI 是衡量企业战略实施效果的关键指标，其目的是建立一种机制，将企业战略转化为内部管理过程和活动，以不断增强企业的核心竞争力和可持续发展的动力，使企业取得高效益。

KPI 是企业内部环境分析，特别是绩效分析的基础。同时，KPI 是企业基准化分析的重要工具。在企业管理中，建立明确的切实可行的 KPI 体系，是做好绩效管理的关键。

（二）关键绩效指标的特点

KPI 是用于衡量工作人员工作绩效表现的量化指标，是绩效计划的重要组成部分。KPI 具备如下几项特点：

第一，KPI 来自对公司战略目标的分解。这首先意味着作为衡量各职位工作绩效的指标所体现的衡量内容最终取决于公司的战略目标。当 KPI 构成公司战略目标的有效组成部分或支持体系时，它所衡量的职位便以实现公司战略目标的相关部分作为自身的主要职责；当 KPI 与公司战略目标脱离时，它所衡量的职位的努力方向也将与公司战略目标的实现产生分歧。其次意味着 KPI 是对公司战略目标的进一步细化和发展。公司战略目标是长期的、指导性的、概括性的，而各职位的 KPI 内容丰富，针对职位而设置，着眼于考核当年的工作绩效，具有可衡量性。因此，KPI 是对真正驱动公司战略目标实现的具体因素的发掘，是公司战略对每个职位工作绩效要求的具体体现。

第二，KPI 是对绩效构成中可控部分的衡量。企业经营活动的效果是内因外因综合作用的结果，其中内因是各职位员工可控制和影响的部分，也是 KPI 所衡量的部分。KPI 应尽量反映员工工作的直接可控效果，剔除他人或环境造成的其他方面影响。例如，销售量与市场份额都是衡量销售部门市场开发能力的标准，而销售量是市场总规模与市场份额相乘的结果，其中市场总规模是不可控变量。在这种情况下，两者相比，市场份额更体现了职位绩效的核心内容，更适合作为关键绩效指标。

第三，KPI 是对重点经营活动的衡量，而不是对所有操作过程的反映。每个职位的工作内容都涉及不同的方面，高层管理人员的工作任务更复杂，但 KPI 只对其中对公司整体战略目标影响较大，对战略目标实现起到不可或缺作用的工作进行衡量。

第四，KPI 是组织上下认同的。KPI 不是由上级强行确定下发的，也不是由本职职位自行制定的，它的制定由上级与员工共同完成，是双方所达成的一致意见的体现。它不是以上压下的工具，而是组织中相关人员对职位工作绩效要求的共同认识。

KPI 所具备的特点，决定了 KPI 在组织中举足轻重的意义。第一，作为公司战略目标的分解，KPI 的制定有力地推动公司战略在各单位各部门得以执行；第二，KPI 为上下级对职位工作职责和关键绩效要求有了清晰的共识，确保各层各类人员努力方向的一致性；第三，KPI 为绩效管理提供了透明、客观、可衡量的基础；第四，作为关键经营活动的绩效的反映，KPI 帮助各职位员工集中精力处理对公司战略有最大驱动力的问题；第五，通过定期计算和回顾 KPI 执行结果，管理人员能清晰了解经营领域中的关键绩效参数，并及时诊断存在的问题，采取行动予以改进。

(三) 关键绩效指标的设计

1. 设计 KPI 的原则

在设计 KPI 的时候，设计者一定要遵循 SMART 原则：第一，KPI 必须是具体的（Specific），这是指将目标细化，并可随情境进行改变，不能笼统；第二，KPI 必须是可度量的（Measurable），这是指目标应可度量化或行为化，验证这些绩效指标的数据或者信息是可以获得的；第三，KPI 必须是可以实现的（Attainable），这是指所制定的目标不高也不低，并在适度的期限内可实现；第四，KPI 必须是现实的（Realistic），这是指目标结果是实实在在的，可观察或证明；第五，KPI 必须是有时限的（Time based），这是指注重完成绩效指标的特定期限。

2. 建立 KPI 指标的要点

建立 KPI 指标的要点在于流程性、计划性和系统性。首先，明确企业的战略目标，并在企业会议上利用头脑风暴法和鱼骨分析法找出企业的业务重点，也就是企业价值评估的重点。然后用头脑风暴法找出这些关键业务领域的关键业绩指标（KPI），即企业级 KPI。接着各部门的主管需要依据企业级 KPI 建立部门级 KPI，并对相应部门的 KPI 进行分解，确定相关的要素目标，分析绩效驱动因素（技术、组织、人），确定实现目标的工作流程，分解出各部门级的 KPI，以便确定评价指标体系。然后各部门的主管和部门的 KPI 人员一起再将 KPI 进一步细分，分解为更细的 KPI 及各职位的业绩衡量指标。这些业绩衡量指标就是员工考核的要素和依据。这种 KPI 体系的建立和测评过程本身，就是统一全体员工朝着企业战略目标努力的过程，也必将对各部门管理者的绩效管理工作起到很大的促进作用。指标体系确立之后，还需要设定评价标准。一般来说，指标指的是从哪些方面衡量或评价工作，解决"评价什么"的问题；而标准指的是在各个指标上分别应该达到什么样的水平，解决"被评价者怎样做，做多少"的问题。最后必须对关键绩效指标进行审核。比如，审核这样的一些问题：多个评价者对同一个绩效指标进行评价，结果是否能取得一致？这些指标的总和是否可以解释被评估者 80%以上的工作目标？跟踪和监控这些关键绩效指标是否可以操作？审核主要是为了确保这些关键绩效指标能够全面、客观地反映被评价对象的绩效，而且易于操作。

每一个职位都会影响某项业务流程的一个过程，或影响过程中的某个点。在订立目标及进行绩效考核时，应考虑职位的任职者是否能控制该指标的结果，如果任职者不能控制，则该项指标就不能作为任职者的业绩衡量指标。比如，跨部门的指标就不能作为基层员工的考核指标，而应作为部门主管或更高层主管的考核指标。绩效管理是管理双方就目标及如何实现目标达成共识的过程，以及促使员工成功达到目标的管理方法。管理者给下属订立工作目标的依据来自部门的 KPI，部门的 KPI 来自上级部门的 KPI，上级部门的 KPI 来自企业级 KPI。只有这样，才能保证每个职位都是按照企业要求的方向去努力。善用 KPI 考评企业，将有助于企业组织结构集成化，提高企业的效率，精简不必要的机构、不必要的流程和不必要的系统。

3. KPI 设计的基本思路

KPI 设计的三种基本思路分别是内部导向法（基于企业愿景与战略的关键成功因素法）、外部导向法（标杆基准法）、平衡计分卡方法。下面讨论前面两种方法，平衡计分卡方法将在后续内容中讲述。

内部导向法：依据企业战略及战略成功关键，确定 KPI 指标集，并依据一定时期的竞争策略及管理要点进行年度 KPI 指标的选取，以此确立以 KPI 为核心的绩效管理机制与体系。其基本设计思路为：第一，提出组织愿景（Vision）；第二，确定战略规划（Strategy）；第三，分析各个战略目标（Goal）——哪些因素决定成败；第四，为每个关键成功因素（CSF）设置至少 1 个关键绩效指标（KPI）；第五，设置各个绩效指标的标准与权重。

外部导向法：也称标杆基准法，即以基准化分析为参照系的 KPI 指标体系的建立。其基本设计思路为：第一，对企业自我诊断，对组织战略与目标、关键业务及其流程进行分析，发现企业存在的问题；第二，选择标杆组织，设立标杆。标杆的选择要求是具有可比性且管理实践是可以模仿的。同时，选择标准为卓越的业绩，尤其是在基准化的内容方面，以及与本组织所处行业/地域、核心业务、组织背景、发展方向等方面有共同特征的（潜在）竞争对手或著名企业。

三、平衡计分卡（BSC）

（一）平衡计分卡内涵及其发展历程

平衡计分卡（Balanced Score Card，BSC）是常见的绩效考核方式之一，是从财务、客户、内部运营、学习与成长四个角度将组织的战略落实为可操作的衡量指标和目标值的一种新型绩效管理体系。根据解释，平衡计分卡主要是通过图、卡、表来实现战略的规划。

1992 年，罗伯特·卡普兰和大卫·诺顿在 HBR 上发表了《平衡计分卡——衡量绩效的指标》（*The Balanced Scorecard–Measures that Drive Performance*），首次提出不要只从企业的财务指标来判断它的绩效好坏。1996 年，发表了《平衡计分卡：化战略为行动》（*The Balanced Scorecard: Translating Strategy into Action*），标志着平衡计分卡由一个绩效衡量工具转变为战略实施工具。从 1992 年到现在，平衡计分卡理论被译成 18 种不同的语言。

（二）平衡计分卡的主要内容

平衡计分卡是一种崭新的绩效衡量模式。它是一种多维管理体系，关注公司运营的活动、流程和结果，同时也与公司的战略紧密结合，具体来说包括以下四个方面：财务（Financial）、客户（Customer）、内部流程（Internal Process）、学习与成长（Learning & Growth）。这几个方面分别代表企业三个主要的利益相关者：股东、顾客、员工。每个角度的重要性取决于角度的本身和指标的选择是否与公司战略相一致。其中每一个方面，都有其核心内容。

1. 财务层面

财务业绩指标可以显示企业的战略及其实施和执行是否对改善企业盈利做出贡献。财务目标通常与获利能力有关，其衡量指标有营业收入、资本报酬率、经济增加值等，也可能是销售额的迅速提高或创造现金流量。

2. 客户层面

在平衡计分卡的客户层面，管理者确立了其业务单位将竞争的客户和市场，以及业务单位在这些目标客户和市场中的衡量指标。客户层面指标通常包括客户满意度、客户保持率、客户获得率、客户盈利率以及在目标市场中所占的份额。客户层面使业务单位的管理者能够阐明客户和市场战略，从而获得出色的财务回报。

3. 内部流程层面

在这一层面上，管理者要确认组织擅长的、关键的内部流程，这些流程帮助业务单位提供价值主张，以吸引和留住目标细分市场的客户，并满足股东对卓越财务回报的期望。

4. 学习与成长层面

它确立了企业要长期成长和改善所必须建立的基础框架，确立了未来成功的关键因素。平衡计分卡的前三个层面一般会揭示企业的实际能力与实现突破性业绩所必需的能力之间的差距，为了弥补这个差距，企业必须投资于员工技术的再造、组织程序和日常工作的理顺，这些都是平衡计分卡学习与成长层面追求的目标，如员工满意度、员工保持率、员工培训和技能等，以及这些指标的驱动因素。

这四个角度是相互联系、相互作用的。一个公司所拥有的知识、技能、系统和工具组成公司的学习能力和成长的基础。在此之上，可能形成自身的内部核心流程能力，从而能够为客户提供更多更好的优质服务，最终增加公司的盈利能力，为相关利益各方创造财富和价值。

（三）用平衡计分卡确定 KPI

平衡计分卡中的目标和评估指标来源于组织战略，它把组织的使命和战略转化为有形的目标和衡量指标。对于 BSC 中的客户层面，管理者们确认了组织将要参与竞争的客户和市场部分，并将目标转换成一组 KPI 指标，如市场份额、客户留住率、客户获得率、顾客满意度、顾客获利水平等。对于 BSC 中的内部流程层面，为吸引和留住目标市场上的客户，满足股东对财务回报的要求，管理者需关注对客户满意度和实现组织财务目标影响最大的那些内部过程，并为此设立衡量指标。在这一方面，BSC 重视的不是单纯的现有经营过程的改善，而是以确认客户和股东的要求为起点、满足客户和股东要求为终点的全新的内部经营过程。对于 BSC 中的学习与成长层面，组织须确认为了实现长期的业绩而必须进行的对未来的投资，包括对雇员的能力、组织的信息系统等方面的衡量。组织在上述各方面的成功必须转化为财务上的最终成功。产品质量、完成订单时间、生产率、新产品开发和客户满意度方面的改进只有转化为销售额的增加、经营费用的减少和资产周转率的提高，才能为组织带来利益。因此，BSC 的财务层面列示了组织的财务目标，并衡量战略的实施和执行是否为最终的经营成果改善作出贡献。BSC 中的目标和 KPI 指标是相互联系的，这种联系不仅包括因果关系，而且包括结果的衡量和引起结果的过程的衡量，最终反映组织战略。

具体来说，上述四个方面可以分别从以下维度衡量来确定 KPI 指标：

（1）财务角度：主要考虑盈利能力、收入增长和股东价值等。

（2）客户角度：主要考虑时间、绩效、质量、服务等四个方面。其中时间方面包括提前期、准确率；绩效方面包括客户满意度指标、获得率、忠诚度等；质量方面包括长期稳定地提供客户期望的产品和服务；服务方面包括交付、产品属性和支持服务，其他客户要求的指标。

（3）内部流程角度：衡量指标应该在与战略相关的各个层面上展开。如精密制造能力、管理水平、产品设计水平、产品达到盈亏平衡点的时间、营业周期的缩短、业务流程的完善以及企业核心竞争力。

（4）学习与成长角度：主要关注那些我们怎样改进才能在将来不断成功的要素。如新产品推广开发能力、新产品占总销售收入的比例、新产品的研发、产品开发周期、质量体系认证测评、员工培训、员工对全面质量管理的理解和应用、员工了解战略的程度和执行等。

表 4-3 为某公司平衡计分卡式样。战略目标按照平衡计分卡四部分内容确定指标维度，对每个指标维度确定 KPI 指标，最后根据企业 KPI 指标数值确定未来新举措。

表 4-3 某公司平衡计分卡式样

业绩项目	战略目标	KPI	权数	目标值	新举措
财务 （30%）	提升股东价值	资本保值增值率	10%	20%	• 上市计划 • 分红派发
	收入增长	本期比上期增长	10%	2017 年 20% 2018 年 15% 2019 年 10%	• 促销 • 客户关系管理 • 价格管理
	扩大收入规模	各产品收入占总收入的比重	10%	产品 A：10% 产品 B：40% 产品 C：50%	• 销售促进计划 • 新建营销渠道
顾客 （20%）	顾客满意	顾客保留率	20%	95%	• 会员俱乐部
内部流程 （20%）	开发新产品	新产品占总收入的比重	20%	2017 年 15% 2018 年 50% 2019 年 60%	• 研发计划 • 业务流程再造 • MRP Ⅱ
学习成长 （30%）	开发战略性技能 员工满意度	交叉培训 骨干员工流失率 员工满意度调查	10% 10% 10%	90% <5% >90%	• 建图书室 • 员工培训计划

（四）平衡计分卡的战略应用

根据平衡计分卡四项指标的衡量，企业能够更全面地诠释战略，它一方面保留传统上衡量过去绩效的财务指标，并且兼顾了促成财务目标的绩效因素之衡量；另一方面在支持组织追求业绩之余，也监督组织的行为，兼顾学习与成长的面向，并且通过一连串的互动因果关系，把产出（Outcome）和绩效驱动因素（Performance Driver）串联起来，以衡量指标与其量度作为语言，把组织的使命和策略转变为一套前后连贯的系统绩效评核量度，把复杂而笼统的概念转化为精确的目标，借以寻求财务与非财务的衡量之间、短期与长期的目标之间、落后的与领先的指标之间，以及外部与内部绩效之间的平衡。

平衡计分卡与战略地图相结合，通过战略地图来描述、规划集团战略。战略地图的构成文件主要是"图、卡、表"。所谓"图、卡、表"是指战略地图、平衡计分卡、单项战略行动计划表，它们是运用战略地图来描述战略的三个必备构成文件。首先，战略地图以几张简洁的图表将原本用数百页战略规划文件才能描述清楚的集团战略、SBU 战略、职能战略直观地展现出来，是企业集团战略描述的一个集成平台；其次，平衡计分卡本身是对战略地图进行深度解释的表格，它由战略目标与主题、核心衡量指标、战略指标值（3~5 年）、单独战略行动计划表（名称）构成；最后，单项战略行动计划表是对平衡计分卡中罗列出的一个个单项战略行动计划（名称）的进一步演绎，它将那些所谓"务虚的战略"落实为一步一步可操作监控的，具有明确时间节点、责任归属、资源安排的行动计划。平衡计分卡与战略地图、战略中心组织融合，是建立第三代平衡计分卡体系的核心思想，运用这个平衡计分卡体系演绎企业集团的战略，需要将传统的战略环境扫描与分析决策支持工具整合到战略地图的绘制中。对于一个多元化的控股集团来说，描述战略包含以下重点分析活动：集团与业务单元战略环境扫描、SWOT 分析；开发集团的战略地图、平衡计分卡、单向战略行动计划表；开发集团各业务单元的战略地图、平衡计分卡、单向战略行动计划表；开发集团职能部门的战略地图、平衡计分卡、单项战略行动计划表；结合全面预算管理，将图、卡、表与年度目标管理相链接。

第三节　基准化分析的流程

企业进行基准化分析（标杆管理）包含四个过程：标杆准备、标杆规划、标杆比较、标杆学习。

一、标杆准备

（一）明确标杆管理目标

标杆管理并不像其字面一样看起来那么简单，也不像一些咨询公司描述的那样速效。标杆管理意味着变革并最终指向变革，而变革常付出代价并面临阻力，所以一开始明确其目标，可以将代价和阻力降低。

明确标杆管理的目标需要经过二重决策：

（1）是否需要导入标杆管理？并非所有的情况都需要导入标杆管理，只有在产生了持续性的竞争劣势的情况下导入标杆管理才有必要。这种持续性的竞争劣势常体现在 5 个方面：①绩效劣势，企业出现长期的绩效差距，也不明白这种差距的根源在哪里；②战略劣势，企业的现行战略效果不佳，需要寻求最佳战略；③目标劣势，企业设定目标的方式缺少科学性，信心普遍不足；④成长劣势，企业不知道下一步该怎么做，新的成长机会在哪里；⑤改进劣势，企业不确知自己的薄弱环节在哪里，不知道各职能和流程的投入产出效率情况。

（2）是否需要现在就导入标杆管理？导入的时机常常取决于共识的程度。只有企业内部对持续性的竞争劣势有透彻的认识并具备导入标杆管理的坚定决心，标杆管理才能提上日程，否则宜于从缓。取得共识的基本流程如下：明确持续性竞争劣势，访谈企业负责人与高阶主管，以确认企业目前的改善需求与期望，沟通标杆管理之观念、做法与应有的认识，了解高阶主管对进行标杆管理的意愿。

（二）组建标杆小组

由于导入标杆管理是一个持续性的过程，同时也是一个涉及企业变革的过程，所以组建一个强有力的标杆小组是必需的。为便于开展，应当由企业的主要领导负责。

1. 成立标杆小组

标杆小组实际上是一个无边界团队。小组人数以 5～10 人为佳，由高阶领导负责。小组的成员应包括来自不同职能部门，如研发部门、制造部门、财务部门、管理部门、市场营销部门和服务部门等的代表。小组成员应包括实际操作的人，只有这些人才最了解什么奏效和什么无效。考虑创意的潜力，如果团队成员恰好缺乏进行标杆管理的那一领域的经验，则新的问题、思想和方法更可能出现。

2. 管理标杆小组

在整个工作期间应当引进团队管理工具以确保小组成员各有明确的角色以及责任，处理作业中产生的问题，提升集体绩效。基本的管理进程有三个阶段：第一阶段，确定团队战略，包括团队的愿景和团队管理策略；第二阶段，开展团队塑造，包括团队结构设计与成员选择、团队规范确定、团队的绩效管理、团队文化建设；第三阶段，促进团队提升，包括团队的冲突管理、团队的学习与成长、团队的领导力提升。

（三）形成标杆管理计划

一个通盘的工作计划不可少，确认标杆的使用者以及他们的需求、界定标杆的明确主题、确认并争取需要的资源（例如时间、资金、人员）等等，使得未来的工作形成纲领性安排。一个完整的标杆管理计划应包括下列内容：第一，目的，包括背景、问题、项目目标、范围、小组规章；第二，项目计划书，包括工作项目、资源、产出、责任进度计划、拟定执行预算；第三，项目管理，包括报告体系、项目检查、进度报告；第四，变革管理，包括利害关系人及其权益、沟通计划、评估计划、调停计划。

二、标杆规划

（一）确定标杆管理的范围

标杆管理适用范围（如了解市场和消费者，设计产品和服务，推销产品和服务，提供产品和服务，向客户提供服务，确立公司远景和战略，开发和管理人力资源，管理各种信息，管理财务资源，管理物质资源等）是十分广泛的，但是企业并没有必要在所有的经管领域都运用标杆管理，企业必须识别目前标杆。

如果是选择战略标杆，常常着眼于解决"我们是谁""我们如何看待自己""我们如何看待别人""在何时我们如何改变"等问题；如果是选择运营标杆，我们通常通过价值链分析工具选择需要确定的业务内容，再选择标杆。无形资源方面的标杆（例如公司良好的声誉、管理技术、与政府关系等方面的标杆）管理更为困难。

（二）确定内外部标杆

内外部标杆指的是作为标杆对象能够为公司提供值得借鉴信息的单位，标杆单位可以是企业内部的，即在企业内部两个相似部门进行瞄准，也可以是企业外部的，下文以外部标杆展开。

一般而言，外部标杆应具备两大特征：首先应具有卓越的绩效，应是行业中具有最佳实践的领先企业，例如可以选择全球500强企业、中国百强企业、省内前20强企业作为标杆；其次应与本企业有相似的特点，要具有可比性并且管理实践是可以模仿的。外部标杆选择的科学性与否将直接关系到后面的标杆比较的结果，所以必须审慎从事。第一步，必须从公认的实力企业中寻找外部标杆；第二步，应该考虑企业内部对这些实力企业的认同程度；第三步，应该考虑学习借鉴意义的大小。

> 📖 **小案例：标杆企业——华为的绩效管理思想**[1]

华为是全球500强企业，其绩效管理成为同行业甚至其他行业的标杆。《华为公司基本法》中就华为员工考评体系的建立依据提出的系列假设有：
- 华为绝大多数员工是愿意负责和愿意合作的，是高度自尊和有强烈成就欲望的。
- 金无足赤，人无完人；优点突出的人往往缺点也很明显。
- 工作态度和工作能力应当体现在工作绩效的改进上。
- 失败铺就成功，但重犯同样的错误是不可原谅的。
- 员工未能达到考评标准要求，管理者也有责任。

经过了若干年，绩效管理思想得到不断的发展和完善。从以下六个方面体现了其管理思想。

1. 业务/岗位梳理

华为的考核实际上是一种对业务、岗位的梳理和定位过程。在目标设定阶段要求被考核者主动思考部门或自己岗位的独特价值，部门或个人需要什么样的资源组合才能完成部门目标。具体过程包括对自身的定位、周边的协调能力、个人的承诺、过程的资源调度、能力分析、风险控制等思考，最后确定PBC（个人绩效承诺）。

2. 管理沟通

华为的绩效考核模式要求被考核者与管理者通过不断沟通、与周边部门协调来完成自身工作。第一，为了使得考核双方针对目标结果达成共识，多次沟通十分必要。思考的问题包括考核的目标的价值贡献、组织与员工目标的契合程度、员工能力发挥的有效程度、工作能力的达标程度等。第二，通过月底会议、周例会以及项目关键节点等会议进行管理沟通交流，并积极解决工作中出现的问题。第三，在考核以及结果反馈中也需要反复沟通。没有这些问题的沟通和交流，很可能影响考核结果。

3. 工作监控

华为的绩效考核不仅仅是在考核员工，同时还要求管理者承担对下属的工作监督和控制。在考察下属的PBC及工作计划时，例如，监督员工工作步骤设计是否能有效支撑其目标的实现。管理者一般通过设立监控点，在监控点检查重点工作举措是否执行情况，如果发现问题，必须及时纠正。管控时间点可以是日报、周总结与计划、月总结与计划、重点项目日报/周报/月报、项目节点专项汇报。

4. 能力发展

华为绩效管理中包含个人能力的提升，即指要发出期望的行为、履行工作过程并创造业绩，员工必须具备相应的能力。员工对自己能力的分析表现出自我认知和自我评价，向上级传递能力不足的同时，在向上级要求支持、要求培养。这种考核方式要求主管必须加强对员工的培养、关注员工发展，对被考核者的不足，给予工作支持和资源倾斜。

5. 团队协作

绝大部分员工的考核指标中都有5%～10%，甚至更高的团队协作指标，这就要求员工必

---

[1] 梅博，《华为绩效管理的核心指导思想》，https://www.sohu.com/a/225804749_100115266。

与周边部门合作。对团队合作的考核体现了华为的企业文化，也形成了团队之间竞争、督促的良好氛围。

6. 管理者发展

华为人力资源体系关注的重点之一是管理者自身的能力。在整个考核过程中有针对主管的相应课程和培训，以确保主管对这些考核精神的理解和执行。同时，华为强调增强考核结果的运用力度，不仅仅针对近期的收益（岗位调整、奖金发放和股票配置），更要关注员工的职业生涯。防止对员工评价有失偏颇导致的负面影响。绩效考核和评价本身也是在考核管理者的管理能力。

（三）确定标杆资讯源

选定产业及组织最佳作业典范需要确定标杆管理的资讯来源，这些来源包括标杆组织的员工、管理顾问、分析人员、政府消息来源、商业及同业文献、产业报告以及电脑化的资料库等。然而尽管临时性的资讯收集是标杆管理中的常态，但持续性的标杆管理资讯源需要企业建立竞争情报系统。竞争情报系统的信息来源有三个层面：人际层面资讯源（表 4-4）、资料层面资讯源（表 4-5）、活动层面资讯源（表 4-6）。

表 4-4　人际层面资讯源示例

来自企业外部	来自企业内部
1. 顾客、消费者、批发商	1. 直属上级、其他上级
2. 政府机关工作人员、竞争对手的工作人员	2. 推销员
3. 海外同业界调查员	3. 同事
4. 公司外董事	4. 部下
5. 销售代理店店员	5. 公司信息资源部
6. 有学识的经验者、法律顾问、咨询人员	6. 市场营销部
7. 同学、朋友及其朋友圈	7. 公司 QQ 群、微信群及其他社群
8. 其他	8. 其他

表 4-5　资料层面资讯源示例

来自企业外部	来自企业内部
1. 同业界新闻、同业界杂志	1. 企业内部传阅的文化备忘录
2. 一般新闻杂志	2. 文件、数据档案资料
3. 未发表的论文和研究资料	3. 来自分支机构的报告书
4. 竞争对手的科学研究开发报告书	4. 企业内部科学研究报告书
5. 专业书籍和参考书	5. 企业内部报刊和书信
6. 科学技术杂志及科研论文	6. 其他
7. 政府刊物	
8. 科教书和手册	
9. 驻外人员和国外协作厂商的函件和报告	
10. 来自咨询或其他服务公司的报告	
11. 各种新媒体及网络平台资源	
12. 其他	

表 4-6　活动层面资讯源示例

来自企业外部	来自企业内部
1. 海外企业考察	1. 企业内部定期例会
2. 现场考察	2. 内部不定期会议
3. 不定期碰头会和讨论会	3. 内部学术报告会
4. 定期行业例会、讲演会、座谈会	4. 本公司产品展览会
5. 商业贸易展览会	5. 本公司的设施访问和观察
6. 电视、广播	6. 本公司制作的影片、幻灯片和录音磁带
7. 网络新闻、公众号	7. 公司内部劳资谈判
8. 其他	8. 其他

三、标杆比较

（一）资讯的收集

标杆小组依据既定的规范搜集资讯、分析资讯，从而为后续的标杆比较创造数据性基础。资讯的收整主要是从内部（了解本公司业务实践）和外部（研究最佳实践公司）两方面进行的。

1. 资讯收整的顾客导向

只有关注客户，关注客户的需求，并考虑公司如何满足这些需要，标杆管理才能发挥出最大的效能。必须能够勾勒出直接涉及顾客的流程，详尽地了解在那些以客户为中心的流程中从头到尾所发生的事情，才能帮助公司在着手进行标杆管理时提出正确恰当的问题。

2. 了解本公司业务实践

标杆小组必须让自己成为想要对之进行标杆管理的业务流程的专家，了解本公司业务实践主要有三种方式：第一，分解法，将该流程分解成若干子流程，以确保了解整体流程和每一个细节；第二，访谈法，向该业务流程最直接的参与者了解该流程从头到尾是怎样运作的；第三，动脑法，鼓励员工坦言流程中存在的问题与可以改进的地方。

3. 研究最佳实践公司

标杆小组要尽可能地了解被确认为标杆管理对象的公司，尽可能地了解该公司的资讯及其职能流程，从而能充分利用向标杆公司学习的机会。

研究最佳实践公司除了利用一些公开的信息源，还应进行实地考察，标杆对象拜访需要开发一套对标研究策略。其中包括：实地考察，搜集标杆数据；处理、加工标杆数据并进行分析；与企业自身同组数据进行比较。

对标过程中，需要注意以下事项：

第一，深入一线。对标杆公司进行比较的最佳场所不是在公司总部，而是在生产服务的第一线。因为只有了解第一线员工是如何解决日常工作问题和如何满足顾客需求的，才能获得有关有效流程、态度和行为等的一手资料。

第二，目标清晰。考察一个公司时，要明确自己想学到什么。如果没有清晰的目标，这样的访问只会浪费每个人的时间，并有可能危及将来进行标杆管理的机会。

第三，注重细节。如美孚小组成员只在丽嘉酒店用了一天时间观察定向课程，以及后来电话收集一些细节性的信息。

第四，渐进过程。要求获得从高层领导到现场作业员工的各种支持，去弄清楚"怎样"和"为什么这样"工作。一整套有效工作流程的渠道是一个需要长期努力的过程。

（二）确定标杆管理指标

这是标杆管理中的关键一步，也常常是最难的一步，这一步将使纯粹的资讯变成管理指标。确定标杆管理指标的目的是找到差距衡量的诊断工具和考核指标。确定标杆管理指标的原则包括：第一，前瞻性，在短期利润和长期价值创造之间取得平衡；第二，全面性，指标体系能全面评价企业的经营情况；第三，独立性，各指标之间相互独立；第四，熟悉度，指标应为大众所熟悉，便于评价；第五，代表性，尽量用最少的指标反映最大的方面；第六，过程性，指标体系的建立不仅是一个结果，更是一个过程。

平衡计分卡建立标杆管理指标是目前广为采用的方法。

（三）确定绩效差距及成因

所谓的绩效差距就是自己目前的做法与最好的做法之间的绩效差异。明确绩效差距之后，就要判明其产生原因。

四、标杆学习

1. 拟定未来最佳实践

通过标杆比较借鉴最佳操作典范，创建属于自己的最佳实践，以赶上并超过标杆对象。

2. 建立 KPI 指标体系

利用鱼骨图构建 KPI 指标体系，建立公司层 KPI、部门 KPI 和职员 KPI。

3. 制订并实施改革计划

提出一整套建议和具体落实一些变革行动，计划应包含人事、预算、培训、所需资源、评估方法等方面。计划应能反映小组成员对于哪个实践活动是应最先进行的、哪个活动最适于在本公司开展等的判断。

4. 评估与重新校标

重新检查和审视标杆研究的假设、标杆管理的目标和实际效果，分析差距，为下轮改进打下基础。标杆管理不是一个单纯的项目，而是一项持续性的系统工程（将成为企业的一项日常活动），因此标杆管理将在新的管理态势下第二轮进行。

复习思考题

1. 什么是基准化分析？基准化分析的作用是什么？
2. 说明基准化分析的种类。
3. 什么是关键成功因素？什么是关键绩效指标？二者有什么关系？二者分别如何确定？
4. 什么是平衡计分卡？请查阅资料，讨论平衡计分卡的应用。
5. 说明基准化分析的基本流程。

【中国情境下企业战略思维案例】

万科集团成功的标杆学习[1]

万科企业股份有限公司创建于 1984 年,是国内知名的专业住宅开发企业,是全国第一个年销售额超千亿元的房地产公司,其销售规模持续居全球同行业首位。2022 年 8 月 3 日,万科集团位列 2022 年《财富》世界 500 强排行榜第 178 位。2022 年 9 月,万科集团入选"2022 中国民营企业 500 强"榜单,排名第 9 位。2022 年 9 月,万科集团入选 2022 中国服务业民营企业 100 强榜单,排名第 5 位。其在发展道路上的成功,离不开 2003 年开始的基准化分析,即标杆学习过程。

2003 年年底,作为中国众多房地产开发企业学习目标的万科,也树立了新的标杆企业——美国帕尔迪公司(Pulte Homes)。帕尔迪公司同样是上市公司,股权结构相似,最大股东持股比例 17%,万科最大股东持股比例 15%;帕尔迪公司在美国 45 个城市有业务发展,业务分散,也与万科相似;它在全美创造 53 年不亏损的纪录,这正是万科的目标。2003 年,万科开始将帕尔迪公司确立为其新标杆。

万科虽然在不同发展阶段,选择过不同的标杆学习企业,但是最终定位并成为一家国内外知名的大型的房地产开发商,主要是通过学习标杆企业——美国房地产开发商帕尔迪公司完成的。

万科以帕尔迪公司为标杆学习对象,主要学习内容为以下几个方面:

(一)组织结构:学习集权和分权有机统一的管理架构

帕尔迪公司在公司发展初期,由于各方面原因,一直由帕尔迪家族成员进行直接管理,公司运营效率逐渐降低。随着公司多区域市场的不断扩张,帕尔迪公司逐步由集权的组织架构向分权的组织管理架构转变。

帕尔迪公司的第一次分权改革是明确划分总部与分部的职责。帕尔迪公司按照地理分布把区域市场分为了中心、中西、东北、东南和西部五个分部。总部主要职责包括制定公司总体发展战略决策、产品研发、投融资、人力资源管理等分部在总部指定的战略框架内行使项目开发的设计、工程、销售等具体职能权限。

随着企业多区域市场的大幅扩张,2002 年帕尔迪公司继续加大了组织结构的分权改革力度,按照不同的地域市场将公司各个区域市场划分成 11 个区域公司,其中每个区域公司的领导人可以直接向总部汇报,每个区域公司相应成立几个下属项目公司。这次分权组织变革让帕尔迪公司集中有限的资源全力投入到公司关键创新点上,应用于土地控制与授权、市场细分等方面的精细化运营,从而提升公司的产品质量,促进公司住宅产业科学合理地发展。至此,帕尔迪公司完成了分权组织架构的改革,使其管理架构更加科学合理、管理流程更加清晰明确、运营绩效大幅提高。

万科公司将帕尔迪公司作为标杆学习对象,大力推广学习帕尔迪卓越高效的集权和分权有机统一的管理架构。

---

[1] 段志超:《战略复杂性视角下中国后发企业的组织标杆学习研究》,硕士学位论文,中国海洋大学,2014,第 17—24 页。

2005年，随着万科公司进入新的一轮大规模扩张，万科公司开始大力进行组织架构改革，建立以"战略总部、专业区域、操作一线"为主线的三级组织架构。具体来讲，万科公司总部为了打造更加高效的组织平台，实行"职能集权、专业放权"的策略，总部保留人事、资金、财务等权力，各区域市场分部代表总部，行使设计、工程、销售等专业职能权限。此外，万科公司开始逐渐放权，由"集权管理模式"向"集权和分权相结合模式"转变，增强其旗下各区域公司的自主性，使其能够灵活动态地应对当时复杂多变的市场环境。

（二）动态适应：学习本土化产品战略

帕尔迪公司十分重视客户导向战略，关注客户需求，不断根据市场需要调整产品策略，实时动态适应市场环境变化，提高客户满意度。客户导向战略主要体现为以下几个方面。第一，细分客户的不同需求，寻找客户的最大价值点。在此过程中，需要对每一个区域市场进行市场需求调研，了解市场供需状况，研究分析供需之间的差距。第二，实施本土化战略。在帕尔迪公司所占市场份额最高的前20个市场，尽管地域不同，目标客户各有不同，帕尔迪公司始终坚持本土化产品战略，研究分析地域市场特征与客户的不同生命周期，将目标客户的需求融入生产规划流程中，从而制定出科学合理的运营计划，设计出适合当地需求的产品。第三，通过客户细分和本土化战略运营，建立消费者终身锁定模式。

万科公司作为后发企业，积极学习帕尔迪公司的客户细分和本土化战略。万科旗下各区域公司积极融入各区域市场，培养区域市场人脉，建设熟悉本土市场，了解区域市场客户需求的当地员工队伍。从2005年开始，万科公司开始进行全方位的产品创新改革，即细分各区域市场的客户需求，明确定位客户价值的差异化，进行符合客户价值的产品线设计，从而建立丰富完善的产品库，实现产品标准化和生产工厂化。具体来讲，万科公司在细分客户价值的基础上，建立一套完善的能够满足不同市场住宅标准需求的住宅产品体系，实现产品标准化；通过工厂化生产，形成产品异地复制、大规模生产的能力，提高住宅的品质和性价比，实现产品产业化；加大住宅研发投入，丰富和完善和谐、生态、自然的住宅标准体系，拥有更多的自主知识产权，增强品牌复制能力。如此一来，万科公司不但大大缩短了项目设计周期，大幅提高了运营效率，还增强了客户忠诚度，实现了消费者终身锁定。

（三）组织文化：学习自我变革和创新精神

变革，尤其是文化上的变革是很困难的，而且人们往往不想要这种变化。企业组织文化变革是人的变革，是人的观念和行为的改变。帕尔迪公司坚持进行变革创新，尤其是文化变革，采取了一系列围绕客户价值的变革措施，比如授权给基层，使其做出决定并采取行动；将薪酬与业绩目标结合，使二者紧密相关；给予高额绩效奖励。同时，帕尔迪公司坚持不懈地推广变革创新精神，不断进行产品创新，通过创新永远保持领先优势。帕尔迪公司在过去十几年间进行了一系列的创新操作来加强其在行业内的生产制造的成本领先。比如，创新性的战略突破——部件化（研发中心PHS）。2004年，帕尔迪公司建立了一个商业化运作的工厂，通过高效生产制造水泥地基墙面、地板块、建筑插入板、钢筋混凝土内墙等，大大缩短工期，从而提供更加优质的房屋、更短的建设周期和更低的成本，以更快的速度加速循环，带来高额的边际回报和坚固的客户忠诚度。此外，帕尔迪公司不断加强公司文化引导下的领先，十分重视基于员工发展计划的领先和通过土地资源控制的领先策略。

在学习帕尔迪公司组织结构、本土化战略的同时，万科公司在公司内部大力推广组织文化的自我变革和创新精神。具体到产品策略上，主要表现为模仿创新帕尔迪公司的产品策略，重点培育成熟产品线，通过快速复制达到规模化，通过生产标准化可复制产品打造扩张基因链，从而实现有质量增长的战略目标。具体体现为：以产品分类管理为重点，建立不同产品项目的操作、考核机制，加大产品研发力度，逐步建立、完善产品库，为各类项目提供满足客户需求的产品和相关技术支持，丰富完善产品线设计体系，从而建立客户终身锁定模式和产品创新模式。

（四）学习培育核心竞争能力，实现精细化经营

帕尔迪公司始终坚持"能力第一，机会第二"，始终强调通过培育卓越的竞争力来实现公司的持续高速增长。

作为美国第一大房地产商，帕尔迪公司始终强调依靠卓越竞争能力实现重大突破的竞争战略思想，坚信机会属于有准备的人。具体表现为：第一个十年，进行业务调整，20世纪50年代末，帕尔迪公司停止了商用住宅的建设业务，集中开拓居民住宅业务，实施住宅专业化战略；第二个十年，进行地域扩张，20世纪60年代中期，帕尔迪公司将业务成功拓展到华盛顿特区、芝加哥和亚特兰大等市郊，这些逐渐成为公司主要业务来源；第三个十年，通过公司上市进一步加快区域性扩张，扩充融资渠道，完善公司组织结构和管理体系；第四个十年，第二代领导人开始登场，开始进行全国性战略扩张，加强全面质量管理和对价值链前端的整合，围绕客户细分培育核心竞争力；第五个十年，开始进行国际化扩张战略与聚焦战略，加大产业链整合和土地战略规划，实现新一轮的高速增长。

万科公司根据帕尔迪公司几十年发展历程所形成的核心竞争力培养经验，重点推广实施精细化战略，打造全新的万科核心竞争力，主要围绕三个方面进行，即客户细分、城市圈聚焦、产品创新。

（1）客户细分。根据不断变化的市场环境，万科集中优势资源，坚持从客户的内在价值出发，按照客户的不同生命周期进行客户细分，实现客户终身锁定，把握客户价值，建立独特的客户细分体系。

（2）城市圈聚焦。万科从2004年开始，制定了详细的城市圈聚焦战略，即在未来十年，把公司业务划分三个层面（现金流动业务区域、增长业务区域、种子业务区域），成为长江三角洲、珠江三角洲、环渤海区域三大城市圈的市场领导者。

（3）产品创新。万科将在细分客户价值的基础上，加强产品创新，进一步完善住宅技术标准，丰富住宅种类。此外，万科努力实现住宅工厂化、流程化生产。

后来，帕尔迪受到全球金融危机影响，销售收入止步不前，陷入亏损状态，被万科赶超。万科意识到，在全球范围内，只局限在房地产行业里，很难再找到合适的标杆。因此万科把视野扩展到了其他行业中，选中了金融行业的汇丰银行、IT行业的腾讯、房地产业的铁狮门作为其标杆，学习汇丰银行的公司治理，学习腾讯的生态系统，学习铁狮门的房地产金融化运作。但是，对于万科来说，以帕尔迪为标杆的组织学习让其在短短的七八年时间里一举成为国内外闻名的大型房地产商，实力和规模蒸蒸日上。

案例分析题：
1. 万科集团标杆学习的成功原因有哪些？
2. 考察在当前的国内经济形势下，万科集团所在行业的关键成功因素、关键绩效指标。

第五章 声誉分析与管理

知识要点	教学目标
声誉的概念及作用	掌握企业声誉的概念和作用
声誉分析	掌握声誉商数和声誉特征
声誉管理	了解在互联网时代，如何构建企业声誉

2004年，世界经济论坛对132家世界领先的跨国公司联合调查显示，企业声誉超过财务业绩成为衡量企业成功的重要指标。另一项对欧洲、亚洲、北美洲首席执行官的调查显示，公司名誉是全球范围的首席执行官们越来越关心的一个重要问题，并且首席执行官们越来越倾向于从战略的角度考虑这个问题。

第一节 声誉的概念及作用

在理解声誉管理的相关内容之前，要先了解企业声誉的概念以及它的作用。

一、企业声誉及声誉管理内涵

（一）企业声誉及特征

声誉是一个远比品牌更加古老的概念，它指向经过时间考验的道德综合评判，而非基于大众传播之上的简单认知与印象。不过，企业声誉虽然古老，甚至和20世纪六七十年代欧美企业的"企业品牌"风潮有过密切关联，但是商业界和管理学界真正开始密集关注这个问题，却是在《财富》杂志1983年推出企业声誉榜（最受尊敬的美国企业评选）之后。2022年，由企业声望管理研究及咨询公司The RepTrak Company发布的"2022全球企业声望100强"榜单新鲜出炉。这个榜单的排名是面向全球最大的十五个经济体的受访者们，通过收集超过24.3万份数据，主要对企业的产品和服务、创新、员工权益、绩效、治理、领导力和工作场所等一系列问题进行调查。根据整理后的数据，对这些企业进行百分制评分，劳力士、法拉利、乐高分别以79、78.3和78的声望值位列前三名，中国台湾的华硕、中国香港的国泰航空也入围。2022年10月，四度传播研究院（SAC）联合北青传媒、车问网，正式发布了2022年9月份共30家汽车企业的传播声誉排行榜。可见，由于互联网带来的新变化，企业声誉开始作为一个重要问题受到企业、管理学界的重视。

企业声誉是一家企业获得社会公众信任和赞美的程度，通常由知名度、美誉度和信任度构成。声誉的核心是信任。著名学者查尔斯·福姆布龙提出，企业声誉是"与其他领先的竞争对手相比，一个公司凭借过去的行为和未来的前景对所有的关键利益相关者产生的吸引力在认知层面的表达"。

企业声誉是随着时间的流逝，利益相关者根据自己的直接经验、企业的行为及其主要竞争对手的相关信息而对企业作出的全面认知、评价和情感联系。如果把品牌看作是明星在公众面前展示出的美好形象，那么企业声誉则是长期追踪了他的家人、同事、朋友、邻居和粉丝的意见之后得出的个人综合评估报告。

企业声誉有如下特征：

（1）主观性。企业声誉可看作一种态度的结构，态度是指主观感觉、情感和基于思想倾向的认知，它是二维的，由认知和情感因素组成，既包含人们对企业特征的主观理解，又不可避免地存在着这些特征对人的内在影响。

（2）多元性。企业声誉的评价主体来自消费者、社会方方面面的公众，因为每个人的教育程度、认知水平、价值取向、人生经历不同，对一个企业的感觉和看法也会有所不同。例如，某企业花巨资装修厂房和办公室，在一些人包括企业看来是提高了企业的形象和声誉，但也有人认为是奢侈浪费、华而不实。

（3）综合性。良好声誉的形成是企业各方面工作综合作用的结果，其形成后产生的作用也是综合性的，它能为企业的多项发展提供有力的支持。

（4）形成的长期性，损毁的短期性。企业声誉的形成是一个长期过程，良好的声誉要通过企业日积月累的努力才能形成。声誉是公众对企业长期行为认可度的一个重要标志。企业声誉是一种特殊的无形资产，不稳定。企业声誉一旦受损，声誉资产会迅速贬值。

（二）企业声誉管理及特征

企业声誉管理是指企业为了建立、维持与社会公众的信任关系，创建和维护企业声誉的一切活动的总和及整个过程。声誉管理活动包括对获得相关利益者和非利益者的信任和赞誉进行追踪、考评的日常性管理。它是企业以先进的企业文化理念为指导，以正确决策为核心，以规范行为、声誉投资、交往等为手段，以全员参与为前提，建立健全和维护与社会公众的互信关系的一种现代化管理模式。

企业声誉管理具有以下特征：

（1）目标的明确性。声誉管理的目标是建立企业与公众之间相互信任的关系。

（2）价值的增值性。作为无形资产的声誉会不断增值。

（3）独特的补偿性。良好的声誉会补偿突发事件和危机事件造成的负面影响。

（4）管理的艰巨性。良好的声誉需要企业精心设计、精心培育和维护。

二、企业声誉管理的重要性

美国学者戴维斯·扬在《创建和维护企业的良好声誉》一书中说："任何一个团体组织要取得恒久的成功，良好声誉是至关重要的。声誉管理是一个价值不菲的产业。"

声誉管理的重要性主要表现在以下几个方面：

（1）声誉是企业赢得公众的前提。正如美国公共关系协会曾任高级执行长官雷·高尔克所说："客户们正在变得越来越倾向于从那些举止得体的公司购买产品了，那些公司的行为表现就像是好邻居、好公民，它们遵从环境保护政策，平等对待员工，客户们对企业的声誉要求不亚于它们对产品和服务的要求。这就说明了为什么企业形象和声誉管理在管理部门关注的方方面面中成为首先要解决的问题。"

（2）声誉能使企业摆脱困境。任何企业都难免有决策失误、出问题的时候，此时对于平时具有良好声誉的企业，顾客比较容易给予谅解，企业由此赢得了纠正错误、恢复形象的时间，而且由于企业一直注意维护自身的声誉，善于运用情感交流，使得它声誉受损的很大一部分后果得以消除。

（3）声誉是一种特殊的无形资产。其特殊性是，它不像其他财产的价值那样稳定。一方面，企业声誉一旦受损，声誉财产会迅速贬值；另一方面，如果善于声誉管理，声誉财产又不会像其他财产那样随着时间的推移而自然贬值，反而会增值。建筑物会破旧，产品会发生故障，版权会过期，可是企业的美名和声誉若能善加管理，其价值会与日俱增，并且还会创造许多潜在的价值。

（4）声誉是企业赢得竞争的重要因素。企业良好的声誉能够激发员工士气，提高工作效率；能够吸引优秀人才，提高企业生产力；能够增强金融机构贷款、股东投资的好感和信心；能够以声誉形象细分市场，以形象力占领市场；能够团结号召有业务关系的企业加强合作。

第二节 声誉分析

从企业管理的角度讲，声誉管理属于战略管理，而不仅停留在品牌管理和营销管理。那么，如何开展声誉分析呢？

一、声誉商数

声誉商数（Corporate Reputation Quotient，RQ）是企业商誉的一个综合衡量办法，它特别适用于捕捉各利益相关群体（如顾客、投资者、员工以及关键影响者）对企业的感知。

1999年，冯布兰领导下的Reputation Institute借助市场调查公司Harris Interactive发达的信息网进行企业誉商测评，评比"美国最佳声誉企业"，RQ测评结果在《华尔街》杂志发布。

在开发声誉商数这个指标时，他们首先对来自各行各业的焦点小组进行了提问，让这些焦点小组对候选公司进行感知评判。紧接着他们又对评判结果进行分析，结果发现这些焦点小组主要是依据6个核心因素的20个特征对候选组织进行评判的。以下是6个核心因素：

（1）企业感召力：这使得人们从感性上喜欢、仰慕或信任一家公司。

（2）产品和服务：公司生产和提供的产品和服务是高质量的、创新的、可靠的，有顾客认可的价值。

（3）工作环境：公司管理良好，拥有一流的员工，是一个值得向往的工作场所。

（4）财务表现：公司向投资者提供令人满意的回报，而且未来仍然有提供持续回报的前景。

（5）社会责任感：公司是一个良好的企业公民，不遗余力支持社会正义，保护环境。

（6）愿景和领导力：公司对未来有明确的抱负和理想，并且拥有强有力的领导层来实现该愿景。

以下是这6个因素所包含的20个特征，见表5-1。

表 5-1　声誉商数 6 个因素中的 20 个特征

因素	特征
企业感召力	对企业的良好感觉，对企业的尊重，对企业的信任
产品和服务	产品与服务背后的立场，提供高质量的产品与服务，开发新颖的产品与服务，提供有高品位的产品与服务
工作环境	管理有序，看似是一个值得效力的好企业，看似拥有高素质的员工
财务表现	盈利记录，投资风险低，可预见的强劲增长势头，（财务）表现往往超过竞争者
社会责任感	支持正当权益，对环境负责，善待人
愿景和领导力	有非凡的领导力，对未来有热切的愿景，善于识别和利用市场机遇

声誉商数并不是专门为某个公司进行简单的声誉调查而设计的，其目的是为多种评估建立一个标准，为组织提供一个有效和可靠的统计分析方法。从 1999 年到现在，声誉商数已经为全世界所使用，已有成百上千人接受过声誉商数调查。

二、声誉特征

如果一个组织希望用企业声誉分析进行战略规划或竞争调查，那么该组织便不需要使用声誉商数方法进行详细评估。通常，要进行这类企业声誉分析，需要确定基于企业声誉分析的特定属性。要做到这一点，负责实施企业声誉分析的团队将选择一个焦点小组确定调查所需的关键特征或因素。在一开始，我们可以使用由克雷格·卡罗尔和马克斯韦尔共同编制的关键特征。关键特征共有 26 项，都是企业声誉分析中经常使用的。这些特征来源于声誉商数的核心因素，可以用于指导焦点小组。表 5-2 列出了这 26 个常用特征。

表 5-2　企业声誉特征

产品和服务的质量	诚实与道德的品性	赢得客户最大的忠诚和满意
财务稳定性	市场最佳实践者	所有人赞赏的对象
吸引、培养员工的能力	拥有行业领导力	具有整体意识
管理的水平	其他公司努力效仿的对象	拥有整体领导力
社会责任	对地方经济有贡献的公司	具有增长的潜在要求
革新度	业务全球化	市场营销的质量
长期价值投资和未来潜力	在服务客户上有创新意识	拥有活力和人道的企业文化
盈利表现强大和稳定	有长期财务愿景规划	深思熟虑的战略规划

焦点小组挑选特定属性是企业声誉分析过程中最为重要的一个步骤，因为它为评估公司的具体内容奠定了基础。如果选错了因素，虽然结果不会有很大的偏差，但也不会让组织了解到所需的战略信息。

第三节　声誉管理

在展开声誉分析之后，接下来要做的就是将分析结果转化为行动，通过制定长期战略管理计划维持或提高组织的声誉。

一、企业声誉管理的原则

（1）独特性原则。利益相关者是任何能够影响组织目标的实现或被其影响的群体或个人。那些对于组织的生存来说至关紧要的群体则是关键利益相关者。企业强大的声誉源于企业在各类利益相关者心中占有独特的、难以取代的位置。由于企业众多，而且产品雷同，要想在林立的企业中，建立自身的声誉，企业必须有自己的特色。一家企业的定位要受其历史、现状、环境和社会发展需求等诸多因素的制约，企业应该根据自身所处的人文社会环境、地理环境以及内部条件和环境，按照多样性、特色性、协调性等原则，找准自己的位置，合理利用现有资源，制订切实可行的发展规划，扬长避短，呈现自己的特色，以创立声誉。

（2）集中性原则。企业应致力于关注一个核心主题，任何企业都不可能尽善尽美，但如果能抓住某个核心主题，集中力量建设，对企业声誉的提升具有重要的作用。扬长避短，确定目标，重点突破，是一家企业在尽可能短的时期内创立声誉的最好选择。

（3）一致性原则。企业应在与各种利益相关者的行动和交流中协调一致。各部门不能各自为政，向公众传达不一致的信息，使公众无所适从，这样会损害企业的可信度。公众对企业发生的各种事件的真相如果心存疑惑，企业的声誉就会受到损害。

（4）真实性原则。企业向外传递的信息必须与企业的实际相符。企业声誉的形成是长期的过程，幻想通过短期形象操纵来提升企业声誉是不现实的。一旦社会公众发现企业名不副实，其声誉就会受到严重破坏，甚至失去弥补的机会。一些企业在广告中夸大其词，本来是为扩大声誉，但最后却损害声誉，失去了更多客户和消费者，甚至造成重大危害。

（5）透明性原则。企业在处理事务过程中保持一定的透明度，让公众从更多的层面了解企业，有利于提升企业的声誉。例如，进行企业公开日，邀请媒体和公众参观考察生产车间，了解企业真实的生产情况。

二、企业声誉管理的过程

组织进行声誉管理的标准取决于很多因素，例如组织的规模如何以及组织能为声誉管理职能部门提供多少资源。如果组织内部结构较为复杂，那么如何进行声誉管理将受到影响。比如，一家大型企业有自己的公关部门、营销部门、销售部门、客服部门、人力资源部门和采购部门，其中每个部门都有自身职责并对会声誉管理产生不同影响。

我们要知道，不仅组织员工有责任管理组织的企业声誉，组织自身也同样需要和员工一同管理其企业声誉。

总之，声誉管理是一个持续的过程，包括：对组织在关键利益集团中的声誉进行评估；对声誉风险进行优先排序，制订风险应对计划；培训和授权各级管理人员应对风险；建立制度，不断与关键利益相关者进行交流。

而在互联网时代下，企业声誉包括以下三个层面：

（1）企业形象，即其他人如何评价企业。这是企业声誉研究最开始关注的领域，包括消费者、合作伙伴、政府和公益组织等"企业之外"的利益相关者对企业的认知、评价和情感联系。

（2）自我认同，也叫组织认同，即企业自身如何评价自己。自我认同要回答两个基本的问题："我们是谁"以及"我们如何看待自己"。因而，自我认同也就是企业在组织层面的认同，它包括企业的股东、董事会、员工对企业的认知、评价和情感联系。同时，由于自我认同还涉及企业的行为层面，涉及"我们在这里如何做事情"，因此企业的自我认同在很大程度上和企业的文化认同重合。

（3）期望认同，也叫企业认同，即企业希望其他人如何看待自己。期望认同包括视觉上的内容（比如名称、标识和象征），也包括战略上的内容（比如愿景、使命和哲学）。期望认同和自我认同有很大的区别。如果说自我认同与组织行为最相关的话，那么期望认同更多的是和战略愿景和组织期望相关，因而这种认同更多的是放在市场营销领域。

企业声誉的构建，首先就是企业自身要"与人为善"，要制定富有社会责任感和强烈企业公民意识的战略体系，并用基于这个战略体系的企业期望认同去整合三角形的其他两条边。其次，在以期望认同来整合三角形的其他两条边的同时，要弥合企业形象与自我认同的差距。

在以期望认同来整合自我认同和企业形象时，声誉故事的工具将会有很大的帮助。声誉故事就是一个个包含企业的使命、道德和战略内容，并结合了企业期许的行为模式的故事。

接下来看一下"全美 100 名最佳企业公民"的惠普公司在声誉投资上是怎样做的。惠普公司有非常系统的制度规定，把企业公民责任上升到公司发展战略的高度，并把它作为企业竞争优势的一部分。为了兑现对社会的承诺，惠普公司鼓励员工为社区建设出钱出力。在美国，惠普的员工每个月要花 4 小时为社区学校或非营利组织工作，公司照常为员工发工资。为了节省能源，惠普公司甚至鼓励员工在家里工作。通信的发展节约了能源和原料，给公司带来了可以衡量的财务收益，包括减少了驾驶给环境的影响，减少了废气排放，缓解了交通堵塞等。在供应商的采购方面，惠普每年制定针对妇女公司和小公司的采购计划，并进行专门的统计。员工个人职业生涯规划也被纳入惠普公司的企业公民体系。

三、互联网时代企业声誉的构建

企业声誉管理突破了传统企业管理的局限，从对内和对外管理，在观念、制度、危机、投资等方面采取相关策略。

（1）企业必须转变观念，提高认识，增强声誉管理的紧迫感，将声誉目标列入企业的发展规划。在企业竞争日益激烈的时代，企业不致力于声誉管理无异于自我抛弃。理论和实践均已证明，企业声誉始于管理者的理念，而不是新闻发布会。企业卓越的声誉是建立在良好的行为和能够赢得社会公众信任的决策基础上的。遗憾的是，当前企业领导层的声誉管理意识普遍不强，对声誉管理的内涵及其重要性认识不足；普通员工对企业声誉的重视程度更低，甚至经常做出损害企业声誉的行为。因此，企业从总裁到普通员工必须认识到企业声誉管理与企业可持续发展的关系，了解忽视声誉管理的危害，视企业声誉管理为企业的主流意识和共同追求。

（2）企业必须把声誉管理列入职能管理范畴，整合力量，统筹决策，从制度上对企业声誉进行管理。许多企业没有把声誉管理列入职能管理范畴。有的企业认为声誉管理就是公关、打广告，这是非常错误的。其实，声誉管理比公关工作有更丰富、更深刻的内涵。因此，实践中要彻底改变声誉管理工作被分散到各个部门，各自为政，不能形成合力的局面，建立起完整的声誉管理制度，对企业领导和员工在企业声誉管理中的职能、作用、责任、权力和激励机制等作出明确的规定。在制度安排上,将声誉管理始于企业最高决策层,以利于声誉管理的加强和企业声誉目标的实现。修订企业现有管理制度,包括创建、维护、巩固、扩张、挽救、修复等环节,对企业声誉管理流程中的每一个细节都要制定出明确、具体的措施,进行制度化管理;要制定严格的企业声誉保护和激励制度,对有利于企业声誉的行为进行奖励,对损害企业声誉的行为进行惩罚。

(3) 建立危机处理机制,强化危机管理。企业的声誉重在平时,贵在积累。同时声誉也是企业资产中最不稳定的、脆弱的无形资产,经常会在现实危机面前遭受重创。为此,企业必须建立危机预警机制和处理机制,在预警机制中把握危机信号。通常的危机信号有:员工漠视企业活动,员工跳槽频繁,客户资源减少,社会和媒体的正面关注减少,与政府及媒体的沟通欠佳等。一旦出现危机,应及时有效地化解并维护好企业的声誉。

(4) 激励员工共同参与声誉管理。如果没有利益相关者积极、持续的支持,企业将作为一个孤立的实体难以生存下去。员工是企业最关键、直接的利益相关者,每位员工都对企业声誉的创立和维护有关联,同时他们也从企业的声誉中获得利益。因此,企业必须主动、有意识地教育员工,让他们明白自己的行为对企业创建声誉的重要性,明确肩负的责任。信任、鼓励员工共同参与声誉管理,是创建企业声誉的先决条件。企业要加强内部公共关系,及时通报企业声誉管理方面的信息,倾听员工的意见,并向他们通报意见的处理情况,使员工感受到他们努力的意义。对员工进行声誉管理教育,使其行为符合职业道德,并学会礼貌、热情、得体的服务方式。

(5) 积极与外界沟通,树立良好形象。员工是与企业关系最为密切的利益相关者,但在企业的发展中,还与其他的利益相关者有千丝万缕的联系,例如政府、媒体、公共利益群体和社会。因为,这些利益相关者能够影响企业与关键、直接利益相关者之间的关系;这些利益相关者在解释、传播企业声誉时会发挥一定的作用。一般说来,声誉是利益相关者根据过去的亲身经历对企业作出的评价,然而,很多直接利益相关者在企业并没有亲身经历,所以当问题出现时,他们会依赖于媒体、政府或公共利益群体所提供的关于企业声誉的信息。因此,企业在声誉管理中必须积极与外界沟通,与之建立一种相互信任的、信息畅通的关系,在外界树立良好的形象。

(6) 加大声誉投资。所谓声誉投资是指企业在一定时间内通过履行社会责任以构建良好声誉为目的的资金投入和无形资产投入。美国加利福尼亚大学教授麦克居里研究认为:如果把员工薪水作为劳动力衡量,研究费作为资本,则10%的资本变化将引起1.09%的声誉变化,而10%的员工薪水变化将引起1.73%的声誉变化;如用员工数代替员工薪水数,则10%的资本变化将引起1.30%的声誉变化,而10%的员工在编数的变化将引起1.46%的声誉变化。可见,企业声誉是一个高消耗的生产过程,需要坚持不懈地投入。首先,对员工必须加大投入,改善他们的生活、学习、工作条件、环境,提高待遇。企业应该在改善员工的生活学习条件上加大投入,如果只为追求利润而不为员工提供优质服务,势必影响自身声誉。其次,加大社会责任投入,通过社会公益事业,创建良好声誉,以增大企业的无形资本,如资助公益活动、向慈善机构捐款、捐助贫困生学费等。另外,企业还可以通过宣传报道、树立形象、参与某种时尚活动等提高声誉。

声誉管理对企业来说是个全新而必要的课题,希望所有企业都能重视声誉管理,不断提高自身声誉,加强竞争力,使自己立于不败之地。

复习思考题

1. 什么是企业声誉？什么是企业声誉管理？
2. 解释声誉商数的概念和特征。
3. 如何构建企业声誉？

【中国情境下企业战略思维案例】

加多宝声誉危机的化解[1][2][3]

一、危机背景

搜狐新闻曾发表对王老吉与加多宝商标案的重审进行深入分析的文章。2000年，王老吉商标的持有者广药集团加多宝母公司鸿道集团签署了租赁"王老吉"商标的合同（2010年5月3日）。后来，又续签了10年。2010年8月，广药集团因"王老吉"商标使用费问题提起诉讼。11月15日，广药集团与加多宝公司就"王老吉"商标争夺的冲突公开化。在多次较量后，加多宝败诉，最终广药集团成功收回"王老吉"商标。2012年5月28日，加多宝集团归还"王老吉"商标，并在北京召开发布会，推出了自己的凉茶品牌——加多宝。

二、声誉管理

"加多宝凉茶"保留了加多宝公司一贯的红色包装，在很短的时间内就占领了市场终端。究其原因，是其强大的渠道网络和品牌声誉推广能力发挥了极为重要的作用。

（一）强调升级版，加速推出"加多宝"品牌

2011年危机爆发之前，加多宝公司已经发现必须逐渐脱离"王老吉"品牌，不仅在包装添加"加多宝出品"，而且将宣传语确定为"正宗凉茶，加多宝出品"。2012年更名后，虽然是一个全新品牌，但加多宝的首要任务是保持使用"王老吉"品牌所获得的市场份额。因此，加多宝继续使用其一直使用的广告用语，多种方式强调"加多宝"品牌名称和提升品质，让消费者感知"加多宝"是"王老吉"新的升级产品。这样做的结果是，加多宝品牌打出去了且遥遥领先于其他凉茶品牌。反而广药集团王老吉凉茶虽然获得了"王老吉"品牌，但销量远远落后于加多宝。

（二）选择突破口，广告深度植入真人秀节目

更名后，加多宝还未脱离危机时特别需要新品牌宣传的突破口。通过广泛市场研究，加多宝选择独家冠名某真人秀节目。后经市场验证，这是一次非常正确的决策。

加多宝选择的真人秀节目持续火爆了三个月，也给加多宝营销带来了机会。真人秀节目成为热议的焦点，每周末的播放时段也就是广告宣传的时间。加多宝不断宣传自己是"正宗凉茶"，不断强化消费者对加多宝的"正宗"认知。后期许多品牌营销专家认为加多宝与爆火

---

[1] 搜狐新闻：《王老吉加多宝商标案重审背后：9年车轮战，广药曾索赔29亿》https://www.sohu.com/a/324494471_100245187。
[2] 赵长明：《加多宝凉茶的整合营销传播研究》，硕士学位论文，兰州大学，2014。
[3] 李红岩：《从王老吉到加多宝》，硕士学位论文，河北大学，2013。

的真人秀节目绑定，助推其通过平面媒体、广播等多渠道互动，是加多宝迅速走进消费者心理的关键。

（三）选公益之路，反复深耕慈善营销

加多宝公司声望的提升，慈善营销做得好也是重要的原因之一。2008年四川汶川发生8.0级地震，加多宝公司迅速响应，捐赠了1亿元，并通过中央电视台全球直播传递到世界各地。同时，天涯社区推出一篇"王老吉（注：当时加多宝使用的品牌名称）你够狠！为了整治这家嚣张的企业，买空超市的王老吉，上一罐买一罐！"的帖子，媒体纷纷转载，提升加多宝公司的知名度。2012年，为迅速消除更名带来的不良影响，加多宝公司倡导并发起"加多宝学子情"援助项目，筹集善款资助贫困生。2013年四川雅安发生地震，加多宝公司在地震七天后宣布捐赠1亿元人民币，树立了加多宝的社会责任形象。

三、危机预防与公关

危机预防十分重要。加多宝商标争议的白热化虽然使得加多宝面临危机，但它在预防阶段采取多面、立体的预防措施。首先，灵活运用法律途径争取使用期限的延长。其次，预知风险，并力图化解风险，在包装、广告语等方面调整，逐渐淡化"王老吉"，强化"加多宝"形象。最后，停用"王老吉"商标的决策确定后，立即通过官网和微博等及时公布公司的态度和措施，争取社会支持。

危机发生阶段，社会公众对于利益问题极为关注。因此，利益走向一定会成为引发公众关注的焦点。另外，公众的感情诉求是另一个焦点。2012年5月9日，在获得仲裁结果后，加多宝公司迅速面对公众和媒体，表态并呼吁各利益相关者关注大局，共同维护凉茶行业的发展前景和局面。这些做法一方面展现出加多宝的胸怀，另一方面提升了加多宝的声誉，赢得了公众的好感，也牢牢掌握了话语上的主动权。

危机后阶段，也就是在商标争议告终后，加多宝公司在多个场合，强调将继续发扬传统文化和工艺，不断确保和提升产品质量，生产让消费者满意的凉茶产品。这些正面、透明的观点和态度，提升了消费者和其他利益相关者对加多宝公司的印象。

案例分析题：

1. 加多宝声誉危机管理成功之处有哪些？
2. 在互联网时代，加多宝声誉管理中需要重点关注哪些问题？
3. 查阅网上资料，对声誉危机管理的内容构成进行系统总结和讨论。

第三编　战略选择的思路

第六章　企业使命、愿景与战略目标

知识要点	教学目标
企业使命与愿景	掌握愿景与使命的含义、内容、制定原则，了解二者之间的关系
战略定位	掌握战略定位的概念、特征，了解其意义
战略目标	掌握战略目标的概念、体系、设定原则

设立企业的使命与目标是制订企业发展战略中一项十分重要的环节。企业的使命与目标对企业行为的指导意义是显而易见的。使命是企业生产经营的哲学定位，也就是经营观念，目标是企业文化和各种政策交互影响的产物，两者对于战略的分析和形成具有至关重要的作用。请思考：什么是企业的使命与目标？企业如何制定使命与目标？

第一节　企业使命与愿景

国内外的成功企业，都保持着稳定的核心价值观和企业哲学，主要体现在企业使命和愿景的灯塔作用。使命和愿景一道为企业选择和执行一个或者多个战略提供了坚实的基础。

一、企业使命

（一）企业使命的含义

企业使命是指企业存在的目的或理由，是指企业在社会进步、经济发展中所应当承担的角色和责任。企业使命说明了组织存在的原因。使命指明了一家企业意图参与竞争的一个或多个业务，以及所要服务的顾客。使命要展现企业的个性，与所有的利益相关者有关，并且能够鼓舞人心。

（二）企业使命的内容

1. 企业哲学

企业哲学是指一家企业为其经营活动方式所确立的价值观、信念和行为准则。企业哲学是对企业经营活动本质性认识的高度概括，是包括企业的基础价值观、一致认可的行为准则及共同信仰等的管理哲学。它主要通过企业对内、外环境的态度来体现。对外，主要指企业在处理与顾客、社会等关系时的指导思想；对内，主要指企业在处理与员工、股东、债权人等利益相关者之间的关系的基本观念。

小案例：IBM 的企业哲学之变

在 20 世纪中期，IBM 的企业哲学表现为"尊重个人，给予顾客最好的服务，以卓越的方式完成工作"。当时的产业发展背景是大型机时代。IBM 主要依靠大型机技术方面的领先技术、产品，以及服务人员的专业技能形成竞争优势。那时还没有通用型计算机，每台计算机都与众不同，每个客户的系统都不一样，具有专业技能和应用经验的员工是行业成功的关键。

但是到了 20 世纪末，随着通用计算机小型机和个人计算机的产生，客户类型多样，需求个性化，计算机行业进入买方市场，IBM 原有企业哲学中的部分内容已经不合时宜了。比如精益求精反而导致决策缓慢，过分相信自己的行业专家忽视顾客需求，尊重个人则使公司选拔优秀人才受阻。根据这些变化，IBM 从生产型企业向同出售硬件、网络及软件整体解决方案的供应商的转型，重新塑造了 IBM 的竞争力。整体解决方案也就意味着 IBM 不依靠单一产品来赢得客户。在这样的业务模式下，需要的是合作而不是彰显个人。因此，根据当时公司的状况以及业务模式的转变，提出了"胜利、执行团队合作"等新的企业核心价值。之后，随着行业竞争不断加剧，顾客需求个性化趋势愈加显著，2003 年，IBM 在全球展开了 3 天的大讨论，提升为"创新为要""成就客户"和"诚信负责"的新 IBM 的核心价值观。

（本案例引自百度文库。）

2. 企业宗旨

企业宗旨是指企业现在和将来应该从事怎样的事业和活动，以及应该成为什么性质的企业或组织类型。企业宗旨所要回答的问题是企业将从事何种事业、用户是谁以及如何为用户服务。决定企业经营范围的应该是顾客的现实和潜在需求[1]。例如，利兹卡尔顿饭店的企业宗旨是"在利兹卡尔顿饭店为我们的顾客提供真正的照料和舒适是我们的使命，我们承诺为我们的客人提供精致优雅的环境。利兹卡尔顿饭店的历程就是复苏的感觉，带来幸福，满足我们的客人哪怕没有表达的愿望和需要"。

二、企业愿景

（一）企业愿景的含义

愿景描述企业的发展蓝图，目的是确定企业的发展方向，从广义上来讲，就是企业最终想实现什么。因此，愿景清晰地阐述了组织理想状况，使组织的未来更加具体化。换言之，愿景指明了企业在未来数年想要前进的方向。愿景概括了企业的未来目标、使命及核心价值，是企业哲学中最核心的内容，是企业最终希望实现的图景。它就像灯塔一样，始终为企业指明前进的方向，指导着企业的经营策略、产品技术、薪酬体系甚至商品的摆放等所有细节，是企业的灵魂。愿景一般情况下是不变的。

重要的是，愿景反映了企业的价值观和渴望，并且借助愿景能抓住每位员工的心，还有许多其他利益相关者的心。一家企业的愿景比较持久，而企业的使命会根据不断变化的外部环境条件发生变化。

企业愿景可以回答以下问题：新目标是什么？未来 5~10 年内企业的业务组合是什么？

---

[1] 黄旭：《战略管理思维与要径》，机械工业出版社，2016。

力求成为什么样的公司？渴求的市场位置是什么？

（二）企业愿景的重要性

约翰·基恩认为，公司的愿景可以集中企业资源、统一企业意志、振奋企业精神，从而指引、激励企业取得出色的业绩。战略家的任务就在于认定和表现企业的愿景。愿景是一家企业的灵魂。没有愿景，企业就没有未来；没有成功的愿景，企业就不会有持久、旺盛的生命力。愿景是企业文化的主体，它是贯穿于企业的每个角落以及企业的每个环节的一种组织精神。因此，许多现代企业都把建立一个成功的愿景作为其制定战略计划过程的一个重要组成部分。

愿景影响企业员工和管理者，从而影响整个企业的风尚、活力以及经营绩效。纵观国内外成功企业，其获取竞争优势的重要因素之一就是拥有卓越的愿景。比如：通用电气公司的愿景是"使世界更光明"；IBM公司的愿景是"无论是一小步还是一大步，都要带动人类的进步"；苹果公司的愿景是"让每人拥有一台计算机"；福特汽车公司的愿景是"让大众能拥有汽车"。

开发愿景或者进行使命陈述，是企业进行战略计划过程的第一个步骤，对企业竞争地位的确立、企业战略的实施以及变革均有重要的引领作用。当今社会处于大变革时期，全球化与信息化使企业的经营环境具有高度的不确定性与多变性。企业要想在竞争环境下取得成功，快速进行战略变革，需要愿景对企业加以引领。

事实证明，许多企业并不缺乏好的战略，但却没有成功，是因为其没有很好地执行战略。为什么战略难以有效实施？正如保罗·尼文所分析的，战略实施过程中存在一系列障碍，见表6-1。这里，愿景障碍是最主要的，即大多数人对企业的愿景没有认同感，是被动地接受外界强加的战略。没有理解愿景与战略的一致性，就谈不上对战略的执行。

表6-1 实施战略的障碍

障碍种类	例子
愿景障碍	只有5%的工人理解战略
人员障碍	只有25%的管理人员享有与战略相关的激励
管理障碍	85%的管理团队第一个月讨论战略的时间不到1小时
资源障碍	60%的组织没有将战略和预算联系起来

三、企业愿景与企业使命的关系

（一）二者区别

企业愿景与企业使命之间最根本的区别是：企业愿景是企业要追求的远景目标，而企业使命是企业根据这个目标所要完成的任务。

企业愿景是企业未来状况的一个简明缩影和蓝图，是组织努力要达到的境界，是组织的个性、趋向性的表现，它确定了组织的整体发展方向。而企业使命是对组织的目标或存在原因的具体阐述，组织的各种计划和项目都以此为向导。

企业愿景是一个心向往之的关于未来的生动画面，具有挑战性和不可预测性，并且不会年年改变，像是一个历久弥坚的承诺。而企业使命虽然也具有长期不变的稳定性，但是一旦企业的外界环境发生变化或随着企业的发展壮大，使命也需要不断进行调整以指导企业的行为，具有长期性和灵活性相结合的显著特点。

表 6-2 列示了一些著名企业的愿景与使命。使命是对现有业务和责任的描述；而愿景的陈述是前瞻性的，确定了企业期望的长期发展方向。

表 6-2 著名企业愿景与企业使命

企业	企业愿景	企业使命
阿里巴巴	不追求大，不追求强，追求成为一家活102年的好公司	让天下没有难做的生意
微软公司	计算机进入家庭，放在每一张桌子上，使用微软的软件	致力于提供使工作、学习、生活更加方便、丰富的个人计算机软件
苹果公司	让每人拥有一台计算机	推广公平的资料使用惯例，建立用户对互联网的信任和信心
福特汽车公司	让大众能拥有汽车	不断改进产品和服务，从而满足顾客的需求，只有这样我们才能够发展壮大，为股东提供合理的回报
索尼	为包括我们的股东、顾客、员工，乃至商业伙伴在内的所有人提供创造和实现他们美好梦想的机会	体验发展技术，造福大众的快乐
华为公司	丰富人们的沟通和生活	聚焦客户关注的挑战和压力，提供有竞争力的通信解决方案和服务，持续为客户创造最大价值；最低的总体拥有成本（TCO），更高的工作效率
联想集团	未来的联想应该是高科技的联想、服务的联想、国际化的联想	为客户利益而努力创新
迪士尼公司	成为全球的超级娱乐公司	使人们过得快活
可口可乐	通过生产高质量的饮料为公司、产品包装伙伴以及客户创造价值，进而实现我们的目标	致力于为公司股东创造价值，不断改变世界
麦当劳	成为世界上服务最快、最好的餐厅	世界上任何一个社区都成为员工的最佳雇主，在每家餐厅为顾客提供专业、优质的服务
亚朵酒店	做品质生活的引领者，成为领先的生活方式品牌集团	让人与人之间有温度地连接

（二）二者联系

企业依照愿景的期望履行企业使命，以实现企业的最终目标和最大期望。企业使命是企业愿景中具体说明企业行为和经济活动的理念，具体表述企业在社会中的经济身份或角色，注重企业的行为效果。

四、企业使命和企业愿景的制定

（一）界定企业当前的业务

企业当前的业务可以从产品、技术、市场等不同的角度定义。例如，假日公司从产品的角度定义，是经营三星级汽车旅馆的公司；从技术的角度定义，是一家运用现代信息处理设备为顾客提供旅行服务的公司；从市场的角度定义，是一家满足旅行者饮食、住宿、娱乐、需要的公司。这三种界定方式体现了不同的业务宽度定义和风险。如表 6-3 所示，从产品视角定义的业务领域较窄，而从市场视角定义的业务领域更宽泛。因此，界定企业当前的业务要避免定义过宽或过窄。例如，如果假日公司的使命为"从事旅行服务"就过于宽泛，而使命为"三星级汽车旅馆公司"又过于狭窄。

表 6-3 从产品、市场导向界定公司业务

公司	产品视角	市场视角
化妆品公司	生产化妆品	出售美丽和希望
复印机公司	生产复印设备	帮助提升办公效率
化肥厂	出售化肥	帮助提高劳动生产率
石油公司	出售石油	提供能源
电影厂	生产电影	经营娱乐
空调器厂	生产空调器	为家庭及工作地点提供舒适的温度

企业使命中要界定企业当前的业务，就要回答"企业的经营业务是什么""谁是我们的顾客""顾客购买什么""顾客的价值观是什么"等问题。例如，对于上述 4 个问题，假日公司的回答分别是"食品和住宿公司""三星级汽车旅馆的度假旅游者是我们的顾客，想请假日公司来管理的三星级的汽车旅馆也是我们的顾客""食品和住宿""在顾客支付得起的公平和具有竞争性价格的基础上提供质量良好的产品"。

（二）使命陈述的表达

使命陈述作为企业管理中的重要工具，既是企业开展一切战略活动的起点和基础，也是凝聚企业灵魂的"文化胶"，对企业的行为具有重要的指导和约束作用。企业进行使命陈述时要注意：对企业进行定义并表明企业的追求；内容要窄到足以规避某些风险，宽到足以使企业业绩创造性地增长；将本企业与其他企业相区别；可作为评价现时及将来活动的基准体系；表述足够清楚，能为企业上下广泛理解。

例如，某咨询公司的使命陈述为"先进管理技术缔造您的竞争优势。我们致力于将当今最先进、最成熟的管理工具和方法输入到那些本地企业和设立在中国的外资企业，全力以赴帮助我们客户学习、掌握和运用这些管理技术，使其在市场上获得竞争优势。我们将结合这些企业的特点，与那些熟练掌握了当今最先进的管理技术、兼具多年实践管理经验的专家一起，运用教育、培训、顾问的手段，来促进企业管理的革新，降低管理成本，提升企业的盈利表现"。

使命陈述对企业具有重要的作用。首先，使命陈述是企业一切战略行动开展和实施的起点，能够为企业未来经营活动的开展提供方向，使企业保持专注而不会偏离正确的轨道和迷失自我；其次，使命陈述还扮演着企业文化的角色，通过对企业的价值观、行为准则、宗旨和经营理念的塑造和诠释，直接或者间接地增强企业员工、管理者等内部成员对企业的认可和忠诚度，以及顾客、社会公众等企业外部成员对企业的认知程度，进而提升企业的声誉和品牌知名度；最后，使命陈述具有凝聚和鼓舞企业员工的作用，使企业成员齐心协力、和衷

共济，共同为实现企业美好愿景而拼搏奋斗。

（三）企业愿景的制定

企业为什么一定要建立愿景？这就像一个人，如果他没有对于自身未来清晰的憧憬就很难成功。企业寿命周期理论认为建立愿景是跨越 S 型曲线之间鸿沟的一种机制。这一机制的作用，在于它是建立在对周围环境和自身资源动态性观察和引导基础上的。因此，建立愿景对于企业来说具有一种内生的动力，也称驱动力。这些驱动力包括应对未来的竞争、解决面临的困境、调整公司业务等。

建立成功的愿景是一个结构性和系统性的过程，需要大量艰苦的工作来创造企业愿景形成的条件。首先，成功愿景的基本特征就是共享性，也就是说组织成员都能够并且愿意共享愿景实现过程中的艰辛与愉悦。当个人、集体和组织学会如何缓解创造型压力时，他们正朝着一个成功愿景迈进。因此，这需要具备优秀的企业文化才能给予组织成员这种共享性。其次，由于愿景具有一定的"感性成分"，它包含着参与者内心的抱负，是众多参与者个人愿景的综合体现。因此，一个成功愿景的建立是组织成员共同参与的结果。最后，处理好与利益相关者的关系。利益相关者可能是一个人、一群人或一家企业，而每一个利益相关者都会根据他们自身的利益、偏好和期望对企业进行特有的干预。

岳川博曾描绘了愿景建立的 GIVE 原则，即 Grand（宏伟）、Inspire（振奋）、Vivid（清晰）、Executable（可实现）。当前中国的大多企业，对宏伟、振奋的原则可能看得比较重，但对清晰和可实现的原则做得不够。企业愿景的建立是一个多阶段、复杂的识别过程，也是一个充满感情、智慧、（非）理性、行动和判断的过程。其形成过程大体包括：分析将来的经营环境，明确企业的经营理念；分析资源状况，明确企业的资源属性和在一定区域内的行业的分布状况；建立内部沟通渠道，形成探讨共同愿景的公司氛围；必须与利益相关者达成默契，这源于愿景的社会属性特征；合理准确地表述愿景。

企业愿景的表达应该合理、简练、准确，具有针对性与号召力、感染力。具体来说，首先，愿景的第一句必须清楚地描述企业哪个部分是公司战略的驱动力；其次，愿景应该有一个前进的基调，这是因为一家企业必须不断超越自己；再次，愿景应该反映将来的趋势而不是现在的情况，它应该描述公司的未来及与现在不同的地方；最后，愿景应该有特色，能够说出优于竞争对手的地方，该优势应该能够随着时间而增强。

（四）确定企业愿景的内容

企业的战略愿景要回答"企业的经营业务将向什么方向发展""企业的经营业务应该向什么方向发展""企业的竞争对手与发展方向是什么"等一系列问题。例如，1970—1979 年，假日公司在经营使命书上将自己定位为从食品与住宿公司发展成为旅行及交通相关联的公司；1980—1992 年，假日公司重新将自己定位为从强调拥有旅馆所有权向强调对旅馆管理输出的特许经营的转变的公司；1993 年以后，假日公司又定位为"努力成为一家在世界上受顾客和旅行社首选的旅馆和特许权经营公司"。

（五）决定企业使命、愿景制定的因素

制定企业使命、愿景需要注意的问题有：思考未来郑重承诺；不同的公司表述不同；阐述时要明确；使命和愿景不能从盈利的角度去考虑。此外，企业制定使命、愿景时要考虑以下因素。

1. 企业的历史

每家企业都有自己的历史，它记载着企业的辉煌业绩，也反映了它的经验教训，企业的过去和未来是相互连接的，不了解过去，就无法规划企业的未来。

2. 领导人的偏好

领导人的偏好会对企业使命愿景制定产生重要影响，企业使命与愿景同企业家自身的价值观、愿望、行为等因素息息相关。

3. 其他利益相关者

企业使命与愿景也要考虑利益相关者对企业的不同要求与期望，例如，企业所有者期望财务回报、价值增加，员工期望工资、工作满意度、培训，客户期望提供产品与服务的质量，债权人期望信誉、及时偿付，供应商期望付款、长期关系，社团期望安全保障、对社团的贡献，政府期望服从、提高竞争力，等等。企业的存在与他们有直接或间接的联系，他们的要求与期望是企业生存和发展的支撑，同时也是企业生存和发展的制约力量。

4. 企业内外部环境要素

企业的内外部环境发生某种变化时，企业使命也要随之进行相应的改变，特别是对这些变化可能带来的威胁和机遇，企业更要善于发现和及时作出反应。

5. 企业的资源与管理能力

企业的资源是实现其使命与愿景的物质基础，企业使命与愿景应尽可能反映它特有的能力和自身的竞争优势，这种自我认知使企业清楚自身的能力水平，更好地指导企业发展。

第二节 战略定位

战略定位是企业经营管理者要回答的首要问题，是企业领导者的首要职责。那么，如何进行企业的战略定位？这是本节要重点回答的问题。

一、战略定位的含义与价值

战略定位（Strategy Position）是指让企业的产品、形象、品牌等在目标客户的头脑中占据有利的位置，从而让企业获取和保持经营优势，实现战略目标。

企业战略定位的核心是差异化，差异化的战略定位，不但决定了企业的产品和服务能不能与竞争对手区别开来，而且决定了企业能否成功地进入并立足于目标市场。

有效的战略定位具有四个方面显著的特点。第一，有独特的价值链和价值诉求，在市场选择和客户需求切入等方面体现与竞争对手的差异，并建立成本优势，从而形成企业的核心竞争力。第二，战略定位要做清晰的取舍，有所为、有所不为，使企业集中精力于擅长的事，这样才能构建竞争优势。第三，战略定位要有长期性和连续性，并保持相对的稳定性，有效的战略通常要实施三到五年的时间。第四，战略定位要与时俱进，战略是连贯的但不是一成不变的，要反映时代和环境的特点。

有效的战略定位有哪些价值呢？第一，决定企业未来的发展方向。企业通过对战略定位三个问题的回答，可以明确"要做什么"和"不做什么"的问题。很多企业经营失败都是由于发展方向不明确，不能将资源高效地集聚到目标客户和核心产品，耗光了资源也丧失了市场机遇；企业的发展方向不明确，也可能会让客户和合作伙伴对企业的专业性和发展的持续性失去信心;企业的发展方向不明确,还可能导致员工难以获得成就感并离开企业。第二,决定企业的资源分配。任何企业的资源都是有限的,必须将有限的资源集中到能获得最大回报的事情上,对于设计企业来说,尤其是品牌资源和人力资源的分配非常关键。市场定位决定了企业在市场营销环节的资源投入,产品定位决定了企业在研发和生产环节的资源投入,商业模式定位决定了企业在社会资源和产业链合作伙伴方面的资源投入。第三,决定企业的经营决策方向。明确的战略定位是企业一切决策的前提和基础,是企业的战略绩效之源。正确的战略定位有利于企业获得并保持持续的经营优势,以最优的战略路径实现企业的战略目标。

二、战略定位的关键内容

确定战略定位,从文字的角度来看并不难,但在具体的市场环境中,往往又很难。选择一旦确定,资源的配置也就确定。而环境是变化的,如果选择错误,既可能失去机遇,也可能带来资源调整的困难,或者造成资源的巨大损失。资源就是竞争力,资源就是成本,同时资源也有稀缺性,不是随便就能找到的。随着行业发展到达"分水岭",企业走到"岔路口",企业战略定位面临巨大的挑战。如何确定企业的战略定位,需要思考多个问题:企业从事什么业务?市场如何定位?客户如何定位?科技如何助力定位?因此,战略定位一般需要包括顾客定位、区域市场定位、产品与服务定位、技术定位、竞争定位等。

根据前面对企业进行的战略分析,明确企业的机会、威胁、优势、劣势,在此基础上,综合考虑企业的核心竞争力、基本的竞争战略,运用 SWOT 分析矩阵来进行战略定位的思路梳理,最后公司决策确定战略定位。因此,战略定位=外部环境+内部能力+基本竞争战略+SWOT+公司选择。SWOT 分析框架其实是对企业外部环境分析和内部能力分析的归纳,它是一个通俗易懂的分析工具,所具备的结构化有利于更好地建立起内外部匹配的价值创新点,从而优化自身的战略定位。

第三节 战 略 目 标

如果想获得卓越的结果,那么就制定卓越的目标吧!本节将详细介绍战略目标的含义、体系、设定原则和来源。

一、战略目标的内涵

(一)企业战略目标的含义

战略目标,是根据企业愿景所制定的具体目标,是对战略愿景进一步的明确化和具体化,是企业使命和愿景的具体体现。战略愿景必须以企业使命为基础,而其本身又指导战略目标的形成。例如,某咨询公司的使命是"先进管理技术缔造您的竞争优势",其目标则是"自 2022 年开始的五年内,在管理培训方面,我们将使 10000 人次受训;在企业顾问方面,我们将向 50 家企业提供服务;在这两项业务发展中,我们均保持每年 10%的增长速度"。

为了使愿景和使命更有效,必须将其转化为具体的、能够指引战略行动的量化或质化的目的和目标。通常企业还会设置一些超常目的(Superordinate Goal)作为其他目的和目标的参照。例如，沃尔玛的年度报告声称公司将实现销售额和利润年增长 20%；瑞安航空公司（Ryanair）声明公司要在七年内成为欧洲最大的航空公司；松下则想要成为超级制造公司。从根本上讲，企业的愿景和使命锚定相应目的的程度，将决定企业是认真去实践还是仅仅说说而已。

（二）战略目标体系

战略目标不止一个，若干目标项目组成了一个战略目标体系。从纵向上看，企业的战略目标体系可以分解成一个树形图，如图 6-1 所示。

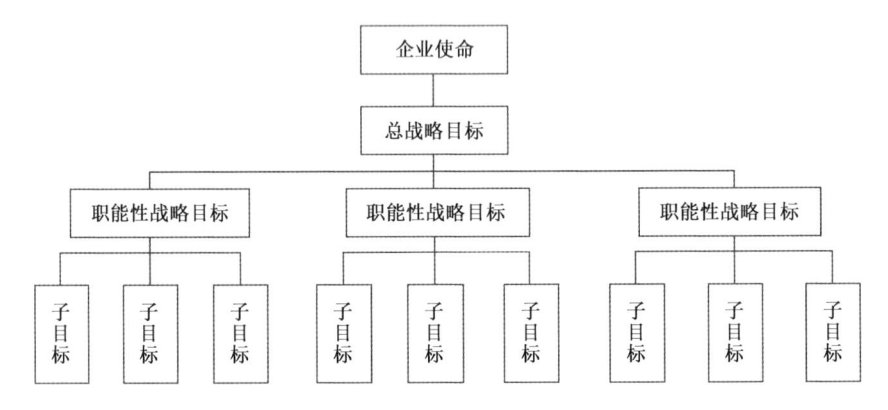

图 6-1 战略目标体系树形图

从纵向上来说，在企业使命和企业宗旨的基础上制定企业的总战略；为了保证总目标的实现，必须将其层层分解，规定职能性战略目标。也就是说，总战略目标是企业主体目标，职能性战略目标是保证性的目标。

从横向上来说，企业的战略目标大致可以分成两类，第一类是用来满足企业生存和发展所需要的项目目标，这些项目目标又可以分解成业绩目标和能力目标两类。业绩目标主要包括收益性、成长性和稳定性等三类定量指标。能力目标主要包括企业综合能力、研究开发能力、生产制造能力、市场营销能力、人事组织能力和财务管理能力等定性和定量指标。第二类是用来满足与企业有利益关系的各个社会群体所要求的目标。与企业利益关系的社会群体主要有顾客、股东、职工、社区。企业战略目标体系见表 6-4。

表 6-4 企业战略目标体系

分类	目标项目	目标项目构成
业绩目标	收益性 成长性 稳定性	资本利润率，销售利润率，资本周转率 销售额成长率，市场占有率，利润增长率 自有资本比率，附加价值增长率，盈亏平衡点
能力目标	企业综合能力 研究开发能力 生产制造能力 市场营销能力 人事组织能力 财务管理能力	战略决策能力，集团组织能力，企业文化，品牌商标 新产品比例，技术创新能力，专利数量 生产能力，质量水平，合同执行率，成本降低率 推销能力，市场开发能力，服务水平 职工安定率，职务安排合理性，直接间接人员比率 资金筹集能力，资金运用效率

续表

分类	目标项目	目标项目构成
社会贡献目标	顾客	提高产品质量，降低产品价格，改善服务水平
	股东	分红率，价格股票，股票收益性
	职工	工资水平，职工福利，能力开发，士气
	社区	公害防治程度，利益返还率，就业机会，企业形象

从内容上看，战略目标包括战略性目标和财务性目标。战略性目标主要体现在市场竞争和业务选择中达到的目标，比如市场占有率、业务增长率等；财务性目标更偏重财务绩效。在目标设定中，可以充分考虑之前学习过的 KPI 指标、平衡计分卡、关键成功因素等相关内容，它们是选择和制定战略目标的重要工具。

二、战略目标设定原则

（一）关键性

企业的资源是有限的，同时在各部门制定详细的目标会造成资源和注意力的分散而失去发展重点，导致的结果是每个部门都不能得到足够的资源，没有一个战略目标能顺利实现。明智的做法是根据现阶段环境和自身竞争力等条件，明确有限且关键的若干目标，将资源重点投入。在第一阶段目标实现后，企业会获取一定的竞争优势，积累一定的经验和信心，也为第二阶段的目标储备了必需的资源。这时可以确定第二阶段目标，再次重点投入。

（二）可行性

企业战略目标在制定时必须全面分析企业内部条件的优劣和外部环境的利弊，既不能脱离实际将目标定得过高，又不可妄自菲薄把目标定得过低。过高的目标会挫伤员工的积极性、浪费企业资源；过低的目标容易被员工所忽视，错过市场机会。所以企业战略目标必须具有可行性，从而让员工对目标的实现充满信心和希望，愿意为之贡献自己的全部力量。

（三）定量化

企业战略目标应该能够在未来企业经营活动中得到客观的检验。企业战略目标必须具体地说明将在何时达到何种结果。企业战略目标的定量化是使企业战略目标具有可检验性的最有效方法。

（四）一致性

企业战略目标的一致性是发挥效果的基础，战略目标一致性包括目标的纵向一致和横向协同两部分。纵向一致强调指标的纵向分解、压力的纵向传递、工作和责任的纵向分解与落实，通过上下级之间的沟通和理解来完成。横向协同强调指标的横向分解、价值的横向创造、工作和责任的横向分解与落实，通过平行部门或平行岗位之间的沟通和理解来完成。

（五）激励性

它高度概括了企业的发展潜力和发展方向，全面地反映了企业各方利益和整体布局，动态地贯穿企业阶段性发展的始终，是企业一直要努力实现的未来的结果。为企业共同目标一致前进，员工可以找到激情，找到存在感，在能力和发展方面可以收获更大提升空间。因此，企业战略目标对企业和员工而言是一种工作使命也是一种激励机制。

（六）稳定性

企业战略目标的长期性决定了企业战略目标的稳定性。具有稳定性的企业战略目标有利于组织资源调配，按照既定的长期目标组织攻坚，逐步实施企业战略目标，减少盲目性、随意性。

三、战略目标来源

从企业的实际经营过程看，公司战略目标往往源于以下几个方面：

（一）企业负责人的思想

企业负责人对企业的影响是深刻的，尤其是对初创企业，企业的战略和发展路径往往是由企业负责人的想法决定的。即使是发展到一定规模的企业，强势的企业负责人往往也会影响和改变企业的战略。

（二）主要股东的意志

在商业企业的经营中，背后资本的力量往往主导了一家企业发展的方向和战略。主要股东对投资这个企业的认知、目的决定了企业的发展方向。有些企业在增资扩股时，往往找真正长期战略投资、有深厚行业经验或能够引进促进公司发展资源的投资方。如果引入不好的投资方，对企业发展的影响往往是致命的。

投资方入股或控股一家企业的根本目的是盈利和获得回报。这中间很大的差异是投资方对回报时间的预期度和忍耐度。好的战略投资者往往看好这个行业或企业，保持了足够的耐心，也按企业发展规律给企业充分的发展时间。

有部分投资者往往不是从这个行业或企业发展的本身出发，而是短期投资行为，如把公司包装上市或一两年后转手卖个好价钱。这样的投资思路自然只考虑企业的短期目标，不会考虑长期战略发展目标，只是重视短期的业务规模和利润，压缩对公司长远发展有利的基础建设投入。

（三）企业内外部形势的需要

外部社会经济科技发展趋势、国家政策和有关监管要求会直接影响公司的发展方向。如国家发布某项政策，对有关业务的经营采取许可制，并对某个行业或产品进行整顿，这些都对企业的发展方向产生重要影响。坚持市场化原则，坚持长期价值经营的企业往往受国家政策影响小；而那些投机型企业是重点监管对象，受政策影响大。另外，企业内部的情况，如当前的财力、可调配的资源、人才队伍情况也会影响公司的战略目标。企业生存发展的压力促进企业的转型，往往会改变公司的战略目标。

有的企业为了确保战略目标制定的科学性，聘请国际知名咨询公司来给企业做战略咨询。咨询公司的方法论、对政策形势的研究、对行业的分析往往很有参考价值。另外，在一些问题的沟通协调上，如与董事会成员的沟通，知名咨询公司作为有一定知名度的第三方身份出现往往比较有优势。咨询公司介入企业战略目标的制定往往通过对股东、高管、核心管理层的访谈调研，对社会经济科技形势的分析，对企业内外部优势和挑战的分析，对业内案例的研究等方式，根据各方利益需求提出适合企业的战略目标。咨询公司的东西可作为重要的参考，但真正能够确定战略的还是企业自己，靠主要股东和企业负责人来确定。

战略目标的制定是一方面，最关键的是落地执行，这需要资源调配、组织人才、绩效管理的强有力支持。在企业的发展过程中，战略目标的制定往往不是一步到位的，有一个从模糊到清晰的过程，也有一个逐步校正修订的过程。

复习思考题

1. 什么是企业使命？什么是企业愿景？二者之间有什么关系？
2. 请结合3家知名企业的使命与愿景，评价其内容是否合理。
3. 举例说明什么是战略定位。
4. 说明战略目标的种类。
5. 如果你想成立一家自己的企业，请确定使命愿景、战略定位和目标设定。

【中国情境下企业战略思维案例】

阿里巴巴的愿景、使命、价值观[1][2][3]

企业的愿景、使命和价值观通常反映着时代特征、行业特点、企业性质，同时也与创始人的性格密切相关，必须得到员工的广泛认同，并在社会上获得公认。

2019年9月10日，在阿里巴巴年会、马云宣布退休之际，阿里巴巴公布了全新的愿景、使命和价值观，见表6-5。

表6-5 阿里巴巴企业愿景、使命、价值观内容

愿景	1. 不追求大，不追求强，追求成为一家活102年的好公司 2. 到2036年，服务20亿消费者，创造1亿就业机会，帮助1000万家中小企业盈利
使命	让天下没有难做的生意
价值观	1. 客户第一，员工第二，股东第三 2. 因为信任，所以简单 3. 唯一不变的是变化 4. 今天最好的表现是明天最低的要求 5. 此时此刻，非我莫属 6. 认真生活，快乐工作

从表6-5中可见，愿景具体而清晰。企业要经营102年；到2036年，计划服务20亿消费者，创造1亿个就业机会，支持1000万家中小企业实现盈利。愿景不是遥不可及的目标，而是让员工跃跃欲试、又触手可及的。为什么是102年呢？一般而言，人们常说百年老店，但阿里巴巴将具体年份确定为102年。阿里巴巴成立于1999年，如果要横跨三个世纪，最早将是在102年，这样的目标富有创意，吸引眼球，容易让人铭记。

使命应该激发人的使命感，具有利他性质，是更高层次的精神追求，有助于激励员工实现愿景。"让天下没有难做的生意"这一使命表述与阿里巴巴电商平台的定位紧密相连。在互

---

[1] 阿里巴巴官网：https://www.alibabagroup.com/about-alibaba。
[2] 百晓生：《关明生：阿里巴巴价值观的演变》，http://baixiaosheng.net/1791。
[3] 腾讯内容开放平台：《20年价值观变迁，看阿里为什么能活下来》，https://page.om.qq.com/page/OoMIcWxcrdQkfKVkk1jhMWBg0。

联网环境中，电商平台相对于传统线下交易更为透明，规则更为清晰，门槛更低，信息更加对称和充分。阿里巴巴电商平台特别有利于中小企业的发展，满足了消费者的需求，解决了行业的痛点和难点，形成了新的经济增长点，得到了国家、社会和公众的广泛认可。一个优秀的使命应该与企业的战略定位相契合，同时肩负起社会责任，体现社会价值。

价值观是从企业的创业历史、发展进程、企业家的故事以及员工的亲身经历中总结和提炼出来的。它是一家企业本质的、持久的一整套原则，不能随意妥协于企业的财务收益和短期目标。价值观具有普适性，同时也展现出独特的个性。这种个性是从员工的真实故事中显现出来的。阿里巴巴的六条价值观承载着丰富的阿里人故事，因此更容易为员工所接受。

阿里的价值观颠覆了传统经济学的原理。它强调客户至上，将员工放在次要位置，而将股东排在第三位。传统经济学倾向于认为资本是至关重要的，将股东视为其中一个最为重要的因素。然而，阿里作为一家互联网新经济组织，将客户置于最为重要的位置，其次是员工，而股东则排在第三位。这一定位特别契合平台经济的特点。

一家企业的愿景、使命、价值观与企业创始人密切相关，起初很大程度上反映了创始人的愿景、使命和价值观。然而，一家基业长青的企业会逐渐凝聚全体员工的智慧和力量。一方面，企业通过招聘寻找与企业愿景、使命和价值观相契合的人才；另一方面，企业也会积极征求员工的意见和建议，根据形势的发展不断完善和调整愿景、使命和价值观。一个好的愿景、使命、价值观对企业而言，需要经历从发现和确立到达成共识再到形成习惯的过程。这些元素应该在呈现上引人注目、能够引发消费者好奇心，最终达到与消费者共鸣的效果

阿里的愿景、使命、价值观最显著的特点在于，这是一场由阿里巴巴不同事业部、不同层级、不同工作年限的员工共同参与和探讨的企业文化升级过程，历时 14 个月。在这期间，阿里巴巴组织了 5 轮合伙人专题会议，共有 467 名组织部成员参与了国内外的 9 场讨论。此外，针对全球各事业群、不同工作年限、不同岗位和层级的员工进行了调研，收集了近 2000 条建议反馈，修改了 20 多个版本，形成最终版本。

在阿里巴巴的发展历史中，阿里巴巴的核心价值观经历过四次关键变化：

1999 年：可信、亲切、简单。当时，阿里刚刚创立，团队规模较小，因此提出的价值观相对简单。从严格的意义上说，这仅仅是一个初步的构想，因为这三个关键词更像是在表达一个互联网网站对外界客户友好的特性。

2001 年："独孤九剑"。在当时，关明生刚进公司并担任首席运营官（COO），在他的领导下，与几位阿里创始人一起，共同总结了阿里的创业经验，并形成了九大价值观，也被称为"独孤九剑"。创新轴的核心包括激情、创新、教学相长和开放，制度轴强调群策群力、专注、质量以及客户第一，同时"简易"贯穿于这两个核心轴线之间。

2004 年，阿里巴巴进入了蓬勃发展的阶段，推出了"六脉神剑"：激情、诚信、敬业、团队合作、拥抱变化、客户第一。在这一次的提升中，当时的人力资源负责人邓康明发挥了关键作用。邓康明曾在微软和强生工作，并曾在公开场合表示，强生公司的价值观对他产生了深远的影响。强生公司的教导强调了每一位员工的责任：首先要关注客户，包括全球所有的医生、护士以及父母们；其次，要关注员工，尊重他们的尊严和价值；此外，还要关注社会，时刻提醒自己为社会作出贡献，维护共有的财产；最后，关注股东的利益，给予他们合理的回报。邓康明将强生公司坚持的"客户第一、员工第二、股东第三"理念引入到了阿里巴巴。

2019 年 9 月，阿里巴巴宣布全新的核心价值观，即新的"六脉神剑"。这一新的"六脉神

剑"综合了关明生领导下的"独孤九剑"和邓康明主导的"六脉神剑",同时融入了阿里二十年来的实践经验。

阿里核心价值观的演变和形成表明,对成功的理解、解读以及定义是企业文化基因的核心,创始人的本性在释放的过程中推动了企业文化内核的不断扩展,也是企业文化内核不断外延的过程。因此,阿里经历了从早期的"永不放弃"、"此时此刻,非我莫属"、"认真生活,快乐工作"到"侠"文化,再到新的"六脉神剑"的阶段,这一过程不仅是阿里通过学习外部最佳实践,打造独特文化的过程,也是企业家在寻找自身角色的过程,同时也是员工参与企业管理、成为主人翁的过程。

企业的愿景、使命和价值观是塑造企业文化的关键元素,愿景代表共同的目标,使命表示共同的责任,价值观则体现共同的选择。这三者共同引导着企业文化的建设,对企业的生产经营和可持续发展至关重要。愿景、使命、价值观和企业创始人密切相关,合适的愿景、使命、价值观要领导重视,共建共享,与时俱进,体现全球视野、时代特征、行业特性以及企业自身的独特之处,要能经得起时间的考验,内化于心,外见于行。

案例分析题:

1. 请按照使命内容评价阿里巴巴的使命、愿景。
2. 请查阅资料,找到阿里巴巴某类业务的竞争对手的使命、愿景,说明二者的相同和不同之处。

第七章　业务层战略

知识要点	教学目标
业务层战略的概念和种类	掌握业务层战略的概念和种类
成本领先战略	掌握成本领先战略的概念和建立，了解成本领先战略的价值、风险和组织与实施
差异化战略	掌握差异化战略的建立，了解差异化战略的概念、价值、适用场合、风险和组织与实施
集中战略	掌握集中战略的内涵，了解集中战略的分类、竞争优势、适用条件、风险和实施
整合战略与战略钟	了解整合战略的内涵与风险，了解战略钟

业务层战略又被称为竞争战略、事业部战略，是在总体战略的指导下经营管理某一个特定的战略经营单位的战略计划，是总体战略之下的子战略。业务层战略执行的好坏直接关系公司战略全局。与此同时，业务层战略可以为生产、财务、研究与开发、营销、人事等经营活动的组织和实施提供直接指导。

第一节　业务层战略的概念和种类

从企业外部来看，业务层战略的目的是使企业在某一个特定的经营领域取得较好的成果，努力寻求建立什么样的竞争优势；从企业内部来看，为了对那些影响企业竞争成败的市场因素的变化作出正确的反应，需要协调和统筹安排企业经营中的生产、财务、研究与开发、营销、人事等业务活动。

一、业务层战略的概念

业务层战略是指公司通过对某一特定产品市场的核心竞争力的利用来获得某种竞争优势的一整套相互协调的使命和行动。业务层战略旨在为客户提供价值，并通过对某一特定市场的核心竞争力的利用获得某种竞争优势。业务层战略的精髓在于：以不同于竞争对手的方式采取行动，或采取与竞争对手不同的行动。

二、业务层战略的种类

业务层战略的基础是顾客分析。一位智者曾经说过，你能使一些人在所有的时间都高兴，或者使所有的人在某一段时间里高兴，但却不能使所有人在所有时间都高兴。因此，制定业务层战略首先要知道企业服务于谁，这需要通过市场细分来确定。其次要知道企业的产品满足什么，决定所要满足的客户需求。著名的超豪华酒店利兹卡尔顿饭店曾经调查过顾客需求特征，顾客认为应当像在父母亲家里的感觉，希望饭店能够识别顾客哪怕是没有表达出的愿望和需求。最后要知道如何满足顾客的需求,据此决定企业应当建立的核心竞争力,推销企业的竞争优势。可以大力推销一种利益,例如名列第一的功能和特色;也可以推销更多的差异因素,尤其是两家或更多的公司宣称它们对于相同功能都是最好的时候;也可以在多细分市场向顾客强调多种利益。在顾客分析的基础上,可以选择以下五种竞争战略。

企业选择五种业务层战略以建立和巩固相对于竞争者的战略地位,分别为成本领先、差异化、集中成本领先、集中差异化、整合成本领先/差异化,如图 7-1 所示。这五种战略有时称为一般战略(通用战略),因为它们可以应用在任何产业、任何企业。每一业务层战略都有助于企业在特定竞争领域内建立和利用竞争优势。

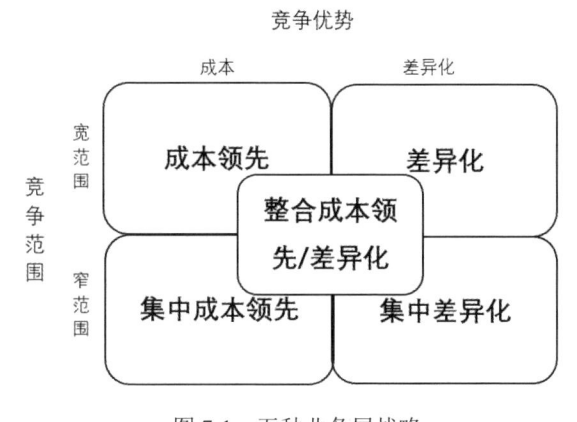

图 7-1 五种业务层战略

一旦选定业务层战略,企业应该评估两种类型的潜在竞争优势。成本低于对手,或能够进行差异化并产生超过额外成本的溢价。执行活动方式的差异有助于企业获得相对于竞争者更低的成本,成功的差异化意味着企业拥有相对于帮助企业执行不同(或有价值的)活动的能力。因此,在特定的活动领域内或者特定范围内企业获得了竞争优势。

范围拥有很多维度,包括企业参与竞争的产品系列、顾客细分市场及地域市场。无论是通过实施成本领先战略还是差异化战略,企业都可以在顾客细分市场中获得竞争优势。相反,当使用集中化战略时,企业可以在一个狭窄的竞争领域或市场缝隙中获得成本竞争优势或差异化竞争优势。通过使用集中战略,企业选择产业内的一个细分市场或一组细分市场作为目标客户,并为了服务目标客户而制定具有针对性的战略,而该战略是无法服务于非目标客户的。

五种业务层战略中没有任何一种战略内在地或普遍地优于其他战略。每种战略的有效性既有赖于企业外部环境的机会和威胁,也有赖于企业独特的资源、能力和核心竞争力提供的可能性。对于企业来讲,依据企业的机会、威胁和竞争选择一个合适的战略是至关重要的。

第二节 成本领先战略

从竞争的角度看,不论企业采取何种战略,成本问题始终是企业战略制定、选择和实施过程中需要考虑的重点问题。而成本领先战略依靠绝低的成本获得企业的竞争优势。

一、成本领先战略的概念

美国著名战略专家、哈佛大学工商管理学院教授迈克尔·波特认为，成本领先战略是构建竞争优势的基础。成本领先战略是指企业通过降低成本（在研究开发、生产、销售、服务、广告等领域），使本企业的总成本低于竞争对手的成本，甚至达到全行业最低，以构建竞争优势的战略。

二、成本优势的建立

在建立企业成本优势时，通常企业成本优势的来源主要包括与经营规模或经验积累有关的成本优势来源、与经营规模或经验积累无关的成本优势来源和与交易组织有关的成本优势来源。

（一）与经营规模或经验积累有关的成本优势来源

1. 规模经济和规模不经济

最广泛地被用来解释成本优势来源之一的是公司的规模。当一项业务的制造、营销、分销、服务或者其他职能存在显著的规模经济时，大企业（以一定的规模为限）与小企业相比就具有成本优势。当公司的规模（用产量来衡量）扩大能带来较低的成本（用每单位产出的平均成本来衡量）时，就存在规模经济，如图 7-2 所示。由于大企业在行业中具有最大的产出（不大于最优产出水平 X），那么该公司就在行业中具有成本优势。为什么增加产量能降低公司的成本呢？最主要的原因在于规模大的企业往往能使用固定成本、专业化的机器设备、建设较大的工厂，使采购库存、营销、管理等费用在更多产品实现销售的过程中得到分摊。如同规模经济能够构成大公司的成本优势一样，规模太大时，规模不经济实际上也会提高公司的成本。如图 7-2 所示，如果产量超过最优点（图中的点 X），将导致单位成本的上升。规模不经济的主要原因有有效规模的物理限制、管理的不经济性、员工缺乏动力和与市场和供应商的距离远等。

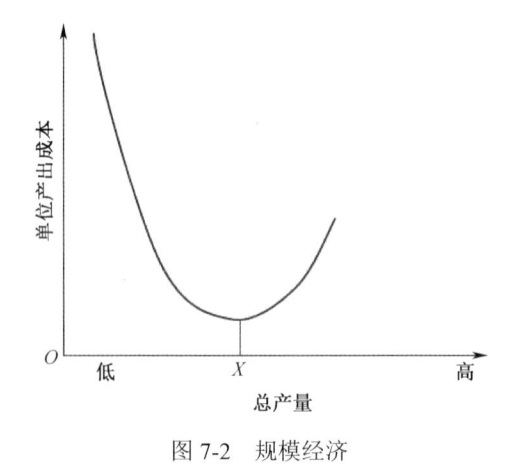

图 7-2 规模经济

2. 产能利用率

产能利用率常常用来表示一家企业的经济状况。如果产能利用率超过 95%，说明设备利用率极高。如果产能利用率低于 90% 并持续下降,说明设备闲置情况越来越严重,固定成本过高。如果企业的产能利用率高,则单位产品的固定成本就相对低。因此,提升产能利用率是降低成本的重要方法之一。

3. 经验差异和学习曲线的经济性

在某一特定行业内,公司成本优势的第三个可能来源取决于它们不同的累计产出水平。在某些情况下,那些对生产某一产品或者服务有着最丰富经验的公司会在行业中获得最低的成本,因此会获得基于成本的优势。学习曲线描述了累计产出和成本之间的联系,如图 7-3 所示。

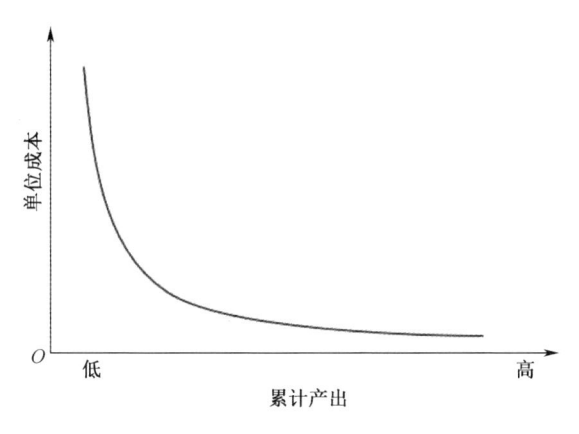

图 7-3　学习曲线与生产成本

(二) 与经营规模或经验积累无关的成本优势来源

与经营规模或经验积累无关的成本优势来源主要有要素投入价格、地理位置、密度经济、技术优势、时机因素、自主政策选择、政府政策等。

要素投入价格是指企业在投入包括劳动力、资本、土地、原材料等要素价格时,如果能有特殊的、低价格的来源渠道,就会在投入价格方面获得竞争优势。例如,我国不同地区劳动力价格不同、全球不同国家劳动力价格不同,在低收入地区建厂,就是为了获得劳动力较低的成本优势。

选择合适的地理位置建厂或经营也是企业成本优势的重要来源。与供应商距离近或者与顾客距离近会带来运输成本、顾客搜寻成本的节约。例如,沃尔玛成立之初,美国超市竞争十分激烈,沃尔玛则顺势选址郊区,因此获得了显著的成本优势,建立了拥有吸引力的郊区折扣超市。

密度经济即集聚经济,有两种类型。第一种类型是属于同一产业或性质相近的许多企业的集中,如纺织企业的集中。在一个地区内同类企业数目的增大,必然带来生产规模的扩大、生产总量的增加、分工协作的加强、辅助产业的发展,其结果不仅创造大规模的外部经济,而且提高企业的劳动生产率,降低生产费用和成本。第二种类型是属于不同产业或不同性质的企业的集中。密度经济能够降低运输费用,降低产品成本。企业集中在一起,企业之间互为市场,彼此提供原材料、生产设备和产品,不仅生产协作方便、供销关系固定,而且距离缩短、运输费用降低、销售费用缩减,从而有利于降低产品成本和销售价格。

技术优势是指企业拥有更先进的技术设备能够高效地生产产品,大幅度降低单位产品成本。例如,智能制造技术对于企业来说是成本最终节约的重要驱动力。采用数字技术可以在产品设计阶段模拟出该产品的生命周期,同时利用仿真模型计算出最优的生产流程。在实际生产中,工厂的实际生产数据和仿真数据不断对比,实时校正生产线的运行参数,可以保证生产线的稳定运行,最终实现产品开发周期最短、产品成本最低、生产效率较高的目标。

时机因素是指时机的选择。企业选择合适的时机采购原材料、生产某种产品可能会节约大量的成本。例如,如果企业选择初期进入市场,客户市场不成熟,那么原材料采购、市场开拓成本可能很高。但如果在成长期进入市场,原材料大批量出现或客户市场已经成熟,那么用于采购或开拓市场的成本就会降低。同时,先进技术在成长期比成熟期获得的成本更低。当然,是做先行者进入市场还是做跟随者进入市场,要根据不同行业实际情况综合判定。

自主政策的选择是指企业对本企业产品的种类、质量、特色、组合、交货时间、合作伙伴、人力资源等政策的选择。例如,一家超市选择品牌知名度较低的日用品销售就与另一家超市选择品牌知名度特别高的日用品销售的成本不同。

政府政策一方面指国家或地区的宏观经济政策对某类行业或某类企业的支持性政策,另一方面是指为了吸引企业投资,各地区通过提出利好的财税、土地政策等吸引企业入驻,从而使企业得到低成本的好处。

(三)与交易组织有关的成本优势来源

与交易组织有关的成本优势来源主要有纵向一体化、合作和组织效率等。纵向一体化反映了企业在产业链选择方面的战略举措。例如,企业采取后向一体化战略,原有的从供应商处采购的零部件由自己生产,如果质量保持不变,原来供应商得到的利润就归本企业所有,购买原材料的成本会降低。另外,采取企业之间联合、签订长期的合作协议或者建立不同类型的战略联盟形式都可以获得低成本的好处。提高企业组织效率、减少管理成本等均为低成本的来源。

小案例:西南航空公司的成本优势来源

西南航空公司是成本领先战略的坚定执行者。有媒体曾经对西南航空公司的飞机停留时间进行过记录:"8时12分,飞机搭上登机桥;8时14分,第一位旅客走下飞机,同时第一件行李卸下前舱;8时15分,第一件始发行李从后舱装机;8时18分,行李装卸完毕。旅客开始分组登机;8时29分,飞机离开登机桥开始滑行;8时33分,飞机升空。"所记录的这次飞机在机场的停留时间为21分钟。同时,还制定一系列降低成本的举措。例如,85%的航班飞行时间少于两小时,飞行距离少于750英里,其目的地多为不太拥挤的机场;不提供饮食,只提供饮料和花生米;不设专门的机修后勤部门,外包给专门的机修公司;使用单一机型,全部采用波音737机型;登机不对号入座;点对点式飞行等。

三、成本领先战略的价值

(一)经济价值

成本领先者获得经济价值的逻辑是因为成本低可以制定较低的价格策略,从而通过吸引更多的客户来扩大市场份额,以更多的销售数量获得更多的销售收入,扣除较低的成本,最后实现较高的经济利润。

（二）竞争抵御作用

1. 成本领先与潜在的进入者的威胁

成本领先的竞争战略通过创造基于成本的进入障碍来减少新进入者的威胁。如果现有企业由于前面讨论过的任何一个原因，成为行业成本领先者，那么新进入者或许需要在进入前进行大量的投资来降低成本。通常情况下，新进入者会使用其他业务层战略（如产品差异化），而不是试图在成本上与现有企业展开竞争。

2. 成本领先与行业内现有竞争者的威胁

拥有低成本地位的公司还可以降低现有竞争的威胁。竞争威胁的降低主要通过低成本公司的定价战略，以及此定价战略对其他低成本和高成本竞争对手业绩的影响来实现。

成本领先的企业有两种产品或服务定价方式。首先，公司可以把产品价格定在与高成本的竞争对手价格同样的水平上。假设其他公司实施产品差异化战略的机会很小，消费者因此并不关心从哪家公司购买商品。在这个竞争性价格上，高成本的公司只能获得正常的经济利润，而成本领先的公司则能获得高于正常的经济利润。其次，低成本的公司可以将产品或服务的价格定在稍低于竞争对手的价格水平上。同样假设产品间不存在差异，此时，消费者将对他们从哪家公司购买产品不再表现得无所谓。低成本公司借助较低的价格吸引众多的消费者，其市场份额迅速增加。

这两种选择各有利弊。保持与竞争对手一致的价格能使低成本企业获得更大的利润率。更重要的是这一定价方法至少部分隐藏了低成本企业的成本优势，而掩盖这一信息能够减少竞争对手模仿低成本公司的概率——这种模仿可能会降低低成本公司的成本优势。然而，低成本企业将价格定在与竞争对手同样的水平，却牺牲了其应有的市场份额和销售量。如果低成本公司将价格定在低于竞争公司的价格水平，则会产生相反的效果。此价格战略虽可显著地增加公司的市场份额和销售量，但其代价是低成本公司的利润率下降。此外，将价格定在较低的水平相当于是给竞争对手发了一个信号，告诉它们低成本是可能的。这个信号可能会刺激竞争对手通过实施自己的成本领先来试图降低成本。

3. 成本领先与替代品的威胁

当替代品的成本和性能与公司现有的产品或服务类似，并对消费者越来越有吸引力时，替代品就变成了该公司的威胁。在这种情况下，成本领先者有能力确保其产品和服务比替代品更有吸引力。当高成本的公司必须借助提高价格来补偿成本时，成本领先者则将它们的价格维持在一个较低水平，以此来回应替代品的威胁，同时仍可赚取正常的或者高于正常水平的经济利润。

4. 成本领先与供应商的威胁

供应商可以通过提高投入品价格或者降低投入品质量来对企业构成威胁。然后，当供应商销售产品给成本领先者时，低成本公司就比高成本公司拥有更大的弹性来消化这些高成本的投入品。较高的供应成本可能会破坏高成本公司任何高于正常水平的利润，却还是能让成本领先公司获得高于正常水平的收益。

以高产出水平和规模经济为基础的成本领先也可以减少供应商的威胁。高产出水平意味着对原材料和其他供应品的采购量大，供应商不愿威胁这类客户，因为这有可能影响到供应商自身的销售。

5. 成本领先与购买者的威胁

成本领先也有助于减少买方的威胁。当强有力的买方对公司坚持要求低价或者高品质的产品或服务时，它们就对公司形成了威胁。较低的价格威胁着公司的收入，而较高的品质则增加了公司的成本。买方的威胁会减少成本领先者的收入，但仍可使成本领先者获得正常或高于正常水平的收益。这些公司也有能力消化、吸收掉由提高品质或者服务而带来的成本增加，同时，相对于它们的竞争对手仍然具有成本优势。

买方也可以通过后向一体化来形成威胁。成本领先者能够阻止买方采取后向一体化，因为买方在纵向上进行后向整合，通常无法获得与现行成本领先者一样低的成本。强大的买方常常宁愿继续从低成本的卖方那里采购产品，而不愿意在纵向上进行后向整合，因为这样会增加供应成本。

最后，如果成本领先是以较大的产量为基础的，则可以有效地应对买方的威胁，这是因为买方可能仅仅依赖少数几家企业供应它们所需的产品或服务。这种依赖降低了买方威胁卖方的意愿。

四、成本领先战略的风险

任何企业都面临着降低成本的压力，因此，成本领先战略是使用最为广泛的战略模式，是企业最倾向于选择的战略。成本领先战略可能面对的主要风险如下：

第一，将注意力过度放在成本上，容易忽视消费者需求与偏好的变化。过分专注于成本降低，固守传统的成功做法，就容易忽视顾客需求的改变和差异化等其他竞争领域，可能产生严重问题。

第二，技术变革的突破可能使企业过去的优势地位下降。产业技术上的重大突破可能会使这一战略失效。

第三，低成本战略容易引起行业内其他企业的学习和模仿。产业的新加入者或追随者们通过模仿或者以其对高科技水平设施的投资能力，用较低的成本进行学习，使整个产业的盈利水平降低。成本优势的价值取决于它的持久性，如果竞争对手发现模仿领导者的低成本方法相对来说并不难或并不需要付出太大的代价，那么低成本领导者的成本优势就不会维持很长时间，也就不能产生有价值的优势。

五、成本领先战略的组织与实施

（一）实施成本领先的组织结构

实施成本领先战略的公司一般会选择职能型组织结构，如图 7-4 所示。

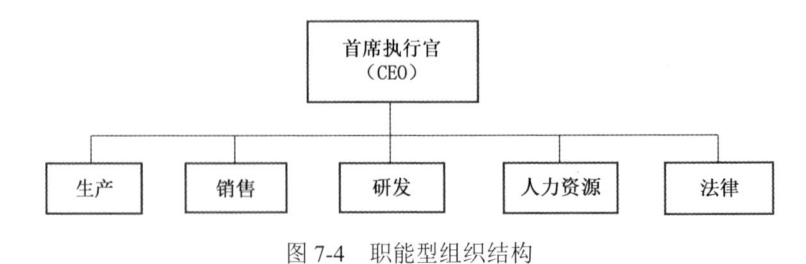

图 7-4 职能型组织结构

在职能型组织结构中，每个主要的业务职能由一个职能经理来管理。例如，如果一个职能型的组织包括了生产、市场、财务、会计和销售，那么就会有生产经理、市场经理、财务经理等。在职能型组织结构中，所有的职能经理都对一个人负责，我们把这个人统称为首席执行官（CEO）。

CEO 在职能型组织中拥有独一无二的地位。组织中的其他人都是某个职能专家，生产部的人做生产，市场部的人做市场，财务部的人做财务等。事实上，在职能组织中，只有一个人需要有多职能的视角，那就是 CEO。CEO 这个角色非常重要，以至于人们有时把职能型组织称为 U 型结构。"U"在这里代表"一元"（Unitary），表示在这种组织中，只有一个人拥有宽广的、多职能的企业视野。

在用于实施成本领先战略时，这个 U 型结构越简单越好。这种结构中，公司管理的员工人数一般较少，以避免过大的管理费用与过多的工作推诿。这些公司的经营范围并不广，通常会选择那些拥有价值、稀缺、难以模仿的资源和能力的少数业务范围，并开展经营。

（二）实施成本领先的管理控制

成本领先的公司的管理控制系统具有以下典型特征：严格的成本控制系统；频繁、详细的成本控制报告；强调量化的成本目标；对劳动力、原材料、库存和其他成本的严密监控。

在成本领先的公司里，较不正式的管理控制系统对降低成本也有帮助。例如，虽然沃尔玛是世界上最成功的零售商店之一，但它的总部却是非常简单普通的。有人认为沃尔玛的总部看起来像仓库，它内部的装饰风格曾被描述为"早期的公交车站"。沃尔玛的区域副总经理每周都要出差（从星期一到星期四），每周五全天都在开会，星期六早上参加全公司的例会，然后星期六下午和星期天放假。这个时间安排表使沃尔玛不需要设立独立的区域办公室，从而减少了 2%的销售成本。沃尔玛甚至对消费者打出了"协助保持低成本"的口号，让顾客在停车场的指定区域归还购物车，从而使顾客也参与到减少成本的活动中。

（三）实施成本领先的薪酬政策

成本领先公司的薪酬通常与成本降低的努力直接联系在一起。这些公司常常激励员工努力去降低成本、提高或保持质量，他们希望每一个员工都对成本和质量负责。在绩效管理中，成本目标是否达到会成为评价员工绩效的重要指标。

第三节　差异化战略

成本领先战略的核心是企业通过一切可能的方式和手段降低企业的成本，成为市场竞争参与者中成本最低者，并以低成本为竞争手段获取竞争优势。而实施差异化战略的企业也不排斥成本战略的重要性。差异化战略的基本特点是力求在为客户所重视的产品性能的某一方面独树一帜，以便增强企业产品的竞争力。

一、差异化战略的概念

差异化战略就是企业通过创造其产品相对于其他企业产品的知觉价值而取得竞争优势的一种竞争战略。这里包括几个要点。第一，这种价值必须得到顾客的认同。第二，这种价值是顾客的主观感受,由于主观感觉中有可能出现错觉,知觉理解性、完整性等主观感受意味着不同的人可能感受有所不同。第三,这种价值相对于其他产品而言具有独特性。

二、产品差异的建立

(一)建立什么样的产品差异

产品差异的核心是创造顾客所需要的价值。因此,需要解决三个问题,即目标顾客的确定、顾客核心价值的确定和顾客核心价值的传达。

1. 目标顾客的确定

不同顾客有不同的需求,试图满足所有顾客的所有需求势必模糊企业形象,弱化产品特色。企业必须首先进行市场细分,根据盈利前景、竞争势态等外部环境因素和企业自身的资源能力选择恰当的目标市场和目标顾客群,再以此为基础提供目标顾客认为物有所值的产品或服务。奔驰和宝马这两个不同品牌的汽车企业在这一点上做得都比较好,奔驰主要瞄准高端顾客的商务用车需要,宝马则主要满足年轻新贵族们张扬个性、享受驾驶乐趣的需要,它们都拥有自己的忠实顾客。

2. 顾客核心价值的确定

要把握顾客价值,企业必须分析目标顾客价值构成要素及其相对重要性程度,进而明确目标顾客的核心价值需求。

顾客价值=顾客认知利益-顾客认知价值。真正的顾客利益是从顾客角度而不是企业角度出发描述的。对于顾客利益点的描述需要跨越产品或服务本身的特点,去发现产品或服务所能带给顾客的价值。例如,一个速递公司若将其所提供的服务表述为"递送迅速可靠",则只是对其活动的特点做了直接说明。而若从该服务可能带给顾客的受益角度出发,将公司业务表述为"免除顾客对于行包能否按时送达目的地的担忧",则是考虑了公司对于顾客的价值所在。

一般而言,顾客价值可能由设计、质量、配套、价格、形象、服务、速度、创新等各种要素构成,但其中的每种要素对顾客所起的作用是不同的,顾客的重视程度也不一样。顾客最需要和最重视的要素就是顾客的核心价值。把握顾客需求,进行顾客价值创新,可以采用价值图分析法,就速递公司而言,价值图可如图7-5所示。可见,企业自我认识和关键顾客评价在质量、服务、成本、速度、创新方面的理解还有很大差距。对于关键顾客评价低而企业自我认识却高的方面,应当重点考虑顾客价值要素的改进。

3. 顾客核心价值的传达

差异化战略的关键在于把握顾客的核心价值,同时还必须清晰地将其传达给目标顾客群,提升顾客对于企业产品或服务的认识利益。创造出优于对手的顾客认知,才会产生现实的差异化。由于顾客认识不完全,实际价值与认识价值会产生偏差。顾客对于某种产品的判断往往基于某些信号,如价格、吸引人的包装、广告宣传、现场演示、卖场设施、厂家客户群等。在某些情况下,这种信号所传达的认知价值,甚至比实际价值更重要,如差异化本身的特点带有很大的主观性、难以量化、顾客首次购买(如日用品)、很少会再次购买(高档商品)和顾客非常天真等情况。

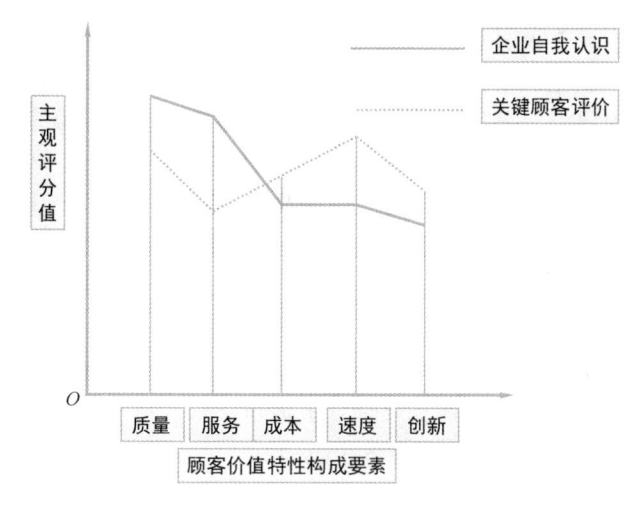

图 7-5　速递公司价值图

（二）在什么地方建立产品差异

差异化要理解购买者看重什么，在价值链的什么地方创造差异化属性，创造产品的独特性需要哪些能力和资源。实际上在行业价值链的每一项活动之中都存在创造差异化的可能性，最常见的有：会影响企业终端产品的质量或者性能的采购活动，如麦当劳的薯条；产品研发和开发活动，如改善产品的设计和性能特色，缩短开发新产品的周期，增加产品的种类，加强环境保护等；生产研究开发和与技术相关的活动，如使企业能够以有效的成本进行用户订单式制造，能够提高产品的质量、可靠性和外观等；出厂后勤和分销活动，如加快交货；生产制造活动，如降低产品缺陷，延长产品的寿命，增加最终用户的方便等；市场营销、销售和顾客服务活动，如为顾客提供卓越的技术支持，加快维护及修理服务等。

（三）以何种方式建立产品差异

产品差异事关顾客价值，企业能够采取许多行动来创造顾客的实际利益和知觉价值，并影响顾客的知觉价值。产品差异化的方式见表 7-1。

表 7-1　产品差异化的基础和方式

方式	包括内容
产品特性	外观，性能，质量，可靠性和耐用性，安装、操作难度，产品复杂性，产品组合，产品定制
服务与技术支持水平	咨询，培训，二次开发，备件供应，维修
产品销售	分销渠道，交货速度与及时性
产品识别与认知	营销与品牌塑造，声誉
组织管理	企业内部职能部门间的联系，与其他企业的联系
其他	时机，地理位置

1. 产品特性

影响顾客知觉最直接、最直观的方式是凸显或改变产品的客观特性，主要包括外观，性能，质量，可靠性和耐用性，安装、操作难度，产品复杂性，产品组合，产品定制。外观是产品给人的第一印象，最能吸引观众眼球，特别能吸引感性的消费者购买。性能是竞争的另一个重要方面，通常与领先技术联系在一起。质量的重要性无须多言，日本、德国等的众多厂家都对品质有很高的要求。另外，多数消费者都不是某一产品的专家，他们非常在乎购买的产品是否易于安装、调试和使用。结构复杂、功能繁多的产品给人一种高档、先进的感觉。对于某些产品而言，产品本身无过人之处，但产品组合起来却可以产生更大的顾客价值和产品差异。产品定制是根据客户特定需要而制造的产品，因其有别于标准化、规模化产品而独具特色。

2. 服务与技术支持水平

服务与技术支持水平是产品差异化的一个重要来源，特别是当产品处于成熟期，产品改进的余地不大或者产品在技术上特别复杂时，服务与技术支持水平的重要性相当突出。服务与技术支持水平体现在售前、售中、售后各个阶段。

3. 产品销售

与众不同的销售渠道可以成为产品差异化的方式。交货速度与及时性是厂商选择供应商最重要的因素之一。

4. 产品识别与认知

以上几种产品差异方式更多地为顾客带来实际利益，但很多时候顾客对产品的感性认知和主观感觉也能带来产品的差异化。即使产品本身并没有实质性差别，大量的广告宣传与销售也能塑造出不同的品牌形象，如可口可乐、百事可乐。声誉是产品差异最有力的基础之一。声誉很难建立，但建立起来就能产生持续的顾客影响力，如瑞士的钟表、法国的香水、意大利的时装、日本的家电、德国的光学镜头。

5. 组织管理

不同的组织管理方式可以为企业带来实际的差异化。现代管理制度强调企业内部各部门职责分工明确，各司其职。各职能部门之间常常产生冲突，很难协调配合，但很多时候，顾客需求需要各个职能部门共同协作才能很好地满足，例如海尔的售后服务部门和研发部门的紧密合作已经成为其有价值、稀有的、难以复制和替代的核心竞争力。一家企业与其他企业之间的联系，主要表现为各种形式的合作与联盟，也能使其产品或服务差异化，如麦当劳与迪士尼的合作。

6. 其他

在恰当的时机推出恰当的产品也能使产品差异化。先动与后动都是在实际把握上的一种选择，都可能产生良好的差异化效果。先动能使企业制定行业标准、抢先取得有战略价值的资源、创造品牌知名度、建立顾客转换成本，从而取得先动优势。后动可以让企业的技术演化、消费需求日渐明确，在配套条件趋于成熟的条件下推出恰当的产品，从而降低成本，取得后动优势。地理位置的差别也能形成差异化，对于房地产和零售业而言，尤其如此。

差异化的方式是没有穷尽的。差异化的关键是充分发挥企业中个人和集体的创造性。只有以顾客为本突破定式，看人家所看不到，听人家所听不到，想人家所想不到，悟人家所悟不到，学人家所学不到，做人家所做不到，才能成人家所不能成。

📖 小案例：海底捞火锅的差异化竞争战略

餐饮企业属于分散性行业，其竞争可见一斑。在餐饮企业中，海底捞是一个知名的品牌，通过差异化战略让海底捞在国内餐饮行业独树一帜，拥有竞争优势，具体包括以下几个方面。

第一，产品和服务的独特性。产品方面，海底捞火锅的特色在于锅底种类 10 余种，调料种类达到 20 多种，有自助调料台和免费水果，允许顾客享受半份半价的需求。服务方面，服务态度热情周到，有特色的服务包括为顾客开水龙头、递送擦手纸；为了免去顾客排队的烦恼，排队过程中提供免费护手服务、免费零食、免费水果、美甲等，从顾客的角度提高服务质量。第二，高服务质量带来的高口碑营销效果。海底捞从产品食材选择、员工工作热情、店内环境卫生等方面入手，将信息化和标准化融入其中，给消费者留下美好印象，通过消费者口口相传，形成了海底捞良好的产品与服务声誉，产生了正面、积极的口碑营销效果。第三，人性化的内部营销形成忠诚员工。忠诚员工会带来高质量的服务，从而让顾客满意。海底捞十分重视内部营销，让员工成为海底捞大家庭的一员，实施人性化的情感营销。不仅关心员工本身，也关心员工家庭，让员工感受到公平和尊重，更为员工提供愿意留下来的良好工作环境。

三、差异化战略的价值

（一）差异化战略的经济价值

产品的毛利=产品的销售收入–产品的成本。为达到使公司产品毛利增加的目的，我们有两条路径，即增加收入和减少成本。差异化战略侧重于增加收入，原因是企业的产品独特而且满足了顾客的特定需要，为顾客创造了额外的价值。

（二）差异化战略的竞争价值

1. 产品差异化与潜在进入者

产品差异化本身就是一种有效的进入障碍。产品差异化可以建立现有企业产品的品牌识别、顾客忠诚和转换成本，增加潜在进入者的成本和周期，从而减少进入威胁。

2. 产品差异化与行业内竞争者

产品差异化能减少竞争威胁。由于产品具有独特价值，能够提高顾客的品牌忠诚度，降低顾客对价格的敏感性，顾客甚至愿意付出更高的价格购买该产品，从而减少价格竞争的必要性。

3. 产品差异化与购买者威胁

产品差异化能减少购买者威胁。由于产品具有独特性，降低了顾客从别处购买的可能性，使企业拥有在该市场细分中的垄断或准垄断地位，从而增强了差异化企业对于顾客的讨价还价能力。

4. 产品差异化与替代品威胁

产品差异化能增强一家企业产品在特色和价值上的吸引力，同时产生较高的顾客转换成本，从而有助于降低替代品威胁。

5. 产品差异化与供应商威胁

在供应商威胁上，产品差异化具有两面性。一方面，由于差异化企业产品的独特价值和顾客忠诚度，即使供应商提高供应品价格，该企业也有可能将增加的成本转嫁到顾客头上，而不至于影响企业的盈利。另一方面，差异化企业的高毛利和对供应品涨价的免疫力有可能诱使供应商提价。此外，差异化企业较少的采购量和对供应品质量的更高要求也会降低它的议价能力。

四、差异化战略的适用场合

在顾客方面,他们存在大量的个性化需求,而且对价格不太敏感,愿意并有能力为能满足他们需求的产品付出更高的价格。在产品和竞争方面,有许多创造产品差异的机会,而且顾客能觉察到这些差异并认为这些差异对他们有价值。技术变革很快,市场上的竞争主要集中在不断地推出新的产品特色的情况下。

五、差异化战略的风险

差异化战略可能面临的风险包括以下几方面。第一,企业未能正确确定顾客真正需要的是什么。第二,企业过度差异化,超出了顾客的需求,从而使产品相对于竞争对手的价格过高,或者自恃产品有特色,将产品价格定得过高,超出了顾客的承受能力或心理价位。第三,大牌差异化产品的高附加值会引来众多的模仿者。产品差异化所面对的另一个重要问题是,如果竞争对手能够快速轻易地复制该企业的产品差异化属性,那么该企业的差异化优势就会很快消失。

可持续的差异化竞争优势取决于复制成本的高低,而复制成本的高低又取决于差异化的基础,不同差异化基础复制成本的高低见表 7-2。

表 7-2 基本战略的构成与分类

复制成本	产品差异基础	高成本复制的来源		
		历史	不确定性	社会复杂性
可能低成本复制	产品特性	—	—	—
可能高成本复制	产品组合	*	*	*
	产品定制	*	—	**
	与其他企业的联系	—	**	—
通常高成本复制	企业内部职能部门间的联系	*	*	**
	服务与支持	*	*	**
	分销渠道	**	*	**
	时机	***	*	
	地理位置	***	—	—
	声誉	***	**	***

注:*代表产品差异基础的各种表现使得竞争对手难以复制的原因,*号越多表示越难复制。

一般来说,不建立在历史相关、因果关系不明、社会复杂的企业资源或能力之上的产品差异基础往往易于复制,反之则复制成本高昂。

改变产品外观特征和内在性能是最常见、最见效的产品差异化方式之一。但该方法最大的问题就是非常易于复制,对手可以进行逆向工程。有几种方法可以加大对手的复制难度和成本:申请专利保护;建立产品的品牌识别和声誉;形成持续不断地推出新产品的能力等。

如果众多竞争对手拥有开发产品组合的资源和能力,那么该企业的产品组合可能是易于复制的。但是,如果只有少数企业这样做,并且只有它们真正了解哪些顾客需要这样的组合,则该产品组合可能较难复制。如惠普公司具有将个人计算机、打印机与电子仪器结合的能力，因此独具特色。

产品定制是一种传统的生产方式，其本身是易于复制的。真正难以复制的产品定制能力是企业与其顾客之间已建立的密切关系。

与其他企业的联系，往往表现为某种形式的合作。由于它是外在的、容易被其他企业观察到，在有些情况下可能易于复制。但是，如果只有少数企业具有合作所必需的互补性资源和能力，只有少数企业具有管理好这种基于社会复杂关系的能力，这种类型的联系可能是复制昂贵的。

广告、宣传、现场展示、赠品等营销活动是各个企业普遍采用的，常常会引来众多对手效仿。但是，确有少数企业具备特别的营销能力，它们能系统地策划效果显著的营销活动，这种能力有时是难以复制的。

在独特的历史条件下建立起能消除内部冲突的管理方式和企业文化，各部门能够合作将差异化产品推向市场，则该企业的这种能力将是非常难以复制的。

高水平的服务与支持是难以复制的，重点是高水平的服务与支持是以企业与顾客之间的社会复杂关系为基础的，并不是所有的企业都具备处理好与顾客关系的能力。

分销渠道也是复制昂贵的产品差异基础。企业应加强与分销商之间的关系，保持与分销商之间的信任与合作等。

时机稍纵即逝，历史不会再现。一家企业在历史条件下形成的独特地位是不可复制的。地理位置也是如此。

声誉是最难以复制的产品差异基础。声誉是一种非常复杂的社会、心理、文化现象，需要经过多年的经营才能建立。

六、差异化战略的组织与实施

一般而言，采用差异化战略的企业在组织上具有的特征包括：

第一，在组织结构方面，强调跨职能部门的联系，愿意进行组织结构创新，为了产品独有特色需要保持不同产品的独立运作，例如可以建立各产品事业部。

第二，在管理控制体系方面，强调管理控制的柔性，强调对创造性人才的宽容，积极促进员工形成从创新失败中不断学习的能力。

第三，在报酬政策方面，鼓励承担风险而不惩罚失败，对员工以主观/定性的绩效评价为主，积极奖励创造性人才。

第四节 集 中 战 略

成本领先战略与差异化战略面向全行业，在整个行业的范围内进行活动。而集中战略则围绕一个特定的目标进行密集型的生产经营活动，要求能够比竞争对手提供更为有效的服务。

一、集中战略的内涵

集中战略是指企业围绕一个特定目标开展经营与业务，企业可以通过满足其特定目标的需要而取得产品差异，或能在为目标顾客的服务过程中降低成本，或两者兼而有之的战略。

二、集中战略的种类

集中战略可以分为产品专一化战略、地域专一化战略、顾客专一化战略和利基战略四类。其中，利基战略是企业专为某一特定细分市场提供某一特定产品的战略。这是一种高度专业化的战略，如专为贵族富豪生产超豪华轿车的劳斯莱斯汽车公司。另外，从实施集中战略的手段、途径来划分，可分为集中成本领先战略和集中差异化战略。

三、集中战略的竞争优势

集中战略可以为企业带来的竞争优势包括：第一，集中战略便于集中使用整个企业的力量和资源，更好地服务于某一特定的目标；第二，战略目标集中明确，经济成果易于评价，战略过程较容易控制，从而带来管理上的简便；第三，聚焦企业对目标市场内顾客期望的满足，可以有效地抵御定位于多细分市场的企业的进攻；第四，实施集中战略的企业的能力可以作为防御潜在进入者的壁垒；第五，实施集中战略的企业服务于小市场的能力是代替产品生产商所必须克服的一大障碍。

通过实施集中战略，企业能够划分并控制一定的产品势力范围。在此范围内，其他竞争者不易与其竞争，所以市场占有率比较稳定。通过目标细分市场的战略优化，企业围绕一个特定的目标进行密集型的生产经营活动，可以更好地了解市场和顾客，能够提供更为有效的商品和服务，从而获得以整体市场为经营目标的企业所不具备的竞争优势。企业在选定的目标市场上，可以通过产品差异化战略确立自己的优势，也可以在专用产品或复杂产品上建立自己的成本优势，还可以防御行业中的各种竞争力量，使企业在本行业中保持高于一般水平的收益。这种战略尤其有利于中小企业利用较小的市场空隙谋求生存和发展。采用集中战略，能够使企业或事业部专心地为较窄的战略目标提供更好的服务，充分发挥自己的优势，取得比竞争对手更高的效率和效益。

四、集中战略的适用条件

集中战略是一种有效的竞争战略，特别适合于中小企业。在下列情况下，集中战略往往能够取得更好的效果：第一，企业具有完全不同于竞争对手的用户群；第二，在相同的细分市场中，其他竞争对手不打算实行重点集中战略；第三，企业的资源不允许追求广泛的细分市场；第四，没有其他竞争对手在相同的目标细分市场上进行专业化经营；第五，目标小市场具有很大的成长潜力，而且目标小市场足够大，可以盈利；第六，拥有有效服务目标细分市场的资源和能力。

> **小案例：只有一张桌子的餐馆**
>
> 1985 年，北京有一家在自家不足 10 平方米的卧室里开的餐馆，名为厉家餐馆，只有一张饭桌，门口不挂招牌。这样的餐馆能盈利吗？其实在 20 世纪八九十年代，这个餐馆已经接待了五万名来自世界各国的顾客。它完全靠口碑，在各界名流中声誉颇高。奥妙何在？
>
> **一、客源何来？**
>
> 美国、加拿大、英国等各国政要、商业精英、体育明星等都曾是该店的座上宾。似乎访华

的外国政要和各国驻华大使都愿意慕名光顾这家小店。

二、特色何在？

首先，贵精不贵多。每晚只开一桌，每桌只有十人，吃饭必须提前预订才行。其次，高质高价，物有所值，有些食物需要烹制7、8个小时。最后，教授当服务员。厉家菜的服务员是两位老人，厉先生是首都经贸大学的退休教授；厉太太毕业于北京医科大学，毕业后做了儿科医生，两人会多种外语。他们自身的文化修养和对各种菜的典故与营养成分的理解是一般服务员不可企及的。

三、真实的奥秘

为什么这个小店有如此高的口碑？原因在于，厉先生的祖父厉子嘉曾任晚清年间内务府督统，受到慈禧太后的信赖，后来他将许多官廷菜肴教给了他的孙子。1984年，中央电视台举办了国庆家宴邀请赛，厉家大显身手，获得第一名。1985年，厉家餐馆开业，当时的英国驻华大使慕名而来，对丰盛的中国宫廷特色饭菜赞不绝口。随后，声名远播的小店吸引了驻华的各国大使和一些跨国公司驻京机构的官员接踵而至。

五、集中战略的竞争风险

企业在实施集中战略时，可能面临的风险包括：第一，如果实施集中战略的企业所聚集的细分市场非常具有吸引力，竞争对手可能会寻找可与该企业匹敌的有效途径来争夺该目标市场；第二，由于技术创新、替代品的出现和价值观念的更新，目标小市场顾客的需求偏好可能会转向大众化市场或其他细分市场，从而导致消费者需求下降；第三，如果实施集中战略的企业的目标市场利润非常丰厚，可能会刺激其他竞争厂商模仿进入，瓜分该市场上的利润；第四，竞争对手从企业的目标市场中找到了可以再细分的市场，并以此为目标实施更集中的战略，从而使原来采用集中战略的企业失去优势；第五，由于目标细分市场与其他细分市场的差异过小，大量竞争者涌入细分市场，从而导致企业的顾客基础或竞争优势丧失。

六、集中战略的实施

采用集中战略的企业面临差异化或低成本的取舍。采用集中战略的厂商多为规模较小的企业，因此，采用集中战略时往往不能同时进行差异化和成本领先的方法。如果采用集中战略的企业要想实现成本领先，则可以在专用产品或复杂产品上建立自己的成本优势，这类产品难以进行标准化生产，也就不容易形成生产上的规模经济效益，也难以具有经验曲线的优势。如果采用集中战略的企业要实现差异化，则可以运用所有差异化的方法去达到预期的目的，与差异化战略不同的是，采用集中战略的企业是在特定的目标市场中与实行差异化战略的企业进行竞争，而不在其他细分市场上与其竞争对手竞争。

第五节 整合战略与战略钟

作为为某一狭窄战略对象服务的目标，集中战略也只是低成本和差异化的折衷，其以丧失大量客户为代价，适用于中小企业竞争，对于企业规模化成长发展作用甚微。是不是两者如同"鱼与熊掌，不能兼得"？在信息技术和全球化经济的发展、客户个性化需求提高的条件下，其实二者可以具有内在的一致性。

一、整合战略

成本领先与差异化整合战略是一种复合战略，试图综合低成本与差异化两种优势，使企业提供的产品或服务兼具两种优势的战略。

波特在《竞争战略》一书中曾指出，尝试实施两种战略的公司最终将两样都做不好，如图7-6所示，在一个行业中通常只有两种方法去赚取超额利润：要么出售高价的产品，获得小的市场份额（产品差异化）；要么出售低价的产品，获得大的市场份额（成本领先）。试图用中等价格占领中等市场份额的公司，或者想要同时实施两种战略的公司，都会失败。这些公司被称为"夹在中间"。

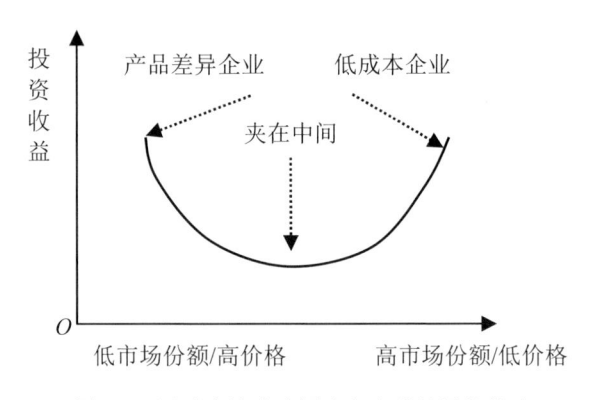

图7-6 同时实施成本领先和产品差异化战略

但是，最近的很多研究否定了"夹在中间"的说法。这些研究表明，成功地同时实施成本领先战略和差异化战略的公司，将能够获得持续竞争优势。能够成功实施产品和服务差异化的公司，可以吸引很多潜在的消费者，从而实现销量的增长，扩大市场份额。而销量增加则可以带来规模经济、学习效应以及其他形式的成本降低。同时，智能制造技术、3D打印技术等有效技术支持的出现，使得企业产品差异化和成本领先可以兼而有之。美国西南航空公司其实就是一家成本领先与差异化综合战略的标杆企业。除了前文提及它实施的成本领先战略的具体举措，西南航空公司在企业文化建设、精细化航空服务方面均独具特色。

二、整合战略的竞争风险

成功地运用整合战略创造价值的潜力极富吸引力。然而，经验显示这种潜力也伴随着相当大的风险。选择公司层面的战略需要企业决定它参与竞争的方式。通过集中化战略在一个产业或者一个产业的细分市场实现低成本，企业必须不断降低成本。在产业层面或较集中的竞争范围使用差异化战略，企业必须提供顾客认为物有所值并愿意为其支付溢价的差异化产品与服务。

那些运用综合战略而未赢得产业领导地位的企业还要面临"左右为难"的风险。处于这种境地的企业无法很好地处理产业中的各种竞争力量，也无法拥有可识别的竞争优势。企业将不能创造价值，只有当所在的产业竞争结构非常有利或者它的竞争者也处于同样的位置时，它才能获得平均回报率。如果没有这些条件，企业就只能获得低于平均水平的回报率。因此，实施整合战略的企业，必须确定它们的竞争环境允许它们以相对低的价格，提供顾客认为物有所值的差异化特性。

三、战略钟

战略钟的基本理论依据是 20 世纪 80 年代初美国哈佛大学教授波特提出的三种"基本竞争战略"。战略钟将波特的许多理论进行了综合,将基于市场的一般战略的 8 种类型在一个图上表示出来,是一种基于市场的一般战略选择模型,是制定一般战略的方法,如图 7-7 所示。

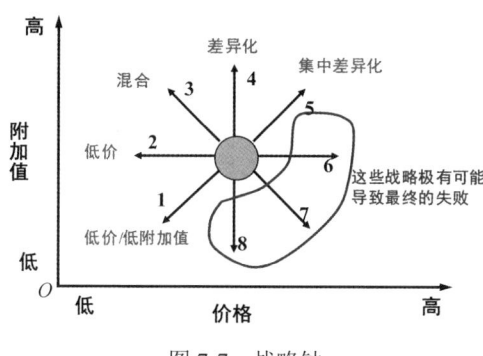

图 7-7 战略钟

战略钟涉及两个主要概念,一是价格,二是附加值。附加值的含义是,假设不同企业的产品或服务的适用性基本类似,那么顾客选择其中一家而不是其他家购买,是因为要么这家的产品或服务的价格比其他公司低,要么顾客估计这家企业的产品或服务的价值比其他公司高。

战略钟将基于市场的一般战略分为 5 大类 8 种战略。

1. 基于价格的战略

战略钟图中的基于价格的战略,即立足于低价格的战略,应归属于波特所提出的成本领先战略。该类型包括两种战略:路径 1 和路径 2。

路径 1:即降低价格和附加值的战略,是"便宜但货不好"的选择方案。它应归属于波特所提出的成本领先战略与集中战略的结合,可称之为集中的低成本战略。它看似没有吸引力,但有的企业实施这种路径经营得很成功。这是因为存在对价格敏感的细分市场,虽然顾客明知产品或服务的质量很低,但他们买不起或不愿买更好质量的商品。路径 1 吸引了这些低收入的顾客,反过来,这一细分市场赋予路径 1 生命力。路径 1 适用于低收入的细分市场。

路径 2:即在保持产品或服务的质量不变的前提下降低价格,以寻找竞争优势的典型战略,它应归属于波特所提出的成本领先战略。但它易于被竞争者模仿,引起竞相降价。于是,要获得竞争优势的唯一办法就是保持比其他竞争者更低的价格,即价格低到使其他竞争者不能承受的程度。在低价显得重要且本企业比该细分市场中的竞争者具有成本优势的情况下,可以采取这一战略来获得竞争优势。

2. 混合战略

混合战略,即在为顾客提供可感知的附加值的同时保持低价的战略,在战略钟图中以路径 3 表示。这是成本领先战略和差别化战略相结合的一类战略。采取这种战略能否成功,既取决于理解和满足顾客需求的能力,同时也取决于企业是否具有允许保持低价格的成本基础。这种战略很难被模仿。

3. 附加值或差异化战略

附加值或差异化战略，即以相同的或略高于竞争者的价格向顾客提供可感受的附加值，通过提供更好的产品和服务来获得更多的市场份额，进而销售更多的产品，或者通过稍高的价格来提高收入的一种战略类型，在战略钟图中以路径 4 表示。它属于波特所提出的差异化战略。当顾客对产品或服务差异化的需求较高时，附加值或差异化战略是第一个可供选择的战略类型。当然，企业必须具备采取这一战略类型的核心竞争能力。

4. 集中差异化战略

集中差异化战略，即以特别高的价格为用户提供更高的可感知的使用价值，并以此在行业中竞争的一类战略，在战略钟图中以路径 5 表示。它意味着企业在特定的细分市场内进行经营和竞争，可能体现一种真正的优势。显然，该战略类型的选择必然面临在跨市场广泛的差异化和集中经营两类战略之间作抉择。在有特殊需求的细分市场及暂无其他竞争对手进入，且企业本身经营实力一般的条件下，可选用这一类战略。

5. 失败的战略

失败的战略是市场及顾客难以接受的一类战略，它包括三种战略：路径6、路径7和路径8。

路径6：即提高价格，但不为顾客提供可感知的附加值的一种战略，它与波特所提出的成本领先战略相悖。在买方市场条件下，该种战略是不可能维持的，除非企业受到法律保护，或者有很强的经济壁垒阻止新的竞争者进入。

路径7：即一方面降低其产品或服务的使用价值，另一方面提高价格的战略。它比路径6更危险，与成本领先战略和差异化战略都是背道而驰的，是将企业推向失败和灭亡的战略。

路径8：即在保持价格的同时降低价值的一种战略，是对波特所提出的差异化战略的否定。采用这一战略也非常危险。

复习思考题

1. 什么是业务层战略？业务层战略有哪些种类？
2. 什么是成本领先战略、差异化战略？如何建立成本领先和差异化战略的优势？
3. 说明成本领先战略、差异化战略的价值、风险和使用条件。
4. 说明成本领先战略、差异化战略的组织和管理体系特征。
5. 集中战略有哪些种类？说明集中战略的风险和使用条件。
6. 举例说明整合战略实施成功的关键因素。

【中国情境下企业战略思维案例】

竞争战略：从"产品价值"到"场景价值"[1]

一、导语

海尔生物颠覆了传统的疫苗、血液等价值链模式，创造出了不同的场景解决方案。这一

---

[1] 曹仰锋：《竞争战略：从"产品价值"到"场景价值"——海尔生物疫苗网的竞争战略与价值创造模式》，《清华管理评论》2020 年第 1 期。

案例给我们的启发是,"场景竞争战略"将是企业应对互联网和物联网的快速发展所做出的战略选择。

2019年10月25日,海尔生物医疗正式在上海证券交易所科创板挂牌上市,它被视为科创板第一支物联网科技生态概念股,上市首日大涨96%。对海尔集团而言,海尔生物的成功上市是海尔集团在物联网时代转型的一个重要成果。从2013年开始,海尔集团在"网络化战略"的指引下,利用"人单合一"管理模式,加快了向"物联网生态品牌"战略转型的步伐,其战略目标是从"产品型企业"转型为"平台型企业",围绕着"智慧生活"构建物联网时代的"星际生态"。

海尔生物在其招股说明书中指出,它的主营业务始于生物医疗低温存储设备的研发、生产和销售,目前是基于物联网转型的"生物科技综合解决方案服务商"。这表明,海尔生物正在从一家传统的产品生产企业逐步转型为平台企业,从为用户提供低温存储设备转型为提供生物科技综合解决方案。目前,海尔生物的核心业务聚焦于生物样本库、血液安全、疫苗安全等多个领域,如图7-8所示。比如,从2018年以来,海尔生物将物联网技术与生物医疗低温存储技术融合创新,开创性地推出物联网智慧血液安全解决方案和物联网智慧疫苗接种解决方案,推动了中国临床用血技术规范升级和疫苗管理升级,成为物联网生物科技综合解决方案的引领者。

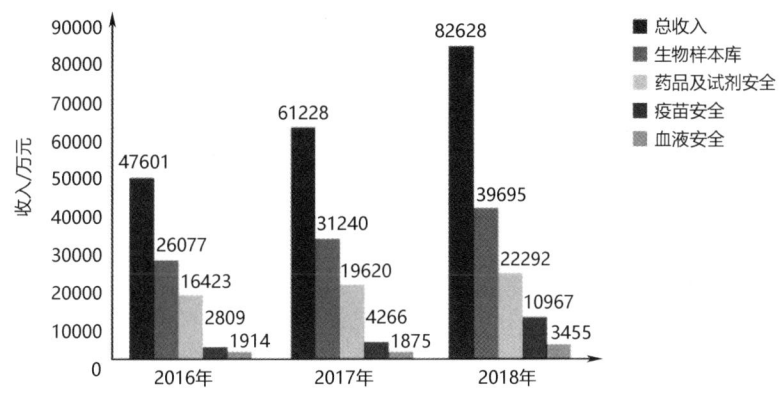

图7-8　2016—2018年青岛海尔生物主营业务收入

那么,海尔生物的竞争战略是什么?它如何利用物联网技术重塑商业模式,又如何从产品企业转型为平台企业?本文以海尔生物的疫苗网为案例,揭示其背后的竞争战略与价值创造模式。

二、发现痛点与价值创新

巩燚是海尔的一名技术开发人员,偶尔一次带孩子去打疫苗,发现疫苗接种门诊的冷链设备落后,存在很大的安全隐患。经过多次现场调研以及与多名家长、医疗监管机构管理者的沟通和交流,巩燚发现在传统的疫苗接种模式中,家长、接种点和监管机构都有各自的痛点,如图7-9所示。比如,家长们对疫苗的信息几乎一无所知,是否安全也不确定;基层预防接种门诊冷链设备普遍落后;接种环节人工操作强度大且易疲劳;出入库未实现信息化,医务人员每天接种工作完成后需要对接种数据、库存数据等进行人工统计、核对,这样效率低、易出错,且信息不能及时上传疾控中心等监管部门。对监管结构而言,缺乏全流程的监管体系导致疫苗事故追责难。

家长痛点	医疗机构痛点	监管机构痛点
● 疫苗信息不可视 ● 疫苗安全性不清楚	● 手工统计，低效且易出错 ● 接种疫苗效率低	● 疫苗事故难追责 ● 全流程监管体系缺失

图 7-9　传统疫苗接种的痛点

痛点就是需求，需求就是机会。巩燚敏锐地意识到可以利用物联网技术重塑传统的疫苗产业，于是他迅速在海尔生物的创业平台上"抢单"成立了"海乐苗"（最初的名字是"疫苗网"）小微企业。巩燚和他的创业团队以天津市大王庄社区卫生服务中心为案例，利用三个月的时间，通过与用户的持续交互，设计出疫苗智慧接种成套解决方案。这套解决方案的核心出发点是以"智能疫苗仓储箱"等智能设备作为互联互通的智能终端设备，连接各自资源方创造"场景价值"，最终的目的是构建以"用户最佳体验"为中心的共创共赢生态圈。

巩燚及其创业团队对传统的疫苗接种整体价值链进行分析，将其区分为两大场景：疫苗存储场景和疫苗接种场景，如图 7-10 所示。

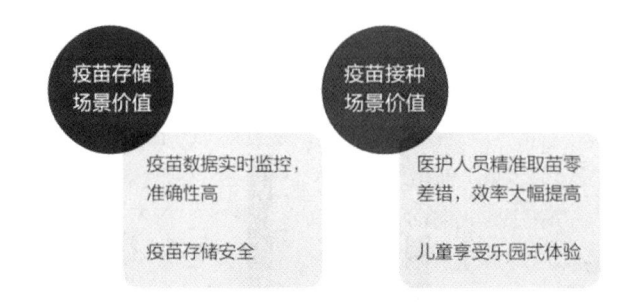

疫苗存储场景价值
- 疫苗数据实时监控，准确性高
- 疫苗存储安全

疫苗接种场景价值
- 医护人员精准取苗零差错，效率大幅提高
- 儿童享受乐园式体验

图 7-10　疫苗存储场景价值和疫苗接种场景价值

三、竞争战略：从产品价值到场景价值

第一，竞争战略的本质是为用户持续创造价值。传统的竞争战略主要聚焦于利用产品为用户创造价值，即产品是价值的载体，价值的核心是"性价比"。海尔生物这一案例让我们看到一种新的竞争战略正在涌现出来，这种战略的核心是通过提供场景解决方案为用户创造价值，即场景是价值的载体，价值的核心是"用户体验"。事实上，从产品竞争到场景竞争是海尔集团近几年在商业模式上提出的转型方向。2019 年 11 月 21 日，海尔集团董事局主席张瑞敏在第 11 届彼得·德鲁克全球论坛中发言并指出，未来企业必须向生态系统转型，否则就无法继续生存。仅仅依靠单一的产品未来并不能为用户创造终身价值，最有价值的是场景生态。将来不再会有完美的产品，只有追求完美迭代的场景体验。海尔生物的竞争战略很好地诠释了张瑞敏的这一思想，海尔生物的转型方向和竞争战略也是海尔集团整体战略转型的一个缩影。海尔生物以用户的场景生态为入口，先后设计出血液网、疫苗网、生物样本库网等多个物联网解决方案，将用户、设备和产品互联互通，实现了"端云网一体化"的价值创造新模式。海尔集团的转型战略就是要把全球最大的白电制造商转化为全球最具有活力的生态系统。海尔的"价值创造新方式"就是利用由小微企业组成的链群创造场景生态价值，将创造价值和分享价值融为一体，最终实现"人的价值第一"。不仅仅是海尔，从华为、小米、苏宁、阿里巴巴等企业的转型战略来看，在万物互联时代，场景将成为企业之间竞争的焦点。企业的竞争战略需要从产品价值升级为场景竞争，否则，很难在物联网时代获得持续的竞争优势。

第二，设计用户沉浸式参与模式，创造个性化体验。在一个场景中，有两种互动关系，一是人与人之间的互动，二是人与环境的互动。在互动中产生情感体验，从而让用户沉浸在场景之中，这就需要企业提高场景中的"连接能力"。张瑞敏认为，物联网的本质是"人联网"，如果不能把人的情感连接起来，物联网便是无的放矢的。海尔生物商业模式的创新指出，以场景为落脚点的"人联网"，从用户群的需求端出发，始终强调用户需求与情感交互，把医护人员、儿童、父母等场景中的用户紧密地连接在一起，从而产生出一种有温度的感知交互体验。

第三，构建价值生态网络，为用户持续创造价值。在一个场景中，用户群的价值需求是多元的，任何一家企业都很难单独满足用户群的价值诉求。海尔生物利用"小微链群"去满足"用户群"的价值，而小微链群的背后连接的是更多的生态伙伴，从而形成了基于用户群价值的生态网络。

第四，设计价值分享机制。商业模式的核心除了价值创造之外，另一个核心就是价值的分享。企业需要立足于价值生态网络，设计价值生态伙伴之间的契约机制。海尔生物的做法是利用"增值分享"机制，形成"链群共赢进化生态"。

总之，海尔生物颠覆了传统的疫苗、血液等价值链模式，创造出了不同的场景解决方案。这一案例给我们的启发是，"场景竞争战略"将是企业应对互联网和物联网的快速发展所做出的战略选择。彼得·德鲁克就非常前瞻性地预见了互联网技术对产业发展和企业成长模式的影响，他认为，互联网消除了距离，这是它对社会、产业和企业最大的影响。尤其是进入物联网时代，万物互联、人人互联、人物互联成为可能，全连接的智能化时代即将来临，这将重塑企业的商业模式和管理模式。万物互联的时代正在到来，场景价值正成为企业竞争战略的核心议题，面对新的机会与挑战，每一个管理者都需要问问自己：我们准备好了吗？

案例分析题：

1．海尔生物医药业务如何实现差异化战略？
2．场景价值与一般的产品价值区别在哪里？
3．查阅资料，针对其他领域的场景价值创新进行讨论和分析。除常见价值创新外，目前还有哪些新的理念可以成为企业创新的重要来源？

第八章 商业模式与蓝海战略

知识要点	教学目标
商业模式的内涵	掌握商业模式的概念,了解其与战略的关系
商业模式的构成	掌握商业模式的构成及要素
商业模式的创新方法	了解商业模式创新的方法并尝试应用
蓝海战略	掌握蓝海战略的概念,掌握蓝海战略的分析工具

新经济条件下,产业结构变化迅速,企业通过业态创新、商业模式创新等手段获取竞争优势日益成为企业成功的关键,"一般性"战略受到严峻挑战。在变化迅速的市场环境中,对于许多企业而言,"怎么干"已比"干什么"更加重要,商业模式和业态创新成为现代企业战略的核心。那么,这一章我们将学习商业模式和蓝海战略。

第一节 商业模式的内涵

一、什么是商业模式

哈佛商学院将商业模式定义为企业盈利所需采用的核心业务决策与平衡。切丝博罗夫和戴维·罗森布鲁姆将商业模式定义成联结产品、服务组织利用商业模式赚得经济租之间的纽带。艾伦·奥弗尔从组织视角出发为商业模式做出了详细解释:"商业模式是组织的一系列活动,它说明组织采取了什么样的行动、如何实施以及什么时候实施。组织利用资源来实施商业模式,在行业中创造高级的客户价值,并对其进行适当定位以获得这些价值。"[1]

从过程视角看,商业模式是指一个组织在何时(When)、何地(Where)、为何(Why)、如何(How)和多大程度(How much)地为谁(Who)提供什么样(What)的产品和服务(即"7W"),并开发资源以持续这种努力的组合。最通俗的定义是:商业模式就是描述企业如何通过运作来实现其生存与发展的"故事"。商业模式描述了企业如何创造价值、传递价值和获取价值的基本原理。

从目的视角看,商业模式是企业为客户及其所处价值链上各方面创造价值并从这种价值创造中获得利润的方式,意在明确企业以资源和能力的投入为基础,通过构建其所处的价值链和外部网络,实现价值创造和价值获取的关键路径。其通常被定义为组织建立客户价值的核心逻辑。企业依靠出色的商业模式,并熟练应用它,而取得成功。

---

[1] 弗莱舍、本苏桑:《商业竞争分析:有效运用新方法与经典方法》,叶盛龙、刘芷冰、范丽慧译,机械工业出版社,2009。

从实现的视角看，组织还需要通过外部视角，即客户与市场的观点，才能够做到这一点。商业模式的作用就是将其构成要素（价值主张、市场细分、价值链、成本模型、收入模型、价值网络、竞争模式）进行整合。

二、商业模式与战略的关系

切丝博罗夫和罗森布鲁姆对比了组织的商业模式与战略计划，认为它们之间存在三个主要的区别。第一，商业模式的重点是创造和获得客户价值。它需要确认组织如何创造这种价值，并通过何种方法来获取这种价值。而战略计划在层面上比商业模式更深，它考虑的是如何在市场中建立组织的竞争优势。第二，商业模式是用来将产品或服务转化成经济租，它不会从战略层面上去考虑如何为股东创造更多价值。第三，战略计划的制定与实施依靠的是组织在运营中和所处环境的各种信息，而商业模式则不需要如此大量的信息，它仅仅依靠对周围环境的一般了解。从实践角度讲，商业模式需要对目标市场有一定的了解，并因此编织成一张价值网络[1]。

> 小案例：看沃尔玛的战略与商业模式的同与不同[2]

沃尔玛的商业模式是折扣零售，这与一般的百货商场、便利店等零售业态不完全相同，它考虑合理利用规模经济效应和顾客自助服务而获得低成本。1962年，凯马特、塔吉特等商超是当时的主要市场占有者。沃尔玛进入该市场所采用的商业模式也借鉴了这些市场竞争者的经验，与凯马特、塔吉特类似。但是，沃尔玛成为竞争中的胜者，不仅包括商业模式，更为重要的是它所采取的战略。

正如很多研究者所说，沃尔玛的战略是"农村包围城市"。它初期都是在城市郊区临近乡村的地方建店铺，一方面是为了找到竞争薄弱的地方发展，另一方面通过合理布局有效阻止其他竞争对手的进入。沃尔玛在小镇建立了大规模的店铺，有效地满足了购物半径内所有的需求，真正获得了垄断地位。在大规模的多家单店逐步建立后，为了达到供应链成本最低，从基础设施、仓储中心、物流管理技术等方面入手，大幅度降低成本，优化供应链、价值链，使得单店竞争优势向系统竞争优势转化，成就了沃尔玛后续在全美和全球迅速扩张的基础。

综上可以发现，战略和商业模式在沃尔玛的发展中各自承担不同的作用。沃尔玛的选址、竞争战略的选择为初期抵御竞争发挥了重要作用。后期发展过程中一系列运营优化，是都是围绕折扣零售商业模式的诸多构成因素实施和完成的。

第二节 商业模式的构成

商业模式有九个基本构造块，它们可以展示出企业创造收入的逻辑。这九个构造块覆盖了商业的四个方面：客户、产品/服务、基础设施和财务生存能力。商业模式像一个画布，可以通过企业组织结构、流程和系统来实现它。九个构造块分别为客户细分、价值主张、渠道

---

[1] 弗莱舍、本苏桑：《商业竞争分析：有效运用新方法与经典方法》，叶盛龙、刘芷冰、范丽慧译，机械工业出版社，2009。

[2] 侯宏：《战略与商业模式的同与不同》，https://www.sohu.com/a/299778745_328948。

通路、客户关系、收入来源、核心资源、关键业务、重要合作以及成本结构。商业模式画布构造块如图8-1所示。

重要合作（Key Partnership，KP） ◇ 业务要外包，从企业外部获得资源	关键业务（Key Activity，KA） ◇ 通过执行一些关键的业务活动来运转商业模式	价值主张（Value Proposition，VP） ◇ 用于解决客户问题，满足用户需求	客户关系（Customer Relationship，CR） ◇ 在每一个客户细分市场建立并维护客户关系模式	客户细分（Customer Segment，CS） ◇ 企业所服务的一个或多个客户分类群体
	核心资源（Key Resource，KR） ◇ 必备的重要资产		渠道通路（Channel，CH） ◇ 通过沟通、分销和销售渠道向客户传递价值主张	
成本结构（Cost Structure，CS） ◇ 商业模式中所有环节所引发的成本构成				收入来源（Revenue Streams，RS） ◇ 收入来源产生于成功地为客户提供了价值主张	

图 8-1　商业模式画布构造块

一、客户细分

客户细分构造块用来描绘一家企业想要接触和服务的不同人群或组织。客户细分即市场细分，指的是企业在明确的战略业务模式和特定的市场中，根据客户的属性、行为、需求、偏好以及价值等因素对客户进行分类，并提供有针对性的产品、服务和销售模式。位于不同细分市场的消费者有着不同的需求，且对同一产品和服务也有不同的看法，组织只有选择适合的细分市场才能让产品的价值体现出来。客户细分群体存在不同的类型，从而形成大众市场、利基市场、区隔化市场、多元化市场、多边平台或多边市场等多种市场类型。

（1）大众市场：指价值主张、渠道通路和客户关系全都聚集于一个大范围的客户群组，客户具有大致相同的需求和问题。

（2）利基市场：价值主张、渠道通路和客户关系都针对某一利基市场的特定需求定制。这种商业模式常可在供应商—采购商的关系中找到。

（3）区隔化市场：客户需求略有不同，细分群体之间的市场区隔有所不同，所提供的价值主张也略有不同。

（4）多元化市场：经营业务多样化，以完全不同的价值主张迎合完全不同需求的客户细分群体。

（5）多边平台或多边市场：服务于两个或更多的相互依存的客户细分群体。

二、价值主张

价值主张构造块用来描绘为特定客户细分创造价值的系列产品和服务。价值主张指的是从客户角度评价产品或服务的价值，以及产品是如何满足客户价值的。它主要用来描绘为特定客户细分创造价值的系列产品和服务，可以是同现有市场类似的，也可以是独特的、创新的、全新的或者是破坏性的产品或服务。价值主张可以是定量的，比如价格和服务速度；也可以是定性的，比如设计外观和客户体验等。价值主张有 11 个简要要素：

（1）新颖：产品或服务满足客户从未感受和体验过的全新需求。

（2）性能：改善产品和服务性能是传统意义上创造价值的普遍方法，对产品进行改善，让其在性能上更具优势。

（3）定制化：让客户参与到产品设计中，对客户需求进行个性化定制。

（4）保姆式服务：直接帮客户完成任务。

（5）设计：优秀的设计可以帮助客户脱颖而出，然而设计又是一个难以衡量的要素。

（6）品牌和身份地位：让客户因为企业所提供的价值主张而变得与众不同，帮助客户显示出不同的身份地位。

（7）价格：以更低的价格提供同质化的价值主张，或者向用户提供完全免费的价值主张。

（8）削减成本：帮助客户削减成本。

（9）风险抑制：帮助客户抵御风险，或者为客户可能的风险做担保。

（10）提升可达性：把产品或服务提供给以前接触不到的客户，提升服务或产品的可达性。

（11）便利性和可用性：使事情变得更加便利，更加易于使用。

三、渠道通路

渠道通路（即分销渠道）构造块用来描绘公司是如何沟通、接触其客户细分而传递其价值主张的。沟通、分销和销售这些渠道构成了公司对客户的接口界面。渠道通路包含以下功能：提升公司产品和服务在客户中的认知；帮助客户评估公司价值主张；协助客户购买特定产品和服务；向客户传递价值主张；提供售后客户支持。它所关注的问题包括：通过哪些渠道可以接触到客户细分群体；渠道如何整合；哪些渠道最有效；哪些渠道成本效益好；如何整合渠道与客户的理性程序。

渠道类型可区分为自有渠道和合作伙伴渠道，也可以区分为直销渠道和非直销渠道。企业可以选择通过自有渠道、合作伙伴渠道或两者混合来接触客户。

四、客户关系

客户关系构造块用来描绘企业与特定的客户细分群体建立的关系类型。企业应该弄清楚和每个客户细分群体希望建立的关系类型。客户关系范围可以从个人到自动化。客户关系可以获取客户，把大量客户引进门、维系客户，让客户成为回头客、向客户追加销售，以低成本向客户索取高回报。

客户关系的构建需要关注的问题有：每个客户细分群体希望企业与之建立何种关系；哪些关系已经建立了；这些关系成本如何；如何把他们与商业模式的其余部分进行整合。

客户关系可以划分为多种类型，这些关系类型可以共存于企业和特定客户细分群体之间。常见的客户关系类型有以下六种：

（1）个人助理：客户与客户代表直接互动，也可以通过呼叫中心、客服邮件等个人助理手段来进行互动。

（2）专用个人助理：为客户提供专属的客户代表，这是最为亲密的客户关系类型之一。

（3）自助服务：企业不直接与客户发生关系，而是通过自助服务为客户提供所需要的所有条件。

（4）自动化服务：基于客户特征和差异化，为客户提供更加精细的自助服务。

（5）社区：通过线下社区、在线社区等为客户提供平台，并促进客户和潜在客户互动，解决客户的相关疑问。

（6）共同创作：鼓励客户参与价值主张的创作，如亚马逊的书评服务、视频平台邀请用户创作并发布视频等。

五、收入来源

收入来源构造块用来描绘公司从每个客户群体中获取的现金收入（包括一次性收入和经常性收入）。关注的问题是企业如何用商业模式盈利，什么样的价值能让客户愿意付费；客户是怎样支付费用的，他们更愿意如何支付费用；每个收入来源占总收入的比例是多少。不同的收入来源有固定定价及动态定价（收益定价、供求定价、竞拍定价、议价）两种方式。

下面是一些常见的获取收入的方式：

（1）资产销售：销售实体产品。

（2）使用收费：通过提供特定的服务来收费，比如电信运营商、旅馆、快递等。

（3）订阅收费：销售可重复使用的服务，比如视频应用按月付费、健身房按年付费等。

（4）租赁收费：比如租房服务、租车服务等，消费者无须购买房产或汽车。

（5）授权收费：把受保护的知识产权授权给客户使用并收取费用。

（6）经纪收费：为双方或多方之间的利益提供中介服务而收取佣金，如信用卡服务、股票经纪人等。

（7）广告收费：为特定的产品、服务或品牌提供广告宣传服务，如媒体行业、会展行业、网络广告等。

六、核心资源

核心资源构造块用来描绘让商业模式有效运转所必需的最重要因素。关注的问题是，企业的渠道通路、客户关系以及收入来源需要什么样的核心资源。

核心资源的类型有以下四种：

（1）实体资产：包括生产设施、不动产、系统、销售网点和分销网络等。

（2）人力资源：在知识密集产业和创意产业中，人力资源至关重要。

（3）知识资产：包括品牌、专有知识、专利和版权、合作关系和客户数据库。

（4）金融资源或财务担保：如现金、信贷额度和股票期权池。

七、关键业务

关键业务（即关键活动）构造块用来描绘确保商业模式可行，企业必须做的最重要的事情。关键业务的类型包括制造产品、平台/网络、问题解决。

（1）制造产品：与设计、制造及发送产品有关，是企业商业模式的核心。

（2）平台/网络：网络服务、交易平台、软件甚至品牌都可看成平台。

（3）问题解决：为客户提供新的解决方案，需要知识管理和持续培训等业务。

八、重要合作

重要合作（即伙伴网络）构造块用来描绘让商业模式有效运作所需要的供应商与合作伙伴的网络。良好的合作关系具有降低风险和不确定性、优化商业模式和规模化经济以及获取特定资源和业务的作用。如深圳市贝特瑞新能源材料股份公司长期以来定位于优质大客户，为其提供多元化的产品和服务。它的主要客户包括三星、LG、松下、索尼、比亚迪等国内外一流企业。此外，公司还强化与大客户的共同开发体制，巩固客户关系，使公司客户结构进一步优化❶。这样不仅可以减少以不确定性为特征的竞争环境的风险、优化的伙伴关系和规模经济的伙伴关系，通常还会降低成本，而且还涉及外包或基础设施共享、依靠其他企业提供特定资源或执行某些业务活动来扩展自身能力。

合作关系类型有四种：第一，在非竞争者之间的战略联盟关系；第二，在竞争者之间的战略合作关系；第三，为开发新业务而构建的合资关系；第四，为确保可供应的购买方——供应商关系。

九、成本结构

成本结构构造块用来描绘运营一个商业模式所引发的所有成本。成本结构关注的问题是哪些核心资源和哪些关键业务花费最多。成本结构有两种驱动类型。其一，成本驱动。创造和维持最经济的成本结构，采用低价的价值主张、最大程度自动化和广泛外包。其二，价值驱动。专注于创造价值，增值型的价值主张和高度个性化服务通常以价值驱动型商业模式为特征。

成本结构有以下四个特点：

（1）固定成本：无论价值主张的产出量为多少，都能保持不变的成本，如租金、机器设备等。

（2）可变成本：随着价值主张的产出量增加而不断增加的成本。

（3）规模经济：由于规模扩大，某些成本低于平均水平的成本。

（4）范围经济：由于经济范围广泛而取得了优势的成本。

第三节 商业模式的创新方法

商业模式创新是为公司、客户和社会创造新的价值，全新的商业模式会取代陈旧的商业模式。例如，凭借 iPod 以及 iTunes 在线商店，苹果公司创造了一个全新的商业模式，从而成为在线音乐市场的主导力量；Skype 公司基于点对点（P2P）技术上的创新商业模式，为客户带来了相当廉价的全球通话以及 Skype 客户端之间的免费通话；Zipcar 公司在付费会员制度下，通过提供计时或计天按需汽车租赁业务，把城市居民从自由汽车产权的模式中解放了出来；与此同时，孟加拉乡村银行通过推广小额贷款的创新商业模式来帮助贫困者。

但如何系统地发明、设计和实现全新的商业模式，如何质疑、挑战和转换陈旧过时的商

---

❶ 上海上市公司协会：《新三板企业优秀商业模式实践案例与启示》，东南大学出版社，2018。

业模式，可从商业模式设计角度出发，总结出如下六种方法[1]。

一、客户洞察

基于客户洞察建立商业模式。企业在市场研究上投入了大量的精力，然而在设计产品、服务和商业模式上却忽略了客户的观点。良好的商业模式设计应该避免这个错误。企业要从客户的角度来看待商业模式，这样可以找到全新的机会。但这并不意味着要完全按照客户的思维来设计商业模式，只是在评估商业模式的时候需要把客户的思维融入进来。创新的成功需要依靠对客户的深入理解，包括环境、日常事务、客户关心的焦点及愿望。

真正的挑战在于对客户的彻底理解，并基于这种理解进行商业模式设计的选择。在产品和服务设计领域，许多领先企业会与社会学家合作，加深对客户的理解。许多领先的消费品公司都为高层经理人提供机会，让他们与消费者交流，与销售团队交流，或参观精品店，进行实地考察。在其他行业，尤其是那些高资本行业里，与客户交流是日常工作的一部分。

另一个挑战在于要知道该听取客户哪些意见和忽略哪些意见。有时，未来的增长领域就在金牛的附近。因此商业模式创新者应该避免过于关注现有客户细分群体，而应该盯着新的和未满足的客户细分群体。例如，Zipcar消除了城市居民因为拥有汽车所带来的麻烦，取而代之的是支付了一定年费的客户可以按小时租赁汽车；滴滴打车深入分析到打车信息不对称的痛点，为城市出租车提供信息对接的平台。想要尽可能充分地描述所需要满足的客户细分群体的特征，可以使用移情图等工具。

二、创意构思

绘制一个已经存在的商业模式是一回事，设计一个新的商业模式是另一回事。设计新的商业模式需要产生大量商业模式创意，并筛选出最好的创意，这是一个富有创造性的过程。这个收集和筛选的过程被称作创意构思。当设计可行的新商业模式时，掌握创意构思的技能非常关键。当设计新的商业模式时，我们面对的一个挑战是忽略现状和暂停关注运营问题，只有这样才能得到真正的全新创意。商业模式创新不会往回看，因为对未来商业模式而言，过去的经验参考价值极为有限。商业模式创新也不是参照竞争对手就能完成的，因为商业模式创新不是复制或标杆对比的事情，而是要设计全新的机制，来创造价值并获取收入。更确切地说，商业模式创新是挑战正统，设计全新的模式，来满足未被满足的、新的或潜在的客户需求。

可以从几个不同的出发点生成针对创新商业模式的创意。一个是使用商业模式画布来分析商业模式创新的核心问题，另一个是使用"假如"的提问方式。商业模式创新的创意可以来自任何地方，商业模式画布的9个构造块都可以是创新的起点。具有改造作用的商业模式创新可以影响到多个商业模式构造块。我们可以把这些创新区分为4类不同集中点的商业模式创新：资源驱动、产品/服务驱动、客户驱动和财务驱动。这4个集中点的每一个都可以成为主要商业模式变化的起点，每一个都可以对9个构造块产生强大的影响。有时候，商业模式创新可以引发自多个集中点。此外，变化经常源于那些通过SWOT分析后被标识出来的区域——针对一个商业模式的优势、劣势、机会和威胁的调查研究。可以考虑召集多样化的团队来开展创意构思。

---

[1] 奥斯特瓦德、皮尼厄：《商业模式新生代》，王帅、毛心宇、严威译，机械工业出版社，2011。

三、可视思考

对于商业模式的相关工作来说，可视思考是必不可少的。可视思考是指使用诸如图片、草图、图表和便利贴等视觉化工具来构建和讨论事情。因为商业模式是由各种构造块及其相互关系所组成的复杂概念，不把它描绘出来将很难真正理解一个模式。通过可视化地描绘商业模式，人们可以把其中的隐形假设转变为明确的信息，这使得商业模式明确而有形，并且讨论和改变起来也更清晰。视觉化技术赋予了商业模式"生命"，并能够促进人们的共同创造。

有两种视觉化思考的技术：便利贴和结合商业模式画布描绘。下面利用这两种技术讨论四个由视觉化思维改善的过程：理解、对话、探索和交流。

（1）理解：商业模式画布是一个具有相应语法和视觉化语言功能的概念图形。在创新商业模式过程中，不仅需要了解各个组成元素，还需要把握各个元素之间的相互关系。

（2）对话：商业模式画布就是一种公共的视觉化语言，它不仅仅提供了一个参考点，还提供了一个词汇表和语法来帮助人们更好地理解对方（的观点）。一种共同的商业模式语言可以有力地支持观点的交流，并增强团队的凝聚力。将商业模式视觉化是让群体达成共识最有效的方法。当专家们共同描绘一个商业模式的时候，参与其中的任何部门的人都能理解商业模式的各个组成元素，并对元素之间的内在联系形成共同的理解。

（3）探索：位于商业模式画布中的创意会引发更多新的创意。画布成为促进创意对话的工具——每个人描绘自己的创意，并与团队一起开发新的创意。通过演示，可以与团队的其他成员开始讨论如果去掉某一个元素或插入一个新元素的变化，彻底思考修改某个商业模式元素后所带来的系统性影响。

（4）交流：建立全企业范围内的共同理解，创意和计划通常需要"推销"给内部各个层面的成员，并获得他们的支持或资助。一个有效视觉化的故事可以弥补差距，并能赢得更多的共识以及支持创意的机会。企业家必须把那些基于新商业模式的计划"推销"给（外部）其他伙伴，例如投资者或者潜在的合作者，而强有力的视觉效果将大幅提升成功机会。

四、原型制作

对于开发创新的全新商业模式来说，原型制作是一个强有力的工具。与可视思考一样，原型制作同样可以让概念变得更形象具体，并能促进新创意的探索。原型制作来自设计和工程领域，在这些领域中，原型制作被广泛地用于产品设计、架构和交互设计。把原型看成未来潜在的商业模式实例（原型作为用于达到讨论、调查或者验证概念、目标的工具）。商业模式原型可以用商业模式画布描成完全经过深思熟虑的概念形式，也可以表现为模拟了新业务财务运作的电子表格形式。

五、故事讲述

本质上，新颖而富有创意的商业模式通常是晦涩难懂的，它们通过全新的方式组合各种元素，挑战现行的模式，迫使听众打开思路，去接受这些新的可能。面对这些陌生模式，听众们很有可能会产生本能的抵触。所以，把新的商业模式呈现出来，而又不招致抵触情绪，呈现的方法就变得至关重要。讲故事有助于有效地表达新的商业模式和理念。好的故事能引起听众的兴趣，所以讲故事是一种理想的工具，为我们深入讨论商业模式和其内在逻辑预热。

讲故事其实是利用了商业模式画布的说明能力，打消客户对未知事物的疑虑。讲故事的方法可以让商业模式变得不再抽象。把一种新的商业模式以形象具体的方式呈现出来，故事内容简单易懂，只需要一位主人公，根据观众的实际情况，从不同视角塑造出不同的任务形象。

六、情景推测

基于情景推测的商业模式设计。在新商业模式的设计和原有模式的创新上，情境推测能起到很好的作用。同可视思考、原型制作、故事讲述一样，情境推测把抽象的概念变成具体的模型。它的主要作用就是通过细化设计环境，帮助我们熟悉商业模式的设计流程。

这里讨论两种类型的情景推测。

第一种描述的是不同的客户背景。客户是如何使用产品和服务的？什么类型的客户在使用它们？客户的顾虑、愿望和目的分别是什么？这种建立在客户洞察之上的情景推测更进一步把对客户的了解融入一组独特、具体的图像。通过描述特定的场景，关于客户的情景推测就能把客户洞察具体形象地表现出来。

第二种描述的是新商业模式可能会参与竞争的未来场景。这里的目的并不是要预测未来，而是要具体形象地草绘出未来的各种可能。这种技巧训练能帮助创新者针对未来不同的环境设计出最为恰当的商业模式。在这一领域的商业战略文献中，都称这种技巧为"情景规划"。在商业模型的创新中，运用这种情景规划技巧可以"迫使"企业去思考商业模式在特定的环境下可能的演变趋势，从而加深企业对模式的认知和可能有必要调整的理解。最为重要的是，它帮助企业更好地迎接未来的商业环境。

第四节 蓝 海 战 略

有学者指出，企业要赢得明天，不能靠与对手竞争，而是要开创蓝海（即蕴含庞大需求的新市场空间），以走上利润增长之路。蓝海战略又被称为价值创新的战略行动，它能够使供需双方同时实现价值双赢，使企业彻底走出竞争，并将新的需求释放出来。

一、蓝海战略的内涵

蓝海战略是金伟灿和勒妮·莫博涅对1880—2000年间的30多个产业和150次战略行动展开研究后，提出企业应回避同质化、低利润的红海，开拓差异化、低成本的"蓝海"。金伟灿和勒妮·莫博涅将企业目前使用的战略分为红海战略和蓝海战略。红海代表已知的饱和市场，利润前景暗淡，恶性竞争此起彼伏；蓝海代表未知的新兴市场，蕴含巨大的利润和高速增长的机会。以波特竞争理论为基础的红海战略假定产业结构是既定的，产业界限与竞争规则已经固化，企业被迫为有限的市场份额展开激烈竞争，是典型的零和博弈；相反，以价值创新理论为基础的蓝海战略，则认为市场边界和产业结构并非既定，企业可以通过重塑产业边界来超越现有需求，大胆改变原有的市场游戏规则，开辟没有竞争对手的蓝海，是一种全新的多赢模式。

蓝海战略的理论基石是价值创新，即在战略上同时追求差异化和低成本。在传统竞争理论看来，企业要么以高成本向客户提供高价值，要么以低成本提供相应价值，即在差异化和低成本之间进行取舍。蓝海战略却同时追求差异化和低成本，在降低成本的同时为客户创造价值，从而获得企业价值和客户价值的同步提升。归根到底，蓝海战略的理论精髓体现在它所包含的两大核心法则上：

法则一，发掘传统市场边界之外的潜在需求——规则再造；

法则二，创造差异化兼具低成本的有效供给——价值创新。

相对于红海战略，蓝海战略应该把视线从市场的供给一方移向需求一方；应该从向对手的竞争转向为买方提供价值的飞跃；应该通过跨越现有竞争边界看市场以及将不同市场的买方价值元素筛选与重新排序。蓝海战略就是要重建市场和产业边界，挖掘巨大的潜在需求，摆脱红海竞争，开创蓝海市场，同时追求差异化和成本领先的战略。蓝海战略和红海战略的区别见表8-1。

表8-1 蓝海战略和红海战略的区别

红海战略	蓝海战略
在已经存在的市场内竞争	拓展非竞争性市场空间
参与竞争	规避竞争
争夺现有需求	创造并攫取新需求
遵循价值与成本互替定律	打破价值与成本互替定律
根据差异化或低成本的战略选择，把企业行为整合为一个体系	同时追求差异化和低成本，把企业行为整合为一个体系

二、蓝海战略的分析工具

蓝海战略的分析工具包括战略布局图和四步行动框架。战略布局图（又称价值曲线）是建立蓝海战略的诊断和分析框架。通过战略布局图可以获取当前市场的竞争状况，了解竞争对手的投资方向，知道顾客在相互竞争的商品选择中得到了些什么。建立蓝海战略，可以通过重构战略布局图（或者创新价值曲线）来分析。图8-2是美国西南航空公司与一般航空公司、长途汽车相比的价值曲线。价值曲线横轴用顾客价值的关键因素来表示，纵轴用顾客对企业满足顾客价值的关键因素评价值大小来表示。顾客价值的关键因素，体现在价格、餐饮、座位等级、服务周到、旅行快捷、班次频繁、中转方便等方面。顾客的评价值分为低、偏低、偏高、高四个水平。从图8-2可以看出，美国西南航空公司与一般航空公司的价值曲线区别较大，它采取低价策略，同时由于旅途时间短无须准备餐饮食品，也不考虑提供座位号，却在服务周到、班次频繁、中转方便方面做到最好，从而回避了与一般航空公司的直接竞争，成为成本领先和差异化综合战略的成功执行者。同时，西南航空公司虽然在价格、餐饮和座位等级上与长途汽车差不多，但在服务周到、旅行快捷方面远超长途汽车。这样，西南航空公司相当于开拓了与长途汽车提供的价值主张不尽相同、与一般航空公司提供的价值主张也不尽相同的蓝海市场。

创造新价值曲线需要回答四个问题：哪些行业中被认为理所当然的因素应该被剔除？哪些因素的含量应该减少到行业标准以下？哪些因素的含量应该增加到行业标准以上？哪些行业内从未提供过的因素应该被创造？这些过程形成四步动作框架，如图8-3所示。而价值曲线的应用可遵循加减乘除表，如图8-4所示。

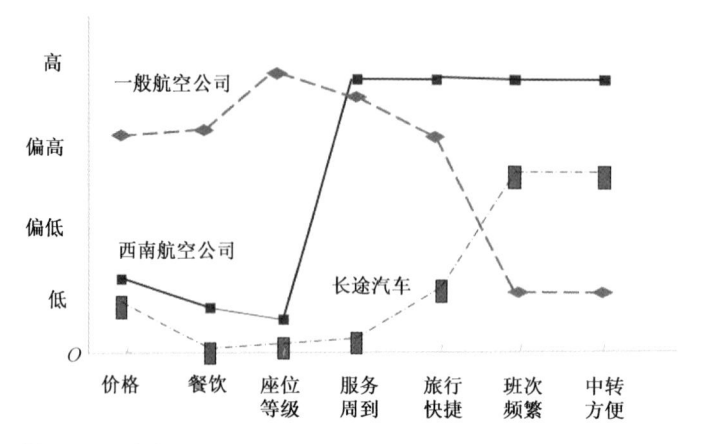

图 8-2 西南航空公司与一般航空公司、长途汽车比较的价值曲线

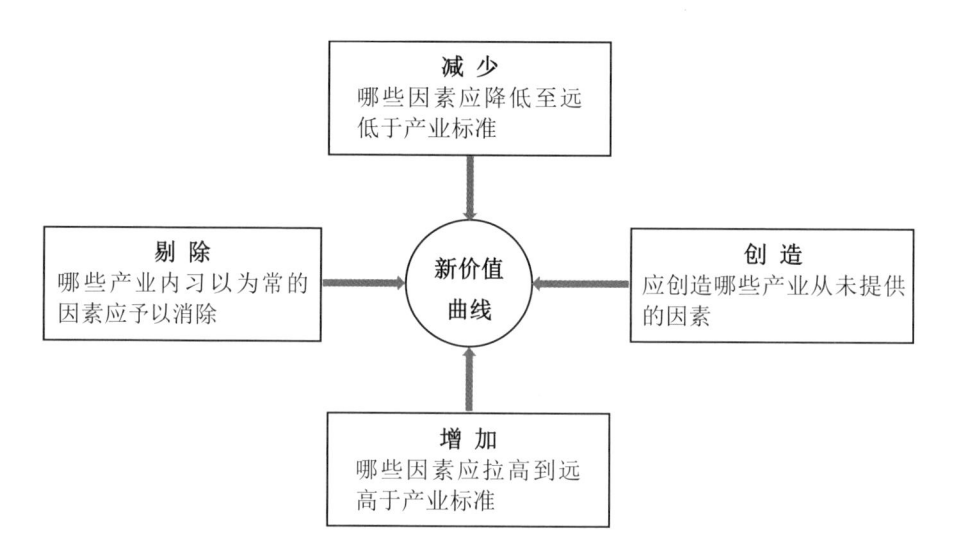

图 8-3 四步动作框架

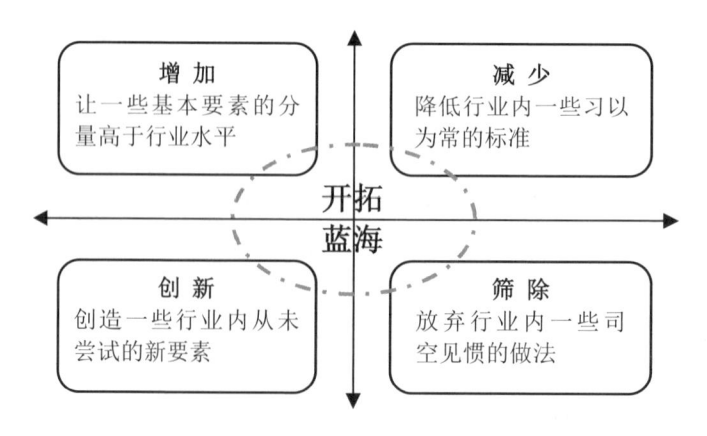

图 8-4 加减乘除表

📖 小案例：太阳马戏团的蓝海战略

2020年3月，太阳马戏娱乐集团被曝正在研究包括破产申请在内的债务重组方案。2020年6月，太阳马戏团宣布申请破产保护。2020年8月，太阳马戏团的这项重启计划迎来变局。有消息称，一家代表太阳马戏团7.6亿美元债务持有者的债权人集团，计划向太阳马戏团注资3.75亿美元，进而获得其几乎全部的股权。这也就意味着TPG、复星等股东之前在太阳马戏团的股份或将被抹消。2020年11月，太阳马戏团宣布已成功完成与有担保贷方的出售交易，并摆脱了债权人保护。濒临破产的太阳马戏团终于摆脱危机。无论资本权属如何更替，太阳马戏团曾经作为《蓝海战略》一书中的经典案例，仍然让人回味❶。

1984年，一群街头表演者创办了太阳马戏团，迄今为止，世界各地已经有90多个城市的近4000万人观赏过其作品。在不到20年的时间里，太阳马戏团的收入水平就达到了全球马戏大王——玲玲马戏团通过100多年努力才取得的高度。

更不寻常的是，如此快速的增长并不是在一个新兴产业中取得的，而是发生在一个日渐衰落的产业中。以传统战略分析的观点来看，这样一个产业增长的潜力实在有限。大牌马戏表演明星有强大的"供方议价能力"（Supplier Power），同样，"买方议价能力"（Buyer Power）也很强。其他娱乐形式（如城市生活中的各种现场表演、体育比赛、家庭娱乐等）都为马戏业的竞争力蒙上一层阴影。孩子们吵嚷着要打游戏机，对马戏团的巡回演出不那么感兴趣。凡此种种，造成了马戏业观众的日益减少，也使其收入和利润日益下滑。同时，动物保护组织对马戏团役使动物的反对情绪日渐高涨。因此，从基于竞争的战略角度来看，马戏业是一个缺乏吸引力的产业。

太阳马戏团的成功之所以令人信服还有一个原因，那就是它靠的不是在日益萎缩的马戏市场中夺取顾客。传统马戏市场的主要顾客是儿童。太阳马戏团并未与玲玲马戏团就市场份额竞争，而是开拓了崭新的市场空间。它所吸引的是一群崭新的顾客——成年人、商界人士，他们愿意花费高于传统马戏团表演门票几倍的价钱来享受这项前所未有的娱乐。值得一提的是，太阳马戏团最初的作品之一就叫作"我们再创了马戏"。

价值创新挑战了基于竞争的战略思想中最广为人们接受的信条，即价值和成本间的权衡取舍关系。双管齐下地追求差异化和低成本是太阳马戏团所创造的娱乐体验的核心所在。太阳马戏团建立之时，其他马戏团都集中力量去向对手看齐，并且通过对传统马戏剧目的小修小补，竭力扩大自己在已经收缩的市场需求中所占的份额。为此，它们努力去挖到更多著名的小丑、驯兽师。这种战略，增加了马戏团的成本，而对马戏这种娱乐体验却没有做出重大的改变。其结果是成本飞升，收入却没有随之飞升，而总需求量还在不断下降。

太阳马戏团一出现，上述做法都变得无关紧要了。太阳马戏既不是普通的马戏，也不是经典的戏剧制作。惯常的逻辑是，为一个既定的问题找到更好的解决方法，以求超过竞争对手，反映在马戏上就是努力使马戏更有趣、更刺激。而太阳马戏团同时为人们献上马戏表演的趣味和刺激以及戏剧表演的深奥精妙和丰富的艺术内涵。因此，太阳马戏团是把问题本身重新定义了。通过打破马戏和戏剧的市场界限，太阳马戏团不仅对马戏的顾客有了新的了解，

---

❶ 新京报：《2020关键词｜太阳马戏团：从破产边缘起死回生》，https://baijiahao.baidu.com/s?id=1688738809104961599&wfr=spider&for=pc，访问日期：2022年11月20日。

也更加了解马戏的"非顾客",也就是那些光顾剧场欣赏戏剧的年轻人。

太阳马戏团打破了市场的界限,着眼于戏剧市场,由此推出了新的非马戏元素,比如贯穿整场演出的故事线索、与之相辅相成的深邃奥妙的风格、富有艺术气息的音乐和舞蹈以及多套演出的作品。这些元素对马戏业来说是全新的创造,而它们实际上是从另一种现场娱乐产业——戏剧业中得来的。

例如,太阳马戏团的作品不像传统马戏那样,由一幕幕互不相关的表演组成,而是有一个主题或一条故事线索,有点像戏剧表演那样。主题尽管很模糊(而这也是刻意为之),却使演出变得和谐一体。虽然作品增添了令人思索回味的元素,但并没有限制住各幕表演的潜力。太阳马戏团还借鉴了百老汇演出的一些构思,比如,它准备了多套演出作品,而不像传统马戏团那样"只此一套"。另外,与百老汇演出一样,每一套作品都有自己独特的主题音乐和搭配组曲,并由此引领视觉表演、灯光以及各幕表演的时间顺序,而不是反过来被后者牵着鼻子走。演出中的舞蹈风格抽象脱俗,这也是从戏剧和芭蕾中借鉴过来的。通过为自己的产品注入新元素,太阳马戏团创造出了更加高雅精妙的现场秀。

简而言之,太阳马戏团集合了马戏和戏剧的最佳元素,而去除或减少了其他种种元素。它提供了前所未有的效用,开创了一片蓝海,创造了一种与传统马戏和戏剧都迥然相异的、崭新的现场娱乐形式。同时,太阳马戏团去除了马戏中成本最昂贵的元素,使其成本显著降低,这使它可以同时实现差异化和低成本。太阳马戏团比照戏剧表演的票价而进行战略定价,所定的价格比传统的马戏表演高了好几倍,却又能为那些习惯于观看戏剧表演的大多数成年观众所接受。

三、如何有效运用蓝海战略

蓝海战略通过改变竞争规则来重塑新的供求法则,将传统竞争性市场逻辑下的"价格—需求—供给—价格"机制,改造成非竞争性市场逻辑下的"效用—需求—供给—成本"机制;将视线超越竞争对手移向买方需求,提供消费者无法拒绝的产品,制定竞争者难以模仿的价格,为尚未发掘的需求提供创新的价值,在企业与客户之间创造一个彼此都满意的价值链。这正是蓝海战略取得成功的核心奥秘。在产业数量急剧膨胀、产能严重过剩、供给远远超过需求、全球竞争日趋激烈、产品变得更加雷同、价格战愈演愈烈、利润空间不断收窄的市场环境下,要寻找利润的蓝海,应该做到以下几点:

(一)突破思维定式

蓝海战略最鲜明的口号是,不要做红海中的第一,而要做蓝海中的唯一。因此,要跳出红海,就要敢于突破思维定式,尤其要善于运用逆向思维,在司空见惯或约定俗成中寻找价值创新的突破点。如美国哥伦比亚广播公司的《60分钟》节目突破人们对新闻播报的固有思维,开创一种与传统的、一本正经的问题探讨和一板一眼的新闻播报完全不同的电视节目形式,并像好莱坞包装电影大片一样包装新闻,结果一举成功。打破传统习俗约束下的固有思维模式,是实现价值创新的首要前提。

(二)超越现有需求

超越现有需求的捷径是要善于跨越他择品。所谓他择品是指功能与形式不同,而目的却相同的产品与服务。超越他择品可以帮助企业发掘新的潜在需求。农夫山泉通过市场调研,发现重塑瓶装水健康天然的形象是突破的关键,于是决定退出纯净水市场,全力投入天然水的生产销售，彰显天然水与纯净水的差异化，以一句"农夫山泉有点甜"快速切入市场，将瓶装水健康天然的形象提升到一个新境界，成功超越传统纯净水的白热化竞争，而切入新的利润蓝海。

（三）重新界定买方群体

重新界定产业的买方群体可以明确蓝海战略的效用诉求，有利于在共性中寻找个性，从而改变行业的市场边界，重塑需求规则。例如，脑白金在保健品行业整体衰败的时候，通过定位礼品，重新界定保健品的买方群体，将消费者关注的价值焦点转换到礼品，而不是产品的功效，由此进入了蓝海。

（四）创造差异化效应

在产品同质化、仿冒不断的市场环境中，通过创造让消费者一见倾心的差异化效应，使产品或服务具有特定族群的附加值，是蓝海战略价值创新的核心要素。如美国一家体育用品公司设计了一种能够使击球更加生动有趣的产品，在棒球内部装上集成电路，能够以数字显示每掷一下球所运行的速度，其零售价超过了 30 美元，而普通棒球售价不到 5 美元。消费者买这种球的花费要比普通球贵得多，但依然乐此不疲。这种全新的棒球增加了游戏的联谊性，使人们在打球时获得了某种差异化的体验，从而开辟了新的需求空间。

（五）实现低成本创新

蓝海战略的价值创新与普通创新最大的不同在于，其创新必须是低成本的。基于价值工程原理，严格考量产业中的每一个竞争元素，在创造某些新元素的同时，减少和剔除某些不合理或过量的元素，蓝海战略才能最终获得商业上的成功。如曲线美健身俱乐部专为女性服务，剔除奢华设施，小型化社区布点，会员依次使用一组器械，每周 3 次，每次半小时完成，每月只需 30 美元。

（六）关注外界市场的潜在需求

手机短信问世之初，几乎所有的相关企业（包括移动运营商、大型门户网站、手机制造商等）都没有预计到其中包含的商机。曾经，中国移动每天的短信量数以亿计，涉及彩信、铃声下载、天气预报、股市行情、交通信息、彩票信息等内容。短信无疑成为传统通信市场边界外开掘出的又一利润蓝海。然而这场巨大的商业利润风暴并非由企业组织内部或市场策划所发动，而是一次彻底来自企业组织之外的顾客自发行动，企业仅仅只是顺应了顾客的消费要求而已。由顾客所引发的手机短信的利润商机表明：在复杂商业世界里，决定企业组织商业命脉的因素，已经从企业组织内部转到了组织外部环境。任何社会环境的变化、生活观念的转变以及新生活方式的出现，都会给产业带来意想不到的利润蓝海[1]。

复习思考题

1. 什么是商业模式？它与战略之间有何关系？
2. 说明商业模式画布的构成。利用商业模式画布分析某企业的商业模式。
3. 在商业模式画布中，客户关系、收入来源、客户细分分别有哪些种类？
4. 如果你准备开一家咖啡馆，如何进行商业模式创新？

---

[1] 王建军、吴海民：《"蓝海战略"的经济学解释》，《中国工业经济》2007 年第 5 期。

5. 什么是蓝海战略？如果你准备开一家鞋店，请说明其商业模式，并画出其价值曲线。

【中国情境下企业战略思维案例】

亚朵酒店的商业模式

关于亚朵酒店的发展，2022 年 7 月作者薇安在《极论创业》发表文章，对其商业模式进行了详细的阐释。

一、亚朵现状

新冠疫情之下，备受打击的除了旅游业，就是酒店住宿业了。《2022 年中国酒店业发展报告》数据显示，2022 年我国酒店住宿业较 2020 年减少 2.7 万家。亚朵酒店创立于 2012 年，只用几年时间就成为中高档连锁酒店的头部品牌。沙利文数据显示，按 2020 年底的客房数计算，亚朵已成为中国最大的中高档连锁酒店。2021 年，酒店行业备受打击，亚朵营收却同比增长 37%，净利润则同比增长 245%。

二、商业模式

著名产品人梁宁表示，其实亚朵做的是"社群共创的实景电商"。一语概括了亚朵的经营模式。亚朵创始人王海军把其商业模式总结为"酒店+人群+IP"，他表示："亚朵最终运营的是一个个客户，而不是一个个房间。"那么，亚朵是如何运营客户的呢？主要体现在其差异化服务上。

（一）差异化定位：面向中高端客户

2012 年，王海军的一次不丹之旅，让他获得了"安静下来的力量"，这也激励他寻找中国的不丹。他在云南怒江州中缅边境的亚朵村找到了内心的安静。因此，这位曾在如家、汉庭工作多年的资深酒店人创立了亚朵酒店。当时，中国的连锁酒店要么是如家这样的经济连锁品牌，要么是五星级酒店，介于这两者之间的中高档连锁酒店是一片空白。亚朵正好切入了这块市场，主要面向高频商旅用户，定位中高端，偏向小众奢华风格，这在当年尚属蓝海。

其招股书显示，2021 年，亚朵有 23.6%的客户年龄在 30 岁以下，45.5%的客户年龄在 30~40 岁，30 岁以下的客户占公司总交易价值的 33.9%。

亚朵酒店目前的品牌矩阵包括中端的轻居酒店、中高端的亚朵酒店和亚朵 X 酒店、高端的亚朵 S 酒店和 ZHotel、豪华端的 A.T.HOUSE，全方位覆盖了从 300~1000 元消费区间的客户群体。

到 2021 年底，亚朵酒店分布在全国 138 个城市，覆盖一线、新一线和二线城市高档商业区，酒店数达 754 家（加盟店 712，直营店 33 家），营收 21.48 亿元。其注册会员数在 2015—2020 年的复合年增长率高达 80%，目前已经有超过 3000 万注册个人会员，客户复购率比同等级酒店高出 30%。

（二）差异化体验：打造人文场景

经济连锁酒店主打性价比，高端酒店拼的是住宿体验和高端服务，那么中高端品牌如何打出差异化呢？亚朵创造了一种酒店新形式：酒店的功能不仅是住宿，更是一种有品质的生活方式。

梁宁在《产品思维 30 讲》中，把顾客入住酒店的整个过程，详细分为 12 个节点，在这

12 个节点中，亚朵采取了"与其更好，不如不同"的策略，可归结为打造人文场景。这 12 个节点分别是：

1. 预订。
2. 走进大堂的第一面。
3. 到房间的第一眼。
4. 你打电话到前台，咨询服务的那一刻。
5. 吃早餐的那一刻。
6. 你在酒店等人或者等车，需要有个地方待一下的那一刻。
7. 你晚上想吃夜宵的那一刻。
8. 你离店的那一刻。
9. 离店之后，你点评的那一刻。
10. 第二次想起亚朵的那一刻。
11. 你要跟朋友推广和介绍的那一刻。
12. 你第二次预订的那一刻。

入住时，酒店会奉一杯茶，办理入住只要三分钟，有时候还会有"免费升舱"服务，给用户惊喜。退房时，服务人员会送客人一瓶矿泉水，冬天则是一瓶温热的矿泉水。亚朵给每个服务都起了名字，比如离开时的这瓶水叫"别友甘泉"。此外，每家酒店都有超过 1000 本藏书供阅读。而在大堂、走廊、房间等不同地点，住客都能欣赏到当地的摄影作品。酒店还有 24 小时自助洗衣房、阅读空间和富有当地特色的早餐，体现出人性化的贴心服务。亚朵还推出了全新会员体系——ACARD（亚朵 A 卡），将会员的附加权益延伸至包括出行、阅读、运动、饮食、艺术、新零售等多个生活场景，如将拥有百万册图书的竹居的免费借阅权益嵌入卡中，消费者可带走图书并在异地亚朵归还，无归还期限。目前在全国 130 多座城市中，有 700 多家竹居可提供此服务。书籍选择上，成立"第一美差"团队专门打理，每一本书都由成员精心筛选后才能上架。同时，亚朵还对外合作，打造生活场景。在健身场景中，亚朵与 Keep 合作，为会员提供健身体验。Keep 中的 10 款收费课程，在亚朵全国范围内的 100 多家门店上线。A 卡会员入住后，即可通过电视的智慧屏免费体验。另外，亚朵还与永璞咖啡合作，成立线下门店。此外，亚朵 A 卡的会员权益体系中还包括网易严选、UCCA、力波啤酒、拉面说、倍轻松、高德打车、曹操出行等众多品牌的权益。亚朵将顾客视为投资者回馈顾客，如推出"梦想合伙人计划"，9 分钟众筹 330 万元，50%左右的众筹者是亚朵会员。众筹模式既让消费者成为酒店的股东，又加强了粉丝黏性，创造更多的增量价值。

（三）推出新零售平台：打造零售场景

除了差异化体验之外，早在 2017 年，王海军就曾经公开自己的畅想："'房+X'，房只是住宿领域中这些场所的扩展，X 是场景的结合。"

亚朵早早就推出了新零售平台——亚朵百货。其孵化了三大原创生活方式品牌，即"αTOUR PLANET 亚朵星球""SAVHE 萨"和"Z2GO&CO"。这三个品牌覆盖睡眠、香氛个护及出行等多个领域，打造了"电商+住宿"的模式。入住酒店时，如果觉得枕头、床垫、香薰、洗发水不错，可直接在房间内扫二维码顺手买个同款。数据显示，亚朵一年光是床垫就能卖几万张。

根据沙利文的数据，截至 2021 年年底，亚朵酒店共开发了 1665 个零售 SKU，零售的平均客单价为 403 元。亚朵零售及其他收入为 2.97 亿元，同比增长 106.6%。电商业务为其贡献了约 10% 的营收。目前，在不少电商平台可以购买亚朵星球产品。亚朵还建立了自己的电商队伍，并开通了天猫旗舰店和微信商城。酒店客房的同款产品、配套产品都是住客使用频率最高、体验感最强的产品，通过这些产品能够加强与消费者之间的黏性。此外，亚朵还推出了团购、秒杀等促销活动。这种场景化的体验式购物，成为亚朵增长的第二曲线。

（四）IP 联名，打造多样化住宿场景

为了迎合年轻人，亚朵与众多品牌合作，进行 IP 联名，打造多样化住宿场景。亚朵先对标星巴克，探索公共空间；之后对标迪士尼，通过引入更多的跨界 IP 打造更高的知名度。亚朵强调"一店一设计"，与知乎、网易云音乐、虎扑、QQ 会员等合作，打造 IP 联名酒店，如联合知乎在上海开的"有问题"酒店。踏入酒店，你就可以看到各式各样的问题标签，扫描二维码即可登录知乎，写下相关的回答。亚朵还推出了与知乎吉祥物刘看山联名的产品。入住的消费者只需扫商品旁边的二维码，就能登入亚朵生活馆，购买相应的产品。亚朵还与网易云音乐打造"睡音乐"酒店，与虎扑打造"篮球"酒店，与 QQ 打造"QQ 超级会员"，与单向街书店打造联名酒店等。据了解，亚朵联名 IP 主题房的单价比一般客房高出一成左右，但仍然很受欢迎。与流量 IP 的合作，极大地丰富了亚朵的数据来源，使得用户画像更立体丰富。比如，网易云音乐会告诉亚朵用户喜欢听什么，网易严选则能告诉亚朵用户的消费能力和产品偏好。亚朵新一代的产品把家和酒店融合，针对顾客特点进行个性化开发，消费者可以选择健身大床房、茶室大床房、影音大床房、冥想大床房等。

（五）从追求性价比到提供情感价值

王海军说过，酒店行业的未来在于从房的价值走向人的价值，实现人与人的链接。随着 90 后、00 后消费者崛起，亚朵敏锐地洞察到了酒店市场的变化：消费者已经从单纯地追求性价比转向体验背后的情感价值。

除了酒店行业，与人们消费相关的吃、穿、行、用等各个行业都是如此。创业者们开始更多地从满足消费者的情感诉求、情绪价值入手进行设计产品和营销。那么，如何跳出生意本身为消费者打造场景式的体验，是创业者们需要思考的。王海军表示，"亚朵服务方法是我们区别于其他品牌最重要的特点，也是亚朵最大的护城河"。

但亚朵酒店也面临着一些问题。比如它砍掉了餐饮，将较大的公共区域给了阅读、喝茶等。但亚朵酒店非客房收入的占比是 20% 左右，而根据格隆汇 2020 年 Q4 全国各省市星级酒店收入排行榜，全国范围内酒店营业收入中，餐饮收入比重在 44% 以上。所以，从长远看，砍掉餐饮的做法能否持续，还有待验证。而且近年来，锦江、华住、首旅等品牌纷纷入局中高端市场，竞争激烈。此外，IP 的打造需要高品质的个体管理，但亚朵加盟为主的模式在标准化管理和复制方面也面临着挑战。资料显示，中国酒店行业已经进入存量整合时代。新冠疫情更像一场大规模的市场"洗牌"，谁可以运用品牌的力量将存量管得更好，谁将会制胜于市场。

亚朵酒店在最新版的招股书披露，拟募资金额在 2.631 亿～3.031 亿美元，用于扩大中国境内的酒店网络，对中国境内的酒店和生活方式行业投资并购等，从而抓住存量市场，提升连锁酒店渗透率。疫情让商旅活动急剧减少，很多酒店难以为继，被迫关闭。直营酒店是重资产投入，更容易受疫情影响。而亚朵酒店的加盟模式，让其经营相对稳定。其招股书显示，亚朵酒店 2019 年、2020 年、2021 年的净利润率分别为 3.9%、2.4%、6.5%。亚朵的营收由三

部分构成，分别是管理加盟酒店收入、租赁酒店收入、零售业务收入和其他。其中，管理加盟酒店收入是亚朵营收的主要来源。2019—2021 年，加盟酒店收入占总营收比例分别为 53.6%、59.1%和 56.8%。王海军曾表示，加盟亚朵酒店，GOP（营业毛利）在 60%~70%，4 年即可回本，投资回报率属于行业高水平。

亚朵将酒店的功能拓展到生活场景，再结合零售，确实为我国酒店业的发展提供了一条新思路。

案例分析题：

1. 请将亚朵酒店的商业模式画在一张商业模式画布上。
2. 亚朵酒店中的各类业务中，哪些业务处于红海？哪些业务处于蓝海？未来还可能有哪些蓝海领域？

第九章　动态竞争分析

知识要点	教学目标
竞争对抗模型	了解竞争对抗模型中的内容，掌握典型市场类型的动态竞争
分散行业与规模经济行业的竞争策略	掌握分散行业的竞争策略、规模经济行业的竞争策略
不同生命周期阶段企业的竞争策略	掌握企业在不同生命周期阶段的竞争策略

在激烈的市场竞争中，企业面临内外部条件的不断变化，处于动态的竞争环境之中。本章将介绍竞争对抗模型、分散行业与规模经济行业的竞争策略、在不同生命周期阶段企业的竞争策略。

第一节　竞争对抗模型

在相同市场中运行、提供相似的产品，如果再针对相同的顾客群，企业之间的竞争将十分激烈。企业及竞争者在广阔的市场中互相竞争，都试图获得更好的市场地位。那么，在竞争中了解竞争者之间的互动规律、做到知己知彼是十分重要的。

一、竞争动态

描述竞争者在市场竞争中的动态需要掌握以下概念。第一，竞争性行为。竞争性行为是指企业为了获得竞争优势而采取的诸如产品研发、质量改进、降价等竞争性行动和竞争性反应。竞争性行为是从企业角度出发对竞争动态的描述。第二，竞争性对抗。竞争性对抗是指竞争者为了获取有利的市场地位，各自采取的系列竞争性行动和随之发生的竞争性反应。竞争性对抗是从市场的角度出发呈现的竞争动态。因此，竞争动态是市场竞争的过程呈现。一家企业采取竞争性行动，引起其竞争对手的反应，这些行动反过来又影响最初采取竞争性行动的企业做出新的反应，这种在一个市场上所有企业竞争所采取的行为和反应就称为竞争动态。例如，截至 2022 年初，我国智能家电行业企业竞争态势十分激烈。格力电器、美的集团、海尔智家处于行业前三甲，线上线下市场份额占比均超 10%；海信家电、奥克斯等企业紧随其后；科沃斯、长虹、美菱等在家电细分领域中也表现得十分突出，在产品价格、质量、研发方面的竞争愈发激烈。

二、竞争对抗模型基本内容

1996 年，陈明哲在其发表的论文《竞争者分析和相互对抗：理论模型》中提出一个竞争对抗模型，该模型包括竞争性分析、竞争性行为的驱动力、竞争性对抗及其结果，系统刻画了个体企业的策略及其策略应用的动因、后果及综合效应。图 9-1 为竞争对抗模型的基本框架。

研究资料显示，一方面，资源和能力、信息、目标等是企业选择的竞争性行为的基础；另一方面，激烈的竞争性对抗会降低企业平均利润。竞争对抗模型清晰地反映出竞争过程中各方企业竞争性行为的影响因素，为更准确地预测竞争对手行为、降低不确定性提供帮助。

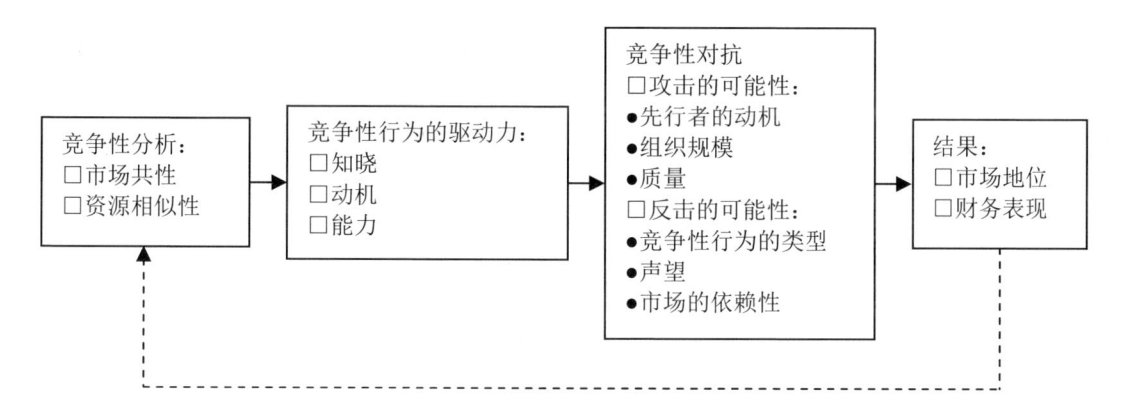

图 9-1　竞争对抗模型的基本框架

（一）竞争性分析

在市场竞争中，并非所有的企业之间都是直接竞争的关系，市场共性和资源相似性决定了竞争的激烈程度。

市场共性指企业与竞争对手共同进入的市场数量，以及特定市场对企业及其竞争对手的重要性程度。企业与竞争对手在几个市场中相互竞争叫作多元市场竞争。多元市场竞争的企业，在与竞争对手较量时会潜意识地对竞争对手的行为做出反应，不仅仅在竞争行为发生的市场，也可能涉及其他市场，这就产生了更为复杂的竞争状况。因此，一般在较大的多元市场中，企业通常很少先发动攻击，但一旦受到攻击会发起更为激烈的反攻。

资源相似性是指竞争对手之间资源的类型和数量的相似程度。正如之前章节中的战略群组分析可以作为竞争性分析的基础工具。例如，2002 年中国的数码影像市场中，已有 30 多家国内外厂商分食这块"新出炉的大蛋糕"。它们中既有来自传统照相机制造行业的佳能、尼康等霸主，也有冲洗服务巨头柯达与富士，还有来自 IT 制造业的惠普、爱普生等。另外，国内一些知名厂商如联想、方正、清华紫光等也都相继推出自己的数码产品。数码影像产品层出不穷，各厂商在自己的数码影像战略方面都不遗余力，但其中比较明显的是，不同企业具有不同的传统资源优势，资源共性不同，分属于数码相机、数码打印、数码复印等不同市场。

（二）竞争性行为的驱动力

市场共性和资源相似性会影响竞争性行为的驱动力，竞争性行为的驱动力包括知晓、动机和能力。

知晓是指对对方公司的了解程度。资源相似性高、市场共性大的企业之间更需要知己知彼。因此，知晓是公司或竞争对手在采取任何竞争性行动之前先决考虑的因素，主要指竞争者之间的相互依存程度。相互知晓的企业更能预知对方的行动。缺乏知晓的企业则可能导致过度竞争，从而对各自的超额利润获取都产生负面影响。

动机主要指企业采取措施时和竞争对手采取反攻时的意向，这与企业感知到的收益损失相关。动机与企业的战略目标密切相关。如果竞争对手的竞争性行为让本企业无法实现自己的战略目的，就更有可能发起激烈的反击。如果企业采取竞争性行为，竞争地位也不会得到改善，企业就不会有动机卷入一场竞争。市场共性因为时常牵扯到企业市场份额等巨大利益，多元竞争市场的情况下以这种利益为背景的竞争就更为复杂。

能力是各个企业竞争性行为实施的关键因素。在强大的竞争对手采取竞争性行为的情况下，资源和能力不足将令企业无法反击成功。但资源相似的企业一般拥有相似的能力，则更有可能发起激烈的进攻和反击。例如，沃尔玛在最初小城镇起家的阶段采取聚焦成本领先战略发起进攻，其物流体系的低成本、高效率使得当地的商店缺乏快速有效聚集大量资源的能力，从而错失反击的机会。当然，如果企业面临的竞争对手拥有更多资源，也应当坚决反击，否则一定会失败。

（三）竞争性对抗

竞争性驱动力将影响竞争性对抗，即影响企业竞争性行动及竞争性反抗。那么竞争者攻击和反击的可能性如何，可以通过多个因素予以考虑和预测。这里面要理解两个概念，战略性和战术性行为。战略性行为是指以市场为基础的行动，涉及组织资源的谨慎评估，并且需要较长时间积累才能执行和改变的行动。战术性行为是指以市场为基础，但调整较少的资源并相对容易地能够执行和改变的行动。例如，企业经过长时间、多积累、创新资源的充分利用取得产品研发的突破就属于战略性行为。在2020—2022年疫情反复期间，企业通过裁员规避企业高成本风险就属于战术性行为。

1. 攻击的可能性

竞争性分析、竞争驱动力都影响企业采取战略性行为和战术性行为攻击竞争者的可能性。

（1）先行者的动机。先行者是指率先采取竞争性行动的企业，其目的是建立、保护企业的竞争优势和市场地位。通常情况下，先行者在产品升级、新产品研发、市场拓展方面舍得投资。成功的先行者在快周期市场中会获得巨额的收益。这种快周期市场中行业技术发展十分迅速，产品生命周期短暂，先行者首先获得高额回报，等竞争者蜂拥而入，技术的发展使得原有的市场消失，而先行者已经进入下一个更新换代的市场。先行者还能够获得顾客忠诚、大市场份额的好处。当然，先行者必须在组织资源富裕、研发风险承担能力强的基础上才能够实施。

跟进者是对先行者的竞争性行动作出反应的企业，特别是在创新方面。跟进者更为谨慎，在先行者的经验教训基础上来创新或发展能够减少作为先行者巨大的费用。有效的跟进者可以寻找更有利的时机进入市场，找准顾客，满足顾客潜在需求。后期行动者是指先行者采取行动、跟进者做出反应之后的很长时间里才做出反应的企业。这类企业一般仅能获得行业的平均利润。

（2）组织规模和质量。组织规模影响企业采取竞争性行动的可能性、形式和时机。大规模企业一般拥有更多的资源，可以采取战略性行动。一般而言，大企业更多会采取战略性行为并且更加具有竞争性，而小企业具有敏捷性和灵活性，可以采取战术性行为来参与竞争。

质量是竞争成功的必要条件，却不是充分条件。没有好的质量，就无法获得竞争的底气。企业的品牌价值是产品质量的重要标志。质量影响竞争性对抗，质量好、品牌价值高的企业更容易首先发起攻击。如果竞争对手的质量不佳，其反击的可能性就会减少，直到其质量问题得到解决才能对高质量企业发起竞争性行动。

2. 反击的可能性

（1）竞争性行为的类型。战略性行为和战术性行为的竞争性反应区别很大，这种区别有助于企业预测竞争对手对竞争性行动的可能反应。一般而言，战略性行为的进攻会遭到战略性行为的反击，但这种反击因为需要花费很长时间，所以反击的有效性和反应时间的延迟会减弱竞争反击的强度。而战术性行为的进攻会更快地遭到战术性行为的反击。

（2）声望。声望是基于竞争者过去的竞争性行动，竞争者所获得的正面或负面特质。具有好的声望的企业能够获得战略价值，从而影响竞争性对抗。一般为了预测竞争对手的竞争性反应，会研究其过去在竞争性行为方面做出的反应。作为市场领导者的高声望企业，更有可能对战略性或者战术性的行为做出反应。一般成功的行为特别是战略性行为，很快会被模仿。在手机领域，多功能的手机应用通常是市场上一出现新的应用就马上会被其他企业效仿。

小案例：折叠屏手机的跟进❶

2018 年 11 月，我国企业柔宇推出了全球第一款柔派折叠手机 FlexPai。FlexPai 采用的是外折方案，当时技术不太成熟，性能有待优化，但该技术迅速被行业关注。2020 年，6 款折叠屏方案出现，包括华为 Mate Xs 的内折方案、三星 Z Flip 的拓展竖向折叠屏方案等，并对折叠屏耐用度进行了优化。2021 年该技术逐渐成熟。例如，三星的防水第三代折叠屏 Z Fold 3 和 Z Flip3，华为的 Mate X2 和 P50 宝盒版机型等。OPPO 推出了 OPPO Find N 折叠屏，技术和外观设计都有突破，例如无痕折叠，铰链技术升级，交互功能更丰富。2022 年，荣耀发布了 Magic V 等，折叠屏手机功能更加丰富和实用，各竞争者剑拔弩张，竞争激烈。

（3）市场的依存度。市场依存度指公司财务收入或利润大小对特定市场的依赖程度。企业可以预测，高市场依存度的竞争对手在其市场地位受到威胁时可能会做出强烈的反击行为。

三、典型市场类型的动态性竞争

（一）慢周期市场

在慢周期市场（Slow-Cycle Market）中，企业的竞争优势在很长的时间内难以被模仿且模仿成本很高，竞争优势具有可持续性。如果企业建立一种独特的竞争优势，就能获得成功。对于竞争者来说，这种类型的竞争优势很难被模仿。在慢周期市场中，企业一旦形成独特竞争优势，所采取的竞争行为是力求保护、维持和扩大竞争优势。因此，在慢周期市场中，动态性竞争与所有参与竞争的企业有关。这类企业进行的竞争性活动和竞争性回应将有助于企业维持和扩大其竞争优势。

迪士尼公司持续扩大其产品的独特性，如米奇老鼠、米妮老鼠和高飞狗。沃尔特和罗伊为娱乐顾客而形成的创造力和想象力成为公司产品独特性的历史渊源。这些迪士尼产品都是

---

❶ 数通 V 视角：《折叠屏手机发展历程回顾》，https://baijiahao.baidu.com/s?id=1728551645799930523&wfr=spider&for=pc。

通过迪士尼的主题公园商店以及迪士尼的专卖店进行销售的，而且这些卡通人物都在迪士尼的卡通电影出现过。迪士尼的独特优势是：动物的形象特征受专利保护，从而免受竞争者的模仿。

在慢周期市场中，迪士尼公司的产品还具有其他竞争性特点——对产品特征及独特版权的使用方面进行保护。为此，该公司曾经对日间托儿所提出诉讼，迫使其把墙上诸如米老鼠等公司类似的形象撤掉。在慢周期市场中，迪士尼公司与所有的竞争者形成竞争关系。在与其他公司进行竞争时，迪士尼公司采取竞争性活动（如在法国、日本这些地方建立主题公园）和竞争性回应（如诉讼保护了公司对动物形象特征的控制），以维护和扩展公司的独特竞争优势。迪士尼公司通过竞争活动和竞争性回应来建立具有优势的市场地位，这种地位正是该公司进行竞争行为的结果。图9-2中显示了在长周期市场中企业之间形成的动态性竞争。在慢周期市场中，企业利用特定的优势将开发出的产品上市，然后利用产品在竞争中的保护尽可能实现收益。最终，竞争者会进行反击。

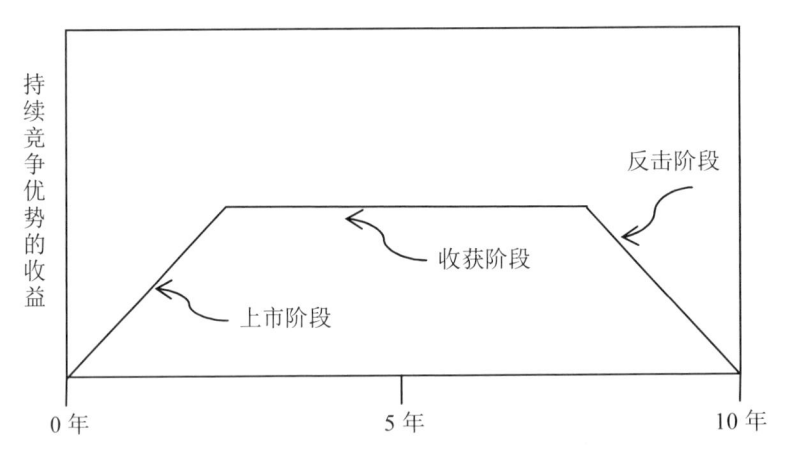

图 9-2 持续竞争优势的逐渐侵蚀

（二）快周期市场

在快周期市场（Fast-Cycle Market）中企业用于形成竞争优势的能力很容易被模仿，且模仿是迅速而低成本的。因此，企业竞争优势在短期市场内很难长久保持。于是，在这个市场中相互竞争的企业都明白速度的重要性；这些企业都意识到时间就像金钱或员工一样宝贵，犹豫或推迟的代价就像过度预算或缺少对财务的预测一样。这样高速变化的环境给高层管理者很大的压力，他们必须迅速制定战略、做出决策，而且决策必须有效。这种普遍的竞争以及技术导向的战略聚焦使得战略决策变得更加复杂。这种环境要求企业在决策时将全面性与速度相整合，然而这两种特征在战略决策中通常是存在冲突的。

在快周期市场中，反求工程的应用和技术扩散速度的提高使技术的模仿更加容易。竞争者使用反求工程，快速获取用来模仿提高企业产品质量的知识，而且获取知识的速度通常只有几个月。在快周期市场中，技术传播速度很快，从而使企业的技术在短时间内就可以被竞争者获得，并且企业使用的技术不像长周期市场那样受到专利法的保护。例如，仅仅几百个零部件就可以组成一台个人计算机，而这些零部件在开放性的市场均可以获取。仅有很少零部件受到专利的保护,如微处理器的芯片。

与慢周期和标准周期市场相比,快周期市场具有更加不稳定的特性。的确,在快周期市场中,企业间的竞争速度几乎达到了白热化程度。随着技术的发展,企业将依赖创新的理念与思维而得以生存与发展。由于市场中产品价格的急剧下跌,因此,企业需要通过产品的创新迅速获取利润。例如,英特尔公司、AMD 公司及其他公司生产的微处理芯片价格急剧下跌,使得个人计算机制造商持续降低终端用户的购买价格。快周期市场中的很多产品很容易被模仿,戴尔、惠普以及其他大量个人计算机销售商证实了这一现象。许多企业的零部件成本都大幅度地下跌,尤其是因为组装个人计算机的技术简单、容易、可迅速获取,于是使其他竞争者比较容易进入该市场。

快周期市场的特点说明,处在这种市场中的企业要想持续占据竞争优势是不现实的。企业必须意识到,要避免依赖于企业任何一种产品,并且善于在竞争者知道如何成功模仿产品之前上市新产品。这一要求创造了一种不同于慢周期市场中的动态性竞争。处于慢周期市场中的企业需要集中精力保护、维持及延续其已有的竞争优势,但在快周期市场中却不能按照这种模式运作。处于快周期市场中的企业必须集中精力,学习如何快速和持续发展新的竞争优势,并且要优于企业以往的竞争优势。企业不必集中力量来保护以后的竞争优势,它们必须明白,企业的竞争优势不会长久存在,因此无法发展和拓展该优势。

图 9-3 显示了快周期市场中企业之间的竞争行为。该市场中的动态性竞争的特点是,对抗性竞争过程中所采取竞争性活动和竞争性回应是以快速、持续地开发新产品以及不断改变竞争优势为导向的,企业将一种产品的上市作为竞争性活动,然后尽可能从中获取收益。然而,在竞争者进行回应之前,公司同样需要另一种竞争活动。由于在快周期市场中所有的企业都需要在竞争对手学会如何回应之前实现新的竞争优势,所以,在快周期市场中的动态性竞争通常会导致快速的产品升级和产品创新活动。

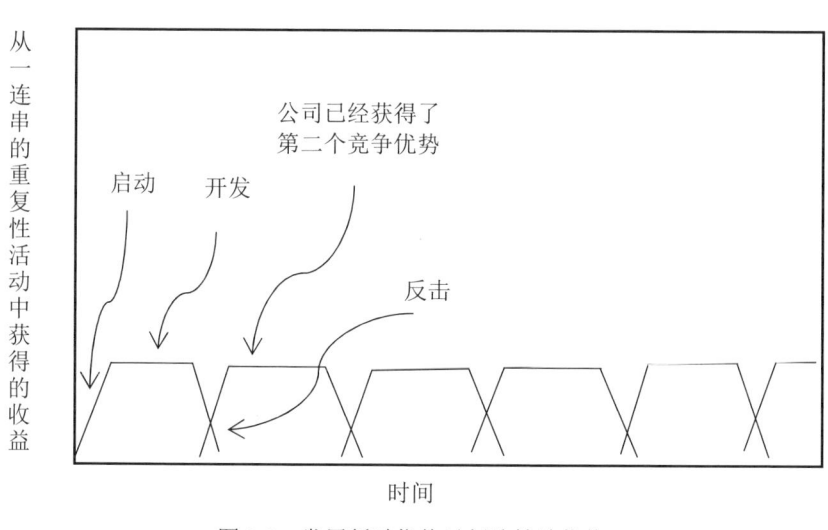

图 9-3 发展暂时优势以创造持续优势

正如上文讨论的那样,产品的创新对快周期市场中的动态性竞争产生了重要的影响。对于个别企业来说,这意味着创新是获取竞争优势的重要源泉。企业在竞争者成功地对产品进行模仿之前，可以通过创新策略对自己的产品进行调整与优化。

（三）标准周期市场

在标准周期市场（Standard-Cycle Market）中，企业的竞争优势可能得到适度的保护，并且竞争对手的模仿成本也是适度的。在标准周期市场中，企业竞争优势可以部分得到持续，但前提是企业可以对竞争质量进行持续升级。标准周期市场中动态性竞争的竞争性活动和竞争性回应的特点在于，企业通常寻求大的市场份额，通过品牌名称获取顾客忠诚，并且认真地控制企业的运营，以保证给予顾客始终如一的感受。

在市场竞争中，处于标准周期市场中的企业为许多顾客提供服务。由于支撑企业竞争优势的能力专业化程度较低，因此，与慢周期市场相比，标准周期市场中的模仿速度更快，而模仿成本更低。然而，与快周期市场相比，标准周期市场中的模仿速度更慢，而模仿成本更高。因此，标准周期市场中的动态性竞争特征处于慢周期市场与快周期市场之间。对于标准周期市场中的竞争者来说，当拥有大量销售额的企业能够通过合并、联合设计、联合制造的方式来发展产品的规模经济时，其模仿速度会降低，并且所付出的代价会更大。

在标准周期市场中，由于市场容量和市场规模较大，以及企业对实现规模经济的需要较为强烈，所以企业之间对市场份额的争夺较为激烈。这种类型的竞争很容易在可口可乐公司和百事公司的竞争中体现出来。这两家公司在全球各地展开竞争活动。近几年，百事公司在国内和国际市场竞争中获得了胜利。产生这一结果的部分原因在于百事公司的有效竞争策略，以及可口可乐公司的无效竞争活动，例如公司 CEO 的频繁更换以及无效的产品创新。

第二节　分散行业与规模经济行业的竞争战略

一、分散行业的竞争战略

（一）分散行业的内涵

分散行业指在一个行业中任何一家企业都不具有市场占有率的绝对优势。该行业是由许多中小企业组成的，其基本特点是行业中缺少有影响力的领袖企业。这类行业包括服务业、零售业、分销领域、木材和金属制造业、农产品行业、创意行业等。这类行业之所以是分散行业，主要有以下原因：

（1）总体进入壁垒不高。几乎所有的分散行业都有较低的进入门槛。

（2）缺乏规模经济或者经验曲线。很多分散行业制造过程的典型特征是规模经济很小（或者几乎没有）或经验成本下降，这是因为其生产过程是简单的制造或者安装流程的综合。

（3）运输成本很高。虽然具有规模经济，但高昂的运输成本限制了高效的车间或者生产地点的规模。运输成本和规模经济此消彼长，限制了车间低成本地提供服务的空间。

（4）存货的成本很高，销售波动很大。虽然生产过程本身具有规模经济，但如果存货成本过高，销售不稳定，就很难获得规模带来的经济效益。

（5）在应对买方或者供应商时，企业毫无规模优势。买方解体和供应商行业结构使大型企业无法在应对关联行业的时候获得较强的议价能力。

（6）在某些重要的方面存在规模不经济的情况。规模不经济有多种起因。产品的快速变化或者样式变化要求企业对之做出快速的回应，各职能部门需要紧密协调。在不断推出新产品、改变产品样式的竞争关键领域里，交货期较短是一个条件。在同等条件下，大型企业比小型企业的效率更低。

（7）市场需求多元化。在很多行业里，买方的品位呈现分散趋势，不同的买方看重产品的不同方面。他们愿意出高价获得某些方面的优质功能或者服务，而不愿意以平价购买标准化产品或者服务。因此，行业内的每一种产品的需求都很小。

（8）产品的差异化程度较高，一般以形象为基础。如果产品的差异化程度较高，且建立在形象的基础上，这就有可能限制企业的规模，为效率不高的企业提供保护伞。

（9）退出壁垒。如果存在退出壁垒，那么边缘性企业会愿意留在行业内，这就阻碍了行业集中的过程。

（10）有一些国家或地区政府禁止行业集中，也呈现出分散行业的特征。

（二）分散行业的特殊战略

1. 集中控制的分权组织体制战略

通俗地讲，就是不把鸡蛋放在一个篮子里。力求经营地区广，经营规模小，赋予子机构自治权。例如，在餐饮服务业中，企业可以选择分区建立加盟店，在使它们保持自治的同时，通过原材料和配方的供应实现集中控制。在这种个体经营、集体管理的体制下，各加盟店之间的协调由企业来完成。

2. 采用统一化的设备

企业各地的经营点采用统一设备，实现低成本高效率的目标，从而取得相应的优势。

3. 增加产品与服务的附加值

种类繁多的产品造成产业分散时，企业可以集中生产特色产品，增加附加值吸引顾客，通过扩大规模，增强与供应商讨价还价的力量。

4. 产品专业化、顾客专业化、地域专业化

企业可以采取各种专业化战略。例如，专注于服务讨价还价能力弱的顾客。这些顾客可能因购买力和需求量有限，从而在讨价还价能力上缺乏优势。此外，一些顾客购买力极强，更加看重产品的附加价值，而不是价格，这些顾客也应成为分散企业服务的主要对象。

另外，处于分散行业的企业应适当保持市场占有率领先，在决策经营领域时切忌优柔寡断，管理上不要过分集权，了解竞争对手的经营动向，对新产品有适当的反应。

二、规模经济行业的竞争战略

（一）领导型企业的竞争战略

1. 扩大总市场

市场领导者占有的市场份额最大，在市场总需求扩大时收益也最大。扩大总需求的途径主要有开发产品的新用户、寻找产品的新用途和增加顾客使用量。

2. 保护市场份额

根据公司发展目标，公司进一步扩大现有的生产规模，满足日益增长的国内和国际市场需求；继续加大公司的研发投入，增强公司的研发实力；扩展产业链，实现公司整体经营实力的提升。保持或维持企业现有的市场地位，有这种战略目标的企业会选择新产品开发的防

御战略。该战略的产品竞争领域是市场上的新产品。新产品开发的目标是维持或适当扩大市场占有率，以维持企业的生存；多采用模仿型新产品开发模式；以自主开发为主，也可采用技术引进方式。产品进入市场的时机通常要滞后，新产品开发的频率不高，成熟产业或夕阳产业中的中小企业常采用此战略。

占据市场领导者地位的公司在力图扩大市场总需求的同时，还必须时刻注意保护自己的现有业务免遭竞争者入侵。最好的防御方法是发动最有效的进攻，不断创新、永不满足、掌握主动，在新产品开发、成本降低、分销渠道建设和顾客服务方面成为本行业的先驱，持续增加竞争效益和顾客让渡价值。即使不发动主动进攻，至少也要加强防御，堵塞漏洞，不给挑战者可乘之机。防守战略的基本目标是减少受到攻击的可能性，或将进攻目标引到威胁较小的区域并设法减弱进攻的强度，主要的防御战略有以下六种：

（1）阵地防御。围绕企业目前的主要产品和业务建立牢固的防线，根据竞争者在产品、价格、渠道和促销方面可能采取的进攻战略，制定自己的预防性营销战略，并在竞争者发起进攻时坚守原有的产品和业务阵地。这是一种静态的防御，是防御的基本形式，但是不能作为唯一的形式，如果将所有力量都投入这种防御，最后很可能会失败。对企业来说，单纯采用消极的静态防御，只保卫自己目前的市场和产品，是一种"市场营销近视症"。企业更重要的任务是技术更新、新产品开发和扩展业务领域。

（2）侧翼防御。侧翼防御是指市场主导者除保卫自己的阵地外，还应建立某些辅助性的基地作为防御阵地。

（3）以攻为守。这是一种先发制人式的防御，即在竞争者尚未进攻之前，先主动攻击。这种战略主张预防胜于治疗，达到事半功倍的效果。其具体做法是，当竞争者的市场占有率达到某一危险的高度时，就对它发动攻击。

（4）反击防御。当遭到对手发动降价或促销攻势，或改进产品、占领市场阵地等进攻时，市场主导者不能只是被动应战，应主动反攻入侵者的主要市场阵地。可实行正面反攻、侧翼反攻，或发动钳形攻势，以切断进攻者的后路。

（5）运动防御。这种战略是，不仅防御目前的阵地，而且还要发展新的市场阵地来作为未来防御和进攻的中心。市场扩展通过两种方式实现：第一，市场扩大化，就是企业将其注意力从目前的产品上转到有关该产品的基本需要上，并全面研究与开发有关该项需要的科学技术；第二，市场多角化，即向无关的其他市场扩展，实行多角化经营。

（6）收缩防御。在所有市场阵地上全面防御有时会得不偿失，在这种情况下，最好实行战略收缩，即放弃某些疲软的市场阵地，把力量集中用到主要的市场阵地上去。一家企业在市场竞争中是赢得优势，还是被淘汰，不仅取决于企业的基本实力，在很大程度上还取决于企业在竞争中采取的策略。正确地运用市场领导者的竞争战略，才能使企业在快速发展的时代中处于不败的地位，使企业得到更加长远的发展。

3. 扩大市场份额

市场领导者实施这一战略是设法通过提高企业的市场占有率来增加收益、保持自身成长和市场主导地位。但是，切不可认为市场份额提高就会自动增加利润，还应该多考虑经营成本、营销组合及反垄断法等三个因素。市场领导者的战略目标应是扩大市场份额，而不是提高市场占有率。要有创新精神，不能拘泥于老路，如果踩着前人的脚印走，那永远也超越不了市场垄断商。要详细调研市场规则，了解产品受众需要，建立良好的公司形象和产品信誉。

4. 位次战略

在位次战略方面要与排在第二位的企业拉开距离；对第三位企业的态度是允许其适度发展，以牵制第二位；同时，尝试与第四位、第五位企业合作发展。

（二）优胜型企业的竞争战略

1. 进攻型战略

优胜型企业是在行业中排在第二、第三位的企业，这些企业一方面要面对领导者的挑战，另一方面也希望壮大自己、挑战弱小者。因此，优胜型企业的进攻战略包括正面进攻、侧翼进攻、围堵进攻、迂回进攻、游击进攻等战略。

（1）正面进攻是指向对方的强项而不是弱项进攻。采用这种策略的时候，进攻者必须在产品、广告、价格等主要方面超过对手，才有可能成功，否则不可采取这种进攻策略。正面进攻成功与否取决于双方力量的对比。特别是与领导型企业进行正面进攻，如果不能取得成功，要及时休战。一般来说，正面进攻应该基于公司最有力的竞争资产、最有价值的资源和能力，如知名品牌、更有效率的生产或分销系统、更强的技术能力或者上佳的质量声誉。如果一家公司拥有特别好的客服能力，就能向那些客服能力不如自己的对手的客户进行特别销售。同样地，也能吸引那些忽视客服或者客服能力薄弱的竞争对手客户群。必须把公司竞争优势以及最擅长之处联系起来选择战略。例如，对一家成本相对较高的公司来说，采用削价的进攻战略是愚蠢的。降价型进攻战略最适合成本比进攻对手更低、财务能力雄厚的公司。

（2）侧翼进攻采取的是集中优势兵力攻击对方的弱点的战略原则。当市场挑战者难以采取正面进攻，或者使用正面进攻风险太大时，往往会考虑采用侧翼进攻。侧翼进攻包括两个战略方向——地理市场或细分市场。地理市场的战略方向是指选择对手忽略或绩效较差的产品和区域加以攻击。比如，一些大企业易于忽略中小城市和乡村，进攻者可在那里发展业务。细分市场的战略方向是指按照收入水平、年龄、性别、购买动机、产品用途和使用率等因素辨认细分市场并认真研究，选择对手尚未重视或尚未覆盖的细分市场作为攻击的目标。

（3）围堵进攻是一种全方位、大规模的进攻策略。挑战者拥有优于对手的资源，并确信围堵计划足以打败对手时，可采用这种策略。

（4）迂回进攻是指完全避开对手的现有阵地而迂回进攻。具体做法有三种：一是发展无关的产品，实行产品多角化；二是以现有产品进入新地区的市场，实行市场多角化；三是发展新技术、新产品以取代现有产品。

> 小案例：柯达、富士的中国市场之争

21世纪之初，柯达和富士两家公司在中国的竞争十分激烈。当时，柯达准备通过围堵进攻拿下日本周边亚洲市场来牵制日本富士。中国市场当时被柯达看好与中国签订了一项"98协议"。该协议规定，中国在三年内，不接受柯达之外的任何影像企业的合资项目，并且柯达却可以对乐凯之外的全行业进行整合。因此，当时柯达迅速对整个中国感光行业进行了战略布局。而富士则被拒之于中国传统冲印市场之外。

那么富士如何做呢？1997年，富士就已经选址苏州生产数码相机。"98协议"后，富士开始利用数码影像技术创新产品对柯达进行战略的反包围，宣称富士在中国销售的所有数码相机都是全球同步上市的，并重组优化经销商网络。此举有效提升了富士在中国市场的战略地位。

（5）游击进攻是用打一个换一个地方或者游击战的策略，从自命不凡或者分心的竞争对手手中夺取市场份额。选择游击性进攻包括：偶尔低价（为了赢得大单或者抢夺竞争对手的关键客户）；不定时地采用促销活动突袭竞争对手（提供特殊尝试从而汲取竞争品牌的客户）；采取特别活动（吸引那些正在烦恼如何满足顾客需求的对手的客户）。游击进攻战略特别适合那些既没有资源也没有市场，希望向行业领先者发动完整攻击的小型挑战者。

2. 跟随型战略

市场跟随者是指安于其次要地位，参与竞争但不扰乱市场局面，力争在"共处"的状态下求得尽可能多的利益的企业。它通常不是盲目、被动地单纯追随领先者，而是选择不致引起竞争性报复的跟随策略。有三种情况：

（1）紧紧跟随。追随者在尽可能多的细分市场和营销组合领域中模仿领先者。追随者往往几乎以一个市场挑战者面貌出现，但是如果它并不激进地妨碍市场领先者，直接冲突不会发生。有些追随者在刺激市场方面很少动作，而只希望靠市场领先者的投资生活。

（2）保持一段距离跟随。追随者保持某些距离，但又在主要市场和产品创新、一般价格水平和分销上追随领先者。市场领先者十分欢迎这种追随者，因为它们对领先者的市场计划很少干预。市场领先者乐意让这种追随者占有一定的市场份额，以使自己免遭独占市场的指责。保持距离的追随者可能获取同行业的小公司而得到成长。

（3）有选择跟随。这类公司在有些方面紧跟领先者，但有时又走自己的路。这类公司可能具有完全的创新性，但它又避免直接的竞争，并在有明显好处时追随领先者的许多战略。这类公司常能成长为未来的挑战者。

3. 位次战略

优胜型企业中第二位的企业力争第一，但难抗衡时及时休战；注意与第三位拉开距离的方式是扩大市场占有率；防止第三位与第一位联盟，要争取与第四位联盟，牵制第三位企业；与低位次企业结成联盟，利用其技术。

优胜型企业中的第三位企业，对领导者采取新市场先入为主的办法展开竞争；防止第四位与第一位结成联盟；选择与第一位结盟，与第二位抗衡，联合弱者。

（三）平庸型企业的竞争战略

1. 补缺战略

市场补缺者，就是指精心服务于总体市场中的某些细分市场，避开与占主导地位的企业竞争，只是通过发展独有的专业化经营来寻找生存与发展空间的企业。其取胜的关键是基于一个或几个既安全又有利润的补缺基点，开展专业化的生产和经营。一个最佳的补缺者应具有以下特征：有足够的市场潜量和购买力；利润有增长的潜力；对主要竞争者不具有吸引力；企业具有占据该补缺基点所必需的资源和能力；企业已有的信誉足以对抗竞争者。

市场补缺者往往从自己的优势或擅长之处出发，根据不同的分类进行专业化营销。最常见的是根据顾客的分类进行专业化营销。此外，还可以根据服务项目、配送渠道乃至根据顾客的订单进行专业化营销。市场补缺者可以成为最终使用专家、纵向专家、顾客规模专家、特定顾客专家、地理区域专家、产品或产品线专家、产品特色专家、定制专家、质量（价格）专家、服务专家等。

2. 联合战略

联合战略即以弱者之间的联合来形成能与实力强大企业相抗衡的力量，但它们应避免与高位次企业敌视，而是要努力稳定行业的市场，充分利用联合的有利条件，在特定的环节上保持一定的地位。

第三节 不同生命周期阶段企业的竞争战略

美国人伊查克·爱迪斯曾用 20 多年的时间研究企业如何发展、老化和衰亡。他将企业生命周期分为十个阶段，即孕育期、婴儿期、学步期、青春期、壮年期、稳定期、贵族期、官僚化早期、官僚期、死亡。企业生命周期是企业的发展与成长的动态轨迹，包括创立、成长、成熟、衰退四个阶段。企业生命周期理论的研究目的就在于试图为处于不同生命周期阶段的企业找到能够与其特点相适应并能不断促其发展延续的特定组织结构形式，使得企业可以从内部管理方面找到一个相对较优的模式来保持企业的发展能力，在每个生命周期阶段充分发挥特色优势，进而延长企业的生命周期，帮助企业实现自身的可持续发展。

一、企业生命周期划分

第一，创立期。处于创立期的企业，其主要目标是能够在市场上立足并存活下来。这一阶段，企业规模小、技术工艺不成熟、产品质量不稳定、盈利水平较低，企业自身拥有的各项技能和资源都比较有限，企业也未能树立起自己的品牌，因此企业的抗风险能力较弱，也就是企业经营风险较大。

第二，成长期。随着企业技术的进步、知名度有所提高，企业占据了一定的市场份额，现金流逐渐增加，外部融资也变得比较容易，因此企业的经营风险有所降低。同时，企业的盈利上涨，规模逐渐扩大，形成了比较规范的制度。在这一阶段，企业的目标就是争夺市场份额，进一步提高企业知名度，塑造企业形象；同时追求产品和服务的差异性，以更好地满足市场需求。

第三，成熟期。这一时期，企业伴随销售的增长、业务的稳定、市场占有率的提高，现金流比较充裕，经营风险进一步降低，外部融资较为容易。此时的企业内部各项制度趋于完善，组织结构分工明确，企业实力和知名度达到最佳状态。但随着利润率的下降，员工的创新意识也开始下降，员工的发展空间受到限制。此时，企业的目标是巩固和改进已有的地位。

第四，衰退期。衰退期的企业由于业务萎缩，利润大幅降低，逐渐从行业中退出，现金流减少，经营出现亏损，替代品出现，市场份额不断缩小，由于对市场需求反应迟钝而处于不利的境地。为了维持经营或寻求新的机会，企业往往会大幅举债；由于缺乏核心竞争力，企业人才流失严重。此时，企业主要任务是应对和处理不断出现的各种问题和危机。

二、不同生命周期竞争策略

（一）创立期

创立期是企业的起步阶段，是从企业创立一直到正式运作的一段时期。处于该时期，企业作为一个雏形，企业规划、人员与设备配置、产品生产、产品投放等各个环节均有可能发生变动。此时，企业结构简单，管理较为简便，企业职工业务水平较高，沟通性较强，有效保证了工作效率。然而，企业市场认知度较低，无法准确掌握市场投放目标，以致生产效益、生产成本不平衡。所以，在该时期，企业尚未成熟，虽然灵活性较强、工作效率较高，然而稳定性较弱，企业管理者、领导者处于摸索阶段。

对于创立期企业，需制定如下市场营销策略。其一，提升产品促销度。企业处于创立期时，因产品、品牌认知度较低，产品生产竞争力不能与知名品牌抗衡，在销售环节处于被动地位。因此，企业需提高产品促销度，获得消费者认可。另外，企业还可以提高广告投入力度，利用广告效应、消费者使用的口碑营销，实现品牌宣传、产品推广，进而提高产品知名度，扩大产品销售额。其二，优化产品结构。企业在创立期，因产品结构模式较为单一，为提高产品质量，必须提高生产技术，使成本下降，确定合理定价模式，按照细分原则，将产品投放到市场，进而提升产品销售额。其三，集中目标市场。在企业创立期，集中目标市场十分关键。产品投放市场之前，企业必须做好市场调研，全方位掌握市场动态信息，为领导制定战略决策提供真实、可靠的信息。为防止大面积收集，企业必须针对性打开市场，确定一个最佳产品投放市场，按照产品特点、市场特点制订最佳营销方案，再集中火力投放目标市场，继而打开市场竞争空间，实现稳步扩张。

（二）成长期

随着企业不断成长，实施各类营销策略，以及消费者日益注重产品认识并接受企业产品，企业利润迅速增长，销售额逐渐扩大，企业由创立期转入成长期。在这个阶段，企业制定市场营销策略，更加注重营销网络、营销团队发展，更重视抢占市场，此时必须提高营销策略决策，构建明显竞争优势。

在成长期阶段，企业需制定如下市场营销策略。其一，构建多元化市场营销策略。按照市场环境，企业构建多元化渠道，降低单一市场风险率，确保市场发展安全性。按照市场营销策略要求，企业营销人员开展全方位营销调研，对投放市场进行全方位分析、研究，待研究完成之后，制订产品供应渠道、产品生产计划。其二，制定品牌策略。在当今社会，消费者对品牌依赖度极高，大多时候选择购买知名品牌的产品。处于生长期时，企业须构建健康、积极的产品品牌，利用广告媒体、广告创意等营销策略，将产品推广给消费者，使消费者建立新颖、独特的品牌认可，进而提升品牌忠诚度，确保企业良性发展。营销人员在构建品牌时，可着力构建一个品牌或多个品牌，分配多种产品，确保每种产品的市场份额，获得特色影响力，实现企业价值最大化。如宝洁公司的沙宣、潘婷等，无论哪个品牌，均具有独特市场指向、市场定位，按照不同消费者的不同需求，构建不一样的产品品牌形象。其三，扩张渠道通路。企业生产产品之后，必须与消费者接触，而渠道通路是两者接触的唯一途径，伴随企业生产规模逐渐扩大，营销人员必须扩大渠道通路，实现通路结构的优化升级，合理控制产品渠道，拓展产品销售通路，使企业分销系统进一步扩大。

（三）成熟期

企业经过创立期、成长期之后，市场营销、销售、决策逐渐完善，转而进入成熟阶段。处于该阶段，企业市场经营、管理均较为成熟，控制能力日益提升，产品水平、技术水平日趋稳定，但研发意识不够。此时，企业已实现基本战略计划，构建基本供销渠道，市场敏感度较强。同时，成熟期作为产品销售的重要时期，不能满足既得地位、利益，必须积极进取，制定进攻性、扩张性营销策略，提升市场份额，使产品寿命得以有效延长。

处于成熟期，企业应制定如下市场营销策略。其一，占领全面市场。处于成熟期，企业必须立足整个市场角度，通过不同产品，有效占领不同市场，进而全面扩张整体市场。通过市场占领，确保企业长期处于领先行列。同时，企业发展到成熟期，技术力量、经济基础已较为雄厚，从一个市场深入到另一个市场，企业需投入一定技术、资金，实现产品创新，构建价格优势，引起消费者关注，促进新市场占领、入侵。其二，实现价值创新。经过创立期、成长期，进入成熟期，企业资金积累较多，投入经验丰富，市场巨大回报日益体现。然而，企业不能放弃原有价值积累，应努力延长企业收益时间。实现价值创新主要是改革成熟产品，开发新产品，与市场需求变化相适应，提升消费者忠诚度、满意度。对于产品增值营销，企业可采取逆向思维，站在消费者立场，提高产品质量，实现产品多样化，升级产品包装，打造产品品牌，适度提高产品价格。

（四）衰退期

企业经过成熟期之后，发展到一定时期时，必然会遇到一些瓶颈，主要包含企业自身因素、外部市场环境因素等，由此造成企业衰退，使企业进入衰退期。在这段时期，企业产品销售额日益下降，市场需求量降低，虽然产品销售投入费用逐渐增多，但销售收入日益减少，销售利润最终发生负增长现象，严重影响企业财政。在这个时期，企业抵御外部风险能力降低，市场容量减少，加上前三段时期的问题日益暴露、外部先进产品冲击，这些对企业发展、竞争提出了更高要求。

按照衰退期的特点，企业应制定如下市场营销策略。其一，创新营销策略。在该时期，企业必须重塑市场，重新对市场开展调研活动，发掘新消费市场、消费需求，对产品定位、产品发展进行调整，制订新发展目标。其二，通过短期收益，缓解企业危机。处于衰退期，企业产品前景不可能达到预期可观目标。因此，企业可适度提高产品销售价格，降低广告投入成本，利用短时期利润，使企业生存危机、财政危机得以缓解，进而开辟新市场，使衰退期损失最小化。其三，削减产品策略。使用该策略，企业必须减少产品部门，撤除相关关系，按照具体情况缩减产品数量。在该时期，企业对自身核心竞争力进行归拢、总结，抛弃对发展无益的产品、市场，重视消费者需求，钻研企业的核心业务，使核心业务水平进一步提高，进而开辟生产消费市场，打造新型产业链。

复习思考题

1. 什么是竞争对抗模型？说明其构成内容。
2. 什么是快周期市场和慢周期市场？两类市场竞争动态有何区别？
3. 什么是战术性竞争行为？什么是战略性竞争行为？选择这两种竞争性行为的时机和企业有何不同？

4. 分散行业有哪些竞争战略？

5. 规模经济行业的领导型企业有哪些竞争战略？优胜型企业呢？平庸型企业呢？

6. 不同生命周期企业的竞争策略有何不同？

【中国情境下企业战略思维案例】

蒙牛乳业创业期的跟随战略❶

一、蒙牛乳业的发展历程

1999年，蒙牛乳业成立于内蒙古自治区，总部位于呼和浩特。2002年6月，摩根士丹利等机构投资者在开曼群岛注册了开曼公司。2002年9月，蒙牛乳业的发起人在英属维尔京群岛注册成立了金牛公司。同日，蒙牛乳业的投资人、业务联系人和雇员注册成立了银牛公司。金牛和银牛各以1美元的价格收购了开曼群岛公司50%的股权，其后设立了开曼公司的全资子公司——毛里求斯公司。所投资金经毛里求斯最终换取了大陆蒙牛乳业66.7%的股权，蒙牛乳业从民营企业变为合资企业。公司2004年在中国香港上市（股票代码2319.HK），是恒生指数、恒生中国企业指数和恒生可持续发展企业指数成分股。中粮集团有限公司是蒙牛第一大战略股东。

2007年，蒙牛产品打入俄罗斯市场，实现了国产乳品首次出口欧洲。2015年，雅士利新西兰工厂落成，除当地和中国外，产品还销往欧美多国。2009年7月，中粮投资61亿港元收购蒙牛20%的股权，中粮成为蒙牛第一大股东。该企业总部设在中国乳都核心区——内蒙古和林格尔经济开发区。截至2009年，蒙牛乳业拥有总资产300多亿元，职工近3万人，乳制品年生产能力达600万吨。截至2020年，包括和林基地在内，蒙牛乳业集团已经在全国建立生产基地41个，拥有液态奶、酸奶、冰激凌、奶品、奶酪五大系列400多个品项。2010年11月22日，蒙牛宣布与君乐宝乳业合作，以4.692亿元的价格持有君乐宝51%的股权，蒙牛集团旗下公司的酸奶市场份额将提升至30%以上，蒙牛和君乐宝两个品牌也将由原来各自为政结成统一战线。2021年3月，蒙牛乳业发布公告称，2020年公司收入为760.348亿元，同比减少3.8%；公司拥有人应占利润为35.250亿元，同比减少14.1%。年内，蒙牛在全球乳业20强排行榜中跃升两级至第八，并入选恒生可持续发展企业指数成分股，成为唯一入选的国内食品企业。

二、蒙牛初期的创第二品牌战略

问题一：你听说过蒙牛速度吗？

蒙牛销售收入从1999年的0.37亿元飙升至2003年的40.7亿元，后者是前者的110倍，年平均发展速度高达323%，在中国乳制品企业中的排名由第1116位上升为第2位，创造了在诞生1000余天里平均一天超越一个乳品企业的营销奇迹，蒙牛速度成为中国企业的一面旗帜。

有人说，这是依附内蒙古大草原占尽资源优势的缘故。但同处内蒙古的伊利，在6年时间内，与蒙牛的销售收入比例由1999年"伊利:蒙牛>30:1"缩小为"2004年的伊利:蒙牛≈1.2:1"。而且蒙牛液态奶的市场占有率在2003年就超过了伊利，跃居全国第一。

---

❶ 商界：《平均一天超越一个同行 蒙牛是怎样炼成的》，2005年3月2日。

问题二：为什么创第二品牌？

残酷的是大树底下的树苗永远长不高，而蒙牛这棵小苗就在伊利大树的浓荫之下，创名牌又谈何容易？但事物总有两面性，伊利既是强大的竞争对手，同时也是蒙牛学习的榜样。于是，创内蒙古乳业第二品牌的创意诞生了。世人皆知内蒙古乳业的第一品牌是伊利，可是内蒙古乳业的第二品牌是谁没人知道。蒙牛一出世就提出创第二品牌，这等于把所有其他竞争对手都甩到了脑后。

问题三：如何宣传创第二品牌？

当时的呼和浩特，路牌广告刚刚萌芽。经营路牌广告的益维公司，只是象征性地在繁华地段为自己立了几个牌子。没人认识到这是一块宝贵的广告资源。牛根生对益维负责人说："你的牌子长时间没人上广告，那就会无限期地荒下去，小荒会引起大荒。如果蒙牛铺天盖地做上 3 个月，就会有人认识到它的价值，一人购引得百人购。所以，我们大批量用你的媒体，其实也是在为你做广告，你只收工本费就会成为大赢家。"结果，蒙牛只用成本价就购得了 300 多块路牌广告 3 个月的发布权。

1999 年 4 月 1 日，呼和浩特市民们一觉醒来，突然发现所有主街道都戴上了"红帽子"——道路两旁冒出一溜溜的红色路牌广告，上面写着："蒙牛乳业，创内蒙古乳业第二品牌。"人们从来没见过如此大规模、如此夺目、如此有豪气而又令人充满疑惑的路牌广告。

问题四：创第二品牌更深刻的意义是什么？

蒙牛把自己放到低处，比如在冰激凌的包装上，蒙牛直接打出了"为民族工业争气，向伊利学习"的字样。这既是谦虚，又可利用伊利的知名度打蒙牛品牌，显然是一种以退为进的策略。牛根生认为，竞争可以双赢，一山可以容多虎。既然奔驰和宝马可以在德国并驾齐驱，风靡世界；百事可乐和可口可乐可以共同引领全球饮料市场，那么伊利和蒙牛为什么不可以共生共荣，共同做大？其次，同一地区的企业，还共同拥有一个大品牌——地域品牌。山西出了一种假酒，败了全部山西酒的市场；比利时发生"二噁英"事件，败了整个欧洲奶粉的市场。这说明相互竞争的企业其实是相互依附的，单个企业的生存环境其实是众多同行共同维护形成的。

从 2000 年 9 月至 2001 年 12 月，蒙牛推出了公益广告——《为内蒙古喝彩·中国乳都》。在所投放的 300 多幅灯箱广告中，正面是万马奔腾图上高书"为内蒙古喝彩"，下注"千里草原腾起伊利集团、兴发集团、蒙牛乳业，塞外明珠耀照宁城集团、仕奇集团，河套峥嵘蒙古王，高原独秀鄂尔多斯，西部骄子兆君羊绒……我们为内蒙古喝彩，让内蒙古腾飞"；背面写着"我们共同的品牌——中国乳都·呼和浩特"。

凡弱者生存，都要有"水性思维"，要柔大于刚，顺多于逆。正如老庄哲学所体现的：知其雄，守其雌；知其阳，守其阴。此时蒙牛是弱者，它就把内蒙古最强势的明星企业搬上广告牌，气势恢宏、令人振奋，既宣传了内蒙古企业团队，也借势提升了自己的形象。当然它把最大的竞争对手伊利排在首位，目的是体现对伊利的尊重。

案例分析题：

1. 蒙牛公司在创业初期为什么采取跟随型战略？有何特征？
2. 液态奶行业属于分散行业还是规模经济行业？为什么？
3. 查阅资料，说明目前蒙牛公司的动态竞争战略。

第十章　公司层战略

知识要点	教学目标
公司层战略的内涵	掌握四种公司层战略
产品—市场战略	了解市场渗透战略、市场发展战略、产品发展战略
多元化战略	掌握多元化战略的内涵、动因，掌握 IE 矩阵分析方法
一体化战略	理解纵向一体化战略的概念和价值，了解横向一体化
并购与战略联盟	掌握并购战略的概念和种类、并购动因和困难，了解并购过程，掌握战略联盟相关内容
国际化战略	掌握国际化战略的概念和种类，了解国际化战略的动因、战略选择的关键问题

公司层战略必须要解决进入或退出某个产业的决策的相关问题。企业在成长过程中需要选择多元化还是专业化、国内经营还是国际化、并购还是战略联盟，在外部环境不利时是实行稳定型战略还是收缩型战略，诸如此类的问题是公司层战略要解决的主要问题。

第一节　公司层战略的内涵

一、公司层战略的概念

公司层战略指一家公司在多个行业或产品市场中，为了获得竞争优势而对业务组合进行选择及管理的行为。

具体来说，有效的公司层战略必须回答三个相关联的问题：企业应该在哪些经营领域参与竞争？应该利用什么途径进入或者退出一项事业？在多个经营领域参与竞争并保持价值性的潜在经济逻辑是什么？也就是说，公司层面战略要确定公司经营业务的种类和公司管理各种业务的方法。

二、公司层战略与企业成长

一家企业从成长逻辑来看，有四种成长路径：资本运作、业务活动、组建方式和空间延展，如图 10-1 所示，其中资本运作是基础。资本从早期的内部积累到企业成长过程中对资金需求量不断增加，先后通过直接筹资、银行贷款、资产运作等多种方式获得实现战略的资金支持。在足够资本的支持下，从业务活动种类和内容上看，企业可以通过原有业务的拓展、纵向一体化、相关与不相关多元化等方式得到成长；从组建方式上看，企业从初创独立公司到内部创建子公司或业务部门、收购子公司、合并成立新公司、控股参股公司、与其他合作伙伴建立联盟等合作形式获得成长；从空间延展上看，企业从最初在当地经营到拓展国内甚至国外市场空间而获得成长。四种成长路径交织在一起，相辅相成，成就了企业不断生长的商业逻辑。

在企业成长过程中，企业需要针对筹资方式、业务活动种类、组建方式、市场空间进行战略选择，这些战略选择的过程即为企业在公司层面战略中必须明确的问题。因此，公司层面的发展战略从业务活动方面看包括产品—市场战略（包括多元化战略）、纵向一体化战略；从组建方式看包括并购战略、战略联盟等；从空间看包括国际化经营战略。

但是，如果企业面临的环境相对不稳定、企业发展受到制约，那么企业在公司层面战略中适时选择稳定型战略或紧缩战略也是十分必要的。

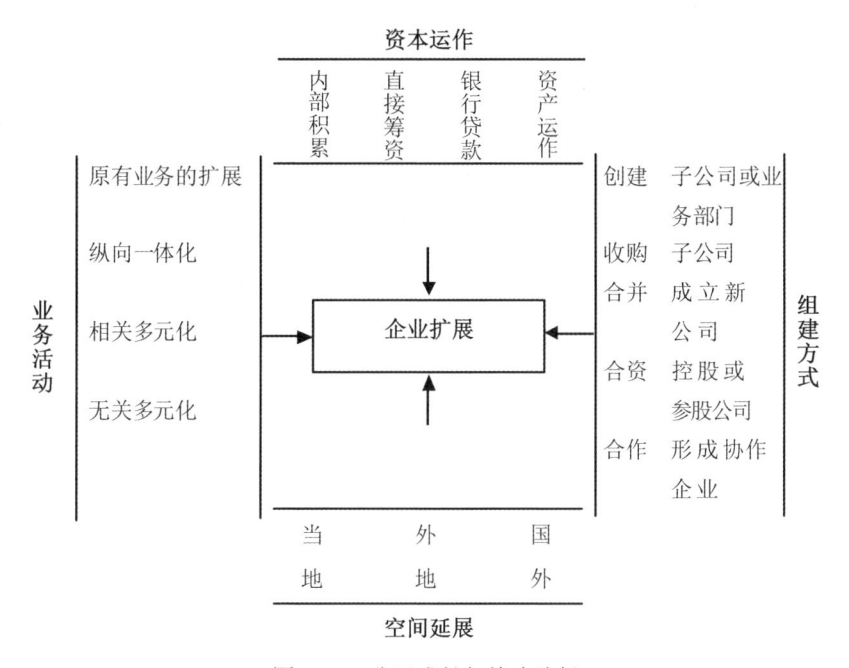

图 10-1 公司成长与战略选择

📖 **小案例：超图软件成长中的战略选择**

超图集团是全球第三大、亚洲第一大地理信息系统（GIS）软件厂商，下设基础软件、应用软件、云服务三大业务板块，有 1000 余家生态合作伙伴，为数十个行业提供信息化服务。建立之初，超图专业开发 GIS 研发的超图信息，在国内市占率并没有特别高。首先通过上市获得更多的资金、资源储备后，采用收购战略，陆续收购了上海南康、南京国图等公司，有效整合并购公司的产品、技术与市场资源，成为国内 GIS 软件行业的绝对龙头。

技术研发战略是超图的重中之重。超图在产品开发方面投入巨大，2019 年研发投入超 2.5 亿元，占年营业收入的 14.58%。自成立以来，其持续创新以及独有的精益敏捷研发管理体系成为难以模仿的竞争优势。SuperMap GIS 系列软件已经广泛应用于自然资源规划、数字城市、智慧城市、金融、通信、电力、自来水等数十个行业。

三、公司层战略的方向

受行业本身特征、外部环境变化等因素的影响，公司层战略分为增长型战略、稳定型战略和紧缩型战略三种战略方向。

（一）增长型战略

增长型战略又称扩张型战略、进攻型战略、发展型战略。从企业发展的角度来看，任何成功的企业都应当经历长短不一的增长型战略实施期。因为从本质上说，只有增长型战略才能不断地扩大企业规模，使企业从竞争力弱的小企业发展成实力雄厚的大企业。这是一种关注市场开发、产品开发、创新以及合并等内容的战略。

（二）稳定型战略

稳定型战略是指企业遵循与过去相同的战略目标，保持一贯的成长速度，同时不改变基本的产品或经营范围。它是对产品、市场等方面采取以守为攻，以安全经营为宗旨，不冒较大风险的一种战略。稳定型战略主要依据于前期战略。它坚持前期战略对产品和市场领域的选择，它以前期战略所达到的目标作为本期希望达到的目标。

稳定型战略包括两种类型。第一，无增战略。无增战略似乎是一种没有增长的战略。采用它的企业可能基于以下两个原因：一是企业过去的经营相当成功，并且企业内外环境没有发生重大变化；二是企业并不存在重大的经营问题或隐患，因而战略管理者没有必要进行战略调整，或者担心战略调整会给企业带来资源分配的困难。第二，微增战略。企业在稳定的基础上，略有增长与发展的战略。

采取稳定型战略的企业，一般处在市场需求及行业结构稳定或者较小动荡的外部环境中，因而企业所面临的竞争挑战和发展机会相对较少。但是，有些企业在市场需求以较大的幅度增长或是外部环境提供了较多的发展机遇的情况下也会采取稳定型战略。这些企业一般来说是由于资源状况不足以使其抓住新的发展机会而不得不因此采用相对保守的稳定性战略态势。

稳定型战略的好处是该类型战略能够完善内部经营机制，提高对外界变化的适应和抗干扰能力。但长期使用该战略，会使企业发展缓慢，忽略外部机遇。

（三）紧缩型战略

紧缩型战略是指企业从战略经营领域和基础水平收缩和撤退，且偏离起点战略较大的一种经营战略。与稳定型战略和增长型战略相比，紧缩型战略是一种消极的发展战略。

紧缩型战略的类型包括抽资转向战略、调整战略、放弃战略、清算战略等。抽资转向战略指企业为削减费用和改善资金的使用，减少某一特定的产品线、产品、牌号或经营单位的投资，把资金投入到另外的新的或发展中的领域。企业抽资的对象往往是费用高、利润少、发展前途不乐观或企业产品组合中次要的部分。调整战略是指将企业经营发展过程产品结构、组织机构等进行调整、整合、缩减，改变现有经营模式和方向的战略。放弃战略的目标是清理、变卖某些战略业务单位，以便把有限的资源用于经营效益较高的业务，从而增加盈利。这种战略特别适用于那些没有前途或妨碍企业增加盈利的问题类业务。清算战略是指当企业严重亏损，资不抵债，又无力扭亏为盈时，对企业资产和债权债务进行清算，转让整个企业，偿还债务，收回剩余资金，另行创建别的企业的战略。

紧缩型战略的实施条件包括在激烈竞争行业中的危困企业、出现宏观经济衰退、产品处于衰退期、其他危难时刻。企业因经营失误造成企业竞争地位不稳、经营状况恶化，只有采用紧缩才能最大限度地减少损失，保存实力；企业为适应经济衰退、行业进入衰退期、对企业产品或服务的需求减小等极为不利的外部环境而采取紧缩型战略；当企业存在一个回报更高的资源配置点，为了谋求更好的发展机会，使有限的资源得到更有效的配置，也可能采用紧缩型战略。

第二节　产品—市场战略

产品—市场战略是由美国战略管理学者安索夫于1957年在《哈佛商业评论》上发表的一篇文章中提出的。他认为，企业经营战略的四项要素（即现有产品、未来产品、现有市场及未来市场）有四种组合，即市场渗透（现有市场和现有产品的组合）、产品开发（现有市场和未来产品的组合）、市场开发（未来市场和现有产品的组合）以及多元化经营（未来产品与未来市场的组合）。

一、市场渗透战略

市场渗透战略是企业经营最基本的发展战略，是实现市场逐步扩张的发展型战略。该战略立足于现有产品，充分开发其市场潜力，因此又称为企业最基本的发展战略。只要企业现有产品市场组合的潜力尚未得到充分开发，实施市场渗透战略的风险最小、所需投入资源最少。

（一）市场渗透战略的途径

精明的管理者从不忽视企业现有产品市场组合，他们总是尽力通过增强、维持现有产品市场组合的竞争地位来发掘其潜力，甚至在其臻于成熟时，也设法扩展其增长量和利润度。这些管理者深知市场渗透战略是企业的一项基本发展战略，并将其贯彻于产品市场组合生命周期的各个阶段。

市场渗透战略通过充分开发现有的产品市场，从而促进企业的发展。在产品市场组合生命周期的不同阶段，市场渗透战略的灵活运用都具有重要意义。

当产品在市场上处于引入期和成长期时，很多消费者对产品一无所知或者稍有了解但尚不全面，这些消费者由于对新产品的信息了解不充分，而对该产品持怀疑或观望的态度。在这一阶段实行市场渗透战略，企业可以通过有效的信息传播，吸引那些尚未使用此类产品的顾客，消除其顾虑，将其转化为企业的现实顾客。市场渗透使企业获得更多的销售额。

在成长期，由于这一时期是众多竞争对手首选的切入点，市场竞争最为激烈，各企业的相对竞争地位也最不稳定。实行市场渗透战略有助于企业在成长期维护和巩固其市场定位，是企业获得并维持明星类业务的重要手段。其中降价作为成长期市场渗透战略的常用手段，不但有助于吸引价格敏感的潜在顾客，而且提高了行业进入壁垒，有力地阻击了潜在竞争对手的进攻。但是降价并不意味着企业总利润减少，因为降价的部分主要来自经验曲线和规模经济导致的成本节约。

市场进入成熟期后，企业间的相对竞争地位基本稳定下来，市场总容量趋于饱和。但是优秀的企业仍然可以借助市场渗透战略来扩大销售量与市场份额，进一步增强竞争地位，促使金牛进一步肥壮，并延缓其衰老。

人们通常认为，如果市场处于成长期，市场渗透战略在短期内可能会使企业利润有所增长；当市场趋于成熟时，对渗透战略最致命的打击将是市场衰退。但经过上面分析，人们发现市场渗透为企业带来的不仅仅是短期的利润，更主要的是战略利益。产品市场组合的引入期、成长期实施渗透战略，为企业产品今后的市场地位奠定了基础；而在成熟期进行市场渗透，不但有助于进一步巩固企业的市场地位，更有助于延缓衰退期的到来。

总之，这属于一种相对稳健并且可行的内生式增长方式，企业发展初期的主营产品有一定知名度与竞争力，但市场占有率并没有太高，后续随着公司产品进一步更新迭代、不断完善、市场服务不断加强，以及随着细分领域市场渗透率的提高，公司营收规模与市场占有率随之增加。实施市场渗透战略，不但有助于提高每个产品市场组合在其整个生命周期内为企业创造的价值，而且有助于优化企业的整体业务组合，与企业成败密切相关。在任何时期，对市场渗透的忽视都可能使企业蒙受巨大损失。

> **小案例：中控技术的市场渗透战略**
>
> 中控集团始创于1993年，是中国领先的自动化与信息化技术、产品与解决方案供应商，业务涉及流程工业综合自动化、公用工程信息化、装备工业自动化等领域。其上市公司中控技术2010年在国内DCS（仪表控制系统）市场市占率只有10%左右，而在2010—2019年间，依靠中控技术自身产品实力的增强和产品组合营销的深入，加之DCS市场整体渗透率的提高，以及在国产替代进口的大趋势下，中控技术逐渐成为国产DSC市场的龙头，市占率达到30%以上。

（二）市场渗透战略的风险

市场渗透战略的风险主要表现在：顾客兴趣的改变可能会导致企业现有市场需求的枯竭；一项大的技术突破甚至可能会使企业现有产品迅速变成一堆废物；企业如果在现有业务上投入过多的资源与注意力，可能会错过更好的发展机会；除非企业在现有业务上处于绝对优势地位，否则会面对很多竞争对手。

尽管有这些风险的存在，但不能因此而泯灭市场渗透战略的价值。因为顾客的兴趣毕竟不会眨眼间就转变，技术突破也不会在一夜间实现，在任何情况下企业投资的机会成本总会存在，竞争在现代市场上更是无处不在。更因为企业现有业务是企业成长的出发点，是企业唯一的资金来源，是企业进行市场开发、产品开发或多角化运营的基础。进一步开拓并维护企业的现有业务、进行市场渗透不容置疑。需要注意的是，依靠既有产品市场占有率提高需要重点注意竞争对手的应对策略和微妙反应。因为公司自身的市场占有率提高在绝大多数情况下是以其他竞争对手丧失市场份额来获得的。

二、市场开发战略

市场开发战略又称市场发展战略，是由现有产品和新市场组合而产生的战略，即企业用现有的产品开辟新的市场领域的战略。它是发展现有产品的新顾客群，从而扩大产品销售量的战略。这一战略可以使企业得到新的、可靠的、经济的和高质量的销售渠道，对于企业的生存发展具有重要的意义。它是企业在原有市场的基础上，选择新的目标市场，并研究和制定占领新的目标市场的战略。

（一）市场开发战略的途径

开发新市场，将本企业原有产品打入从未进入过的新市场，加强与消费者的沟通，可以通过售后反馈、用户体验、大数据统调等方式来了解顾客内心的真实想法，从而为产品创新以及销售方式的改变提供准确的基础。

企业可以寻找现有产品的潜在用户，发掘潜在客户，激发其购买欲望，扩大新市场的占有率，比如通过广告宣传给观众留下深刻印象。例如，目前中国环境污染问题严重，企业就可以借机强调其产品的绿色环保从而获得顾客的注意力。

增加新的销售渠道包括雇佣新类型的中间商和增加传统类型中间商的数目，灵活运用各种中间商的销售途径，开发新的市场。

（二）市场开发战略的风险

市场开发战略的风险表现在三个方面。

第一，价格变动风险。企业市场营销策划活动中，价格的变动需要严格的控制和分析之后决定，任何一点价格变动都有可能导致营销危机。比如，产品降价会引发竞争产品的恶性降价活动，不顾产品本身成本投入和利润额度，针对企业进行强行打压；提价则会导致消费者的流失，造成产品滞销的后果。

第二，分销渠道风险。企业所选择的分销渠道存在不能履行分销责任和满足分销目标的风险。包括分销商风险（分销商实力较弱、地理位置偏僻，或者存在其他违约行为造成营销过程中出现问题）、存储运输风险（在产品的存储、运输过程中造成产品数量、质量或者供应时间上的损失），以及货物回收风险（分销商恶意拖占货款）。

第三，促销风险。促销风险是指企业在产品促销活动中，遇到人为干扰或者促销行为不当，导致促销活动失败、产品受损的状态。

三、产品开发战略

产品开发战略就是产品价值内涵的拓展和创新运用的战略，即产品价值的创造战略，具体说就是如何满足用户需求创造价值对接，更高层次的是如何利用产品引领用户价值需求和创造需求。

（一）产品开发战略的途径

产品开发战略的途径是通过合理的公司开发战略构建合理的产品结构和合适的产品策略。产品价值的创造战略指如何满足用户需求创造价值对接、如何通过开发战略利用产品引领用户价值需求和创造需求。

> 小案例：承德露露的产品发展战略

承德露露始终把产品发展战略作为公司的核心战略之一，不断通过技术研发，加大产品创新、扩张产品品类矩阵。2018 年以来，承德露露在原有经典款杏仁露的基础上，进行工艺调整，提升杏仁与蛋白质含量的同时降低含糖量，市场定位为追求品质生活的年轻白领群体，开发出浓情款杏仁露。同时还根据市场需求推出低热量、低糖的无糖款杏仁露，匹配儿童优质蛋白需求的迷你款杏仁露等。同时，在规格包装上面，除常规 240mL 包装外，公司现已上市 310mL、480mL、960mL 产品规格以满足消费者差异化需求。同时，推出瓶装产品，在成本、运输便利性上形成了更强的竞争优势。另外，企业还面向市场新需求打造面向年轻消费需求的以健康、低糖为主线的多款产品。不仅是杏仁露系列，还有提升蛋白质含量的杏仁奶系列及开拓其他植物基的饮品，如燕麦方向。公司还根据杏仁露的即饮产品特征和可拓展的节假日消费空间开发礼品市场。

（二）产品开发战略的风险

产品开发战略的风险主要表现在研发风险、商业化风险、被模仿风险三个方面。

1. 研发风险

产品开发的大致过程是，首先搜集足够多的构思，然后再对构思进行筛选，筛选通过了进入实验室，利用技术力量加以研发。这里涉及研发构思和研发成效两个方面的风险。如果研发构思没有与顾客价值紧密结合，会出现后期研发出的产品没有市场，或者市场需求体量不够等问题。而研发过程中人力资源的实力和研发费用是产品发展战略面临的首要风险。

2. 商业化风险

研发出产品之后，还不一定马上大规模商业化，可能会进行市场的试销，试销成功了，才可能最终投向市场，大规模商业化是一个非常复杂、烦琐的过程。这个过程由若干环节组成，某一个环节做得不到位，做得不合理，考虑得不周全，都可能导致整个研发前功尽弃，所以研发的失败概率是较高的。另外，商业化过程中的营销也面临着与竞争对手争夺市场的风险。

3. 被模仿风险

即使产品获得成功，大规模商业化推向市场了，但是由于被市场中的竞争者模仿并加以创新和改良，最终有可能会导致产品的生命周期缩短。缩短就意味着这个新产品就很难给企业带来所期望的回报。

第三节 多元化战略

安索夫提出的产品—市场战略矩阵理论认为，未来产品与未来市场的组合战略即为多元化战略。

一、多元化战略的内涵

（一）多元化的概念

所谓多元化，从不同的视角有不同的定义。产品或产业的多元化，是指企业新生产的产品跨越了并不一定相关的多种行业；市场的多元化，是指企业的产品在多个市场，包括国内市场和国际区域市场，甚至是全球市场；投资区域的多元化，是指企业的投资不仅集中在一个区域，而且分散在多个区域甚至世界各国；资本的多元化，是指企业资本来源及构成的多种形式，包括有形资本和无形资本（诸如证券、股票、知识产权、商标和企业声誉）等。

本文所指的多元化战略是指产品或产业多元化的概念，即企业同时生产和提供两种以上基本经济用途不同的产品或服务的经营模式所执行的战略。

（二）多元化与专业化之辩

企业都是从小到大发展起来的，当企业发展到一定阶段后，就会面临一个抉择——未来到底是走多元化还是专业化发展。

多元化是指企业不断拓展业务范围，进入多个业务领域，推动业务的横向多元化发展。采取多元化策略比较成功的代表企业有美国通用、西门子、华润集团等企业。美国通用被称为一家"能生产任何物品"的公司；西门子的业务领域涵盖交通、电力、能源、医疗等行业；华润集团在国内涉足连锁超市（如华润超市）、酒饮（如雪花啤酒）以及燃气等领域，并均已做到行业内首屈一指的地位。

而专业化是指企业专注于某一个行业或领域，集中公司所有的资源和能力不断的深耕该行业，不断提高公司在该领域的竞争力和影响力。采用专业化策略比较成功的代表企业有苹果、微软、华为等企业。苹果只专注于电子消费品领域；微软专注于软硬件信息技术服务；华为对自身的定位是设备供应商，华为还将"永远不进入信息服务业"写入了华为基本法。

多元化的优点是多业务协同，可以分散行业带来的风险，同时多业务直接可以构建业务协同优势；缺点是有限的资源需要分散到多个领域，最终容易导致各个领域专业性水平参差不齐。

专业化的优点是可以在某一个优势领域做专、做深，并构建该领域的技术壁垒，拉开与竞争对手的差距，提高自身在该领域的影响力；缺点是"鸡蛋都放到了一个篮子里"，如果行业出现下滑，则企业长远发展很容易遇到瓶颈。

二、多元化战略的分类

（一）按照收入所占百分比划分

1. 低度多元化

如果企业95%以上的收入均来自一种产品，其他产品收入不足5%，称为单一业务型多元化；收入的70%~95%来自单一业务，称为主导业务型多元化。这两种属于低度多元化。

2. 中高度多元化

如果企业来自主导业务的收入低于70%，且所有业务共享产品、技术、分销渠道，称为相关约束型多元化；来自主导业务的收入低于70%，且各业务之间存在有限的联系，称为相关联系型多元化。

3. 特高多元化

如果企业主导业务收入低于70%，且各业务之间无任何联系，称为特高多元化。

（二）按照相关性划分

1. 相关多元化战略

相关多元化战略又称关联多元化战略，是指企业进入与现有产品或服务有一定关联的经营领域，进而实现企业规模扩张的战略。这里的有关联是指业务之间存在的联系，例如，各业务之间可能围绕某个核心产品、技术或者市场产生的相互联系。相关多元化战略可以划分为以下三种类型：

（1）水平多元化战略。在同一专业范围内进行多种经营，如汽车制造厂生产轿车、卡车和摩托车等不同类型的车辆。

（2）垂直多元化战略。企业沿产业价值链或企业价值链延伸经营领域，如某钢铁企业向采矿业或轧钢装备业延伸；某汽车制造企业不仅生产整车，还生产汽车发动机及其他零部件等。

（3）同心型多元化战略。以市场或技术为核心的多元化，如一家生产电视机的企业，以家电市场为核心生产电冰箱、电冰柜、洗衣机；造船厂在造船业不景气的情况下承接海洋工程、钢结构加工等。

企业实施相关多元化战略时，应符合以下条件：企业可以将技术、生产能力从一种业务转向另一种业务；企业可以将不同业务的相关活动合并在一起；企业在新的业务中可以借用企业品牌的信誉；企业能够创建具有有价值的竞争能力的协作方式并实施相关的价值链活动。

2. 非相关多元化战略

非相关多元化战略又称无关联多元化战略，是指企业进入与现有产品或服务在技术、市场等方面没有任何关联的新行业或新领域的战略。

企业实施非相关多元化战略时，应符合以下条件：企业所在行业逐渐失去吸引力，企业销售额和利润下降；企业没有能力进入相邻行业；企业具有进入新行业所需的资金和人才；企业有机会收购一个有良好投资机会的企业。

三、企业多元化的原因

大多数大型上市公司是多事业的集团，经营着多种产品或服务，并在多个区域市场（经常是全球化的）活动，很少有经营单一事业的企业。很明显，大部分企业是多元化战略的实施者。那么，企业多元化的原因是什么？一般而言，企业多元化应该是为了实现股东价值。但是并非所有的多元化都能实现股东价值的增长。在企业多元化实践中，有些多元化可以创造巨额的股东财富，也有些多元化可能会减损价值。

（一）范围经济创造价值

联合生产两个或更多产品，比分别单独生产这些产品时的平均成本要低，这种平均成本的降低就是范围经济。如果企业能够在一个以上的产品、服务或者地理区域中，利用同一种资源或者价值链活动，范围经济也有可能发生。范围经济在所有价值链的活动上都可能存在，而不仅仅局限在生产活动中。比如，两个产品合并营销，就可能带来成本节约（增强收入提升的协同效应）。再如，两个或以上的产品共同使用某种原材料，这种原材料的购买量越大，成本就越低，那么合作生产这些产品就可以提高采购量，因而削减成本。在这种情况下，加入采购职能和联合购买原材料的能力就创造了范围经济。

实施相关多元化的公司战略的企业可以通过范围经济扩展资源，增强创造价值的能力。企业可以通过行为的共享、传递核心竞争力和市场影响力来实现范围经济。例如，宝洁公司生产的儿童尿片和纸巾的共同原材料是纸，这些不同产品共同原材料应用的共享行为为企业创造了价值。相关多元化公司还可以通过技术、无形资产等公司核心竞争力的转移传递实现价值增值。例如，本田公司将其核心竞争力之一发动机技术应用到摩托车、割草机等产品中，降低了产品开发成本，产生了范围经济的协同效应，为股东带来了价值。另外，横向并购的形式进行的多元化也使并购后的企业获得范围经济，从而提高了业绩。同时，通过纵向一体化等方式进行并购所产生的在行业价格、质量、标准等方面的高市场影响力，也可提高股东价值的多元化。

（二）财务经济创造价值

公司在实行非相关多元化公司层战略时，既不追求经营层面的相关性，也不追求公司层面的相关性。非相关多元化战略可以通过两种财务经济的方式来创造价值，即借公司内部外部的投资进行财务资源的优化配置以实现成本节约。

第一，有效的内部资本配置。它可以降低公司业务的风险（例如通过多项风险各异的业务组合来降低整个公司的风险）。在市场经济环境中，资本市场被认为是有效分配资本的方式。其有效性表现为使投资者更公平地对待具有较高预期的现金流价值。资本的分配还可以通过债券的形式，以及股票持有者和债务人通过持有具有高增长和盈利前景的企业的债券来使其投资增值。在大型多元化公司中，公司总部将资本配至各业务部门以提高整个企业的价值。这种分配方式下产生的收益可能要超过股东将资本投资到外部市场上所获的收益，因为公司总的管理人员对本公司内的业务组合及其绩效有一个真实且透彻的认识。

第二，对公司已获得的资产进行重组。比如某家多元化的企业购买了另一家企业，然后通过对后者的重组来提高其盈利能力，之后再在外部市场上出售以获利。

（三）价值不确定的多元化

有些企业选择多元化，主要原因并不是股东价值，而是其他因素。例如，如果政府出台反垄断法，某企业规模过大，有垄断的嫌疑，最好的办法是限制本行业的规模，将资金进入其他领域的生产。再如，某些国家的税法在多业务生产和单业务生产中产生的收入交税额度不同，使得一些企业为了避税而选择多元化。还有企业为了避免鸡蛋在一个篮子中，特别是绩效差的企业往往希望通过多元化回避现有风险，进入有吸引力的领域。另外，一些企业资源过剩，例如生产能力、营销能力有剩余，于是采取相关多元化战略提高资源利用率。

（四）管理人员的自我服务动机

除了以上多元化动机，管理者选择多元化还可能有自我服务的动机，这对于实现股东最佳利益并非必要。其具体包括：降低风险、构建堑壕和提高薪酬。管理者希望降低自己的执业风险，因此更希望鸡蛋不放在一个篮子里。同时，管理者一般会考虑自己对某个多元化领域的偏好来选择多元化方向，倾向于选择自己擅长的业务方向，构筑管理者堑壕，以为高层管理者带来更多的声誉。另外，多元化程度越高，管理越复杂，高层管理者越可能获得更高的收入和更大的权力。

四、多元化战略分析工具

（一）波士顿矩阵（BCG 矩阵）

制定公司层战略最流行的方法之一就是波士顿矩阵（BCG 矩阵）。波士顿矩阵认为，一般决定产品结构的基本因素有两个，即市场引力与企业实力。据此可以确定销售增长率和市场占有率双高的产品群（明星类产品），销售增长率和市场占有率双低的产品群（瘦狗类产品），销售增长率高、市场占有率低的产品群（问题类产品），销售增长率低、市场占有率高的产品群（金牛类产品）。该工具已经在前面章节中介绍，本章不再赘述。

（二）内部—外部矩阵 IE 矩阵

IE 矩阵是在原来由通用电气公司（GE 公司）提出的多因素业务经营组合矩阵基础上发展起来的，即用内部因素与外部因素取代该矩阵中的竞争能力和行业吸引力，见表 10-1。

表 10-1　IE 矩阵

		IFE 加权评分		
		强（3.0～4.0）	中（2.0～2.99）	弱（1.0～1.99）
EFE 加权评分	高（3.0～4.0）	I	II	III
	中（2.0～2.99）	IV	V	VI
	低（1.0～1.99）	VII	VIII	IX

该分析方法是把战略制定过程中对企业内部和外部环境分析的结果分成高、中、低三个等级，从而组成了有九个象限的内部—外部矩阵。

在 IE 矩阵中，纵坐标（EFE）是对企业外部环境所包含的机会与威胁的评价及企业对外部环境所作出反应的程度。EFE 加权值越高，说明企业越能利用外部有利的市场机会和减少外部竞争威胁的不良影响，即企业在外部环境方面处于优势。EFE 加权值越低，说明企业面临着越严峻的竞争威胁，而且企业不能有效地利用有利的市场机会和消除竞争威胁的不利影响，即企业在外部环境方面处于劣势。

在 IE 矩阵中，横坐标（IFE）是对企业内部各因素综合分析得出的加权值。它反映了企业内部的综合实力和竞争能力。IFE 加权值越高，说明企业的综合实力和竞争能力越强，即企业在内部状况方面处于强势。IFE 加权值越低，说明企业的综合实力和竞争能力越低，即企业在内部状况方面处于弱势。

在 IE 矩阵的横坐标中，IFE 加权评分数为 1.0～1.99 代表企业内部的劣势地位，2.0～2.99 代表企业内部的中等地位，而 3.0～4.0 代表企业内部的优势地位。相应地，在纵坐标上，EFE 加权分为 1.0～1.99 代表企业面临着较严重的外部威胁，而 2.0～2.99 代表企业面临中等的外部威胁，3.0～3.99 代表企业能较好地把外部威胁的不利影响减少到最低程度。

可以把 IE 矩阵分成具有不同战略意义的三个区间。第一，IE 矩阵对角线的第III、V、VII格；第二，IE 矩阵对角线左上方的第 I、II、IV 格；第三，IE 矩阵对角线右下方的第VI、VIII、IX 格。

对落在 IE 矩阵不同区间的不同业务或产品，企业应采取不同的战略：

（1）落入 I、II、IV 象限的业务应被视为增长型和建立型（Grow and Build）业务，所以应采取加强型战略（市场渗透、市场开发和产品开发）、一体化战略（前向一体化、后向一体化和横向一体化）或投资/扩展战略。

（2）落入III、V、VII象限的业务适合采用坚持和保持型（Hold and Maintain）战略或选择/盈利战略，如市场渗透和产品开发战略等。

（3）落入VI、VIII、IX 象限的业务应采取收获型和剥离型（Harvest and Divest）战略或收获/放弃战略。

综上，IE 矩阵用九个象限对企业的所有产品或业务进行分类，再把这九个象限分成具有战略意义的三个区间。这样就把企业的产品或业务分成三种类型，然后根据不同类型产品的特点采取不同的发展战略。

（三）BCG 矩阵与 IE 矩阵的比较

IE 矩阵与 BCG 矩阵相似的地方有：它们都是用矩阵的方式对企业的所有产品或业务进行分类；它们分析的思路都是从内部和外部两个方面对企业的产品或业务进行评价；它们都

是一种组合矩阵分析法，即可用于分析企业最佳的业务组合战略和确定企业每项业务的发展战略。

IE 矩阵与 BCG 矩阵也有区别：虽然两个矩阵都是从内部和外部两个方面进行分析，但 IE 矩阵是从综合的角度分析内部和外部因素，即 IE 矩阵比 BCG 矩阵需要有更多的企业内部和外部的信息；两个矩阵的轴线也不同，BCG 矩阵是把纵轴和横轴分成高低两种情况，形成四个象限进行分析，IE 矩阵则是把纵轴和横轴分成高中低三种情况，形成九个象限后又分成三个战略区间进行分析的。

第四节　一体化战略

一体化战略是指企业有目的地将互相联系密切的经营活动纳入企业体系之中，组成一个统一经济实体的控制和支配过程。一体化战略主要包括纵向一体化和横向一体化。

一、纵向一体化

（一）纵向一体化的概念

纵向一体化也称垂直一体化，指将企业的业务活动范围后向扩展到供应商，前向扩展到产品和服务的用户的一种战略。其按物质流动的方向又可以划分为前向一体化和后向一体化，如图 10-2 所示。前向一体化指企业获得对分销商的所有权或控制力的战略。例如，一家酒店并购一家旅行社，使其成为自己的一部分，即采取了前向一体化战略。后向一体化指企业获得对供应商的所有权或控制力的战略。例如，一家酒店进入了家居用品的生产行业就是实施后向一体化战略的表现。

与非纵向一体化相比，纵向一体化在若干种情形下能够增加企业收入或降低企业成本。也就是说，在若干种情形下，纵向一体化是有价值的。

图 10-2　后向一体化与前向一体化图示

（二）前向一体化的适用条件与优势

有效的前向一体化战略在以下条件下适用：企业当前的分销商要价太高、不大可靠、不能及时满足企业分销产品的要求时；企业可以利用的合格分销商非常有限，以至于进行前向一体化的企业能够获得竞争优势；企业当前参与竞争的产业增长迅速或者可以预期获得快速增长，因为如果企业主营业务所在的产业增长乏力，那么前向一体化只会降低企业多元化的能力；企业拥有开展新的独自销售自身产品所需要的资金和人力资源，获得生产高稳定性的优势；企业通过前向一体化可以更好地预测产品的未来需求，减少产品生产的波动；企业通过前向一体化可以在销售自身产品的过程中获得丰厚利润，同时给出自身产品具有竞争力的价格。

企业采取前向一体化战略有以下优势。第一，产品差异化路径更多。由于前向一体化能够更接近需求侧，企业就可能有更多的机会实施产品差异化。例如，一家面粉厂进入生产蛋糕的行业，那么蛋糕的可差异化途径要远高于面粉的差异化途径。第二，获得更多利润，主要指企业能够获得原来分销商获得的利润。同时，如果能够进入下游企业所在的行业，企业原有产品可以作为原材料、零部件及时发货给自己企业中的业务开展接续的生产销售活动，减少了原有产品的库存。

（三）后向一体化的适用条件与优势

有效的后向一体化战略的适用条件包括：企业当前的供应商要价太高，或者不可靠，或不能满足企业对零件、部件、组装件或原材料等的需求；供应商数量少而企业的竞争者数量却很多；企业参与竞争产业正在高速增长；企业拥有开展独自从事生产自身需要的原材料这一新业务所需要的资金和人力资源；企业可以通过后向一体化稳定原材料的成本，进而达到稳定产品价格的目的；企业当前的供应商利润空间很大；企业需要尽快获取所需资源。

企业采取后向一体化战略有以下优势。第一，降低成本。企业可以自己生产零部件等原来供应商提供的产品，可以节约成本。第二，本企业可以通过严格的质量管理提高供应品的产品和服务质量，从而形成最终产品的高质量。第三，有利于增强那些能够提供客户价值的特色。第四，降低不确定性和供应商不失一切机会抬价所面临的脆弱性。

（四）纵向一体化的弊端

纵向一体化的弊端主要体现在以下方面。第一，脱离行业困难。由于企业在产业链中选择了更多的环节，企业投入更多的专用资产，退出壁垒更高。第二，对厂内活动依赖。以后向一体化为例，如果自己生产零部件，即便新的供应商生产的零部件质量更好且价格不贵，但因本企业生产的零部件是专门给本企业做配套，企业也只能选择自有的零部件。第三，生产能力极难平衡。不同生产阶段的经济批量一般并不相同，因此，为了成本最优，通常是要么有一部分本企业生产的零部件需要对外找销路，要么还需要额外的零部件从外部购进。第四，不同的生产环节需要不同的业务和技能的需求。第五，业务环节的增多使管理更加复杂化。

正因为纵向一体化存在这些风险，如果某项活动由外部厂商来做更有效，或者该活动对公司获得持久竞争能力的优势并无重要意义，或者为了减少公司对技术变化和购买者偏好的风险程度、简化公司运作、提高组织的灵活性，企业便纷纷剥离非核心业务，集中于核心业务。

二、横向一体化

横向一体化也称为水平一体化，是指与处于相同行业、生产同类产品或工艺相近的企业实现联合，实质是资本在同一产业和部门内的集中，目的是实现扩大规模、降低产品成本、巩固市场地位。横向一体化的主要目的是减少竞争压力、实现规模经济、增强自身实力以获取竞争优势。横向一体化战略适用的条件是：企业可以在特定的地区或领域获得垄断，同时又不会被政府指控为对于削弱竞争有实质性的影响；企业在一个呈增长态势的产业中竞争；可以由此借助规模经济效应的提高为企业带来较大的竞争优势；企业拥有成功管理业务规模得到扩大的企业所需要的资金和人力资源；竞争者因缺乏管理人才，或者因为需要获得其他企业拥有的某些特殊资源而陷入经营困境之中。如果竞争者效益不佳是整个产业的销售总量下降造成的，则企业不应选择水平一体化。

第五节　并购与战略联盟

企业多元化战略和一体化战略的实现可以依靠企业内部发展,也可以通过并购和战略联盟的形式。

一、并购战略

(一)并购的概念

并购是指一家企业通过购买另一家企业全部或部分的资产或产权,从而控制、影响被购买企业,以增强企业竞争优势、实现经营目标的行为。并购包括企业兼并与企业收购。

企业兼并通常指在市场机制的作用下,通过产权交易转移企业所有权的方式将一家或多家企业的全部或部分产权转归另一家企业所有。

企业收购指一家企业经由收购股票或股份的方式取得另一家企业或多家企业的控制权或管理权。企业收购有三种形式:吞并,控制被收购企业,仅为被收购企业的股东。针对被收购企业,企业收购的优点是简化操作程序,减少企业动荡,债权债务关系不变。

> **小案例:中国企业并购——阿里巴巴并购饿了么**[1]

根据万得数据统计,近十年来我国发生的并购事件,无论是次数上,抑或是并购总规模上,都是呈总体上升趋势的。2020 年并购总规模达到 85351.25 亿元,比 2012 年的 19713.28 亿元增加了 65637.97 亿元,不到十年时间,整体规模增长了三倍多。从行业角度来看,近五年软件与服务行业发生并购事件的次数最多、规模最大,银行业次数最少也规模最小。从地域角度看,近十年北京发生的并购事件次数最多、规模最大,其次是广东省,台湾省则为零[2]。

根据企查查相关数据显示,2010 年到 2020 年间共发生了 542 起互联网企业并购重组事件。2013 年达到了第一个峰值,同比增长超过 8 倍,标志着并购活动成为互联网企业炙手可热的战略活动之一。之后继续保持相对稳定的增长趋势,2018 年出现第二个小峰值。之后随着国家反垄断法等政策法规的出台,并购数量出现一定比例的回落。其中阿里巴巴并购饿了么比较有代表性。

阿里巴巴集团是于 1999 年初创立的一家互联网企业,创立的初衷是借助创新与科技的力量,以互联网为抓手,为中小微企业提供服务,使其能够有效地参与到市场竞争中去。公司成立以来,从最初的外贸线上批发交易平台(阿里巴巴国际站)发展成一个涵盖电子商务、网上购物与支付、媒体娱乐、物流及云计算的数字生态综合服务公司。纵观阿里巴巴的发展史,"让天下没有难做的生意"的使命贯穿了企业发展的整个发展历程。

业务发展方面,2003 年 5 月 10 日,淘宝网的上线为中国带来了一种全新的消费及商业模

---

[1] 黄亚兰:《互联网企业并购中企业价值评估研究——以阿里巴巴并购饿了么为例》,硕士学位论文,云南财经大学,2022。
[2] 项梦雪:《并购商誉、研发强度与企业创新质量——来自中国战略性新兴企业的经验证据》,硕士学位论文,中国财政科学研究院,2022。

式。同年 10 月，第一笔通过支付宝付款的交易完成。次年全面推出支付宝业务，标志着第三方支付平台的兴起。支付宝与网上购物业务相辅相成，得到了快速发展的同时，也对传统金融行业产生了严重的打击。2014 年 9 月 19 日，阿里巴巴于 NYSE（美国纽交所）上市。表 10-2 描述了阿里巴巴的业务分类及具体业务。

表 10-2　阿里巴巴业务板块表

业务分类	具体业务
零售批发业务	TMALL 天猫、淘宝、盒马、AliExpress、Lazada 等
数字媒体及娱乐业务	优酷、UC 浏览器、阿里影业、大麦、书旗等
创新业务	高德地图、钉钉、天猫精灵
本地生活服务业务	饿了么、口碑、飞猪
支付及金融服务业务	蚂蚁集团
物流配送业务	菜鸟、蜂鸟配送
营销服务及数据管理业务	阿里妈妈
云计算业务	阿里云

2020 年新冠疫情暴发以来，阿里巴巴启动"春雷计划 2020"助力中小企业渡过难关，钉钉为企业远程办公、教师学生远程教学提供了条件。

饿了么是创始人张旭豪于 2008 年创立的餐饮 O2O 网络平台，在创办之初主要依靠中国国内高校外卖行业获得了迅速的发展，其主要服务内容有网络外卖、新零售、即时物流和餐饮供应链管理等。2017 年 8 月，饿了么正式宣布收购百度外卖，市场份额接近 40%，位居美团外卖之后，为行业第二。2018 年 4 月，饿了么被阿里巴巴全资收购，与口碑、飞猪一同成为阿里巴巴本地生活服务业务的重要组成部分，见表 10-3。饿了么以"Everything 30min"为使命，有机地结合了线下商铺及线上平台，构建了完善的外卖配送体系，使得外卖同堂食一样成为当代人们的主要用餐形式，一定程度上促进了中国餐饮业数字化的进程及发展。被并购之后，饿了么从单一的外卖平台向综合数字化平台转变，除了维持好原有的外卖业务之外，通过餐饮大数据分析承担了为商家提供店铺选址、优化菜单建议、供应链预订等附加服务，对于提高商家运营效率及营销能力的精确性有正向的反馈作用。发展至今，饿了么已经成为我国领先的本地生活和及时配送平台。

表 10-3　2015—2018 年阿里巴巴并购流程

时间	并购过程	投资金额（持股比例）
2015 年 12 月	阿里巴巴与饿了么签订投资框架性协议	
2016 年 4 月	阿里巴巴和蚂蚁金服与饿了么签订战略性合作协议书	12.5 亿美元（27.7%）
2017 年 4 月	阿里巴巴与蚂蚁金服进一步增持饿了么股份	4 亿美元（32.9%）
2017 年 6 月	阿里巴巴对饿了么进行战略投资	10 亿美元（43%）
2018 年 4 月	阿里巴巴协同蚂蚁金服完成对饿了么的全资并购	95 亿美元（100%）

从 2015 年底开始到 2018 年一季度末，阿里巴巴连续对饿了么完成了四轮融资。在 2016 年 4 月，阿里巴巴和蚂蚁金服与饿了么签订战略合作协议之后，阿里巴巴就已经取代了创始

团队，成为最大的股东。整个过程循序渐进，历时 2 年多，阿里巴巴最终实现了对饿了么的全资并购，持股比例达 100%。这场并购是基于双方自愿的，饿了么创始人张旭豪看重的是阿里巴巴给饿了么带来的机遇和平台，而阿里巴巴则看重饿了么现有的流量及自身下一步对于新零售业务的战略布局。

（二）并购的分类

企业的并购有多种类型，从不同的角度有不同的分类方法，下面分别从并购双方所处的行业、并购是否通过中介机构、并购的动机、并购的支付方式、被收购方是否存在、并购所获取的内容等进行分类。

1. 按照并购双方所处的行业分类

按照并购双方所处的行业，并购可以分为横向并购、纵向并购和混合并购。

横向并购是指处于同行业，生产同类产品或生产工艺相似的企业间的并购。这种并购实质上是资本在同一产业和部门内集中，有助于迅速扩大生产规模，提高市场份额，增强企业的竞争能力和盈利能力。

纵向并购是指生产和经营过程相互衔接、紧密联系间的企业之间的并购。其实质是通过处于生产同一产品的不同阶段的企业之间的并购实现纵向一体化。纵向并购除了可以扩大生产规模、节约共同费用之外，还可以促进生产过程的各个环节的密切配合，加速生产流程，缩短生产周期，节约运输、仓储费用和能源。

混合并购是指处于不同产业部门、不同市场，且这些产业部门之间没有特别的生产技术联系的企业之间的并购。其包括三种形态：第一，产品扩张性并购，即生产相关产品的企业间的并购；第二，市场扩张性并购，即一个企业为了扩大竞争地盘而对其他地区的生产同类产品的企业进行的并购；第三，纯粹的并购，即生产和经营彼此毫无关系的产品或服务的若干企业之间的并购。混合并购可以降低一家企业长期从事一个行业所带来的经营风险，另外这种方式可以使企业的技术、原材料等各种资源得到充分利用。混合并购有利于实现经营的多元化。

2. 按照并购是否通过中介机构分类

按照并购是否通过中介机构，并购可以分为直接收购和间接收购。

直接收购是指收购公司直接向目标公司提出并购要求，双方经过磋商，达成协议，从而完成收购活动。如果收购公司对目标公司的部分所有权提要求，目标公司可能会允许收购公司取得目标公司的新发行的股票；如果是全部产权的要求，双方可以通过协商确定所有权的转移方式。由于在直接收购的条件下，双方可以密切配合，因此相对成本较低，成功的可能性较大。

间接收购指收购公司直接在证券市场上收购目标公司的股票，从而控制目标公司。由于间接收购方式很容易引起股价的剧烈上涨，同时可能会引起目标公司的激烈反应，因此会提高收购的成本，增加收购的难度。

3. 按照并购动机分类

按照并购的动机，并购可以分为善意并购和恶意并购。

收购公司提出收购条件以后，如果目标公司接受收购条件，这种并购称为善意并购。在善意并购下，收购条件、价格、方式等可以由双方高层管理者协商进行并经董事会批准。由于双方都有合并的愿望,因此这种方式的成功率较高。

如果收购公司提出收购要求和条件后,目标公司不同意,收购公司只有在证券市场上强行收购,这种方式称为恶意收购。在恶意收购下,目标公司通常会采取各种措施对收购进行抵制,证券市场也会迅速做出反应,股价迅速提高,因此恶意收购中,除非收购公司有雄厚的实力,否则很难成功。

4. 按照并购支付方式分类

按并购过程支付方式的不同,并购可以分为现金收购、股票收购、综合证券收购。

现金收购是收购公司向目标公司的股东支付一定数量的现金而获得目标公司的所有权。现金收购存在资本所得税的问题,这可能会增加收购公司的成本,因此在采用这一方式的时候,必须考虑这项收购是否免税。另外,现金收购会对收购公司的流动性、资产结构、负债等产生影响,所以应该综合进行权衡。

股票收购指收购公司通过增发股票的方式获得目标公司的所有权。具体而言,就是指收购公司直接向目标公司的股东发行股票,以换取目标公司的股票或资产。换股收购的结果是收购方取得了目标公司的大部分或者全部股票/资产,从而成了目标公司的控股股东,目标公司的一些原股东也成了收购方的新股东。这种方式避免了收购所需要的巨大现金压力,但股票换股比率的确定比较困难,特别是已上市公司的股票价格瞬时变动,确定股票换股价格和比率是一个非常复杂的过程。这种方式下,公司不需要对外付出现金,因此不至于对公司的财务状况产生影响,但是增发股票会影响公司的股权结构,原有股东的控制权会受到冲击。

综合证券收购是指在收购过程中,收购公司支付的不仅仅有现金、股票、而且还有认股权证、可转换债券等多种方式的混合。这种兼并方式具有现金收购和股票收购的特点。收购公司既可以避免支付过多的现金,保持良好的财务状况,又可以防止控制权的转移。

5. 按照被收购方是否存在分类

按照被收购方是否存在,并购可以分为收购控股、吸收合并和新设并购。

收购控股是指并购后并购方存续,并购对象解散。

吸收合并是指并购后并购双方都不解散,并购方收购目标企业至控股地位。绝大多数此类并购是通过股东间的股权转让来达到控股目标企业的目的。

新设并购是指并购后并购双方都解散,重新成立一个具有法人地位的公司。

6. 按照并购所获取的内容分类

按照并购所获取的内容,并购可以分为杠杆收购、管理收购、联合收购、协议收购国家股和法人股、并购重组"包装上市"、买壳上市和借壳上市。

杠杆收购,又称举债收购或融资收购,是指收购方以目标公司资产及未来收益作抵押进行融资或者通过其他方式大规模融资借款对目标公司进行收购。

管理收购是指企业的管理人员通过大举借债或与外界金融机构合作,收购该管理人员所在的企业,从而改变该企业的所有者结构、控制权和资产结构,进而达到重组该企业的目的并获得预期收益的一种并购行为。

联合收购是指两个或两个以上的收购方,事先就各自取得目标企业的某一部分以及进行收购时应承担的费用达成协议而进行的收购行为。

协议收购国家股和法人股,这是我国收购上市公司的主导方式。我国的上市公司股权被分割成国家股、法人股和社会流通股。一般而言,国家股和法人股占公司股权的大部分,且不能在证券市场上流通。收购方不可能通过收购社会流通股的方式达到控制上市公司的目的，协议收购国家股和法人股可成为上市公司控股股东。

并购重组"包装上市"是指通过兼并收购、控股若干企业，并将这些企业重组，将其部分资产分离，组建一家资产优良公司上市。通过该上市公司在证券市场上筹集资金，改善资产状况，扩充经营规模，提高竞争能力和盈利水平。

买壳上市是指通过收购上市公司（壳公司），然后增资配股方式筹集资金，再以反向兼并的方式注入收购企业自身的有关业务及资产，最终收购公司，达到间接上市的目的。在买壳上市交易中，收购公司并不是看上目标公司的有形资产和业务发展前景，而是看上目标公司的资本融资渠道。

借壳上市是指上市公司的控股股东将自己或相关企业的优质资产注入该上市公司，以达到借壳上市的目的。

（三）并购的动因

1. 并购的主体动因

并购的主体动因是指企业的利益相关者支持并购的目的。股东支持并购是为了追求股东收益最大化，高级管理者支持并购可能是谋求个人收益最大化，政府一定程度支持并购是在垄断与竞争中寻求均衡点。

2. 并购的直接动因

企业并购的直接动因包括增强市场力量、克服进入障碍、降低开发成本和风险、加快进入速度、实现多元化、避免过度竞争等。

（1）增强市场力量。相似产品的协同扩展了产品线或地域市场。在市场扩张型收购中，一家公司购买与自己产品基本相同但在自己未曾拓展的地域市场中具有经营平台的另一家公司。通过这种横向并购能够迅速让企业达到最小有效规模，从而实现成本节约、市场地位提升的目标。

> **小案例：世纪佳缘与百合网的合并**[1]
>
> 《科技日报》在 2015 年 12 月 9 日发表文章记录了世纪佳缘与百合网的合并的历程。2015 年 12 月 7 日，中国两大在线婚恋平台——世纪佳缘和百合网宣布达成合并协议。百合网全资子公司 LoveWorld 将以每美国存托股（ADS）7.56 美元的现金对价收购世纪佳缘，后者作价 2.52 亿美元。根据合并协议，LoveWorld 收购世纪佳缘完成后，世纪佳缘将从美股退市，世纪佳缘董事及首席执行官吴琳光将担任存续公司的联席董事长和联席首席执行官。百合网也将启动公司更名程序。世纪佳缘私有化以及和百合网并购之前，从市场份额来看，世纪佳缘占据优势，市场份额 27.6%，远超百合网的 12.2%。而从资本层面来看，半年内完成 15 亿元人民币融资并成功登陆新三板的百合网更有资本优势。双方的结合无疑是当前资本寒冬中的最佳选择。这似乎是 2015 以来滴滴和快的、赶集和 58 同城、携程和去哪儿、美团和大众点评的继续。
>
> 截至 2022 年 4 月底，这两家平台累计拥有注册用户共计近 4 亿人，而合并后的百合佳缘占有 40% 的市场份额。2022 年 5 月 20 日，百合佳缘更名为"复爱合缘"。

---

[1] 来源：科技日报。

（2）克服进入障碍。许多行业有很高的进入壁垒，比如规模经济形成的壁垒。一般企业进入这一行业直接投资必须达到一定的规模，这必将导致行业生产能力过剩，引起其他企业的剧烈反抗。而通过并购的方式进入这一行业，不会导致生产能力的大幅度扩张，从而保护这一行业，使企业进入后有利可图。

（3）降低开发成本和风险。通过收购现存的研发能力强的公司，可以降低本企业开发的难度和风险。例如，英特尔对小型技术公司的许多起收购，旨在通过从小公司中购买技术而实现创新。

（4）加快进入速度。并购能使企业快速进入新事业，减少在内部开发新事业所需的时间和风险，并且快速达到最低有效规模。

（5）实现多元化。在产品扩张型并购中，收购公司通过购买其他公司来扩张自己的产品线来实现多元化。基本上，并购方已经确定购买一家有现成产品的公司要比在内部开发这种竞争性产品的回报更大。

（6）避免过度竞争。收购可以重新整合产业格局，避免过度竞争。

小案例：腾讯公司的游戏并购意图[❶]

《证券时报》于2022年9月16日发表文章《腾讯千亿并购海外游戏 保持扩张节奏》，揭示了腾讯公司并购的意图。2022年，腾讯在海外收购的主要是游戏公司，包括技术底层的虚幻引擎研发团队epic games、游戏开发商（包括LOL开发商Riot等10余家）、发行商、社区、渠道等资讯和工具网站、周边工具等。腾讯之所以并购海外游戏公司，主要在于两点。第一，国内市场游戏业务受版号问题束缚，游戏版号受批数量少，审查相对严格。腾讯想要保持游戏业务不下滑，一定需要新游戏支撑。如果新游戏因为版号问题不能放行，再厉害的研发和发行也没有用。相对而言，海外市场没有版号束缚，作为文化出海的一部分，也容易得到官方支持。第二，游戏是典型的智力产业，需要创意，容易出现多点开花局面。腾讯需要通过不断并购，得到拳头产品，扩大人才规模，掌握创新硕果。如果铺得足够广，就能降低游戏研发风险。

（四）并购的困难

对于企业并购，总是喜忧参半。波士顿咨询公司通过研究得出的结论是：61%的买方对股东财富造成了损害；交易一年之后，失败公司的平均收益率低于同行25%。所有买家的平均收益率低于同行4.3%，低于标准普尔500指数9.2%，通过并购得到的收益甚至不能弥补损失。研究结果显示，在150组失败买家中，两年之后4/5的企业利润率仍为负数，2/3根本没有任何改善。那么，并购究竟有哪些困难呢？

1. 整合的困难

如果说并购像潘多拉魔盒，那么整合过程就像多米诺骨牌一样。并购之后的整合存在"四大金刚"，包括组织架构的重组、企业文化的重塑、客户资源的保持和双方品牌的融合。这四方面任何一方面没有做好，都可能造成并购的失败。例如，吉列公司并入宝洁，但吉列还是

[❶] 证券时报：《腾讯千亿并购海外游戏 保持扩张节奏》，https://baijiahao.baidu.com/s?id=1744139162517757803&wfr=spider&for=pc。

以原有的品牌销售，没有任何的品牌价值损失。而惠普并购康柏，却使用了惠普单品牌的策略，使得原有的康柏品牌价值没有得到利用。

2. 对收购对象评估不充分

企业在进行并购资产的评估的时候，一定要找一个客观、公正的第三方来进行评估。在无形资产领域、企业债权债务关系等方面的评价十分复杂，容易出现评估不充分的情况。无形资产评估问题颇多，主要包括缺乏相对应的评估人员、缺少原始单据、评估档案不够健全、评估的过程存在很大的模糊性等。抵押、质押、担保等活动的债权债务容易被忽略，结果导致后续的各种债权人都对并购企业进行追债，使并购企业陷入经济纠纷，特别是一些经济往来较为频繁、企业活动数额较大、经济活动较为繁杂、总是贷款抵押进行筹资的企业。另外还有税务问题、员工问题、外部市场问题等。例如，宝洁公司并购吉列，就是在男性卫生用品呈两位数增长的情况下并购的，而惠普并购康柏却是在个人计算机行业增长率下降的情况下并入，两者截然不同。

3. 其他困难

其他困难包括巨额超正常负债、并购后难以形成合力、过度多元化、经理过分关注收购、公司过于庞大等一系列困难。

小案例：美国在线与时代华纳并购失败

2000年1月10日，美国在线花费1060亿美元并购了时代华纳，并将公司新设为美国在线时代华纳公司。合并后，公司在财富500强中的排名从第271位升到第37位，而合并后的新公司成为美国排名第一的互联网和娱乐企业。

当时两个公司合并后，希望把两个公司通过裁员和组织机构优化，迅速融合两个公司的文化。但是，两个公司，一个是所谓的互联网"新"经济领域，一个是传统经济领域，文化融合其实是一个巨大的难题，这个问题并没有引起两个原有公司领导者的重视。公司合并后，由于经营理念、商业模式、管理方法的不同，新管理层争端频发。先是CEO李文与董事长凯斯意见发生激烈冲突，李文离职，而后凯斯也被董事会赶下了台。作为收购者，美国在线管理层的洋洋自得受到时代华纳员工的强烈反对；后来，美国在线又因卷入会计丑闻，使时代华纳希望尽快摆脱美国在线。并购的结果是两者之间的分歧以及管理人员间的内讧等文化融合方面的问题，导致2002年《财富》全球500强中美国在线时代华纳排名由37位降至第80位，并且产生了987亿美元的巨额亏损。2003年9月18日，董事会投票决定，从公司名称中去掉"美国在线"，改名为时代华纳，这成为并购宣告失败的重要标志。

（五）企业并购的组织与实施

1. 并购调查

（1）对目标企业进行调查。其包括产业分析、法律分析、经营分析、财务分析。调查分析的方法是商业检查，也称尽职调查。尽职调查指在并购过程中，收购者对标的公司资产和负债情况、经营和财务情况、法律关系以及标的公司所面临的机会与潜在的风险进行的一系列调查。按调查的内容分类，尽职调查可以分为业务尽调、法律尽调和财务尽调。其中，业务尽调是收购者需要重点关注的部分。法律尽调和财务尽调可以向会计师事务所与律师事务所寻求专业的帮助。按照调查的作用分类，尽职调查可以分为风险发现和价值发现。风险发现对收购方来说，是了解标的公司的风险；价值发现主要关注以资产价值和盈利能力为衡量标准的现实价值，以及发展前景和资本市场喜好的未来可能价值。对于尽职调查来说，风险发现比价值发现更为重要。

（2）对目标公司的价值评估。国际上普遍的目标企业价值评估方法主要是成本法、市场法和收益法。

成本法是指客观地评估企业的整体资产和负债，以被估企业的资产负债表为基准来确定被估价企业的价值，这种方法亦称为资产基础法以及加和法。在投资者的立场上，他们想要更多的利益，一般情况下，他们购买资产时，不会接受大于重置成本的价格或使用方式一样的替代品价格。

市场法也称市场比较法，是指将标的资产与近期市场上交易成功的相似案例进行比较，根据待估对象与可比案例之间的差异，调整之间的差异因素，最终确定待估资产价值的一种方法。

收益法是指通过估算预测被评估资产在未来的收益，并采用适宜的折现率或资本化率折算成现值，然后累加求和得出被评估资产评估值的评估方法。

由于以上方法存在一定缺陷，目前主要的方法包括两类。一类是相对估值方法，特点是主要采用乘数方法，较为简便，如 P/E 估值法、P/B 估值法、EV/EBITDA 估值法、PEG 估值法、市销率估值法、EV/销售收入估值法、RNAV 估值法；另一类是绝对估值方法，特点是主要采用折现方法，如股利贴现模型、自由现金流模型等。

（3）资金筹措。企业应结合并购类型的实际需要，确定资金筹资渠道、筹资方式、筹资成本。

2. 并购后的整合

（1）整合战略。并购之后，企业要结合并购企业与目标企业的经营业务依赖程度和被并购企业的自治程度来确定所采取的整合战略。整合战略的类型如图 10-3 所示。其包括保持型整合战略（业务依赖性低、被并购企业自治度高）、共生型整合战略（业务依赖性高、被并购企业自治度高）、控股型整合战略（业务依赖性低、被并购企业自治度低）、吸收型整合战略（业务依赖性高、被并购企业自治度低）。

	依赖性低	依赖性高
被并购企业自治度高	保持型整合战略	共生型整合战略
被并购企业自治度低	控股型整合战略	吸收型整合战略

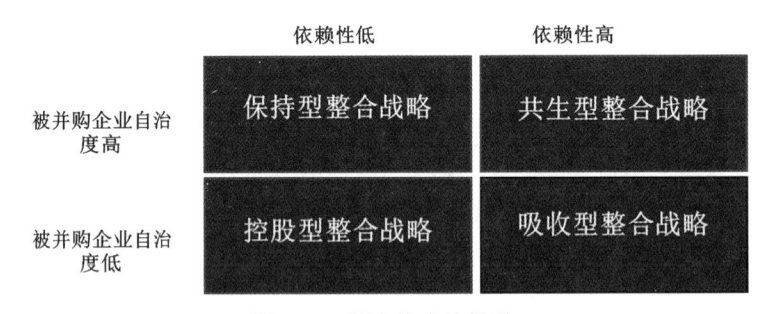

图 10-3　整合战略的类型

（2）整合的管理要点。企业并购后要遵循重视运用新企业愿景、保持对客户的关注、强调速度的重要性等原则，在此基础上开展战略整合、组织制度整合、财务整合、人力资源整合、文化整合。

企业并购后，战略整合是其他整合的根本前提。只有符合企业的长远发展战略，旨在提升核心竞争力、强化竞争优势的企业并购行为，才能为企业创造持续效益，才能为股东和利益相关者创造更大价值。战略整合可以视情况应用如图 10-3 所示的内容。

组织是战略得以实施的基础，组织整合可以从两个方面着手：一是在战略牵引下重塑组织愿景和使命；二是重构组织结构，其包括职位分析、职能调整、部门设置、流程再造和人员调配。制度整合体现为并购双方人事、财务、营销和开发等职能制度的优势互补过程。

财务整合是指并购方对被并购方的财务制度体系、会计核算体系统一管理和监控，使被并购企业按并购方的财务制度运营，最终达到对并购企业经营、投资、融资等财务活动实施有效管理和收益最大化的目的。

人力资源整合的目的是通过各种手段做到让双方员工接受这次并购，并能相互了解、相互理解，接受各自的差异，达成对未来共同的期望，以实现并购最终的共同目标。留住关键人员是并购后人力资源整合的重中之重。

并购后最难的莫过于文化整合。一是企业文化深深根植于组织的历史之中，旷日持久、根深蒂固，深刻影响员工的价值取向和行为方式。二是文化整合不是简单地用一种文化替代另一种文化，或者使几种文化孤立并存，冲突和碰撞不可避免。真正有效的文化整合应该是吸取两家公司各自的优秀部分，建立复合的新型企业文化。并购双方的高层领导必须求同存异，团结一致，建立两种文化的沟通和理解机制。

二、战略联盟

（一）战略联盟的概念

战略联盟是两个或两个以上的独立组织，为了实现各自的战略性目的，通过组合其资源和产能而达成的一种长期或短期的合作关系，以创造竞争优势。它是合作战略的一种。

需要注意的是，战略联盟的特征表现在，它是双边或多边关系；联盟多方是一种合作关系，但不一定是长期稳定的；它是一种竞合关系，可能在部分领域合作，在其他领域竞争；联盟各方是相互独立的组织且具有很强的目的性。

（二）战略联盟的类型

1. 按照紧密程度划分

如图 10-4 所示，按照紧密程度，战略联盟可以分成三种类型：非股权联盟、股权联盟以及合资。

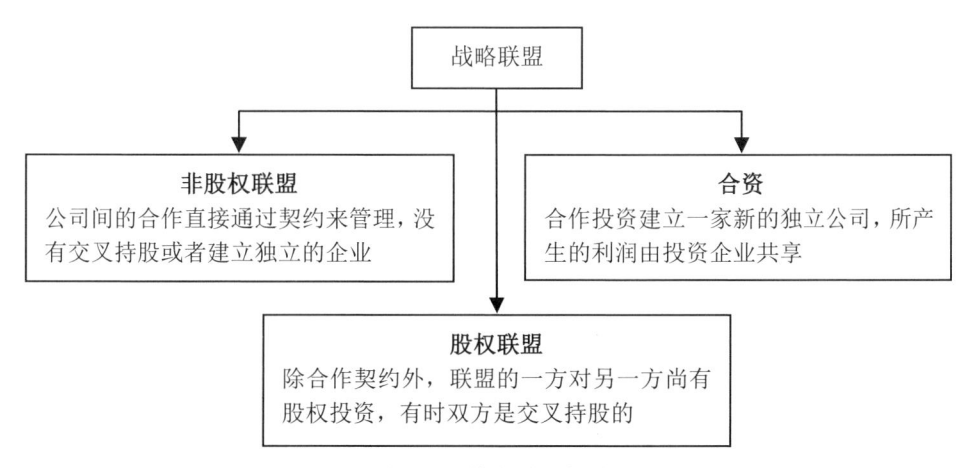

```
                    战略联盟
          ┌────────────┼────────────┐
          ▼            ▼            ▼
    非股权联盟                      合资
  公司间的合作直接通过契约        合作投资建立一家新的独立
  来管理，没有交叉持股或者         公司，所产生的利润由投资
  建立独立的企业                   企业共享

                    股权联盟
              除合作契约外，联盟的一方对另一方尚有
              股权投资，有时双方是交叉持股的
```

图 10-4　战略联盟类型

在非股权联盟中，合作企业达成共识，致力于产品或者服务的开发、生产或者销售，但它们并不彼此持有对方的股权，也没有成立一个独立的组织部门来管理其合作项目。这种合作关系主要通过各种形式的合约来维持。许可协议（允许其他公司用自己的品牌生产产品）、供应协议（承诺为别的公司供应产品）以及分销协议（承诺为别的公司销售产品）都是一些非股权联盟的例子。HBO 电视网和一些独立的影视制作商之间的联盟大都采用了非股权联盟的供应协议形式。

在股权联盟中，公司间的合作通过持有股份的方式对合约进一步做出补充。其包括对等占有型联盟、相互持股型联盟、单向持股联盟等。如通用汽车之所以进口五十铃生产的微型汽车，不仅是因为双方之间存在着供应协议，还因为通用汽车公司持有五十铃 34% 的股份。同样地，自 2011 年以来，新浪、微博、阿里巴巴、优酷土豆借助资本的力量打破了彼此之间的障碍，实现"你中有我，我中有你"。股权联盟在生物科技产业中也非常普遍，如大型的制药厂辉瑞和默克都分别持有一些刚刚起步的生物科技公司的股份。

合资是指合作的公司共同投资建立一家法律上独立运作的公司，这家新建立的公司的所有盈利属于投资的几家公司。有时候合资企业的规模非常大，如广州汽车集团与本田合资成立的广州本田，已成为当前中国最大的汽车制造商之一；陶氏和康宁的合资企业道康宁（Dow-Corning），已经达到了世界 500 强的规模。

2. 按照结构对称性划分

按照结构对称性可以分为对称联盟和不对称联盟。

对称联盟是指各方战略目标相似，都力图从战略联盟中寻求同样优势的战略。例如，广之旅发起，近百家出境组团社联合推出"名家之旅"这一品牌，签订互为代理协议的各旅行社开发的优秀出境游产品均以该品牌冠名，供各地的游客选购。再如，国际著名的航空联盟都属于对称联盟。

不对称联盟是指各方战略目标不相似，彼此存在不同的优势资源或特殊能力。法国汤普逊公司与日本富士合作生产、销售录像机。双方按照协议规定相互交换自己的特长：富士向汤普逊提供产品技术和制造工艺，而汤普逊向富士提供其在欧洲市场上的成功营销经验。这是一种机会均等、互惠互利的合作，要向对方学习，就要先满足对方的要求。

3. 按照战略的层次性划分

按照战略的层次性可以分为经营战略联盟和公司战略联盟。

经营战略联盟是指为增强其竞争力而采用的战略联盟。其包括互补型战略联盟，例如贝纳是一家服装零售商，它成功地发展了多个战略联盟，它并不选择发展自己在服装生产方面的核心竞争力，而是与在生产时尚服装方面具有竞争力的企业合作。另外，还有为减少竞争而形成的战略联盟，例如航空市场组织机票降价而建立的航空联盟就是为了达到价格的默契共谋。

公司战略联盟是指为了促进产品与市场多样化而结成联盟。其包括多元化战略联盟、协同效应战略联盟、特许经营等类型。例如，范思哲公司是意大利的时装公司，想使自己的业务多元化，发展度假村就是其感兴趣的一个领域。该公司首先建立了一个事业部——范思哲酒店和度假村集团，然后与一家澳大利亚酒店建立了公司层合作战略，帮助范思哲酒店和度假村集团开展业务。

（三）战略联盟的动因

战略联盟的组建动因主要包括以下几个方面：

1. 增强企业实力

企业在激烈的竞争环境之中，要想获得持久的竞争优势，在市场上立于不败之地，就必须善于利用各种竞争力量，以提高竞争能力。企业通过与和自己有共同利益的单位建立战略联盟，彼此之间可以通过加强合作而发挥整体优势。尤其是对竞争者的看法，战略联盟理论与传统的管理理论有很大的不同，传统管理理论认为，企业都与竞争对手势不两立，双方都想采取一切竞争手段将竞争对手挤出市场。

2. 扩大市场份额

有的企业之间通过建立战略联盟来扩大市场份额，双方可以利用彼此的网络进入新的市场，加强产品的销售，或者共同举行促销活动来扩大影响。

3. 迅速获取新的技术

目前，技术创新和推广的速度越来越快，一家企业如果不能紧跟技术前进的步伐，就很有可能被市场淘汰，即使规模很大的企业也存在这一方面的压力。而技术创新需要企业有很强的实力和充分的信息，否则很难跟上技术创新的步伐，这就要求具备各种专业特长的企业之间的配合，而战略联盟正好可以满足这一要求。

4. 进入国外市场

竞争全球化是市场竞争的一个趋势，这已经为越来越多的企业所共识。企业要谋求全球化的发展，仅靠出口产品的方式占领国际市场存在很大的局限。现在很多企业试图在国外生产、国外销售，这一方式也存在着很大的问题，因为国外的经营环境与国内有很大的区别，且由于各国法规的限制，对企业的发展有极大的制约。通过与进入国建立战略联盟，用合资、合作、特许经营的方式可以有效地解决这一问题，这些优点是在国外直接投资建厂、购并当地企业所不具备的。

5. 降低风险

现在市场竞争千变万化、瞬息万变，因此企业经营存在着巨大的风险，而通过战略联盟的方式可以分担风险，从而使企业经营风险大大降低。例如，在科技投入方面，由于研究开发费用很大，而成功率很低，即使开发成功也很可能迅速被更先进的技术所取代，因此研究开发存在很大的风险，而通过几个企业组建战略联盟共同开发，不仅可以提高成功的可能性，而且可以使费用得到分担，迅速回收，这就大大降低了风险。

（四）战略联盟管理

1. 寻找合作伙伴的关键环节

战略联盟各方关系十分松散，其内部存在着市场和行政的双重机制的作用，而不像并购中主要靠行政方式起作用，因此合作方是否真诚对于战略联盟的成败有着决定性的影响，在组建战略联盟时必须选择真正有合作诚意的伙伴。合作伙伴的选择包括三个原则：必须有助于实现企业的战略目标；双方结盟的意图一致；合作伙伴不能是机会主义者。

战略联盟的组织工作中要防止不应发生转移的技术转移，在联盟协议中加入保护性条款，尽量让联盟各方平等互利（例如签订交叉许可协议），同时，要求双方投入一定的资源，防止机会主义。例如，施乐和富士结盟制造复印机并供应亚洲市场时，尽管富士起初要求双方签署一项技术转让协议，而施乐则坚持要求双方成立一个股权对等的合资企业。这样就使双方都作出了实际投入。为了获得较高的投资回报率,双方便会努力合作。同时,施乐向富士转让复印机技术时,也无所顾忌了。

最后,要对战略联盟展开有效的管理。战略联盟是一种网络式的组织结构,与传统企业的层级式组织不同,因此对其管理与传统组织中的管理有不同的要求。在战略联盟设计之初,合作各方应该针对合作的具体情况确定合理的组织关系,对各方的责、权、利进行明确的界定,防止由于组织不合理而影响其正常运作。在战略联盟中,合作各方良好的沟通与协作对联盟的成败有重要的影响,许多战略联盟的失败都是各方缺乏沟通所致。

2. 联盟成功的原则

如果联盟各方能够达到既定的战略目标、收回资金成本,就说明联盟取得了成功。一般战略联盟必须遵循的原则是:选择合适的伙伴,明确目标责任和义务,建立良好的合作伙伴关系,保持必要的弹性,坚持竞合。

第六节 国际化战略

一、国际化战略的概念和种类

(一)国际化战略的概念

国际化战略是企业产品与服务在本土之外的发展战略。企业的国际化战略是公司在国际化经营过程中的发展规划,是跨国公司为了把公司的成长纳入有序轨道,不断增强企业的竞争实力和环境适应性而制定的一系列决策的总称。

(二)国际化战略的种类

企业的国际化战略可以分为本国中心战略、多国战略、全球化战略、跨国战略四种。

本国中心战略是指公司倾向于将公司的海外经营业务看作保持和支持母公司发展的一种手段。本国中心战略是在母公司的利益和价值判断下做出的经营战略,其目的在于以高度一体化的形象和实力在国际竞争中占据主动,获得竞争优势。这一战略的特点是母公司集中进行产品的设计、开发、生产和销售协调,管理模式高度集中,经营决策权由母公司控制。这种战略的优点是集中管理可以节约大量的成本支出,缺点是产品对东道国当地市场的需求适应能力差。

多国战略是伴随经营者开始承认和强调不同国家的市场和经营环境之间的差异而建立起来的。具有这种意识的公司根据不同的国家特点改进自己的产品、战略和管理方法。因此,多国战略是指在统一的经营原则和目标的指导下,按照各东道国当地的实际情况组织生产和经营。母公司主要承担总体战略的制定和经营目标的分解工作,对海外子公司实施目标控制和财务监督;海外的子公司拥有较大的经营决策权,可以根据当地的市场变化迅速做出反应。这种战略的优点是对东道国当地市场的需求适应能力好,市场反应速度快,缺点是增加了子公司和子公司之间的协调难度。

全球化战略的企业认为不同国家市场的产品趋于标准化,以此向各国提供的产品是标准化产品,不因国家地区不同而不同。例如,推土机、随身听、剃须刀等产品一般不因国家、地域不同而有所差异。全球化战略是指在不同国家市场销售标准化产品,并由总部确定竞争战略。这种战略的优点是全球化组织生产能力,规模效应明显,缺点是容易出现不符合不同国家特殊文化的情况。

跨国战略寻求全球化效率与本土化反应的敏捷制造系统，即一方面全球协调、紧密协作，另一方面需要具有本地化弹性。因此，跨国战略是指将全球视为一个统一的大市场，在全世界的范围内获取最佳的资源并在全世界销售产品。采用全球中心战略的企业通过全球决策系统把各个子公司连接起来，通过全球商务网络实现资源获取和产品销售。这种战略既考虑到东道国的具体需求差异，又可以顾及跨国公司的整体利益，已经成为企业国际化战略的主要发展趋势。但是这种战略也有缺陷，对企业管理水平的要求高，管理资金投入大。

纵观我国企业的国际化战略，大致可以分为四种类型：第一种是海外设厂，生产本地化，例如中信戴卡；第二种是自有产品直接出口，例如某些服装出口企业；第三种是并购国外企业，例如万向集团；第四种是产品贴牌出口，这类企业以浙江温州企业为多。当然，上述类型是按照企业的主导战略类型分类，企业国际化战略有时会采取多种战略，即组合战略来进军海外。

二、企业选择国际化战略的动因

（一）获得关键生产要素供给的需求

最初，企业选择国际化经营战略是为了获得关键生产要素的供给。例如美国固特异轮胎橡胶公司在马来西亚建厂是因为当地的橡胶园；早在1994年第一个来华投资建厂是看中了当时我国的劳动力价格便宜；标准石油公司在中东建厂是为了当地的石油资源。

（二）追逐市场份额

许多国家和地区的企业从建立之日起，就将目光瞄准国际化市场，主要是由于这些国家或地区人口少，没有足够的市场需求。例如，欧洲的很多国家就是如此。再如，中国台湾的捷安特公司，是世界上最大的自行车制造商之一，年销售额大约4亿美元，其网络横跨五大洲、五十余个国家和地区，公司遍布美国、英国、德国、法国、日本、加拿大、荷兰等地，90%以上的业务来自中国台湾之外。由于中国台湾的自行车市场很小，公司别无选择，因此只能成为一家全球企业。

（三）全球范围内优化资源配置

在全球范围内追求企业生产要素成本的降低是实现范围经济的重要路径。每个国家的企业展开国际化都力图获得全球范围内优化资源配置的好处。例如，根据欧盟统计局的数据，波兰超过10人的公司的平均税前时薪为11欧元，欧元区的平均时薪为32.3欧元，几乎是波兰的三倍。时薪比波兰略低的欧盟国家包括克罗地亚、立陶宛和匈牙利，时薪排名垫底的是保加利亚和罗马尼亚。波兰目前是欧洲失业率最低的国家，相对低廉的劳动力成本成为吸引其他国际化经营的企业在波兰设立公司的主要原因之一。

（四）研究开发成本的上升和产品生命周期缩短

研究开发成本占总收入的百分比代表了一个企业在研发方面的投入和实力。但不断增高的研发成本以及在快周期市场下产品生命周期的缩短，使企业面临着巨大投入产出风险。如果把绩效、研发投资和国际化程度的关系画在一张图中，企业绩效和国际化程度之间的S型曲线关系就更加明显。1993年，摩托罗拉成为手机市场的先驱，市场份额占2%。而到2021年，其市场份额仅存2.2%。在研发费用方面，据2018年度财报分析，苹果手机达到了570亿元左右，三星手机大约为410亿元，华为手机达到了401亿元，因此，手机产品国际化布局和发展是诸多手机企业重要的选择。

📖 小案例：小米国际化中的库存降维打击

小米在亚洲国际化经营中也曾遇到过问题。以印度为例，小米在印度的营销模式与国内基本相似，首先预热注册，然后开发布会，之后正式销售。小米突出的特色"物美价廉"让印度预热注册窗口在一周内就有十万人注册成为会员。之后一个月，小米通过线上"饥饿营销"的抢购销售120000部手机，并在这个季度智能手机市场的份额就达到印度的1.5个百分点。虽然开局颇为顺利，但随后小米4营销时，犯了两个错误。其一，价格失误。小米4定价为19999卢比（约2038元人民币），由于生产没有本土化、进口税费和物流成本高、外观设计中金属中框的加工成本高等原因，价格略高。其二，技术制式选择错误。当时正处于3G与4G手机的转换期，小米国际部选择了3G制式。由于价格贵、技术不先进，小米手机在印度滞销，库存达到10亿。小米高层经过讨论，果断把滞销的小米4手机以亏本价销售到迪拜、巴基斯坦、迈阿密等还处于3G制式的国家和地区。

（五）利用卓越而强大的商标名称

规模经济现象也存在于某些无形资产中，比如企业的品牌。花旗集团、麦当劳和可口可乐就在全球各地利用其品牌效应。再如，戴尔利用其自身品牌的能力，延伸其直销模式和相关的网络销售及支持技术的能力，在印度、中国的经验以及和分销商的关系，其不同区域共享的从强大的供应商（如英特尔）处获得关键元件（如CPU）的购买能力等。

（六）利用规模经济效益

全球化扩张所带来的潜在的规模经济可能来自固定成本的分摊和逐渐加强的购买能力。要想获得规模优势，必须关注那些对规模灵敏度高的资源和能力。这就意味着这样的资源和能力必须集中在一些特定区域。麦当劳在欧洲和南美洲需要的是和美国相同的番茄酱产品。与众多的本土供应商相比，一个经营范围是全球的，能足够满足麦当劳番茄酱的全球需求的供应商，将会成为麦当劳采购的首选。这个例子说明了全球范围给供应商提供了获得在本土经营时不可能产生的收益机会。

三、国际化战略选择的关键问题

（一）国际化经营的困难

有效地使用国际化战略可以创造更大的利益，并且可以增强企业的战略竞争力。然而，想要获得这些结果并不容易。贸易壁垒、文化差异、经营运作复杂、政策法律不同、市场风险较大等因素，增加了实施国际化战略的复杂度。

1. 贸易壁垒

如果企业在更多友好国家进行多元化的经营战略，可以减少中央协调和整合等问题。这些友好国家通常具有的特点是地域相邻，并且文化与母国相似。这样可能会有较少的贸易障碍，可以更好地了解法律和风俗习惯，产品能够较容易地适应当地市场。例如，美国企业将业务扩展到墨西哥、加拿大、西欧国家就比扩展到亚洲国家容易得多。有效地管理国际化战略，可以提高企业获得正回报的可能性，如提高效益。然而，在一些情况下，国际化管理所带来的全球化和产品多元化程度会导致回报逐渐减少并趋平，甚至变成负的回报。

2. 文化差异

制度和文化因素是企业将核心竞争力从一个市场转到另外一个市场的最大障碍。当进入一个新的市场时，公司常常不得不重新设计市场营销方案，建立新的分销渠道。另外，公司还可能会遇到不同的劳动力成本和资本性支出的问题。总体来说，有效地实施、管理和控制公司国际化运作是非常困难的。

3. 经营运作复杂

不同国家地理位置的分散性，增加了不同部门之间协调的成本和产品分销的成本；实施国际化战略，特别是国际多元化战略，通常会导致公司规模的扩大和业务运作复杂性增加。反过来，公司规模越大，运作越复杂，公司也就越难管理。有时规模太大或者太过复杂，会导致公司失控或增加管理成本，从而使国际化战略带来的成本超过它所带来的利益。

4. 政策法律不同

不同国家政府的政策和法律法规存在巨大的差异，因此，跨国公司必须学习如何在政策和法律法规存在巨大差异的情况下管理企业。

5. 市场风险较大

在新经济形态下，国际市场的变动十分频繁，国际经济动荡也极有可能带来较大的经济风险，如果缺乏相应的预判和举措，企业将在国际经济动荡中备受影响。例如，2018年，世界发生了一系列"黑天鹅"与"灰犀牛"事件，虽然没有发生热战，但全球秩序风云骤起，爆发了有史以来最大规模的全球贸易摩擦。另外，不同国家的品牌、东道主国家的企业处于同一市场中竞争，国际化竞争十分激烈。

（二）国际化战略环境分析重点

1. 总体分析框架

进行国际化经营的环境分析要分两层次，即东道国环境因素分析、国与国之间环境因素分析；要分两个阶段，即国际化经营活动之前的分析和国际化经营活动之中的分析。东道国的环境分析包括宏观环境分析、行业环境分析和竞争对手分析，国际竞争环境分析包括国与国之间联系分析、国际竞争与国际竞争优势分析。

2. 国际竞争优势分析

波特菱形理论又称波特钻石模型、钻石理论及国家竞争优势理论，是由美国哈佛商学院著名的战略管理学家迈克尔·波特于1990年提出的。

迈克尔·波特认为，影响一个国家某一个行业国际竞争优势有六个方面：

（1）生产要素。生产要素包括人力资源、天然资源、知识资源、资本资源、基础设施等。各种要素按等级划分成基本要素（或初级要素）和高级要素两大类。前者包括自然资源、气候、地理位置、人口统计特征；后者包括通信基础设施、复杂和熟练劳动力、科研设施以及专门技术知识。波特认为，高级要素对竞争优势具有更重要的作用。

（2）需求状况。需求状况主要是指本国的市场需求。一般说来，企业对最接近的顾客的需求反应最敏感。因此，国内需求的特点对塑造本国产品的特色，产生技术革新和提高质量的压力起着尤其重要的作用。

（3）相关及支持产业。相关及支持产业指这些产业和相关的上游企业是否具有国际竞争力。关联行业和辅助行业在高级生产要素方面投资的好处将逐步扩溢到本行业中来，从而有助于该行业取得国际竞争的有利地位。

（4）企业战略、结构和同业竞争。企业战略、结构和同业竞争指的是国际市场需求的拉力与国内竞争对手的推力。第一，不同的国家有着特色各异的"管理意识形态"，这些"管理意识形态"帮助或妨碍形成一国的竞争优势。例如，在德国和日本企业中，工程师背景的人在最高管理层占据重要的支配地位。波特将此归结为这些国家企业注重加工制造过程和产品设计的原因。第二，一个行业中存在激烈的国内竞争与该行业保持竞争优势二者之间存在密切的联系。激烈的国内竞争引导企业努力寻求提高生产与经营效率的途径，反过来促使它们成为更好的国际竞争企业。

（5）政府。政府政策的影响是不可忽视的。政府部门通过政策选择，能够削弱或增强国家竞争优势。例如，法规可以改变国内需求条件，反托拉斯政策能够影响行业内竞争的激烈程度，政府在教育领域的投资可以改变才能资源等。

（6）机会。机会是可遇而不可求的。例如，包括重大技术革新在内的一些机遇事件会产生某种进程中断或突变效果，从而导致原有行业结构解体与重构，给一国的企业提供排挤和取代另一国企业的机会。机会可以使四大要素发生变化。

3. 几个重要的环境因素

（1）国际贸易体制。国际贸易体制又可称为世界多边贸易体制。它是指各国相互处理贸易关系时必须遵守的一系列国际规则的集合，主要包括关税、非关税壁垒（进口限制、外汇管制、最低限价、禁止进口）、国际贸易支付方式等内容。

（2）东道国的政治法律环境。其包括对外国企业的态度、政治稳定性、政府的官僚制度、贸易、投资条件和约定等。

（3）东道国的经济环境。其包括经济发展水平、国民生产总值及其分布、国际支出、集团贸易与区域性经济等内容。

（4）东道国的地理、社会、人文环境。其包括气候与地形、自然资源、人口状况、教育水平、基础设施、宗教信仰等方面。

（三）进入国际市场的方式

1. 出口商品进入方式

非直接出口指企业将生产出来的产品卖给国内出口商或委托国内的代理机构，由其负责经营出口业务。企业将产品卖断给有该产品出口经营权的公司，由该后者对外销售。或者企业以自己的名义对外签约，同时委托专业性的出口管理公司代理服务，如与国外客户的联络租船订舱、制单结汇、报关检验等。

直接出口就是企业将产品出售给国外市场上独立的经销商或进口商。第一，设立国内出口部。第二，寻找国外经销商和代理商。国际经销商直接购买企业产品，拥有产品所有权，而国外代理商代表企业在国际市场推销企业产品，抽取佣金。第三，设立驻外办事处。第四，建立国外营销子公司。

2. 合同进入方式

（1）许可证模式。许可证模式指企业在一定时期内向国外法人单位转让其工业产权（如专利、商标、配方等无形资产）的使用权，以获得提成或其他补偿。许可证最明显的好处是能绕过进口壁垒的困扰，而且政治风险很小，但是这种方式不利于对目标国市场的营销规划和方案的控制，还可能将被许可方培养成强劲的竞争对手。

（2）特许经营模式。特许经营模式和许可证模式很相似，不同的是特许方要给予被特许方在生产和管理方面的帮助。在这种模式下，特许方不需投入太多的资源就能快速进入国外市场，而且还对被特许方的经营拥有一定的控制权。但是很难保证被特许方按照特许合同的规定来提供产品和服务，不利于特许方在不同市场上保持一致的品质形象。

（3）合同制造模式。合同制造模式是指企业向国外企业提供零部件由其组装，或向外国企业提供详细的规格标准由其仿制，由企业自身负责营销的一种方式。采取这种模式不仅可以输出技术或商标等无形资产，而且还可以输出劳务和管理等生产要素以及部分资本。但是由于合同制造往往涉及零部件及生产设备的进出口，有可能受到贸易壁垒的影响。

（4）管理合同模式。管理合同模式是指管理公司以合同形式承担另一公司的一部分或全部管理任务，以提取管理费、一部分利润或以某一特定的价格购买该公司的股票作为报酬。利用这种模式，企业可以利用管理技巧，不发生现金流出而获取收入；还可以通过管理活动与目标市场国的企业和政府接触，为以后的营销活动提供机会。但这种模式具有阶段性，即一旦合同约定完成，企业就必须离开东道国，除非又有新的管理合同签订。

（5）工程承包模式。工程承包模式指的是企业通过与国外企业签订合同并完成某一工程项目，然后将该项目交付给对方的方式进入外国市场。它是劳动力、技术、管理甚至是资金等生产要素的全面进入和配套进入，这样有利于发挥工程承包者的整体优势。工程承包模式最具吸引力之处在于，它所签订的合同往往是大型的长期项目，利润颇丰。但也正是由于其长期性，这类项目的不确定性因素也因此而增加。

（6）双向贸易模式。双向贸易模式指在进入一国市场的同时，同意从该国输入其他产品作为补偿。双向贸易通常是贸易、许可协定、直接投资、跨国融资等多种国际经营方式的结合。根据补偿贸易合同内容的不同，双向贸易可以分为易货贸易、反向购买和补偿贸易三种形式。

3. 投资进入方式

（1）合资进入。合资指的是与目标国家的企业联合投资，共同经营、共同分享股权及管理权，共担风险。合资企业可以利用合作伙伴的成熟营销网络，而且由于当地企业的参与，企业容易被东道国所接受。但是也应看到由于股权和管理权的分散，公司经营的协调有时候比较困难，而且公司的技术秘密和商业秘密有可能流失到对方手里，将其培养成将来的竞争对手。

（2）独资进入。独资指企业直接到目标国家投资建厂或并购目标国家的企业。独资经营的方式可以是单纯的装配，也可以是复杂的制造活动。企业可以完全控制整个管理和销售，独立支配所得利润，技术秘密和商业秘密也不易丢失。但是独资要求的资金投入很大，而且市场规模的扩大容易受到限制，还可能面临比较大的政治和经济风险，如货币贬值、外汇管制、政府没收等。

4. 国际战略联盟

国际战略联盟就是指两个或两个以上企业为了相互需要，分担风险并实现共同目的而建立的一种合作关系。国际战略联盟是弥补劣势、提升彼此竞争优势的重要方法，可以迅速开拓新市场，获得新技术，提高生产率，降低营销成本，谋求战略性竞争策略，寻求额外的资金来源。各种国际化经营方式的特点比较见表10-4。

表 10-4　各种国际化经营方式的特点比较

进入类型	特点
出口	高成本、低控制
许可协议	低成本、低风险、几乎无控制、低回报
战略联盟	成本分担、资源共享、共同承担风险和整合中的问题
收购	快速进入新市场、高风险、谈判复杂和本地企业运作合并中的问题
新建全资子公司	复杂、通常成本高、回收时间长、高风险、高于平均的潜在回报

复习思考题

1. 什么是公司层面的战略？与业务型战略有何不同？
2. 什么是收缩战略？什么是稳定型战略？二者有什么使用条件？
3. 什么是产品—市场战略？其不同类别战略的使用条件？
4. 什么是多元化战略？多元化战略有哪些动因？
5. 什么是一体化战略？纵向一体化战略有哪些优势？适用条件如何？
6. 并购战略有哪些种类？并购战略的动因和困难有哪些？
7. 有哪些并购后的整合战略？
8. 国际化战略有哪些种类？进入国际市场的方式有哪些？请比较不同国际市场进入方式的风险和收益。

【中国情境下企业战略思维案例】

小米公司的多元化战略[1]

随着公司不断壮大，为了扩展竞争优势、追求规模经济并寻找新的利润增长点，或者为了分散经营风险，越来越多的中国上市企业选择采用多元化经营战略。特别是在科技不断创新和发展的当今时代，整个互联网行业也呈现出多元化程度逐步提升的趋势。

一、小米公司发展状况

（一）小米公司简介

2010年4月，雷军与其他几位工程师在北京共同投资创办了小米科技有限责任公司（简称小米公司）。起初，小米主要专注于 MIUI（米柚）的开发，并积累了最初一批用户。借助互联网营销和粉丝经营策略，小米手机以其高性价比的优势在市场上迅速赢得了广大用户的喜爱。2022年8月，小米公司已经在全球500强企业中位列第266位，较前一年大幅上升了72个名次。

（二）小米公司多元化发展历程

创立初期，小米公司致力于发展三大业务板块，包括 MIUI 操作系统、米聊和小米手机。

---

[1] 参星大叔：《取胜之道？小米公司的多元化发展战略》，https://baijiahao.baidu.com/s?id=17148581407746938160 &wfr=spider&for=pc。

由于受到微信等其他移动社交软件的竞争，米聊逐渐失去了市场竞争力。然而，小米手机和MIUI手机操作系统却取得了巨大成功。MIUI是小米公司自主研发的手机操作系统，与小米手机的推出一同积累了50万客户群体。通过互联网参与，小米公司使广大用户能够参与到小米手机和MIUI系统的研发中，充分发挥集思广益的优势。这种模式不仅使小米手机和MIUI系统更好地符合中国用户的使用习惯，同时也增强了用户的参与感和科技体验感。自从2011年12月第一代小米手机开售即被抢购以来，小米手机以其低价高配以及MIUI系统的持续创新，吸引了一波又一波的顾客。

小米公司最初是主营智能手机业务的，而后踏入IoT业务领域以及互联网服务等行业，其多元化经营历程主要分为以下四个阶段。

多元化第一阶段：周边产品多元化阶段。2013年，小米公司推出了一系列新产品，包括小米盒子、小米充电宝、小米路由器、活塞耳机等。这些产品在上市初期就受到了消费者的喜爱，取得了良好的市场表现，为公司开创了成功的局面。这成功的经验激发了小米公司继续探索多元化道路的信心，使其坚定地走上多元化发展之路。小米公司充分利用在手机领域的经验、技术和资源，进一步拓展了手机业务，为迎合更广泛的市场需求，公司推出了价格更为亲民的红米系列手机，以满足对价格敏感、追求性价比的消费者群体。在互联网和物联网市场还没被开发的阶段，小米公司分析出未来IoT具有巨大的市场潜力，因此在2013年下半年启动了一种新型生态链模式——"投资+孵化"。

多元化的第二阶段：智能家居多元化阶段。2014年，小米公司在自身完整的生产、营销和物流渠道，以及强大的原料采购实力和研发能力的基础上，进一步拓展了非相关多元化经营，着重向消费物联网领域进军，开启了拓展智能家居业务的大门。这一经营模式提升了公司的核心竞争力，同时也有助于降低经营风险。在2014年，小米公司发布了一系列新产品，包括小米平板、小米4以及小米手环等，公司全年共投资了27个生态链项目，通过投资有潜力的企业，实现了产品开发的协同，进一步扩充了小米产品矩阵。这一举措使得小米生态矩阵涵盖了手机配件、影音、打印、智能家居和出载车行等多个领域。与此同时，小米公司在2014年走出中国，开始走向世界，首先在印度等多个海外市场拓展，并取得了令人瞩目的成绩。

多元化的第三阶段：互联网服务多元化阶段。在2015年，小米公司跨入了互联网服务业务，推出了消费金融和商业保理等产品。公司通过多种途径对积木盒子、老虎证券、51信用卡等多家公司进行战略性投资，获取了银行、保险中介等金融资格，正式进入了互联网金融服务业，使互联网服务业呈现出多元化的趋势。同时，小米公司利用MIUI平台开展了广泛的互联网应用服务，创新性地让用户参与手机操作系统的开发和改善中。小米还仔细斟酌了电子商务的利弊，开创新零售业务的发展，并积极探索线下渠道。小米之家的线下零售店取代了传统的售后服务模式，提升了客户的购物体验，并赢得了口碑。此外，小米公司与技术创新企业合作，推动生态链产品的设计和开发，与合作伙伴共同为消费者创造了优质的IoT体验。到2016年，小米公司投资了77个相关生态链项目，进一步巩固了其在智能手机周边产品、IoT生活和消费产品以及物联网服务业务方面的多元化布局。公司还扩展了互联网广告服务业和手游运营业务。2017年，小米公司持续致力于线下零售小米之家的门店扩张，推出小米有品电商平台，实现了小米互联网服务业的全面开花。

多元化第四阶段：上市助力下不相关多元化阶段。2018年，小米于港交所正式上市。2018

年11月26日，小米武汉总部项目在光谷正式开工。项目紧邻东湖高新区政务中心，定位建成超大研发总部，未来业务将围绕人工智能、新零售、国际化、互联网金融等核心领域展开。2019年，小米被《财富》杂志纳入世界500强，成为榜单中最年轻的企业之一。同年5月，小米集团通过内部信宣布成立大家电事业部，进一步拓展其产品线。2021年3月，小米集团正式宣布进入智能电动车领域。在2022年8月，小米发布了一系列新产品，包括米家眼镜相机、小米笔记本Pro14、米家台式净饮机乐享版、米家分区洗烘一体机以及米家智能净烟机P1。

二、小米公司多元化特征

2013年，小米公司看到了IoT产品的良好发展前景，因此开始陆续在物联网领域进行多元化经营的相关布局。作为一家初创公司，小米在维持自身业务经营发展的同时很难将大量资金用于对发展成熟的优质企业进行直接投资。

在这种情况下，小米另辟蹊径，转而向具有技术优势、发展潜力大的新兴企业投资，并帮助其进行产业孵化，逐步打造小米生态产业链。为了优化资产结构和调节资源配置，小米采用了一种集中企业重心在技术升级和产品研发上的策略。通过将生产过程中的中间环节和大部分的物流运输进行外包，公司有效地降低了中间投入和固定资产成本。这样的管理方式有助于将有限资源集中投放在产业回报率较高的环节，提高了公司的资金利用效率。

小米通过大量投资生态链企业，快速扩充了IoT生活和消费产品的种类。而且IoT硬件产品的销售也进一步为核心手机业务积累了用户群，并且为互联网服务业务的开展带去了成本极低的客流量。

随着多元化战略的逐步实施，小米公司对硬件、软件产品和互联网应用三大核心业务进行了系统规划，产品种类的增加和投资布局也逐渐构成圈层化发展，最终形成独特的小米产品生态系统。

第一圈层是小米公司的手机、电视、平板和路由器等自产品。第二圈层是物联网领域，它围绕着小米自有产品由生态链企业研发的智能硬件和日常消费品，主要涉及智能家居、可穿戴设备等。第三圈层则是围绕MIUI系统开发的互联网服务业务，主要包括金融、游戏、社交等。

通过观察可以看出，第一圈层和第二圈层其实构成了联系紧密的生态系统。小米手机作为终端载体，同时提供用户群，与米家等软件等共同对物联网消费产品进行操控，同时带动手机买家消费其他的物联网硬件产品。而第三圈层又从第一圈层和第二圈层获取到成本极低的稳定消费群体，并为这一群体创造了一个可以随时沟通和交流的移动互联网平台，实现了第一、二圈层到第三圈层的用户流量变现。

小米公司在物联网领域和互联网领域的多元化布局中，主要以手机为入口，一方面IoT产品为互联网服务引流用户群体，另一方面互联网服务极致的用户体验又进一步促进了智能手机和IoT产品的销售。

三、总结

在"互联网+"时代，随着供给侧结构性改革的提出，企业面临更为严峻的融资和资金成本压力。传统的重资产运营模式，通常需要大量投资于固定资产，这在新经济环境下显得不够灵活和高效。为了应对市场变化，许多企业开始转向轻资产运营模式，充分利用公司的轻资产，以最小的资本投入获取可观的收益。

小米多元化实施过程中也采用了轻资产运营，其中主要表现在注重产品创新、关注顾客体验以及将产业链的中间环节通过外包形式交给其他企业，而自身则专注于核心业务的产品研发和销售。

传统企业在多元化经营中应该整理自身已拥有的轻资产，如品牌价值、供应链关系、销售渠道等，然后对能延伸出其他有价值的环节加以重视，特别是要时刻关注产品市场最新动态，把握用户真实心理需求，从而来对产品进行更新优化，形成自身的核心竞争力。其次，在自身资金有限的情况下，企业也可以将非核心生产环节外包给其他制造商，并完善商品质量监督机制，确保质量的同时加速运营，以此探索出与企业本身契合度比较高的运营模式。

案例分析题：

1. 说明小米公司的多元化路径。
2. 分析小米公司多元化成功的原因。
3. 比较多元化和专业化的优缺点。

第四编　战略实施的路径

第十一章　战略实施

知识要点	教学目标
战略实施的概念和任务	了解战略实施的概念，掌握战略实施的任务
公司治理	了解什么是公司治理与公司治理失灵的表现及原因，掌握公司治理的内部和外部工具
组织结构	了解组织结构的内涵，掌握不同战略的组织结构
职能战略	了解公司的职能战略的内容及其措施

从战略管理的视角来看，高层管理者承担着正确战略选择与实施的重要责任，企业需要高层管理者与所有者利益一致。同时组织机构与职能战略也是战略实施的重要内容。

第一节　战略实施的概念和任务

战略管理过程包含战略分析、战略选择和战略实施三个过程。经过了企业的战略选择后，企业要开始战略实施。

一、战略实施的概念

著名战略管理学家安索夫认为，战略实施就是管理层为贯彻战略计划所采取的行动。战略实施即战略执行，是指整个企业运营等计划活动都按照既定的战略予以实施。战略只有付诸实施，才能实现战略目标。战略管理的根本任务不仅在于制定准确、适合的方案，更在于使之转化为企业的经济效益。战略实施不是一个简单容易的过程，它是一个自上而下的动态管理过程。它涉及从高层到基层工作目标的分解、落实，常常需要在"分析—决策—执行—反馈—再分析—再决策—再执行"的不断循环中达成战略目标。在这个过程中，需大量的工作安排和资源配置，同时，也需要企业的每个人员都参与其中。

如何有效地保证战略的实施？人们在实践中逐渐认识到，企业的各种因素相互适应和相互匹配是战略得以成功实施的必要条件。除了适应性和匹配度之外，还需要战略计划、组织结构、资源配置、领导和控制等活动来配合战略的有效实施。

二、战略实施的主要任务

（一）编制战略计划

战略计划就是将战略分解为重大方案和项目、政策和预算、职能层战略等等。组织中的各个管理层级要按照自上而下的原则对战略目标进行分解,在每个层面上制定出详细的战略计划。彼得·德鲁克指出,高层管理的首要任务就是制定与实施战略。他认为,要通过企业的使命来思考管理的任务,要随时思考所在的企业是什么样的企业以及它应该是什么样的企业。战略计划不仅可以避免实施过程中出现混乱局面,还可以让企业所有人员有明确、具体的工作目标。在编制战略计划时,高层管理必须为每个战略实施阶段制定分阶段目标,并相应地制定每个阶段的措施和策略等。

一般的战略计划包括以下内容。第一,制定任务进度安排。其包括企业总体战略目标的分解,明确进度计划和分阶段目标,并分析论证既定时间框架下的可行性。第二,制定分战略。在对总体战略目标分解后,就需要制定各事业部和各职能部门的分战略,并进一步制定出相应的实施措施和策略。第三,明确工作重点和工作难点。明确企业在不同时期、不同阶段和企业各个部门的工作重点和难点,明确工作的先后顺序,以便有针对性地重点推进企业战略的实施,保证战略目标的实现。

(二)建立与战略相适应的组织结构

组织是战略执行中最重要、最关键的要素之一。完善而有效的组织结构不仅为资源或要素的运行提供最为适当的空间,而且可以部分地补足或缓解资源、要素等方面的缺陷。一个好的企业战略只有通过与其相适应的组织结构执行才能起作用,因此,战略决定组织结构,组织结构必须按照战略目标的变化进行调整。如今的企业处在动态变化的环境之中,企业面临的内外部环境也越来越复杂,经营战略调整或变革的步伐也更加紧凑,在这样的环境下,企业更应该根据新的战略来调整旧的组织结构,以期获得更大的效益。

(三)配置企业资源

企业在战略实施过程中必须保证资源的优化配置。企业资源的配置包括外部资源配置和内部资源配置两个方面。外部资源配置是指企业利用外部资源保证战略实施,比如外部的公共关系资源、物力资源等。内部资源配置包括两部分:第一,是在组织不同部门之间,如不同的子公司、分公司、分厂以及不同业务或部门之间如何分配资源;第二,是在同一部门内部如何分配资源。内部资源包括人力资源、物力资源和财务资源。由于资源的配置受到诸多因素的限制,而且很难具体量化,这就造成企业配置的资源配置和战略实施不匹配的情况。因此,在战略实施过程中如何根据企业战略和实际情况配置合适的资源也是一个很关键的问题。

(四)发挥领导者的主导作用

企业领导者的能力和作用是战略得以有效实施的重要保证。领导是决定一个组织兴衰的关键因素,同时也是战略计划贯彻实施的决定性因素。发挥领导者的作用具体表现在两个方面。首先是领导者对战略实施的支持,这种支持包括制定战略计划、配置企业资源、改进组织结构等内容。其次是领导者能力与战略的匹配。由于不同的战略对战略实施者的知识、价值观、技能及个人品质等方面有不同的要求,因此,只有领导者的能力与所选择的战略相匹配才能促进战略的有效实施。这种匹配包括总经理的能力与战略类型的匹配和总经理班子中每个成员能力的相互匹配。

(五)处理好战略实施与企业文化的关系

企业文化为战略实施服务,又有可能制约着企业战略的实施。一方面,企业文化的特点要求企业战略必须符合企业的文化背景,否则会妨碍企业战略方案的实施;另一方面,原有的企业文化可能不适合现在的战略,从而制约战略的实施。到底是"企业文化追随战略",还是"战略追随企业文化"。在这一问题上，一种观点认为企业为实施战略而改变企业文化需要付出巨大代价；另一种观点认为企业特别是发展迅速行业中的企业必须改变企业文化，使之适应战略实施的需要，并成为企业发展的动力之一。在处理战略实施与企业文化的互动关系时，我们注意以下三点。首先，注意战略与任务的衔接问题。战略与任务的衔接就是必须要让主要的变化与企业的基本使命相衔接，要让现有内部人员去填补由新战略产生的位置空缺；要对那些与公司目前文化不相适应的变化予以特别关注，保证现存的价值观念与规范的主导地位。其次，注意要围绕文化进行管理。当公司的战略实施与企业文化不一致时，就需要围绕文化进行管理。其基本点就是要实现公司所期望的某些战略变化不与现存的企业文化直接冲突。最后，要注意对战略的调整。当公司文化与战略存在较大冲突时，企业首先需要考虑是否有必要对战略进行调整。

（六）适当的战略调整或战略变革

如果新制定的战略在战略实施中出现的偏差较大，企业应考虑采取纠正措施或实施权变计划。在战略实施过程中，一旦推断出公司外部环境带来的机会或威胁可能造成的后果，则必须对战略进行调整或变革。企业在实施战略调整或变革过程中可以采取三种模式。第一种为常规模式，企业按照常规的方式去解决所出现的偏差，这种方法费时较多。第二种为专题解决模式。企业就目前所出现的问题进行专题重点解决，这种模式反应较快，费时较少。第三种为预算计划模式。企业事先对可能出现的问题制定权变计划，这种模式反应最快，费时最少。

战略实施的过程中要遵循适度合理、统一指挥、权变的原则。

第二节 公 司 治 理

好的公司治理结构是战略实施的重要基础。公司治理不是企业诞生之初就存在的，是随现代企业制度产生而产生的。公司治理的概念特征、公司治理的内外部工具及其作用将在本节予以探讨。

一、公司治理的内涵

公司治理，是一套程序、惯例、政策、法律及机构，影响着如何带领、管理及控制公司。治理方法包括公司内部利益相关人士及公司治理的众多目标之间的关系。主要利益相关人士包括股东、管理人员和理事。其他利益相关人士包括雇员、供应商、顾客、银行和其他贷款人、政府政策管理者、环境和整个社区。

从公司治理的产生和发展来看，公司治理可以分为狭义的公司治理和广义的公司治理两个层次。

狭义的公司治理是指所有者（主要是股东）对经营者的一种监督与制衡机制，即通过一种制度安排，来合理地界定和配置所有者与经营者之间的权力与责任关系。公司治理的目标是保证股东利益的最大化，防止经营者与所有者利益相背离。其主要特点是通过股东大会、董事会、监事会及经理层所构成的公司治理结构的内部治理。

广义的公司治理是指通过一整套包括正式或非正式的、内部的或外部的制度来协调公司与所有利益相关者之间（股东、债权人、职工、潜在的投资者等）的利益关系，以保证公司决策的科学性、有效性，从而最终维护公司各方面的利益。

公司治理既有国际组织的定义，也有国内外著名专家学者的定义，各有不同。总的看来有以下几种。

第一，强调公司治理的相互制衡作用，如吴敬琏、吉尔森和罗。他们认为所有者、董事会、经理层之间的权力制衡是实现公司治理的关键。只有公司内部之间明确了责权关系，公司治理结构才能被建立起来。

第二，强调企业的所有权安排是公司治理的关键，如张维迎。公司治理在广义上等同于企业所有权，而企业所有权包括剩余索取权和剩余控制权。公司治理问题的关键是如何使企业的剩余索取权和剩余控制权相互对应。只有这样，才能对公司中的个体形成最大激励，最终使公司做出利润最大化的行为。

第三，强调利益相关者在公司治理中的权益应该受到保护，如杨瑞龙、李维安、世界银行等。企业治理结构表现为一系列契约的集合，这些契约签订方不仅有股东、董事会和经理人，还应该包括消费者、投资者和债权人。

第四，强调市场机制在公司治理中的决定性作用，如林毅夫。企业要获得健康发展，主要看能否形成一个良好的市场利润率。一个合理的市场利润率恰能正常反映企业经营者的经营水平，这种市场监督和约束构成了公司治理结构的关键。

第五，强调科学决策在公司治理中的关键作用，如李维安。公司治理不是为制衡而制衡。衡量一个治理制度好坏的标准，不仅仅是看公司内部的权力制衡状况，更要看如何使公司最有效地运行，如何保证公司各方参与人的利益得到满足。公司治理的目的不是相互制衡，至少最终不是制衡，它只是保证公司科学决策的方式和途径。

第六，强调法律在治理中的关键作用，主要为法商管理学派。治理是目的，法律是手段。通过对法律的运用和操作，以及从法律层面对问题进行分析和解读，寻求解决的办法。

由上述分析可以看出，对公司治理定义的分歧之处在于，公司是只能对股东（出资人）负责，还是应对包括股东、债权人、供应商等等一系列利益相关者负责。

深入理解公司治理的含义需要把握三个方面：第一，用于决定和控制一个组织的战略方向和业绩表现的各种利益相关者之间的关系；第二，保证战略决策有效性的一种方式；第三，针对所有者和经营者之间的利益冲突而建立的一种秩序或规则。公司治理的目的是保证高层经理和股东之间利益的一致。

二、公司治理失灵的表现及原因

（一）公司治理失灵的表现

公司治理失灵的表现可分公司不履行社会责任、公司经理的无能和不称职、公司管理者按私利行事和滥用职权。

1. 公司不履行社会责任

公司社会责任是指公司在创造利润、对股东承担法律责任的同时，还要承担对员工、消费者、社区和环境的责任。公司的社会责任要求公司必须超越把利润作为唯一目标的传统理念，强调要在生产过程中对人的价值的关注，强调对消费者、环境、社会的贡献。公司治理结构不完善、公司治理失灵，公司就不会履行社会责任，不承担对政府、顾客、环境以及社会公众等的责任,不将利益相关者纳入公司的治理体系,使利益相关方的合法权益得不到保障[1]。

2. 公司经理的无能和不称职

公司经理对于公司的发展起到非常重要的作用。他们是公司目标的确立者和规划者,是公司资源的调度者和分配者,是公司员工的指导者和引领者,是公司文化的塑造者和维护者。如果公司经理能力不足,就不能带领公司取得更高的效益、不能有效公平地分配公司资源、不能得到员工的信服与认同、不能为公司建立先进的企业文化,这样阻碍了公司的发展。聘用不称职的经理,导致企业利益受损,这也是公司治理失灵的表现。

3. 公司管理者按私利行事和滥用职权

公司管理过程中,从日常的运营到营销决策,都离不开管理者的参与。一个好的管理者能创造好的企业文化,激发员工的热情,让员工以好的心情工作,将企业带进更高的层次。但是有的管理者为了一己私欲,只注重眼前自己可以得到的利益,忽视公司的长远发展,运用自己的权力阻碍公司的长远部署。除此之外,公司管理者滥用职权,以权压人,导致公司员工积极性不高,缺乏归属感,不能投身到公司的建设之中。这些都是公司治理失灵的表现。

(二) 公司治理失灵的原因

公司治理失灵的原因可以分为两个方面:第一,公司的所有者和经营者之间的代理关系出现问题和管理者机会主义;第二,只顾自己利益的本位主义。

1. 代理关系与管理者机会主义

代理关系是由所有权和经营权的分离产生的,当公司的所有者将制定决策的责任委托给另一方并支付报酬时,代理关系就产生了。所有权与经营权分离产生的代理关系会出现很多问题,由于委托人和代理人有不同的目标和利益,当代理人制定决策所追求的目标与委托人的目标相冲突时,问题就会出现。代理关系导致委托人和代理人之间的利益分歧,从而导致公司治理失灵[2]。

管理者机会主义是指通过欺骗(狡猾或欺诈)获得自身利益。管理者机会主义不仅是一种态度(如倾向),而且还包括一些行为(追求自身利益的具体行动)。管理者可能会因为自己的利益做出一些损害公司利益的事情,但是委托人并不能预测到管理者会不会采取机会主义行动,因为机会主义行动只有在发生之后才能被发现。委托人为了防止管理者机会主义行动的产生,往往会建立监督控制机制,但是这种机制会引起管理者的不满,管理者可能会寻求外界的建议,做出正确的决策[3]。管理者机会主义往往会导致公司管理失灵。

2. 本位主义

本位主义是指在处理单位与部门、整体与部分之间的关系时只顾自己,是自私的一种表现,尤其对于利益方面,通常是会牺牲他人(包括集体)的利益而达到自己的目的。

相比于公司收益,管理者更愿意让公司成长。产品多元化通常会扩大公司规模,公司规模扩大,公司管理和业务组合的复杂程度提高,管理者会得到更高的报酬。除此之外,产品

---

[1] 郑清兰、周竹梅、韩杰:《内部控制、企业社会责任对公司治理的影响》,《山东青年政治学院学报》2021年第2期。
[2] 希特:《战略管理——竞争与全球化(概念)》,吕巍译,机械工业出版社,2018,第215—216页。
[3] 同[2],第216页。

多元化会降低管理者的风险，因为某一个或有限的几个产品线或业务的需求下降给公司和管理者带来的影响会减少。但是，如果公司产品过度多元化，会导致公司业绩下降，甚至会引来其他投资者购买大量或者全部股票来控制公司。如果公司被收购，管理者的就业风险就会大大增加，而且管理者在外部管理者人才市场被雇佣的机会也会受到原公司糟糕效益的负面影响。因此，虽然管理者喜欢多元化，但是考虑到自身的就业风险和受雇机会，他们也不会过度地追求多元化，这是管理者的自卫本能。此外，管理者追求的多元化意愿要比股东高，可能会与股东追求适当的多元化产生冲突，因为过度多元化会对企业的创新能力产生负面的影响，也会分散管理者在其他重要的公司活动上的经历，出现公司治理问题❶。

除此之外，管理者会按照与自己技能相一致的方向经营，而不一定是股东的利益，因为这样会让自己无可替代，构筑堑壕。这也是管理者的本位主义，会导致公司治理出现问题。

三、公司内部治理的工具

公司内部治理是权力与责任在董事会、监事会、股东会、经理之间的分配问题。影响公司战略决策的三个内部工具分别为所有权集中、董事会和高管薪酬。

（一）所有权集中

所有权集中的程度由大股东的数量以及他们持有的所有权比例来决定。大股东通常拥有公司发行所有权的 5%以上。分散的所有权使股东难以有效地协调行动，而公司实施超过股东最佳水平的多元化可能就源自对管理者决策的监控不力。高水平的监控能避免管理者做出有损股东价值的战略决策，如过度多元化。研究显示，所有权集中与较低的产品多元化相关。因此，所有权集中度越高，管理者的战略决策就越有可能使股东的利益最大化❷。但是，在管理实践中，如果所有权集中程度过高，董事会不能有效监督他，则会增加股东利益最大化的风险。

> 小案例：亨利·福特的固执

众所周知，亨利·福特创造了流水线生产方式，并带来了工业生产领域的重大社会变革。但是，福特汽车工业公司从行业第一的宝座不得不离开的惨痛经历却是亨利·福特的惨痛教训。

亨利·福特所设计的 T 型车，其因简单、朴素、结实、易修等特征初期受到普通消费者的欢迎。福特汽车的设计非常注重实用性，但没有考虑舒适性和外观的多样性。福特是农夫之子，不喜欢所谓的上流社会，所以认为开豪华车本身就是一种腐败、奢侈。虽然亨利·福特的名字与汽车联系在一起，但亨利·福特真正的梦想是对现代化大工业的高度专业化的生产过程的一种喜爱，而不是汽车产品本身，甚至也不是汽车产品带来的利润。福特几乎把所有的利润都投入流水线，投入到先进的设备上，甚至不舍得自己分红。而通用汽车反其道而行之，生产更为宽敞舒适的汽车，并占据更多的市场份额。当时福特公司一些改革创新派希望福特改变策略，重新按照新的顾客需求来设计汽车，从而希望夺取已经丢失的市场份额。他们曾经对车身的长度、重心、平稳、舒适性进行了重新设计，并试图给福特一个惊喜。但令他们没有想到的是，福特气愤地砸掉了新车模型，狠狠地压制了革新派，时间长达 20 多年。

---

❶ 希特：《战略管理——竞争与全球化（概念）》，吕巍译，机械工业出版社，2018，第 216—218 页。
❷ 同❶，第 219 页。

为什么福特有这样的权力，能完全不听其他人的想法呢？当时的福特汽车公司是私人公司，内部控股。在从全盛走向衰退的四十多年中，亨利·福特本人持有公司股份最多，曾经最高时达到 60%。福特公司从公司治理的角度看，似乎不存在任何"代理人"问题或"短期行为"问题。当时的福特汽车公司没有今天被称为现代企业制度主要成分之一的董事会制度，亨利·福特个人拥有绝对的控制权。这种制度在企业创业初期能做到指挥有效、决策迅速，但是内部没有制衡最大股东的治理机制，所以决策的正确性就完全取决于最大股东。如果最大股东的经营思维跟不上市场的变化而出现决策失误，企业其他人员也没有办法去扭转。因此，当时福特公司遭受了非常重大的损失。

（二）董事会

董事会由股东选出的一些人组成，其主要责任是为了股东的最佳利益而监督和控制公司的管理者。董事会成员不仅需要监督管理者，还要确保公司的运作方式可以良好地为利益相关者的利益服务，尤其是股东的利益。他们还需要帮助董事会完成目标，使他们有权指挥组织的活动以及奖惩高层管理者[1]。

董事会成员由内部董事（执行董事）和外部董事（独立董事）构成。内部董事来源于企业内部，可能是公司的股东、管理人员和员工；外部董事是从外部聘请的在企业事务中某领域有专长的人士，通常是财务、法律、战略等某个方面的专家、学者，或其他公司的总裁、董事长等。外部董事在董事会中应当能够发挥更为客观、公正的作用。因此独立董事通常被认为是提升公司治理效率的一个有效途径。但在现实中，关于独立董事能否发挥重要的作用，还存在很大争议。

据相关研究，董事会规模对公司绩效也有重要影响。《中华人民共和国公司法》规定股份有限公司的成员在 5~19 人之间。目前在我国，大部分上市公司董事会规模在 9 人左右，这是市场选择的结果。

一般而言，公司董事会至少负有三大方面的职责：审议和决策重大经营问题；检查和评价经营成果；任免和奖罚高层经理人员。提高董事会的有效性有助于公司做出更加有效的战略决策，使公司取得更好的经济效益。

公司的领导结构有两种情况，一种是公司董事长和 CEO 两个职位由一人担任，另一种是由两人担任。前者称为"一元结构"，后者称为"二元结构"。根据董事会基本的三方面职责，从制度设计上，二元结构更容易实现权力之间的相互制衡。

（三）高管薪酬

高管在战略管理中扮演的角色是强有力的执行者、勇敢的变革者、值得信任的领导者、好的倾听者等角色。因此，高管薪酬是一种治理机制，试图通过工资、奖金以及股票、期权等方式进行长期激励，使管理者和所有者的利益一致。

在现代公司治理中，监督和激励是同一枚硬币的两面，哪面都不可缺少。例如，在 IBM 公司，对高层经理人员的激励包括与现期绩效相关的激励和与未来绩效相关的激励两大部分。前者主要以高额年薪来体现，后者则反映在股票期权的使用上。比如，在聘任董事长兼 CEO 的格斯特纳时，IBM 公司除了在聘用合同中答应补偿其调离所任某烟草公司董事长职务而造

---

[1] 希特：《战略管理——竞争与全球化（概念）》，吕巍译，机械工业出版社，2018，第 221—222 页。

成的当年将得到的但现在不得不放弃的约 500 万美元股票期权收益损失，以及保证其已到手股票期权届满时将换得至少 800 万美元收益外，还明确其第一年在 IBM 的薪金为 810 万美元，外加 50 万股 IBM 股票期权。

四、公司外部治理的工具

（一）资本市场的约束

资本市场对于企业经营者的行为也具有不可忽视的约束作用。尤其是股票上市的公众公司，其资本投资者"用脚投票"的自由权利，随时都在对公司经营者发挥一种鞭策和牵制的力量。在股票市场上，股价的涨跌与企业的盈利能力和资产状况有着密切的联系。公司经营状况看好，股价就会上涨；经营状况不良时，股价就会下跌。这种关系在 IBM 公司"三起两落"发展历程中得到了鲜明的反映。1960 年，IBM 公司股票价值为每股 20.6 美元；1972 年涨到 80.4 美元；紧接着出现大幅度滑落，仅两年时间就跌至 42 美元；进入 80 年代后，局面有所扭转，股价在 1987 年上升到 175 美元。

（二）产品市场的约束

在竞争性市场中，购买者的选择和竞争者的压力将决定企业的产品能否畅销，并对企业的经营行为形成一种客观的和最终的评价机制。例如，IBM 公司在 20 世纪 50 年代跨入计算机行业，首先就是顺应了市场从机械计算向电子计算发展的潮流。20 世纪 60 年代，IBM 公司开发出近乎垄断整个市场的大型机，因为符合了市场和顾客的要求，从而使公司得以迅速发展壮大。但进入 20 世纪 70 年代以后，IBM 的经营者开始变得以企业自身为中心，脱离顾客，导致其后来开发出来的新产品只是原来产品线的延伸，而没有更大的突破。

（三）经理市场的约束

发达、完善的经理市场在促进经理人才流动的同时，也给在职经理人员造成一种压力，迫使他们努力搞好企业的管理，否则会被其他经理人员所取代，而且可能造成自身"人力资本"的贬值。IBM 公司的前董事长埃克斯就是继通用汽车公司和康柏计算机公司前董事长之后被解雇的美国商界主要经理人员。埃克斯最初结束飞行员生涯进入 IBM 公司时只是一名推销员，很快因为善于采取果断行动而被提升为管理人员，并迅速升到高层管理职位。但他不曾料到自己竟成了历史上一直非常成功的"蓝巨人"衰败的主要责任者。埃克斯在得到 300 万美元的解职补偿后，于 1994 年离开了 IBM 公司，并在拟合伙创办一家公司，计划失败后悄无声息地离开了商界。深知经理市场对经理人员能力评价的"无情"以及自身"人力资本"价值的宝贵，许多被列为埃克斯继任者的候选人担心"烂摊子搞不好会引火烧身"，纷纷放弃了尝试念头。而缺乏高技术企业经营经验的格斯特纳，最初并不是 IBM 公司董事会心目中的最佳人选。但格斯特纳在接管 IBM 公司不到 4 年时间里，就使积重难返、被公认只能走"分散化"路子的巨型企业迅速走出困境，他本人的"人力资本"也很自然地随着公司绩效的改善而倍增。

第三节　组织结构

企业组织结构是实施战略的一项重要工具，一个好的企业战略需要通过与其相适应的组织结构去完成。

一、组织结构调整的战略含义

美国学者钱德勒在 1962 年出版的《战略与结构：美国工业企业历史的篇章》一书中指出：战略与结构关系的基本原则是组织的结构要服从于组织的战略，即结构跟随战略。这一原则指出，企业不能仅从现有的组织结构去考虑战略，而应从另一视角，即根据外在环境的变化去制定战略，然后再调整企业原有的组织结构。

企业作为一个开放系统，总是处于不断变化着的外部环境之中。相对于企业外部环境的变化而言，战略与组织结构做出反应的时间是有差别的，钱德勒通过对美国工业企业历史发展的分析得出结论：战略首先对环境的变化做出反应，而后组织结构才在战略的推动下对环境变化做出反应。这样就形成了战略的前导性和组织结构的滞后性。

（一）战略的前导性

企业战略的变化快于组织结构的变化。这是因为，企业一旦意识到外部环境的变化提供了新的机会，首先会在战略上做出反应，通过新的战略谋求经济效益的增长。而新战略实施要求有一个新的组织结构，至少在一定程度上调整原有的组织结构。如果组织结构不进行相应的变化，新战略也不会使企业获得更大的收益。

（二）组织结构的滞后性

组织结构的变化常常慢于战略的变化速度。一方面，新旧结构交替有一定的时间过程。新的战略制定出来以后，原有的结构还有一定的惯性，原有的管理人员仍习惯运用旧的职权和沟通渠道从事管理活动。另一方面，由于担心自身的经济利益、权利、地位受到影响，原有管理人员往往会以各种方式去抵制组织的变革。

战略的前导性和组织结构的滞后性表明，在应对环境变化而进行的企业战略转变过程中，总有一个利用旧结构推行新战略的过渡阶段。因此，在为战略的实施进行组织匹配过程中，战略管理者既要认识到组织结构反应滞后性的特征，在组织结构变革上不能操之过急，又要尽量努力来缩短组织结构的滞后时间，使组织结构尽快变革以保证战略实施活动的效率。

二、组织结构调整的原则和内容

（一）企业组织结构调整的原则

企业战略的重要特性之一便是它的适应性。它强调企业组织能运用已占有的资源和可能占有的资源去适应企业组织外部环境和内部条件的变化。这种适应是一种极为复杂的动态调整过程，它要求企业能一方面加强内部管理，另一方面则能不断推出适应性的有效组织结构。因此，适应的特殊性决定了这种适应不是简单的线性运动，而是一个循环上升的过程，企业组织理论界人士将这个过程称为适应循环。这明确地指明组织结构如何适应企业战略的原则。因此，适应循环原则是企业组织结构调整的根本原则。

（二）组织结构的基本概念

组织结构就是企业正式的报告关系机制、程序机制、监督和治理机制以及授权和决策过程。一个公司的组织结构决定着即将做出的决策，以及由于这些决策组织中每个人将要完成的工作[1]。组织结构的三维度量是复杂性、正规化、集权化。

---

[1] 希特：《战略管理——竞争与全球化（概念）》，吕巍译，机械工业出版社，2018，第 237 页。

组织结构的复杂性是指组织活动或子系统的数量。一个企业的组织结构绝不是一成不变的东西，相反，它是一个复杂的变量。在当今时代，充满变化性和不确定性的内外部环境使这种复杂性表现得更为突出，成为新时期组织结构的最主要特征[1]。正规化是指组织为了达到规定标准、实现正规目的而采取一定的措施，进行相关活动。集权化是指组织中决策权的集中程度。在集权化的组织中，高层的管理者保持着相对高的决策权力。研究表明，组织的集权化与去集权化是一个连续体的两端。当低层次的决策程度、范围、重要性等增加时，组织的集权化减少，高层管理者拥有的影响力降低[2]。

组织结构的形式多种多样，但可以根据以上提出的三个要素的组合分为两种：机械式组织与有机式组织。表 11-1 列出了两种组织模式的特性。

表 11-1　机械式组织与有机式组织的特性

机械式组织	有机式组织
1. 严格的层次关系	1. 合作（纵向、横向）
2. 固定的职责	2. 可调整的职责
3. 高度的正规化	3. 低度的正规化
4. 正式的沟通渠道	4. 非正式的沟通渠道
5. 集权的决策	5. 分权的决策

机械式组织又称官僚行政组织，它追求的主要目标是稳定运行中的效率。机械式组织注重对任务进行高度的劳动分工和职能分工，以客观的不受个人情感影响的方式挑选符合职务规范要求的合格的任职人员，并对分工以后的专业化工作进行严密的层次控制，同时制定出许多程序、规则和标准。个性差异和人性判断被降到最低限度，提倡以标准化来实现稳定性和可预见性，规则、条例成为组织高效运行的润滑剂，组织结构特征是趋向刚性。

有机式组织也称适应性组织，其特点是低复杂性，低正规化，分权化，不具有标准化的工作和规则、条例，员工多是职业化的，保持低程度的集权。它因为不具有标准化的工作和规则条例，所以是一种松散的结构，能根据需要迅速地进行调整。

（三）组织结构调整的内容

形成一个能有效支持公司战略的组织结构是困难的，尤其是由于全球经济的快速发展和动态竞争环境带来的因果关系的不确定（或不能预期的变化）[3]。因此，正确分析企业目前组织结构的优势与劣势，设计开发出能适应战略需求的组织结构模式，对公司的长远发展以及有效地适应环境的不确定性有着非常重要的作用。

对组织结构模式进行调整，需要确定具体的组织结构。这项工作主要是在三个结构，即纵向结构、横向结构和职权结构中加以选择。

纵向结构指的是管理层次的构成及管理者所管理的人数，其考量维度包括管理人员分管职能的相似性、管理幅度、授权范围、决策复杂性、指导与控制的工作量、下属专业分工的相近性等。组织的纵向结构设计，首先根据企业的具体条件，正确规定管理幅度；然后在这

---

[1] 林渊博、杜刚、吕佳：《结构复杂性度量和复杂结构组织》，《北京理工大学学报》2009年第3期。
[2] 林崇德：《心理学大词典（上卷）》，上海教育出版社，2003。
[3] 希特：《战略管理——竞争与全球化（概念）》，吕巍译，机械工业出版社，2018，第237页。

个数量界限内,考虑影响管理层次的其他因素,科学地确定管理层次;在此基础上,进行职权配置,从而建立基本的纵向结构。

横向结构是指各管理部门的构成,其考量维度主要是一些关键部门是否缺失或优化。组织的横向结构设计,要根据组织的实际情况,确认组织关键部门是否存在问题,从组织总体形态和各部门一、二级结构进行分析。

职权结构是指各层次、各部门在权力和责任方面的分工及相互关系,主要考量部门、岗位之间权责关系是否对等。组织的职权结构设计,从整个组织层面存在的决策、指挥、执行、参谋、检察的权力分配,同样在每个权力部门内也存在的部门组织层面的决策、指挥、执行、检察的权力分配出发,做好部门职责与权力的对等工作。

做好组织结构的调整工作,解决组织结构中存在的问题,为企业组织结构中的关键战略岗位选择最合适的人才,为企业成功实施战略提供稳定性,保持企业的竞争优势,使企业具备持续、稳定管理日常常规工作的能力,将企业资源分配给能形成竞争优势的领域,使公司在未来取得成功。

三、业务层次的组织结构

(一)总成本领先的组织结构

总成本领先战略的核心是要在同业竞争者中建立单位产品成本最低的竞争优势。其主要途径是通过学习曲线和规模经济,通过高市场占有率以获得规模经济优势。因此,在组织结构上,总成本领先战略突出强调专业化、正规化和集权化。专业化是为了使具有相同专长的人力资源集中到一个部门,以便于他们尽其所长对本部门的问题进行深入、细致的研究。这些研究成果就成为企业竞争力的宝贵财富。为了使这些成果能够在今后的工作中发挥作用,就需要程式化,使之成为员工工作行为和部门之间工作流程的正式规则。通常情况下,部门内部的程式化可以由单一部门来完成,但各部门之间的工作流程和例外事件就要由上一级部门来制定和协调。这就需要权力的向上集中。这些特征决定了实施总成本领先战略的企业通常采用机械式的职能结构,如图 11-1 所示。而且该结构将重点放在生产职能上,为了提高生产效率,也非常重视生产工艺和设备的开发研究,而对新产品开发则不甚看重。因为,如果产品变动比较频繁,就会降低生产过程的效率。例如,沃尔玛公司就将职能型结构运用于三个业务模块(沃尔玛商店、山姆会员店和沃尔玛国际)中,以实行成本战略。在沃尔玛商店这一模块中(占公司销售的最大份额),成本战略被广泛运用到超级购物中心、折扣店和社区店中。

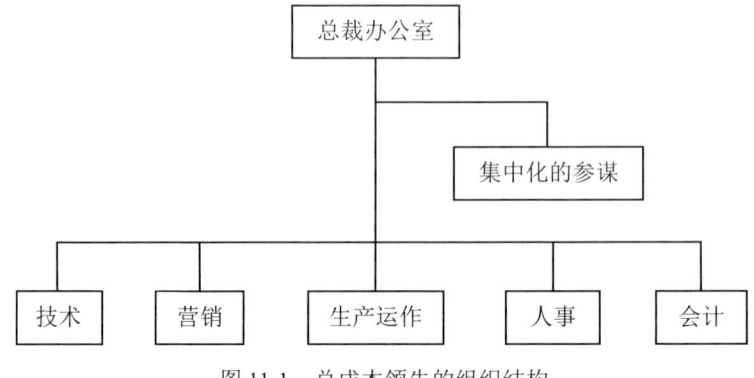

图 11-1 总成本领先的组织结构

（二）差异化战略的组织机构

差异化战略的核心是要使自己的产品（整体产品的概念，包括品牌形象、服务、企业形象等）与众不同。为此，差异化战略要求企业必须具有较强的市场营销能力，以便企业对市场需求具有高度敏感性，能够及时发现市场机会，同时也要求企业必须通过广告等方式建立企业的独特形象，它还要求企业在服务等方面能给顾客提供更大的价值。为了实现差别化，企业还必须强调创新，尤其是产品创新，这就要求企业格外重视研究与开发（R&D）职能。

在决策与控制的权力上，由于差异化战略需要对市场进行快速反应，因此，相对地分散权力就成为差异化战略组织结构的一个主要特征。例如，把某些产品的经营决策权下放给产品线或品牌经理，而不是事事由最高层来决定。差异化战略需要企业更具创造力，不断进行营销和产品的创新，并对各种问题和机会做出迅速的应对和反应。因此，规章制度、业务流程等只做较宽泛的程式化规定，而不能像总成本领先战略的企业那样进行详细的硬性规定。与上述特点相联系，差异化战略要求企业部门之间进行更多的沟通和协作。由各部门参加的"项目攻关小组"是实施差异化战略的企业常用的组织方式。因此，差别化战略的企业专业化程度也比较低。总之，差异化战略的企业结构更趋于有机化。

图 11-2 是差异化战略组织结构的一个典型形式。把此图与图 11-1 比较，可以发现一些有意义的差别。

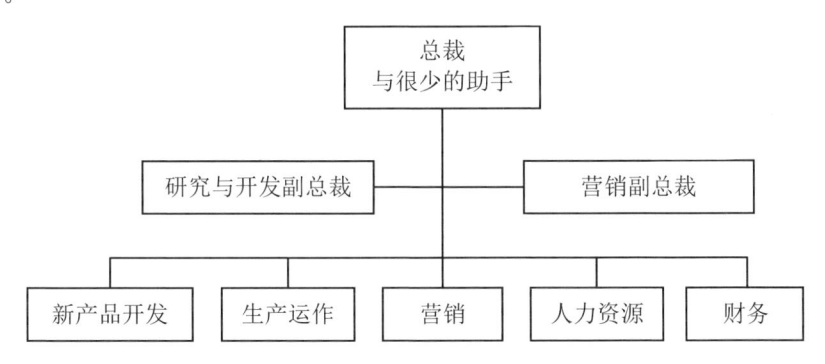

图 11-2 实施差异化战略的职能型结构

第一，两者的最高权力机构是不一样的。总成本领先战略因为要求权力的高度集中，因此总裁需要较多的助手协助他处理日常发生的各项事务。比较而言，差异化战略因为是相对分权的，所以，总裁的日常事务较少，他只需要少数几个助手。

第二，实施总成本领先战略需要有集权化的职能部门。这个部门有较高职能职权，它协助总裁制定各项工作（甚至包括定价、采购、产品开发等所有重要事务）的程序和标准，并具有对其他部门进行督导和检查的权力。在一些企业中，这个部门常常冠以计划部、预算部或计划财务部等名称。在差异化战略企业中，不设置这样的职能机构，但强调 R&D 与营销之间的沟通协调，并通过它们两者之间的协调带动整个企业的运转。

第三，总成本领先战略的沟通联系是正式化的，有较多的上下沟通而较少横向沟通。差异化战略组织则更注重非正式的信息交流，尤其是部门之间的交流与沟通。

第四，两者的部门名称也有差别。这种差别主要体现了两者的部门性质与功能的差异。

（三）总成本领先与差异化综合战略的组织机构

一般而言，总成本领先战略与差异化战略有较大的内在矛盾。总成本领先战略通常强调生产制造，有产品改良，但很少有产品创新。而差异化战略注重市场营销和R&D，产品变化很快，以建立产品独特性的形象。因此，将两种战略结合起来通常会非常困难。但随着柔性制造系统的产生，生产制造部分的刚性瓶颈问题得到了部分解决，因变换产品品种而引起的成本上升已不像过去那么严重；再辅以横向跨部门的协调（如跨部门的团队），有些企业已经能够有效地实施成本领先与差异化相结合的战略。建立部门之间的横向联系对实行成本领先与差异化双重战略的企业非常重要，但更重要的是创造一种企业文化，使部门之间自愿沟通协作，并致力于创造成本和差异化两方面优势。实际上，文化是最难以模仿的竞争优势。

（四）集中战略的组织机构

集中战略的组织结构是较为灵活多样的，主要视企业规模和市场覆盖的地理范围而定。如果企业的规模较小，有机式的简单结构是最佳选择；如果企业规模较大，那么就需要考虑职能式结构。

在实施差异化集中战略的企业，小批量、灵活性生产和力所能及的R&D是企业的核心部门，再辅以营销部门的支持，企业就可以对技术的变化做出快速的反应。在这样的企业中，低正规化和低集权化是非常重要的，即组织结构趋于有机化。

在实施成本集中战略的企业，对成本的严格控制是非常重要的，这要求企业在成本控制方面必须建立严格的规范，相应地，所有涉及成本的审批权力也要高度集中。

四、公司战略层次的组织结构

当企业由单一业务型或主导业务型走向多样化经营时，企业就需要从总体战略的层次考虑采用分部式组织结构以适应多样化战略。通常，分部是按产品或市场来构建的，它接受总部的领导并拥有一定的自主权。总的来说，分部式结构有共同的特点，但对于不同的多样化企业来说，其具体的组织结构要求仍有很大差别。

（一）相关约束多样化的组织结构

相关约束多样化的企业在各业务之间共享产品、技术和分销渠道，因此各业务之间的联系非常重要。为了使各业务之间能够更有效地实现活动共享，提高范围经济性或转让技能，高层管理者必须鼓励在各业务之间进行合作。相应地，为了协调各业务之间的关系，某些活动的集中也非常必要。通常承担各业务部门协调职能的部门应当具有较高的地位和权威，由企业最高领导者直接领导。

除了集中，在相关约束多样化的企业中，一些其他的结构整合机制非常必要。例如，部门之间的直接沟通、在各部门之间建立联络员制度、建立临时团队和联合攻关小组等。NEC公司为了推动它的C&C（Computer and Communication，电脑与通信）战略，就建立了一种跨业务部门的委员会，定期召开会议，共同探讨电脑与通信的结合问题。最终，在这种相关约束多样化的企业中可能会形成将职能和业务产品（或项目）两者结合起来的矩阵式组织结构。

为了建立业务部门之间的联系，人员的定期与不定期交换制度也是一个常用的方法。此外，诸如联合培训等方法对增进各业务之间的相互了解、相互合作也有意义。

对相关约束多样化企业，采用如图11-3所示的合作型组织结构可能是一种较好的选择。在这种形式的组织结构中，可以共享的职能和需要在各业务之间建立协调的主要职能集中在上一层，下面的各个业务分部在接受总部领导的同时，在业务分部之间建立广泛的联系。

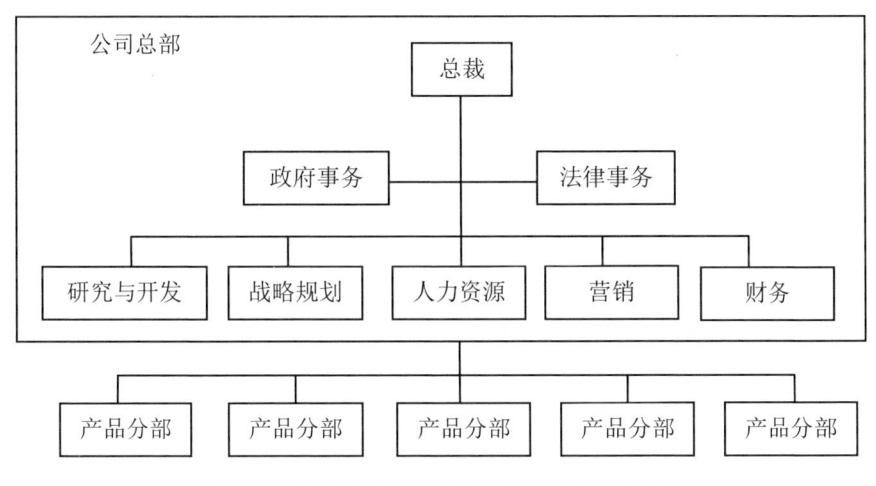

图 11-3　实施相关约束多样化战略的合作型结构

（二）相关联系多样化的组织结构

在相关联系多样化企业中，某些业务是相关的，而另一些业务则是不相关的。对这种类型的多样化企业，超事业部（战略经营单位）的结构是较好的选择，如图 11-4 所示。这种结构分为三层：总部、战略经营单位和分部。首先，企业根据各项业务之间的相关性或将联系较为密切的业务部门归并为一个战略经营单位，然后再通过总部将各个战略业务单位组织起来。在这里，每个战略经营单位都是利润中心，它们拥有较大的自主权，以便对市场做出及时的反应。

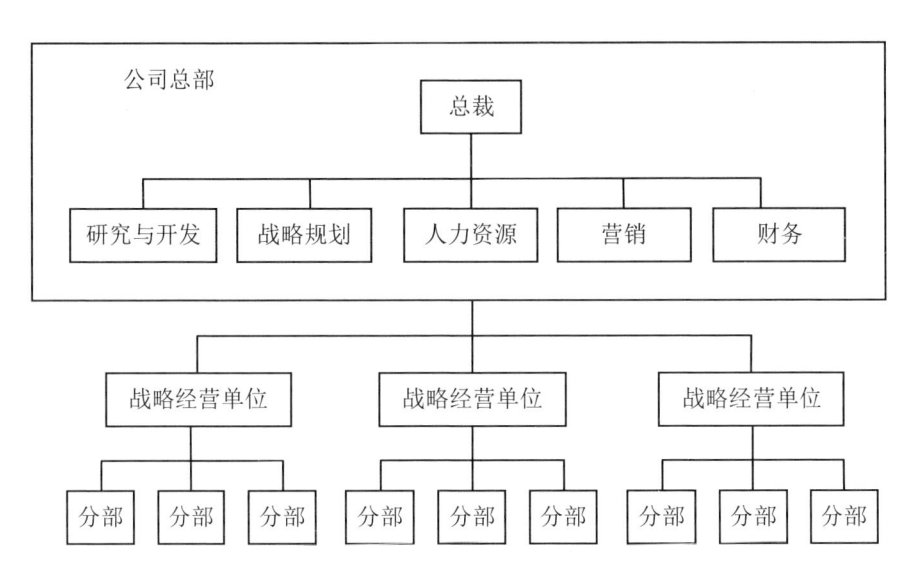

图 11-4　实施相关约束多样化战略的战略经营单位结构

波士顿战略矩阵等业务组合工具对这种多样化战略具有借鉴意义，但由于中间加入了战略经营单位一个层级，而它们又被赋予了较大的自主权，因此总部与战略经营单位在目标上的冲突就在所难免。例如，在总部看来，某一个战略经营单位下的一个分部是"金牛"，另一个战略经营单位下的一个分部是"明星"。按照波士顿战略矩阵的思想，公司总部希望将"金牛"产生的现金用到"明星"上去。但是，"金牛"的战略经营单位会提出在其管辖下的分部中有一个业务分部是"明星",非常需要资金支持,不愿意总部把本战略经营单位的资金挪作他用。这样的问题就不是简单的业务经营问题,而涉及企业内部的沟通问题。

在这种结构中还有另一个问题需要注意,就是由于总部与各分部之间增加了战略经营单位,使得总部在全面、准确、及时地掌握业务变化的信息方面的能力有所削弱。为此,企业需要恰当地制定信息沟通制度,以便及时汇总重要信息。

(三) 不相关多样化战略的组织结构

不相关多样化企业适于采用竞争型组织结构。在竞争型组织结构中,企业强调各个不相关业务部门相互竞争,通过竞争优胜劣汰,如图 11-5 所示。

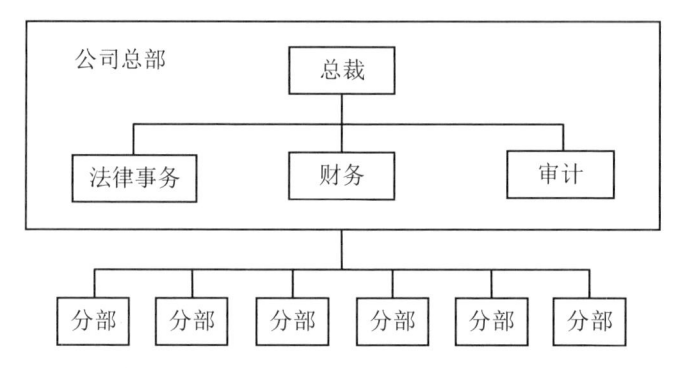

图 11-5 实施不相关多样化战略的分部结构的竞争型组织结构

总部为了保持其中立性,通常与各业务部门保持一定距离,除了对业务部门进行必要的经营指导和对主要管理者建立规范严密的考核管理制度以外,对业务部门的经营管理采取不干预政策。考核目标主要是投资报酬率。企业对各个业务单位的资金等资源分配也主要是鉴于这项考核目标。

由于总部工作相对简化,因此总部的职能部门设置也非常简练,如图 11-5 所示。这种情形同前面提到的战略经营单位结构有相似之处,各战略经营单位之间也存在竞争。不同的是,在战略经营单位结构中,一些分部的业务是有关联的,而在竞争型结构中,各分部的业务毫不相关。

在一些多样化经营的企业中,每一个业务单位都是一个有限公司(法人结构),总公司全资拥有或部分拥有各业务公司,这种组织结构称为控股公司结构。在这种公司中,总部既不加强各业务之间的相互联系,也不强调资源分配过程中的竞争。总部人数和服务都非常有限。控股公司最主要的特征是业务单位的自治程度,尤其是战略决策的自决权。各业务完全独立,很少有资源的相互流动。竞争型组织结构与此不同,它根据投资报酬率的考核结果在各分部之间分配和调拨资金等资源。

最后,我们对上面讨论过的主要的多样化的组织结构问题进行总结,见表 11-2。

表 11-2 各种多样化战略组织结构的特点

结构特点	结构形式		
	相关约束战略 (合作型分部结构)	相关联系战略 (战略经营单位结构)	不相关战略 (竞争型组织结构)
运作的集中	集中在公司总部	部分集中在战略经营单位	向分部分权

续表

结构特点	结构形式		
	相关约束战略 （合作型分部结构）	相关联系战略 （战略经营单位结构）	不相关战略 （竞争型组织结构）
整合机制的使用	广泛使用整合机制	适当使用整合机制	不用整合机制
分部绩效的评价	强调主观标准	使用主客观相结合的混合标准	强调客观（财务或投资回报率）标准
对分部的奖惩	与整个公司的绩效相联系	综合考虑整个公司、战略经营单位和分部的绩效	仅与分部的绩效相联系

五、中间结构与结构变异

（一）中间结构

上面讲的结构并不是截然分开的，许多组织结构是逐渐发展的，其技巧是将组织结构与它的环境、它本身的情况结合起来考虑。请看下面设想的一个例子。

一些公司经过微小的变动，可能会从职能型结构转向分部结构。由于开发新产品和市场需要资源，所以，问题可能首先出现在职能型结构内。最初这些矛盾要上报上级，直到一个足够高的高级管理人员做出决策和给出判定后才能得到解决，但是当有太多的矛盾和冲突要这样解决时，就会制定一些新的规则、指导书和过程来指导如何在产品间分配资源。下一步是在规划过程中将这些过程、程序等正式化，比如，可以为新的产品/市场制定一个预算。

到这一阶段，只是通过控制和经营方法而不是通过改变结构来解决问题。当新产品/市场变得越来越重要，并且更加激烈地竞争资源时，就有必要确立部门间的联系规则，例如，可能会设立一个委员会或者一个临时的工作小组来讨论和决定优先级。这最终会导致产生永久性的团体或协调人（产品经理就是一个好例子）。有必要保留职能结构的另一例子是具有独立协调作用的部门的形成，例如，集中规划部门等。最后，随着多样化程度的加深和维持职能型结构的成本的提高，组织形成分部的形式。

解决类似的问题常常采用混合结构。如形成具有子公司的职能型结构，主干核心企业采用职能型结构，雇佣绝大多数员工，而其他一些外围企业则作为分部或子公司存在。又如形成混合型的分部结构，主干核心业务形成事业部，以加强控制和协作，而其他一些业务则以子公司形式存在，以便分散风险。

（二）网络型组织结构

适应组织变动的这种需要并且又不严重影响现有东西的另一种方法，是将责任转移到企业的外部或转移到一个合营企业中。

网络型组织结构是指企业保留核心资源，而把非核心业务分包给其他组织完成，从而创造竞争优势。它以市场的、契约式的组合方式替代了传统的纵向层级组织，实现了企业内的核心优势与市场外资源优势的有机结合，因而更具敏捷性和快速应变能力，可视为组织结构扁平化趋势的一个极端例子。但是网络型组织结构也有缺点，主要是对公司的主要职能活动缺乏有力的控制。

网络型组织有时也被称为"虚拟组织"，即组织中的许多部门是虚拟存在的，管理者最主要的任务是集中精力协调和控制好组织的外部关系。为了获得持续性的竞争优势，组织往往通过建立广泛的战略联盟来保持相对稳定的联合经营。早先的网络组织只适合于一些劳动密集型行业，如服装业、钢铁业等。近些年来，随着电子商务的发展以及外部合作竞争的加强，更多的知识型企业依靠互联网等信息技术手段，并以代为加工（OEM）、代为设计（ODM）等网络合作方式取得了快速响应市场变化的经营绩效。

（三）新型组织结构

从20世纪80年代初开始，消费者需求越来越呈现个性化、多样化的特征，产品开发周期越来越短，市场不确定性增加，竞争规则也发生了改变。在这种非连续的竞争环境中，灵活性成为企业生存的基础，从而出现了一些新型组织结构。

1. 团队结构

团队结构是指企业通过采用团队来完成工作的结构模式。这种结构的主要特点是：打破了部门界限，并把决策权下放到团队员工手中。

在实践中，有三种类型的团队结构，即解决问题型团队、自我管理型团队和多功能型团队。解决问题型团队一般由5~12人组成，重点解决组织活动中的重大问题。其目的是提高产品质量、生产效率以及改善工作环境。自我管理团队是真正独立自主的团队，一般由10~15人组成。其目的是不仅要解决问题，而且执行解决的方案，并对工作结果承担全部责任。多功能型团队是由来自同一等级、不同工作领域的员工组成。其目的是要求彼此之间交换信息，激发出新的观点，解决面临的问题，协调复杂的项目。

2. 无边界组织

无边界组织是指企业取消组织结构中的垂直界限、趋向于扁平化的组织。无边界组织所追求的是减少命令链，不限制控制幅度，取消各种职能部门，用经过授权的团队来代替。其目的是打破组织与客户之间的外在界限和地理障碍。

六、国际化经营的组织结构

（一）国际分部

国际化经营企业的一种常见结构形式是国际分部。首先要保留本国企业的结构，无论是职能型还是分部型，而海外企业则通过国际分部来进行管理。国际分公司会依赖于国内公司的产品，并且从这种技术转移中获得优势。在那些地域分布很广但产品却密切关联的多国公司内，这种结构很好，甚至可以是最好的结构。这种结构的不足之处是缺少适合本地的产品或技术。

（二）国际子公司

国际本土化战略是在每个国家市场的各部门实施各自的战略和运营策略，以使产品能适应当地市场。实施国际本土战略的企业为了与全球竞争势力隔离，通常会在国家间差异最大的行业细分市场上建立市场地位或进行适度竞争。为了实施这种战略，需要建立地理区划区域结构。这种结构的特点是：

第一，公司建立区域性的国际子公司，实行业务分权化，由各子公司负责某一个国家或区域的各种产品的生产经营。

第二，注重当地/本国文化造成的需求差异。

第三，公司总部在各独立的国际子公司间控制金融财务资源。

第四，该组织类似一个分权化的联盟，全球协作的程度很低。

（三）全球产品公司

全球化战略向各个国家市场提供标准化产品，并由公司总部规定相应的竞争战略。它追求和强调规模经济和范围经济效应。实施这种战略相应的组织结构为产品分区性结构，即全球产品公司。产品分区性结构是一种赋予公司总部决策权来协调和整合各个分离的业务部门的决策和行动。这种形式是高速发展的公司为寻求有效管理其多样化产品线而选择的组织结构。这种结构中的特点是：

第一，公司建立一个个产品公司，这种产品公司是国际范围的，在全球范围内管理该产品。

第二，公司部门运用许多内部协调机制来获得全球性的规模经济和范围经济。这些机制包括经理间的直接接触、部门间的联络、临时的任务小组或永久团队和整合人员等。因为经理们经常进行跨国调职，他们就得更熟悉在产品分区性结构中实施整体战略的理论。标准化的政策和程序能使公司战略和结构的目标为经理人员共享。

第三，公司总部以合作的方式来分配财务资源。

第四，整个组织形同集权式的联邦。

（四）跨国公司

实施跨国战略的公司既寻求国际本土化战略具有的当地优势，又注重全球战略所带来的全球效率。实施跨国战略的组织结构必须具备集权化和分权化、集合和分化、制度化和非制度化的灵活机动。这些看起来相反的特性必须由一个整体结构来管理。混合结构又称跨国公司，具有强调地理和产品结构的特点和机制。要实现跨国战略，关键在于创建一个网络，将相关的资源和能力联系起来。跨国公司具有以下特点：

第一，每个国家的子公司独立经营，但也是整个公司创新思想和能力的来源。

第二，为了整个公司的利益，每个国家单位通过专业化达到全球规模。

第三，总部首先给每个子公司确定任务来管理全球网络，然后，通过维持原有的文化和系统，使整个网络有效运行。

第四节 职能战略

生产运作战略、研发战略、财务战略、营销战略、品牌战略、人力资源战略都属于职能战略。总部按照需要分解到各部门，各部门根据部门战略来具体实施。

一、生产运作战略

生产运作战略是指在企业（或任何其他形式的组织）经营战略的总体框架下，决定如何通过运营活动来达到企业的整体经营目标的战略。它根据对企业各种资源要素和内、外部环境的分析，对与运作管理以及运作系统有关的基本问题进行分析与判断，确定总的指导思想以及一系列决策原则。

从生产运作战略的横向考察，所有生产运作流程都涉及转化过程，但是转化过程在四个方面或范畴上有所不同，它们分别是批量、种类、需求变动以及可见性。

（1）批量：生产运作流程在所处理的投入和产出的批量上有所不同。

（2）种类：企业向顾客提供的产品或服务的范围，如标准化产品、个性化产品。

（3）需求变动：即运作系统的柔性化。

（4）可见性：是指运作流程为客户所见的程度。可见性决定了企业需要何种类型的服务流程来提供服务。

二、研发战略

研发战略是根据国家、地区或组织整个战略框架中所决定的技术获取的要求，为了实现技术目标，决定并实施一系列的研究与发展计划。研发战略共分为四种，即进攻型战略、防御型战略、技术引进战略及部分市场战略。

（1）进攻型战略：这种战略的目的是通过开发或引入新产品，全力以赴追求企业产品技术水平的先进性，抢占市场，在竞争中保持技术与市场的强有力的竞争地位。

（2）防御型战略：防御型战略又叫追随战略，这种战略的企业不抢先研究和开发新产品，而是在市场上出现成功的新产品时，立即对别人的新产品进行仿造或者加以改进，并迅速占领新市场。

（3）技术引进战略：这种战略的目的是利用别人的科研力量来开发新产品，通过购买高等院校、科研机关的专利或者科研成果来为本企业服务，或通过获得专利许可进行模仿，把他人的开发成果转化为本企业的商业收益。

（4）部分市场战略：部分市场战略也叫依赖型战略，这种策略主要为特定的大型企业服务，企业用自己的工程技术满足特定的大型企业或者母公司的订货要求，不再进行除此以外的其他技术创新和产品的研究开发。

未来产品的研发战略包括四方面的内容：未来向市场提供哪些产品；哪些产品将逐步退出市场；现在的产品如何进一步开发，适应未来市场的发展；没有立即满足市场需求的基础性技术研发。

三、财务战略

财务战略是指为谋求企业资金均衡有效的流动和实现企业整体战略，为增强企业财务竞争优势，在分析企业内外环境因素对资金流动影响的基础上，对企业资金流动进行全局性、长期性与创造性的谋划，并确保其执行的过程。

财务战略关注的焦点是企业资金流动，这是财务战略不同于其他各种战略本质的规定性。企业财务战略应基于企业内外环境对资金流动的影响，这是财务战略环境分析的特征所在。企业财务战略的目标是确保企业资金均衡有效流动而最终实现企业总体战略。企业财务战略应具备战略的主要一般特征，即应注重全局性、长期性和创造性。

四、营销战略

营销战略一般指市场营销战略。现代营销学之父菲利普·科特勒将市场营销战略定义为：业务单位意欲在目标市场上用以达成它的各种营销目标的广泛原则。其内容主要由三部分构成：目标市场战略、营销组合和营销费用预算。

为实现营销战略目标的营销规划，在实施中必须注意以下问题：

（1）识别环境的发展趋势。环境发展趋势可能给企业带来新的机会，也可能带来新的难题，如新的法律、政策的实施，对企业营销可能产生有利或不利的影响。识别环境的发展趋势是企业制定战略计划的重要前提。

（2）识别各种机会。有效地利用潜在的机会，对发展新产品、改进现有产品、发现产品的新问题，吸引竞争对手的顾客、开发新的细分市场都极为有利。

（3）用先进的经营观点看待企业生存的条件。树立市场需求观念，把眼光放在广阔的市场上以适应市场变化。

（4）充分利用现有资源。运用同样数量、同样类型的资源去完成新的战略目标。

（5）避免和声誉较高的名牌商品展开正面竞争。名牌商品都处于高度的商品保护地位，如果新商品只是一味模仿而无任何改进，就很难取得成功。

（6）加强企业商品在市场上的地位，增强商品的竞争能力。

（7）厂牌引申。将成功商品的厂牌用于新的优质商品，使顾客对新商品有良好的印象。

（8）明确规定企业发展方向。企业不但要有具体目标，制定达到目标的措施规划，而且应确定具体的时间进度。

五、品牌战略

品牌战略是公司将品牌作为核心竞争力，以获取差别利润与价值的企业经营战略。品牌战略是企业实现快速发展的必要条件，品牌战略的定位是在品牌战略与战略管理的协同中彰显企业文化，把握目标受众充分传递自身的产品与品牌文化的关联识别。品牌战略包括品牌化决策、品牌模式选择、品牌识别界定、品牌延伸规划、品牌管理规划与品牌远景设立六个方面的内容。

六、人力资源战略

人力资源战略是企业为实现公司战略目标而在雇佣关系、甄选、录用、培训、绩效、薪酬、激励、职业生涯管理等方面所做决策的总称。通过科学地分析预测组织在未来环境变化中的人力资源供给与需求状况，制定必要的人力资源获取、利用、保持和开发策略，确保组织在不同时间和岗位上对人力资源数量和质量方面的需求，使组织和个人不断获得不断的发展与利益，是企业发展战略的重要组成部分。

人力资源战略作为最重要的职能战略，受公司战略支配，并反作用于公司战略。在企业集团管理模式下，人力资源战略规划应当实现如下目标：

（1）根据企业集团战略目标，确定人力资源战略。

（2）深入分析企业人力资源面临的内外部环境，发现问题和潜在风险，提出应对措施。

（3）合理预测企业中长期人力资源需求和供给，规划和控制各业务板块的人力资源发展规模。

（4）规划核心人才职业生涯发展，打造企业核心人才竞争优势。

（5）规划核心/重点专业/技术领域员工队伍发展，提高员工综合素质。

（6）提出人力资源管理政策和制度的改进建议，提升整体管理水平。

复习思考题

1. 战略实施包括哪些任务？
2. 什么是公司治理？公司治理的内部治理工具和外部治理工具分别有哪些？这些工具如何才能发挥作用？
3. 不同业务战略的组织机构有何不同？
4. 不同公司层面战略的组织机构有何不同？

【中国情境下企业战略思维案例】

【论道】公司治理的七个基本原理[1]

公司治理是指通过一套包括正式或非正式的、内部或外部的制度或机制来协调公司与所有利益相关者之间的利益关系，以保证公司决策的科学化，从而维护公司各方面利益的一种制度安排。简言之，公司治理就是保证利益相关者权益的一整套制度安排。

面对两个"一以贯之"的要求，面对现代企业制度建设，面对国有企业公司治理体系建构的现实情况，已有的经济学和管理学理论研究成果却很难满足现实需要。

要完成中国特色现代企业制度建设这个艰巨任务，不仅要"砍柴"——解决实践问题，更要首先"制作砍刀"——解决理论问题。而解决理论问题的根本，是穷究公司治理之"道"，进行"原理级思考"。为此，本研究梳理并创新性地提出了公司治理的七个原理：多元利益相关者原理、委托与监管孪生原理、权责明晰原理、内外共治原理、国别差异原理、成本效率原理、有效制衡原理。

一、多元利益相关者原理

现代意义上的公司治理，源自现代公司的兴起。现代公司是对古典企业的革命，其最大特点是股权分散，乃至于治理主体过多、沟通协调成本过高，难以在股东层面形成及时、有效的经营决策。于是，委托代理产生了，即由股东们选聘董事组成董事会，作为股东们的代理人，对公司重大经营管理事项做出决策；再由董事会选聘经理，主持日常经营管理工作。

进一步考察公司治理的演变过程可以发现，较早的企业观认为，企业是经济组织，奉行"资本至上"的原则，"一切权力归股东"。所以，只有股东是公司治理的顶层主体。早期的英美治理模式就是如此。但是，公司治理到了德国，情况发生了较大的改变。在德国，公司的最顶层权力一部分来自股东（会），一部分来自公司内部员工，两个方面共同组建监事会，构成第二级权力机构，然后再向下延伸，构建董事会。德国的企业观认为，企业不仅是一个经济组织，它还是一个政治组织，员工作为企业重要的利益相关者，有权参政议政，也应该得到这个权利。在德国，这被视为"企业政治民主"的一部分。再后来，利益相关者企业观出现了，它认为，企业不仅是经济组织，具有政治性，还具有社会性，应该把企业所涉及的社会方面也作为利益相关者。因此，"委托-代理"和"利益相关者-代理"之间的关系调和成

---

[1] 董大海：《公司治理的七个基本原理》，《国资报告》2021年第4期。

为多方利益相关者共同关注的目标。截至目前，国内外普遍接受了这样的观念，力所能及地将各个方面的利益相关者纳入公司治理体系中来。例如，美国在董事会中设立了独立董事，以保护小股民的利益。

由此，本研究提出公司治理的第一个原理——多元利益相关者原理，即现代公司中存在多元利益主体是引入公司治理的充分且必要条件。说其是"必要条件"，是因为假若公司中的利益主体较少，例如仅有两个股东，那就没必要引入现代公司治理这么一套复杂的制度体系，通过沟通或谈判就可以解决问题；反之，只有在公司中的利益主体多元化且对其利益诉求较为强烈的情况下，才需要引入公司治理体系。说其是"充分条件"，是因为假若公司的利益主体是多元化的，各个利益主体都要保护自身的利益，那就一定需要一套制度安排来保障各方利益，这套制度安排就是"公司治理"。

二、委托与监管孪生原理

现代公司规模大、股东多，衍生出股东将某些权力委托给代理人这样一种治理方式。委托人与代理人的"两权分离"，在提高了决策效率的同时，也产生了"委托-代理风险"。究其根本，"两权分离"的过程也是"两心分离"的过程。一旦代理人萌生异心，他就有可能做出损害股东等利益相关者利益的投机行为。在长期实践中，现代公司逐渐构建出一套制度安排来防范这种风险，其内核是：现代企业是一个权力的委托代理过程；从企业作为经济组织的角度考察，资产委托到哪里，对资产的监管就要跟随到哪里；从企业作为社会组织的角度考察，利益相关者将权力委托到哪里，他就要把监督延伸到哪里。一句话，凡有委托，必有监督。这是公司治理的第二个基本原理。

在具体制度设计上，股东等利益相关者将权力委托给董事会，同时对董事会进行监督；董事会再将部分权力委托给经理人，并对其进行监督；必要的话还要设立监事会，代表股东等利益相关者对董事会和经理人进行监督；顺理成章地，监事会也要接受股东等利益相关者的监督。这种设计构成了委托代理与监督的链条或网络。

三、权责明晰原理

公司治理需要权责明晰，主要源自现代公司治理主体多元化及其协调的现实需要。古典企业，尤其是业主制企业，治理主体只有一个，即"老板"，他既是投资者、所有者，也是经理人，一个人说了算。所以，古典企业没有公司治理，只有公司管理、公司控制。"治理"一词是伴随着多元治理主体而产生的。既然公司治理包含多元治理主体，既有纵向权责结构，又有横向权责结构，因而需要"确权"和"明责"，即为不同的治理主体分配不同的责任和相应的权力，实现权责全覆盖，有责必有权，有权有监督，失责有追责，最终形成各司其职、各负其责、有效制衡、协调运转的公司治理体系。

权责明晰原本是最基本的组织管理常识，但是在我国公司治理实践中，权责混乱现象时常发生，甚至相当严重。因此，我们将其作为公司治理的第三个基本原理予以强调。

在公司治理的责权设计中，有三个问题需要注意：一是权责来源，即谁赋予了你权责；二是权责覆盖，即是否覆盖了全部风险而且没有交叉重叠；三是行权履责能力，即你是否具有担当权责的能力。

四、内外共治原理

广义的公司治理包括内部治理和外部治理。内部治理，即狭义上的公司治理，它是关于公司内部的、直接的利益主体及其关系的制度设计或安排，主要作用在于协调公司内部各个利益主体之间的关系。外部治理是内部治理的外部环境，包括政府监管部门及其监管能力、外部市场（产品市场、经理人市场、资本市场等）发育程度、法规制度（例如有关公司治理和企业信息公开等相关法规要求）健全程度、大众媒体监督力度等方面。

内部治理和外部治理二者关系互补，共同构成完整的公司治理体系。现代公司治理实践表明，公司治理机制是一个联动系统，各治理要素之间存在交互影响，外部治理和内部治理有机结合才是科学解决公司治理问题的关键，片面强调某个治理要素的作用可能导致各种问题的出现或者治理效率的降低。市场经济体系包括与其相联系的法律环境越完善、外部治理体系越健全，内部治理的压力就越小；反之，市场经济体系不健全（如不存在充分有效的经理人市场）、法制不完善、信息不公开，内部治理的压力就更大。比如在英美国家，资本市场发达、经理人市场发育充分、法律体系健全，英美公司治理更多依赖外部治理，内部治理结构就很简单。德国和日本证券市场不活跃、资本流通性相对较弱，加之股东间交叉持股（形成了"半内部人"关系），使得日德公司格外注重内部治理，而且治理结构也更加复杂（增加了监事会）。所以，只有内外共治，才能实现良好的公司治理效果。内部治理的改善主要是企业的责任，而外部治理的建设则主要是政府的职责。这是公司治理的第四个基本原理。

五、国别差异原理

对国外公司治理经典模式进行深入研究后可以发现，各国的公司治理表现出较大的差异。例如，英美模式没有监事会，而德日模式则设有监事会。更深入研究可发现，即使德、日都有监事会，其结构也并不相同：在德国是纵向结构，监事会置于董事会之上；而在日本则是横向结构，监事会与董事会并列。即使是看似"同种同源"的英美模式，两者也存在较大差异：一是因为美国法律严格限制银行、投资公司、养老基金、保险公司等金融机构在公司中持有的股份数量，而英国则没有这种限制（有调查表明，美国机构投资者在公司中持有的股份仅是英国的 2/3），使得英国机构投资者在公司治理中的表现比美国同行更活跃；二是英、美公司董事会的构成和运作不同，在美国，外部董事在董事会中占多数，而英国则没有硬性要求，多数公司是内部董事占多数。

公司治理的第五个基本原理——国别差异原理，即是说不存在唯一的、"放之四海而皆准"的最佳公司治理模式，世界各国的公司治理都受到所在国特有的经济政治法律制度、资本市场、社会文化等特征的影响，从而呈现出差异性或多样性。因此，我们应当有信心、有理由，在学习借鉴国外的有益经验，遵守"国际准则"，并在明其脉理的基础上，以差异化的和权变的思想来看待、思考和设计适合我国特点、所有制特点乃至于企业自身特点的公司治理体系，开发设计出中国特色的公司治理模式，而且要用发展的观点，适时而变，与时俱进。

六、成本效率原理

公司治理是有成本的，既包括显性成本，例如聘请董事、监事、经理人的人力成本；更包含很多隐性成本，例如沟通冲突成本、时间延误成本、内部人投机行为所产生的公司损失，以及由于决策层级较多、流程繁杂而导致的官僚主义成本等。这些成本都会影响公司治理模式的选择。

除了需要考虑成本，公司治理更需要讲究效率。因为公司治理是一套相互制衡的机制设计，对于不同复杂程度的公司治理模式，其决策链条不同，效率也会不同。然而，面对瞬息万变的商业竞争，决策效率至关重要。

治理结构越复杂，治理成本越高，决策效率越低。因此，对一个现实中的企业而言，它总是会权衡利弊得失，在达到法律基本要求的情况下，选择一个"满意的"管理或治理方式。这就是公司治理的第六个基本原理——成本效率原理。

企业是经济组织，经济性是公司治理的第一原则。成本效率原理告诉我们，公司治理设计必须考虑成本和效率。成本很高或者效率很低，即使这个治理体系"大而全"、很完美，那也不是"好的"治理体系。

七、有效制衡原理

有效制衡是公司治理的核心。为了理解有效制衡的必要性，我们需要回溯源头问题：为什么要建立公司治理体系？公司治理究竟要实现什么功能？

关于第一个问题，本研究在公司治理的缘起中，特别强调了股权多元化的重要性。正是因为股权多元化，才提出了这样的要求：一方面，需要协调多元利益主体，以达成共同方向、共同目标、共同战略，形成公司上下一致的行动；另一方面，股权多元化也导致在多元利益主体层面进行沟通和决策的成本过高、效率过低，于是"创造出"董事会、经理层，还可能有监事会，形成了委托代理链条（或网络）。公司治理体系就这样诞生了。

如果我们能够从"发生学"的角度理解公司治理的产生，那么第二个问题——公司治理究竟要实现哪些功能就很容易理解。毫无疑义，"决策"是公司治理的天然功能，在诸多公司治理的定义中，都包含"决策"这个关键词。但是，另一个关键词却很少出现在公司治理的定义之中，这就是"监督"。没有股东会认为监督不重要，尤其对国有企业。国有企业的公司财产所有者（全体人民）与内部人距离遥远，对内部人的有效监督就显得尤为重要。加强对内部人的有效监督，已经成为防止国有资产流失的当务之急。

监督的方式有很多，在多元主体情况下，制衡是最通常的组织设计策略。从这个意义上讲，有效监督，就需要有效制衡，两者虽为因果，亦可视为同义。制衡的主要目的是监督，同时它也是决策之必需。如果说，对监督而言，"制衡"一词的重点在"制"字上，即"制约"；那么对决策而言，它的重点则在"衡"字上，即"权衡"，综合平衡各方创意、建议和意见，形成更稳健的决策。所以，本研究将有效制衡作为公司治理的第七个原理，并将其置于七个原理的中心地位。

案例分析题：

1. 结合七大原则，查阅相关资料，说明我国企业特别是国有企业公司治理的基本情况。
2. 国外公司治理方面有哪些经验可以借鉴？

第五编　战略思维的实现

第十二章　战略选择与评价模型

知识要点	教学目标
战略制定决策工具	了解各种工具方法的应用，重点掌握 SPACE 矩阵、麦肯锡三层面理论、大战略矩阵、QSPM 矩阵
战略实施与评估工具	掌握战略地图，了解麦肯锡 7S 模型、EVA 评价体系

在做战略管理咨询业务活动的过程中，如何做好信息收集及分析工作，对于有战略咨询经验的人员来说非常重要。可以参照战略分析工具指引，探索业务机理，快速建立战略管理模型。这就需要我们思考：战略选择和评价模型有哪些？如何正确应用这些模型？

第一节　战略制定决策工具

在战略制定的过程中，需要依据企业外部环境分析和内部环境分析的结果以及各种战略的适用条件进行战略选择，制定合适的战略。战略制定决策工具有助于支持战略决策者进行科学的战略选择。这些工具包括已经在前面学习过的 SWOT 及战略组合分析、波士顿矩阵、内部因素评价矩阵（IFE 矩阵）、外部因素评价矩阵（EFE 矩阵）、IE 矩阵、产品与市场演变矩阵等，也包括本节将继续学习的大战略矩阵、市场成熟度/协同度矩阵、SPACE 矩阵、麦肯锡三层面理论、GE 矩阵、BCG 三四规则矩阵、3C 战略三角模型、QSPM 矩阵。

一、大战略矩阵

（一）概念

大战略矩阵（Grand Strategy Matrix）是由市场增长率和企业竞争地位两个坐标组成，在市场增长率和企业竞争地位不同组合的情况下，指导企业进行战略选择的一种指导性模型。它是由小汤普森与斯特里克兰根据波士顿矩阵修改而成的。

（二）应用原理

大战略矩阵是一种常用的制定备选战略工具。它的优点是可以将各种企业的战略地位都置于大战略矩阵的四个战略象限中，并加以分析和选择。公司的各分部也可按此方式被定位。大战略矩阵基于两个评价数值：横轴代表竞争地位的强弱，纵轴代表市场增长程度。位于同一象限的企业可以采取很多战略。图 12-1 列举了适用于不同象限的多种战略选择，其中的各战略是按其相对吸引力的大小而分列于各象限中的。

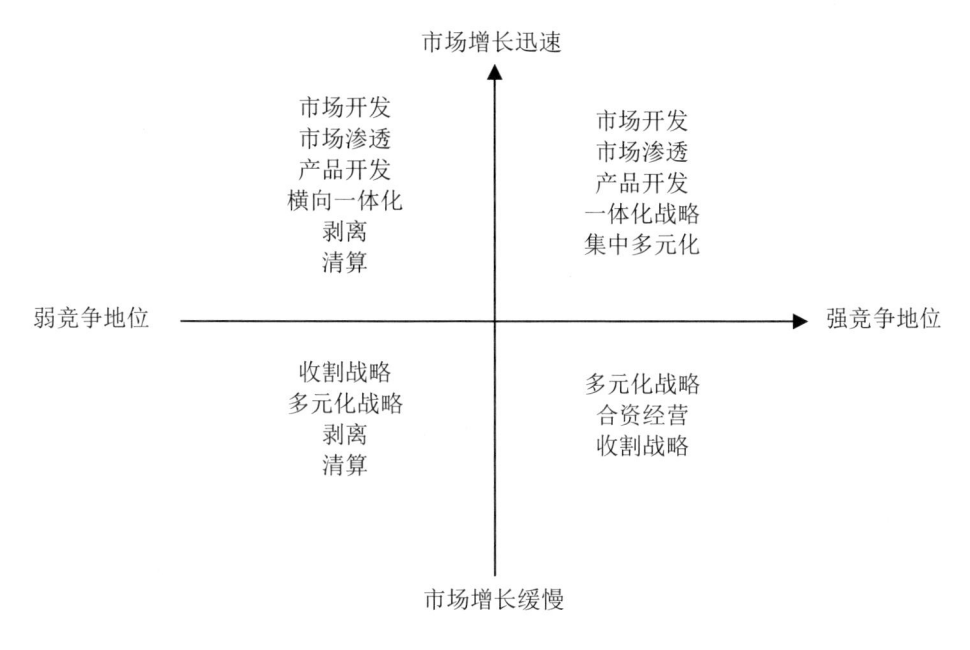

```
                        市场增长迅速
                             ↑
         市场开发              |    市场开发
         市场渗透              |    市场渗透
         产品开发              |    产品开发
         横向一体化            |    一体化战略
         剥离                  |    集中多元化
         清算                  |
   弱竞争地位 ─────────────────┼───────────────→ 强竞争地位
                              |
         收割战略              |    多元化战略
         多元化战略            |    合资经营
         剥离                  |    收割战略
         清算                  |
                              |
                              ↓
                        市场增长缓慢
```

图 12-1　大战略矩阵

位于大战略矩阵第一象限的公司处于极佳的战略地位。对于这类公司，继续集中经营于当前的市场（市场渗透和市场开发）和产品（产品开发）是适当的战略。位于第一象限的公司大幅度偏离已建立的竞争优势是不明智的。当位于第一象限的公司拥有过剩资源时，后向一体化、前向一体化和横向一体化可能是有效的战略。当位于第一象限的公司过分偏重于某单一产品时，集中化多元经营战略可能会降低过于狭窄的产品线所带来的风险。位于第一象限的公司有能力利用众多领域中的外部机会，必要时它们可以冒险进取。

位于第二象限的公司需要认真地评价其当前参与市场竞争的方法。尽管其所在产业正在增长，但它们不能有效地进行竞争。这类公司需要分析企业当前的竞争方法为何无效，企业又应如何变革而提高其竞争能力。由于位于第二象限的公司处于高速增长产业，加强型战略（与一体化或多元化经营战略相反）通常是它们的首选战略。然而，如果企业缺乏独特的生产能力或竞争优势，横向一体化往往是理想的战略选择。为此，可考虑将战略次要地位的业务剥离或结业清算，剥离可为公司提供收购其他企业或买回股票所需的资金。

位于第三象限的公司处于产业增长缓慢和相对竞争能力不足的双重劣势下。在确定产业正处于永久性衰退前沿的前提下，这类公司必须着手实施收割战略。首先应大幅度地减少成本或投入，另外可将资源从现有业务领域逐渐转向其他业务领域。最后便是以剥离或结业清算战略迅速撤离该产业。

位于第四象限的公司产业增长缓慢，但却处于相对有利的竞争地位。这类公司有能力在有发展前景的领域中进行多元经营。这是因为位于第四象限的公司具有较大的现金流量，并对资金的需求有限，有足够的能力和资源实施集中多元化或混合式多元化战略。同时，这类公司应在原产业中求得与竞争对手的合作与妥协，横向合并或进行合资经营都是较好的选择。

该矩阵主要应用于两种情形：第一，在战略制定时；第二，当企业面临着业务的重大调整，在考虑是收缩还是扩张时。

二、市场成熟度/协同度矩阵

（一）概念

市场成熟度/协同度矩阵采用两个分析维度。一是新业务的市场成熟度，即这一业务是否得到了市场的确认，或者是不是现有的成熟市场。二是新业务与现有业务的协同度。协同度又可用技术上的协同程度（是否在技术上存在相似性或相关性）、生产上的协同程度（是否可以利用现有的制造资源）、财务上的协同程度（资金上能否进行互补）以及市场上的协同程度（是否属于同一市场）四个方面进行评价。

（二）应用原理

协同度的高低决定着企业成功开发新业务的概率。协同度越高，成功的可能性越大；协同度越低，成功的可能性越小。

市场成熟度反映了业务的市场风险，一些新兴的业务可能最终无法形成一个有效的产业，因此介入该业务的风险是极大的，而现有市场这方面的风险已经被充分释放，用两分法把新业务的状态分为四个象限，如图 12-2 所示。

	低协同度	高协同度
不成熟市场	II 动态跟踪	I 重点关注
成熟市场	III 积极探索	IV 优先发展

图 12-2　市场成熟度/协同度矩阵

在第一象限，新业务与现有业务的协同度较高，但市场未得到确认，因此对这类业务应采取重点关注的策略。

第二象限的业务与企业现有的协同度较低，市场风险较大，最理性的选择是保持对这些业务的跟踪，以便作出进一步的决策。

第三象限的业务与现有业务的协同度较低，但是市场已得到确认，企业可对这些业务进行尝试和探索，有可能为企业发掘一个新的业务增长点。

第四象限的业务与企业现有业务的协同度较高，市场需求也得到了确认，应作为重点发展的业务。

市场成熟度/协同度矩阵是企业确认了多元化战略以后的后续分析工具，它主要解决具体的业务选择问题。

三、SPACE 矩阵

（一）概念

SPACE 矩阵即战略地位与行动评价矩阵（Strategic Position and Action Evaluation Matrix），主要用于分析企业外部环境及企业应该采用的战略组合。

（二）应用原理

SPACE 矩阵有四个象限，分别表示企业采取的进取、保守、防御和竞争四种战略模式，如图 12-3 所示。这个矩阵的两个数轴分别代表了企业的两个内部因素——财务优势（FS）和竞争优势（CA），以及两个外部因素——环境稳定性（ES）和产业优势（IS）。这四个因素对于企业的总体战略地位是最为重要的。

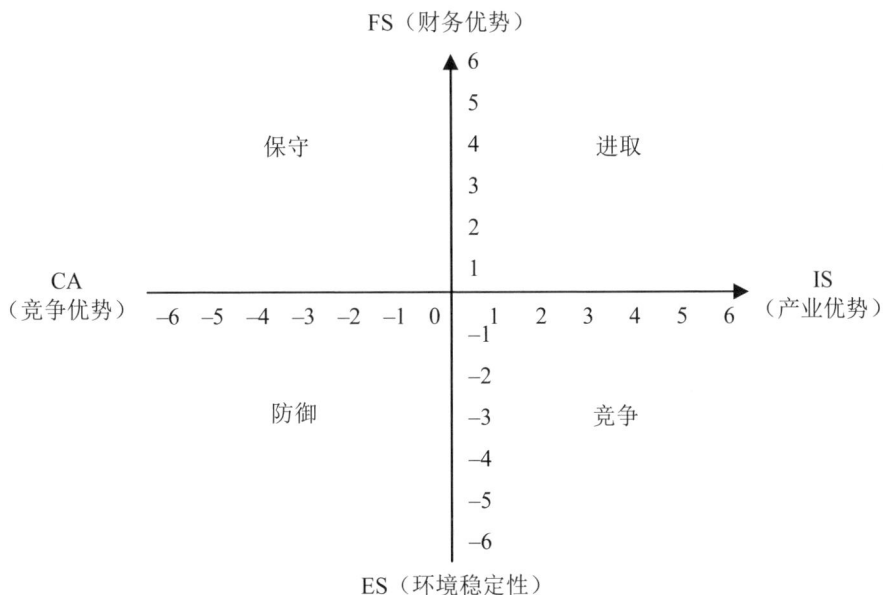

图 12-3 SPACE 矩阵

SPACE 矩阵要根据被研究企业的情况而制定，并要搜集尽可能多的事实信息。根据企业类型的不同，SPACE 矩阵的轴线可以代表多种不同的变量。如，投资收益、财务杠杆比率、偿债能力、流动现金、流动资金等，见表 12-1。

表 12-1 SPACE 矩阵的轴线可代表的多种不同变量

内部战略处理	外部战略处理
财务优势（FS） ——投资收益 ——杠杆比率 ——偿债能力 ——流动资金 ——退出市场的方便性 ——业务风险	环境稳定性（ES） ——技术变化 ——通货膨胀 ——需求变化性 ——竞争产品的价格范围 ——市场进入壁垒 ——竞争压力 ——价格需求弹性

续表

内部战略处理	外部战略处理
竞争优势（CA） ——市场份额 ——产品质量 ——产品生命周期 ——客户忠诚度 ——竞争能力利用率 ——专有技术知识 ——对供应商和经销商的控制	产业优势（IS） ——增长潜力 ——盈利能力 ——财务稳定性 ——专有技术知识 ——资源利用 ——资本密集型 ——进入市场的便利性 ——生产效率和生产能力利用率

建立SPACE矩阵的具体步骤包括：

（1）选择构成财务优势（FS）、竞争优势（CA）、环境稳定性（ES）和产业优势（IS）的一组变量。

（2）对构成FS和IS的各变量给予从+1（最差）到+6（最好）的评分值，对构成ES和CA的各变量给予从-1（最好）到-6（最差）的评分值。

（3）将各数轴所有变量的评分值相加，再分别除以各数轴变量总数，从而得出FS、CA、IS和ES各自的平均分数。

（4）将FS、CA、IS和ES各自的平均分数标在各自的数轴上。

（5）将X轴的两个分数相加，将结果标在X轴上；将Y轴的两个分数相加，将结果标在Y轴上；标出X、Y数轴的交叉点。

（6）自SPACE矩阵原点到X、Y数值的交叉点画一条向量，这一条向量就表示企业可以采取的战略类型，如图12-4所示。

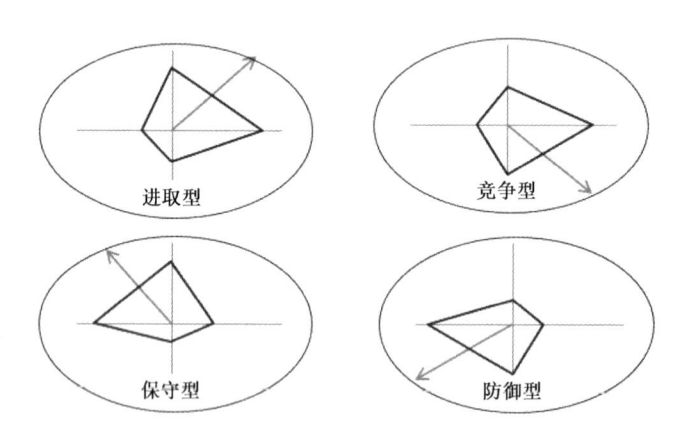

图12-4　SPACE分析战略形态图

当向量出现在SPACE矩阵的进取象限时，说明该企业正处于一种绝佳的地位，即可以利用自己的内部优势和外部机会选择自己的战略模式，如市场渗透、市场开发、产品开发、后向一体化、前向一体化、横向一体化、混合式多元化经营等。

当向量出现在保守象限，意味着企业应该固守基本竞争优势而不要过分冒险。保守型战略包括市场渗透、市场开发、产品开发和集中多元化经营等。

当向量出现在防御象限时，意味着企业应该集中精力克服内部弱点并回避外部威胁。防御型战略包括紧缩、剥离、结业清算和集中多元化经营等。

当向量出现在竞争象限时，表明企业应该采取竞争性战略，包括后向一体化战略、前向一体化战略、市场渗透战略、市场开发战略、产品开发战略及组建合资企业等。

四、麦肯锡三层面理论

（一）概念

麦肯锡资深顾问梅尔达德·巴格海、斯蒂芬·科利与戴维·怀特通过对世界上不同行业的 40 个处于高速增长的公司进行研究，在《增长炼金术——持续增长之秘诀》中提出，所有不断保持增长的大公司的共同特点是保持三个层面业务的平衡发展，第一层面是拓展并确保核心事业之运作，第二层面是发展新业务，第三层面是开创未来的事业机会，如图 12-5 所示。它们能够源源不断地建立新业务，能够从内部革新其核心业务，又同时开创新业务。它们所掌握的技巧在于保持新旧更替的管道畅通，一旦出现减退势头便不失时机地以新替旧。这就是著名的三层面理论。

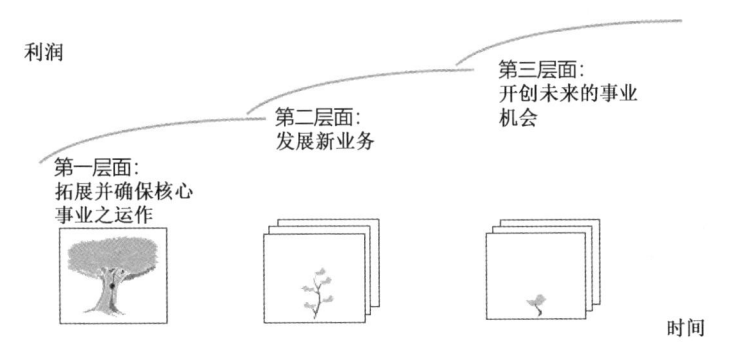

图 12-5 麦肯锡三层面理论内容构成

（二）应用原理

企业必须不断地开展业务增长的各种活动，必须以对现有业务的同等专注来关心企业未来的发展方向，需要确定当前业务、新建业务和未来可选业务之间保持协调平衡的方法。

第一层面，包含了企业的核心业务，是公司目前的利润机器，也称之为现金流业务。在企业内部，这些业务通常能为企业带来大部分利润和流动现金，并且它们常常还有一定的增长潜能，但最终将耗尽余力，衰落下去。

第二层面，包括正在崛起中的业务，是公司持续发展的成长引擎，也称之为增长型业务。这些业务经营概念已发展成熟，并且具有高成长性，需要不断追加投资，可以培养为新的收入渠道。

第三层面，包含了未来的种子业务，是公司永续经营的发展引擎，也称之为种子型业务。这些业务是为未来长远业务选择的种子，它们是企业的研究课题、市场试点、联盟项目、少量投资的尝试和为加深对行业了解所作的努力。

三个层面的业务分别在短期、中期和长期给企业带来利润回报，必须对其同时开展管理而非依次管理，即拓展和守卫目前的核心业务，同时建立起将成为中期经济增长点的第二层面业务，并物色能确保公司长期发展的新兴业务。

在运用麦肯锡三层面理论分析公司业务发展情况的时候，有六种不健康的发展阶段需要管理者警惕，包括受困、失去未来盈利能力、失去增长的权利、没有为未来播下种子、产生观念但没有新业务、试图发明一个新未来。

可以根据各企业的业务特点，选择一定的维度来划分三个层面，如以不同的市场、不同的产品、不同的目标客户甚至不同的产业作为划分标准，确定三层面的业务内容，并配以适当比例的资源，同时管理好三个层面，确保企业的持续增长。以区域市场为维度（某制造公司）的三层面分析如图 12-6 所示，以产品为维度（某金融服务公司）的三层面分析如图 12-7 所示。

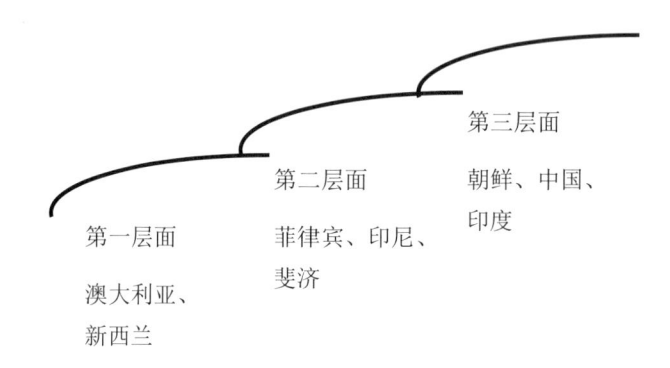

图 12-6　以区域市场为维度（某制造公司）的三层面分析

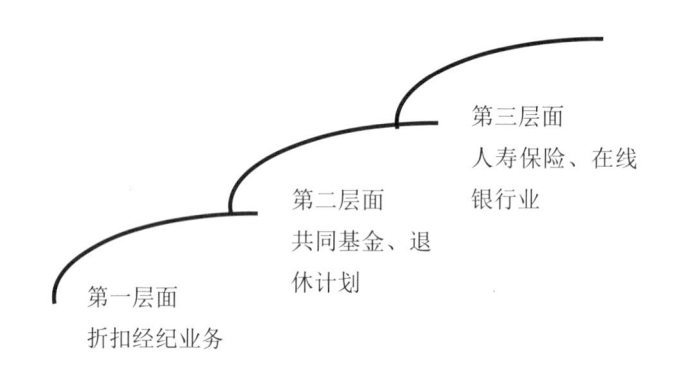

图 12-7　以产品为维度（某金融服务公司）的三层面分析

实现三个层面的平衡配置意味着随时可以启动一部增长的发动机，以推动企业持续增长。由于第三层面的项目命中率较低，需要大量备选项目供挑选并培养为第二层面的业务，而第二层面的业务也需经过市场检验才能提升为核心业务，因此三层面的平衡布局呈现为漏斗形的开发更新通道。具体的平衡点应视各企业的实际情况而定，应考虑以下诸因素：

（1）产业演进步伐。在演进速度较快的产业中，业务的更新颇为重要，所以第二、三层面的项目数量相对较多。

（2）不确定程度。产业的不确定性越高，竞争态势越复杂，核心业务受到的威胁越大，因此拥有广泛的更新业务机会和备选项目将提高企业的战略灵活性。

（3）管理和财务能力。强大的管理和财务能力将支持更多第二、三层面新项目的开发与推广。

（4）股东期望值。当股东倾向于高风险、高报酬的投资机会时，有必要增加对第二、三层面业务的投入，寻求有发展前途的项目以提高资本市场的期望值。

五、GE 矩阵

（一）概念

GE 矩阵法又称通用电气公司法、九盒矩阵法、行业吸引力矩阵，是美国通用电气公司设计的一种投资组合分析方法。该方法改进了波士顿矩阵的不足，具有广泛的适用性。

（二）应用原理

GE 矩阵分为九个方格，如图 12-8 所示。

（1）左上三格：企业应采取增长与发展战略，优先分配资源。

（2）对角线三格：企业应采取维持或选择性发展战略，保护规模，调整发展方向。

（3）右下三格：企业应采取停止、转移、撤退战略。

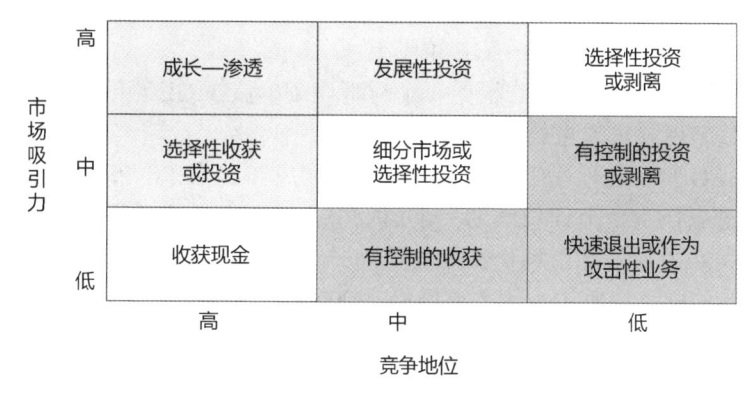

	高	中	低
高	成长—渗透	发展性投资	选择性投资或剥离
中	选择性收获或投资	细分市场或选择性投资	有控制的投资或剥离
低	收获现金	有控制的收获	快速退出或作为攻击性业务

（纵轴：市场吸引力；横轴：竞争地位）

图 12-8 GE 矩阵的战略选择

综合市场吸引力和竞争实力之后，企业应该对未来发展战略有基本的判断。

这里所说的市场吸引力实为企业的外部因素分析，竞争实力实为企业的内部因素分析。GE 矩阵坐标典型因素指标见表 12-2。

表 12-2 GE 矩阵坐标典型因素指标

影响市场吸引力的典型性外部因素	影响战略事业单元竞争实力的典型性内部因素
市场规模	事业单元自身资产与实力
市场成长率	品牌/市场的相对力量
市场收益率	市场份额
定价趋势	市场份额的成长性
竞争强度	顾客忠诚度
行业投资风险	相对成本结构
进入障碍	相对利润率
产品/服务差异化机会	分销渠道结构及产品生产能力
产品/服务需求变动性	技术研发与其他创新活动记录
市场分割	产品/服务质量
市场分销渠道结构	融资能力
技术发展	管理能力

通过对市场吸引力和竞争实力的综合分析，在 GE 矩阵的九个宫格中，能够构造九个不同的发展策略。其中包括了双强背景下的扩张发展战略，双弱背景下的撤退或停止战略。

企业在进行 GE 矩阵分析的时候，共分为五个步骤：

第一，确定业务单元。根据企业实际情况，结合性质、地域、产品/服务等因素对业务进行划分，形成战略业务单元，并对战略业务单元进行初步内外环境分析。

第二，确定评价因素及权重。确定每个业务单元的市场吸引力和竞争实力的主要评价因素，然后通过头脑风暴、专家经验法等确定每个评价因素的权重。两个维度下的指标没有通用标准，但总体而言，市场吸引力主要由行业的发展潜力和盈利能力决定，竞争实力主要由企业的财务资源、人力资源、技术能力和经验、无形资源与能力决定。

第三，评估打分。根据业务单元的内外部环境分析结果，对其市场吸引力和竞争实力进行评估打分，再计算加权后的分数总和，得到每一项业务单元的市场吸引力和竞争实力的最终分数。

第四，将各单位标在 GE 矩阵上。根据每个战略业务单位的市场吸引力和竞争实力总体得分，将每个战略业务单位用圆圈标在 GE 矩阵上。

第五，对各单位策略进行说明。根据每个战略业务单位在 GE 矩阵上的位置，对各个战略业务单位的发展战略指导思想进行系统说明和阐述。

GE 矩阵比 BCG 矩阵在以下三个方面表现得更为成熟。第一，市场/行业吸引力代替了市场成长率被吸纳进来作为一个评价维度。市场吸引力较之市场增长率显然包含了更多的考量因素。第二，竞争实力代替了市场份额作为另外一个维度，由此对每一个事业单元的竞争地位进行评估分析。同样，竞争实力较之市场份额亦包含了更多的考量因素。第三，GE 矩阵有 9 个象限，而 BCG 矩阵只有 4 个象限，使得 GE 矩阵结构更复杂、分析更准确。

GE 矩阵的局限在于：对各种不同因素进行评估的现实程度；指标的最后聚合比较困难；核心竞争力未被提及；没有考虑到战略事业单元之间的相互作用关系。

六、BCG 三四规则矩阵

（一）概念

BCG 三四规则矩阵是由波士顿咨询集团（BCG）提出的，如图 12-9 所示。这个模型用于分析一个成熟市场中企业的竞争地位。在一个稳定的竞争市场中，参与市场竞争的参与者一般分为三类，即优胜者、参与者、生存者。优胜者一般是指市场占有率在 15%以上，可以对市场变化产生重大影响的企业；参与者一般是指市场占有率介于 5%～15%的企业，这些企业虽然不能对市场产生重大的影响，但是它们是市场竞争的有效参与者；生存者一般是局部细分市场填补者，这些企业的市场份额都非常低，通常小于 5%。

（二）应用原理

BCG 三四规则的原理是，在有影响力的领先者之中，企业的数量绝对不会超过三个，而在这三个企业之中，最有实力的竞争者的市场份额又不会超过最小者的四倍。这个模型是由下面两个条件决定的：

第一，在任何两个竞争者之间，2:1 的市场份额似乎是一个均衡点。在这个均衡点上，无论哪个竞争者要增加或减少市场份额，都显得不切实际而且得不偿失。这是一个通过观察得出的经验性结论。

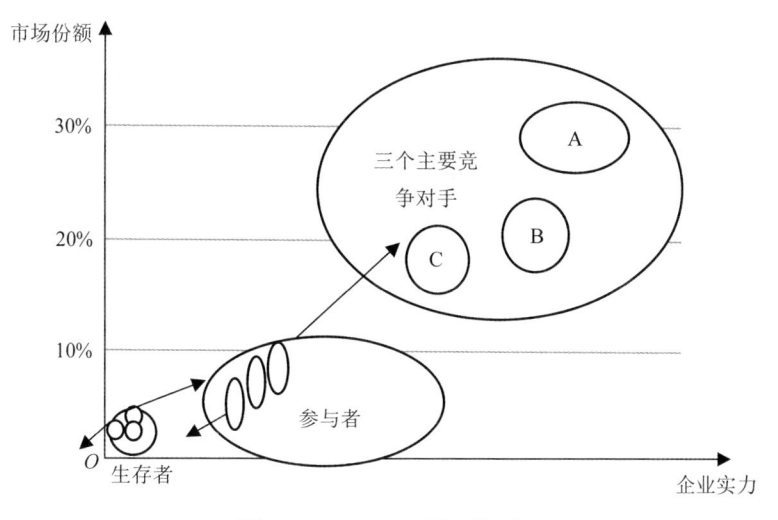

图 12-9　BCG 三四规则矩阵

第二，市场份额小于最大竞争者的 1/2，就不可能有效参与竞争。这也是经验性结论，但是不难从经验曲线的关系中推断出来。

通常，上述两个条件最终导致这样的市场份额序列：每个竞争者的市场份额都是紧随其后的竞争者的 1.5 倍，而最小的竞争者的市场份额不会小于最大者的 1/4。

三四规则只是从经验中得出的一种假设，它并没有经过严格的证明。但是这个规则的意义非常重要，那就是：在经验曲线的效应下，成本是市场份额的函数。倘若两个竞争者拥有几乎相同的市场份额，那么，谁能提高相对市场份额，谁就能同时取得在产量和成本两个方面的增长；与所付出的代价相比，得到的可能会更多。但是对市场竞争的领先者而言，可能得到的好处却反而少了。然而在任何主要竞争者的激烈争夺情况下，最有可能受到伤害的却是市场中最弱小的生存者。

这个理论正好可以解释中国彩电业几次降价后，各个企业的竞争态势的变化。在长虹第一次降价后，企业的成本和产量都得到收益，使它迅速成为市场占有率最大的企业，康佳和 TCL 则紧随其后。经过几次的降价后，企业已经不能再靠价格因素来扩大市场份额了，企业必须创造新的竞争优势。

七、3C 战略三角模型

（一）概念

3C 战略三角模型，或称 3Cs 模型，是由日本战略研究的领军人物大前研一提出的。他强调，成功战略有三个关键因素，在制定任何经营战略时，都必须考虑这三个因素，即公司自身、公司顾客、竞争对手，由此企业应制定公司战略、顾客战略、竞争者战略，最后进行决策检验。

（二）应用原理

1. 公司战略

公司战略旨在最大化企业的竞争优势，尤其是与企业成功息息相关的功能性领域的竞争优势。以下两点有助于企业获得竞争优势。

第一，选择性与程序化。企业没有必要在各个功能领域都占据领先优势，企业要能够在某一核心功能上取得决定性优势，那么，它的其他功能领域即便平庸，最终也将因此核心功能优势而获得提升。以自制或购买为例。在劳动力成本迅速攀升的情况下，是否将企业的组装业务转包出去，就成了一个非常重要的战略决定。如果竞争对手不能迅速将生产功能转移给承包商和供应商，那么，该公司与竞争对手的差别最终将表现在成本结构以及应对需求波动的反应能力上，而这些差别对企业经营与市场竞争将产生至关重要的影响。

第二，提高成本效益。通过以下三种基本方式实现：较之竞争对手，更为高效地减少成本费用；简单化、优化能够降低成本的业务；企业某项业务的关键功能与其他业务共享，甚至与其他公司共享。

2. 顾客战略

依照大前研一的观点，顾客是所有战略的基础。毫无疑问，公司首要考虑的应该是顾客的利益，而不是股东或者其他群体的利益。从长远来看，只有那些真正为顾客着想的公司对于投资者才有吸引力。

（1）顾客群体的合理划分法。

第一，按消费目的划分，即按照顾客使用公司产品的不同方式来划分顾客群。以咖啡为例，一些人饮用咖啡是为了提神醒脑，而另一些人则是为了休闲交际（如会议茶休期间边饮咖啡边交谈）。

第二，按顾客覆盖面划分。这种划分法源于营销成本和市场面的平衡研究。此研究认为，不论营销成本与市场面二者关系如何变化，营销收益总是在递减的。因此，公司的任务就是要优化其市场面。优化的依据既可以是消费者的居住地域，也可以是公司的分销渠道。通过这一做法，企业的营销成本较之竞争对手将处于更加有利的地位。

第三，对顾客市场进行细分。在一个竞争激烈的市场上，公司的竞争对手极有可能采取与自己类似的市场手段。因此，从长远来看，企业最初制定的市场分割战略的功效将呈现逐渐下降趋势。出现这样的情况后，企业就应该进一步聚焦一小部分核心客户，重新审视什么样的产品和服务才是他们真正需求的。

（2）消费者组合的变化。随着时间的推移，市场力量通过影响人口结构、销售渠道、顾客规模等，不断改变消费者组合的分布状态，因此，市场划分也要因时制宜。这种变化意味着公司必须重新配置其企业资源。

3. 竞争者战略

大前研一主张，企业的竞争者战略可以通过寻找有效之法，追求在采购、设计、制造、销售及服务等功能领域的差异化来实现。具体思路如下：

（1）品牌形象差异化。索尼和本田的销售量比它们的竞争对手要高出许多，是因为它们在公关和广告上投入得更多。而且，比起竞争对手，它们的广告组织得更加谨慎、细致。当产品功能、分销模式趋同的时候，品牌形象也许就是差异化的源泉。然而，瑞士腕表业遭遇的不幸也揭示了品牌形象的危险性。因此，必须对品牌形象进行长期有效的监控。

（2）利润和成本结构差异化。首先，从新产品的销售和附加服务上，追求最大可能的利润。其次，在固定成本与变动成本的配置比率上做文章。当市场低迷的时候，固定成本较低的公司能够轻而易举地调低价格。由此，通过低价策略，公司极易扩大市场份额。这一策略对于那些固定成本较高的企业有很大的杀伤力。市场价格过低的时候，它们往往寸步难行。

（3）轻量级拳击战术。如果公司打算在传媒上大做广告，或者加大研发力度，那么公司收入将会有很大一部分消耗在这些附加的固定成本上。中小企业跟市场巨擘在这样一些领域竞争，孰胜孰负不言自明。然而，企业可以将其市场激励计划建立在一个渐进比例上，而不是一个绝对数值上。这样一种可变的激励计划，同时能够保证经销商为了获取额外回报，加大企业产品的销售力度。很显然，市场三巨头不可能为其经销商提供这样的额外回报，如此，它们的收益将很快遭受到中小公司的侵蚀。

4. 决策检验

在制定战略的过程中，当有关三个关键角色的基本参数已经理清时，最好提出以下三个问题对合理性进行再解释：顾客的要求是否已按本行业充分研究确定和理解？市场的区隔是否能使不同部分的要求得到区别对待（考虑顾客规模、成长性、细分市场需求、结构变化）？经营单位是否有能力对已确定的市场区隔中的顾客的基本需求作出功能上的反应（考虑市场占有率、品牌形象、技术力/质量、销售率、收益率、资源）？竞争对手是否还有一些不同的经营条件，使它们能具有相对优势（考虑供求平衡点、进入障碍、竞争对手的优势与劣势）？如果答案使人有理由怀疑公司的经营单位在市场进行有效竞争的能力，那么这经营单位应重新确定，以便更满足顾客的需求和应对竞争的威胁。

八、QSPM 矩阵

（一）概念

定量战略计划矩阵（Quantitative Strategic Planning Matrix，QSPM）为战略决策阶段重要的分析工具。该分析工具能够客观地提出哪一种战略是最佳的。QSPM 的分析原理是：对各种战略分别给予评分，评分是根据各战略是否能使企业更充分利用外部机会以及内部优势、尽量避免外部威胁及减少内部弱点四个方面，通过专家小组讨论形式得出的，得分高低反映其战略的最优程度。也就是说，QSPM 输入信息正是第一阶段因素评价结果（由 EFE 矩阵及 IFE 矩阵以及竞争态势矩阵分析得出）与第二阶段备选的战略（由 SWOT 矩阵以及 SPACE 分析、BCG 矩阵、IE 矩阵和大战略矩阵分析得出），QSPM 的结果反映其战略最优程度。

（二）应用原理

虽然 QSPM 是基于事先确认的外部及内部因素来客观评价备选战略的工具，然而，良好的直觉判断对 QSPM 仍然必要且极为重要。

QSPM 格式见表 12-3。QSPM 顶部右边一栏包括从 SWOT 矩阵及 SPACE 矩阵、BCG 矩阵、IE 矩阵以及大战略矩阵中得出的备选战略。这些匹配工具通常会产生类似可行战略。需要注意的是，并不是说匹配技术所建议的每种战略都要在 QSPM 中予以评价，战略分析者必须剔除一些明显不可行的战略选择，只将最具吸引力的战略列入 QSPM。QSPM 的左边一列为关键的外部与内部因素（来自第一阶段），顶部右侧一栏为可行备选战略（来自第二阶段）。具体地说，QSPM 的左栏包括从 EFE 矩阵和 IFE 矩阵直接得到的信息。在紧靠关键因素的一列中，将标出各因素在 EFE 矩阵及 IFE 矩阵中所得到的权数。在 QSPM 里一个重要的概念是战略的最优程度，它是根据各战略对外部与内部因素的利用和改进程度确定的。QSPM 里包括的备选战略的数量和战略组合的数量均不限，分析结果并不是非此即彼的战略取舍，而是一张按重要性与最优程度排序的战略清单。

表 12-3　某公司战略选择的 QSPM 分析示例

关键因素		权重	备选战略			
			在欧洲建立合资企业		在亚洲建立合资企业	
			AS	TAS	AS	TAS
机会	欧盟的市场机会大	0.1	4	0.40	2	0.20
	健康食品需求旺盛	0.15	4	0.60	3	0.45
	亚洲自由市场经济的上升	0.1	2	0.20	4	0.40
	汤料的需求增长率较高	0.2	3	0.60	4	0.80
威胁	食品需求增长停滞	0.1	3	0.30	4	0.40
	竞争对手食品市场占有率领先	0.05	3	0.15	3	0.15
	亚洲经济发展不稳定	0.1	4	0.40	1	0.10
	环保要求严格	0.05	2	0.10	3	0.15
	美元贬值	0.15	4	0.60	2	0.30
优势	销售能力强劲	0.15	4	0.60	2	0.30
	新品研发能力强劲	0.15	4	0.60	2	0.30
	市场地位提升	0.1	4	0.40	3	0.30
	管理技术先进	0.05	3	0.15	2	0.10
	生产能力利用率高	0.15	3	0.45	4	0.60
劣势	资金紧张	0.1	4	0.40	3	0.30
	国际化经验不足	0.15	4	0.60	3	0.45
	市场进入壁垒高	0.15	2	0.30	3	0.45
总计		2.00	—	6.85	—	5.75

建立步骤如下：

第一，在 QSPM 的左栏列出公司的关键外部机会与威胁、内部优势与弱点。这些信息直接从 EFE 和 IFE 矩阵中得到。QSPM 中应至少包括 10 个外部和 10 个内部关键因素。

第二，给每个外部及内部关键因素赋予权重。这些权重应与 EFE 和 IFE 矩阵中的相同。

第三，考察匹配阶段各矩阵并确认企业可考虑实施的备选战略。若可能，将各战略分为互不相容的若干组。

第四，确定吸引力分数（AS）。吸引力指组中各个战略的相对吸引力。AS 确定法是依次考察各外部或内部关键因素，提出这一因素是否影响战略的选择。回答"是"，对这一因素对各战略进行比较；回答"否"，不给该组战略以吸引力分数。1=没有吸引力；2=有一些吸引力；3=有相当吸引力；4=很有吸引力。

第五，计算吸引力总分（TAS）。TAS 等于权重乘以吸引力分数。吸引力总分越高，战略的吸引力就越大。

第六，计算吸引力总分和。吸引力总分和由吸引力总分加总而得，表明了在各组供选择的战略中，哪种战略最具吸引力。备选战略组里各战略吸引力总分之差表明了各战略相对于其他战略的可取性。

第二节　战略实施与评估工具

制定后的战略若要顺利实施，需要借助战略实施的工具。同时，企业在实施战略的过程中还需要对实施效果进行评估。这些工具包括战略地图、麦肯锡 7S 模型、EVA 评价体系、平衡记分卡等方法。平衡记分卡在前面章节已经学习过，本节主要学习战略地图、麦肯锡 7S 模型、EVA 评价体系三种方法。

一、战略地图

（一）概念

战略地图由平衡计分卡的创始人罗伯特·卡普兰和戴维·诺顿提出。他们在对实行平衡计分卡的企业进行长期指导和研究的过程中，发现由于企业无法全面地描述战略，管理者之间及管理者与员工之间无法沟通，对战略无法达成共识。"平衡计分卡"只建立了一个战略框架，而缺乏对战略的具体而系统、全面的描述。2004 年 1 月，两位创始人的第三部著作《战略地图——化无形资产为有形成果》出版。

战略地图是在平衡计分卡的基础上发展来的，与平衡计分卡相比，它增加了两个层次的东西：一是颗粒层，每一个层面下都可以分解为很多要素；二是动态的层面，也就是说战略地图是动态的，可以结合战略规划过程来绘制。战略地图是以平衡计分卡的四个层面目标（财务层面、客户层面、内部流程层面、学习与增长层面）为核心，通过分析这四个层面目标的相互关系而绘制的企业战略因果关系图。

战略地图的核心内容包括：企业通过运用人力资本、信息资本和组织资本等无形资产（学习与成长），才能创新和建立战略优势和效率（内部流程），进而使公司把特定价值带给市场（客户），从而实现股东价值（财务）。

（二）应用原理

1. 战略地图的绘制方法

第一步，确定股东价值差距（财务层面）。比如，股东期望五年之后销售收入能够达到五亿元，但是公司只达到一亿元，距离股东的价值预期还差四亿元，这个预期差就是企业的总体目标。

第二步，调整客户价值主张（客户层面）。要弥补股东价值差距，要实现四亿元销售额的增长，就应对现有的客户进行分析，调整客户价值主张。客户价值主张主要分析：价格、质量、时间、功能、伙伴关系、品牌。

第三步，确定价值提升时间表。针对五年实现四亿元股东价值差距的目标，要确定时间表，明确第一年提升多少，第二年、第三年提升多少，并将提升的时间表确定下来。

第四步，确定战略主题（内部流程层面）。找到关键的流程，确定企业短期、中期、长期做什么事。有四个关键内部流程：运营管理流程、客户管理流程、创新流程、社会流程。

第五步，提升战略准备度（学习与成长层面）。分析企业现有无形资产的战略准备度，确定现有无形资产是否具备支撑关键流程的能力，如果不具备，找出办法予以提升。企业无形资产分为三类，即人力资本、信息资本、组织资本。

第六步，形成行动方案。根据前面确定的战略地图以及相对应的不同目标、指标和目标值，制定一系列的行动方案，配备资源，形成预算。

战略地图式样如图12-10所示。图12-11是某航空公司按照战略地图实施战略的图样。

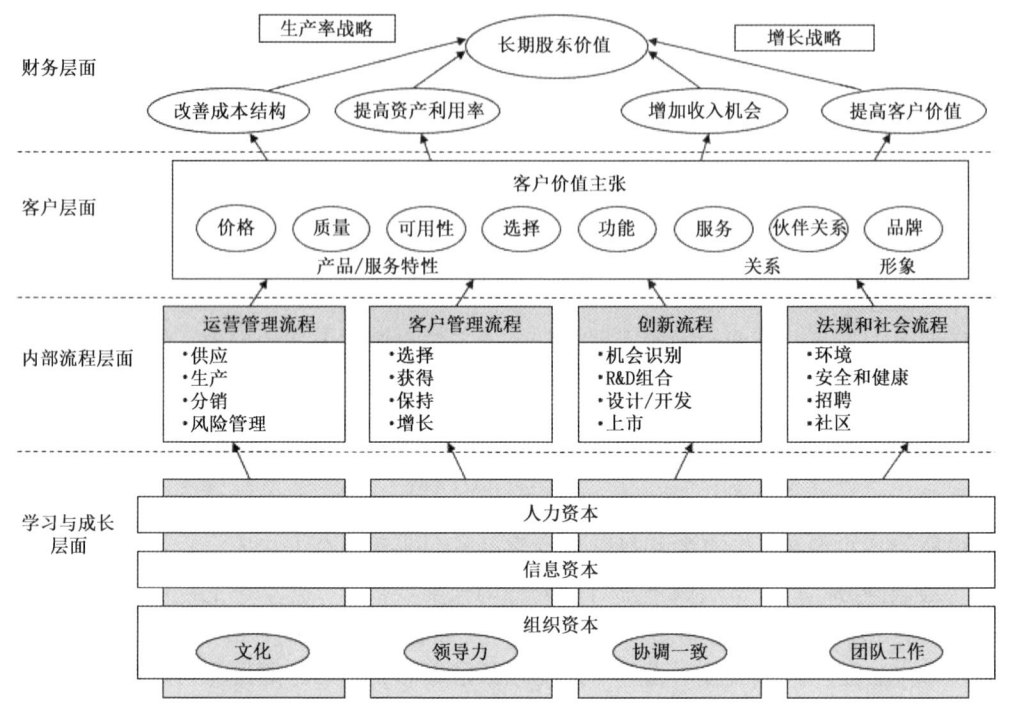

图 12-10 战略地图式样

图 12-11 某航空公司按战略地图行动的图样

2. 建立流程

首先，建立起符合经营战略的财务指标和体现顾客价值主张的服务指标。在这两个维度，尽量多设置一些成长性的指标，少设置一些维持性的指标。

完成这两个维度的指标设置后，需要对每一个指标进行提问：如何实现这个指标？通过问题的答案找出实现这些指标的方法、流程和内部核心活动。从平衡计分卡的内在逻辑关系来讲，内部视角的指标是为了有效支持、帮助财务和顾客指标的实现而存在的，成长性的财务指标和顾客指标可以带动企业内部更大的变革与改进。在选择内部过程指标时，既要考虑到与财务和顾客价值的内在相关性，还要综合考虑长指标、短指标对财务和顾客指标的支持程度。一般来讲，尽可能在内部视角多设置一些长指标，少设置一些短指标，只有这样，才能增强内部过程对财务和顾客视角的支持性和驱动程度。

完成内部过程的指标设置后，还需要设置员工学习与成长指标，这个维度的指标需要站在人力资源战略的高度上来考虑和设置。从根本的角度来看，这个维度的指标要系统解决"如何提供战略所需要的新能力和核心能力"的问题。

设置完四个维度的指标后，最后还要将战略与战略地图结合起来进行系统性的检讨，确保战略地图能有效和完整地体现战略的各项内容和思想。

3. 价值原理

虽然战略地图是戴维·诺顿和罗伯特·卡普兰在平衡计分卡基础上形成的，但是地图中关于价值创造和管理的内容在很大程度上来源于价值链的思想。价值链对于价值活动分解在很大程度上为他们提供了一种思路，但他们对于价值活动的理解却存在很大差异。所以从这两个方面看，战略地图可以说是平衡计分卡和价值链共同发展的结果。

价值链强调从利润目标开始对能够创造价值的活动或者因素进行分解，以找出价值真正的来源和关键环节。战略地图反映了，要实现长期股东价值最大化的目标必须依靠生产战略和增长战略的执行情况，而生产战略必须通过内部流程的运行满足客户的价值需求。大卫·诺顿和罗伯特·卡普兰将那些向客户传递差异化价值主张的关键流程称为战略主题。

价值链将价值创造活动分为两类：基本活动和支持活动。基本活动是实现价值创造的直接活动，而支持活动是完成基本活动的必备条件。战略地图中学习和成长层面的无形资产（包括人力资本、信息技术和组织资本）都为内部流程的有效运行提供了充分支持。价值链和战略地图的最终目标也基本一致。价值链将价值创造活动的结果以利润的形式体现出来，而战略地图让这个结果更加丰富，不但体现了企业追求利润增长的目标，同时还将股东价值的长期增长考虑进来。

4. 判定过程

虽然不同企业的战略地图从形式和内容上都有所不同，但所有战略地图的内在原理却是完全相通的。一个科学合理的战略地图应该符合哪些最基本的要素呢？归纳起来讲，有两个基本判断要素，一是 KPI 的数量及分布比例，二是 KPI 的性质比例。

（1）KPI 的数量及分布比例。一个科学合理的战略地图应该有多少个指标才算基本合理呢？在四个视角的分配达到什么比例才算科学呢？Best Practices 公司对成功导入平衡计分卡的 32 个组织的研究资料显示：这些成功应用 BSC 的公司，其战略地图的指标数都在 20 左右；所有这些指标在四个层面上的典型分配比例为，财务 20%左右，客户 20%左右，内部流程 40%左右，学习与成长 20%左右。

（2）KPI 的性质比例。KPI 可以从多个角度进行性质判断，战略地图中的这些 KPI 究竟应该具有什么样的构成比例才算合理呢？从财务性的角度可以将 KPI 分为财务性指标和非财务性指标，研究资料显示，那些优秀公司的 KPI，基本上非财务性的指标超过了 80%的比例，只有不到 20%的指标是财务性的指标。从定性和定量的角度来看，可以将 KPI 分为定性指标和定量指标，相关研究资料显示，所有公司的定量指标比例都明显高于定性指标的比例。从时间跨度的角度来看，可以将 KPI 分为短指标和长指标，研究资料显示，所有公司的长指标比例都明显高于短指标的比例。从对战略支持性的角度来看，可以将 KPI 分为成长性指标和维持性指标，研究资料显示，所有公司的成长性指标比例都明显高于维持性指标的比例。

二、麦肯锡 7S 模型

（一）概念

20 世纪七八十年代，托马斯·彼得斯和小罗伯特·沃特曼通过访问美国历史悠久、最优秀的 62 家大公司，又以获利能力和成长的速度为准则，挑出 43 家杰出的模范公司，其中包括 IBM、德州仪器、惠普、麦当劳、柯达、杜邦等各行业中的翘楚。他们对这些企业进行了深入调查，并与商学院的教授进行讨论，以麦肯锡顾问公司研究中心设计的企业组织七要素（简称 7S 模型）为研究的框架，总结了这些成功企业的一些共同特点，写出了《追求卓越——美国企业成功的秘诀》一书，使众多的美国企业重新找回了失落的信心。

7S 模型指出，企业在发展过程中必须全面地考虑各方面的情况，包括结构（Structure）、制度（System）、风格（Style）、人员（Staff）、技能（Skill）、战略（Strategy）、共同价值观（Shared Value），如图 12-12 所示。也就是说，企业仅具有明确的战略和深思熟虑的行动计划是远远不够的，因为企业还可能会在战略执行过程中失误。因此，战略只是其中的一个要素。

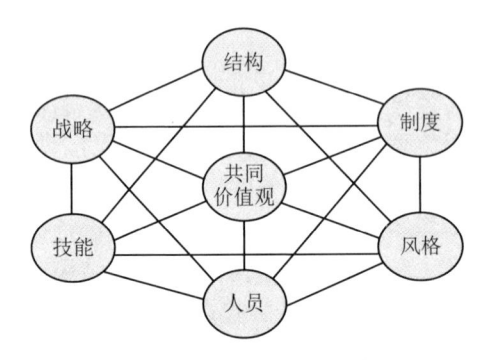

图 12-12　麦肯锡 7S 要素构成

（二）应用原理

麦肯锡 7S 模型实际上提出了从七个角度来对企业系统分析与诊断的框架。麦肯锡 7S 模型分为硬 S 和软 S，战略、结构、制度是硬 S，共同价值观、人员、技能、风格是软 S。

1. 理解 7S

（1）战略（Strategy）。战略是企业根据内外环境及可取得资源的情况，为求得企业生存和长期稳定的发展，对企业发展目标、达到目标的途径和手段的总体谋划。它是企业经营思想的集中体现，是一系列战略决策的结果，同时又是制定企业规划和计划的基础。

（2）结构（Structure）。战略需要健全的组织结构来保证实施。结构是企业的组织意义和组织机制赖以生存的基础，它是企业组织的构成形式，即企业的目标、协同、人员、职位、相互关系、信息等组织要素的有效排列组合方式。

（3）制度（System）。企业的发展和战略实施需要完善的制度作为保证，而实际上各项制度又是企业精神和战略思想的具体体现。所以，在战略实施过程中，应制定与战略思想一致的制度体系。要防止制度的不配套、不协调，更要避免背离战略的制度出现。

（4）风格（Style）。两位学者发现，杰出企业都呈现出既中央集权又地方分权的宽严并济的管理风格，它们让生产部门和产品开发部门具有自主权，另一方面又固执地遵守着几项流传久远的价值观。

（5）共同价值观（Shared Value）。由于战略是企业发展的指导思想，只有企业的所有员工都领会了这种思想并用其指导实际行动，战略才能得到成功的实施。因此，战略研究不能只停留在企业高层管理者和战略研究人员这一个层次上，而应该让执行战略的所有人员都能够了解企业的整个战略意图。企业成员共同的价值观具有导向、约束、凝聚、激励及辐射作用，可以激发全体员工的热情，统一企业成员的意志和欲望，齐心协力地为实现企业的战略目标而努力。这就需要企业在准备战略实施时通过各种手段进行宣传，使企业的所有成员都能够理解它、掌握它，并用它来指导自己的行动。

（6）人员（Staff）。战略实施还需要充分的人力准备，有时战略实施的成败确系于有无适合的人员去实施，实践证明，人力准备是战略实施的关键。如，麦当劳的员工都十分有礼貌地提供微笑服务；IBM 的销售工程师技术水平都很高，可以帮助顾客解决技术上的难题；迪士尼的员工生活态度都十分乐观，他们为顾客带来了欢乐。人力配备和培训是一项庞大、复杂和艰巨的组织工作。

（7）技能（Skill）。在执行公司战略时，需要员工掌握一定的技能，这有赖于严格、系统的培训。松下幸之助认为，每个人都要经过严格的训练，才能成为优秀的人才。例如，在运动场上驰骋的健将们大显身手，但他们惊人的体质和技术不是凭空而来的，是长期在生理和精神上严格训练的结果。如果不接受训练，一个人即使有非常好的天赋资质，也可能无从发挥。

2. 提出问题清单

在理解 7S 问题的基础上，列出问题清单。以下是 7S 问题清单，有助于在 7S 框架下更好地理解组织的情况。先用这些问题分析组织的现状，再分析目标情况。

（1）战略：我们的战略是什么？我们如何实现目标？我们如何面对竞争压力？客户需求有什么改变？我们如何处理？外部的环境要求我们的策略做哪些改变？

（2）结构：我们的公司团队是如何划分的？组织架构是怎样的？不同部门之间是如何协作的？团队成员之间是如何合作的？决策权是集中的还是分散的？这种决策方式是必需的吗？沟通方式是直接的还是间接的？

（3）制度：我们的企业制度是怎样的？控制权集中在哪里？考核测评体系是怎样的？团队的内部规则和流程是怎样的？

（4）共同价值观：核心价值观是什么？团队文化是什么？价值观有多强？公司成立是基于什么基本价值观？

（5）风格：企业的管理风格是怎样的？领导力有效吗？团队成员是倾向于竞争还是互助？

（6）人员：部门职位有哪些空缺？需要什么能力的人来补充？在当前所需的职业技能方面，我们有什么漏洞吗？

（7）技能：公司最强的技术是什么？有没有什么技术漏洞？公司在哪方面是有核心竞争力的？当前的员工从事目前职位技能匹配吗？这些技术是如何测评的？

3. 利用 7S 矩阵分析

完成了信息收集之后，接下来是要发现其中的差距和不协调之处，用 7S 矩阵进行标记可以使结果更加直观。7S 矩阵样式见表 12-4。

表 12-4　7S 矩阵样式

	共同价值观	战略	结构	制度	风格	人员	技能
共同价值观							
战略							
结构							
制度							
风格							
人员							
技能							

从共同价值观开始，考察共同价值观与组织战略、结构、制度是否相匹配？如果不匹配，需要如何改变？接下来考察"硬件"部分，各项"硬件"元素之间是否相互匹配，需要如何改变？接着考察"软件"部分，"软件"是否支持"硬件"，各项"软件"元素之间是否相互匹配，需要怎么改变？将考察结果在矩阵中一一进行标记。麦肯锡 7S 模型的后续任务——对要素进行调整的过程，是非常耗费时间的，需要反复调整，然后反复分析调整带来的影响，直至七个要素达到和谐。

麦肯锡 7S 模型适用于任何组织或团队的组织有效性问题，假如组织或团队的表现不理想，很可能是由各种元素的不匹配引起的。通过麦肯锡 7S 模型分析组织的现状是有价值的，然而只有明确要素改进的方向，确保所有要素向着共同的目标以及价值观方向而努力，组织才能实现真正的成果进展。

当然，这个模型的提出是基于：一个企业想要运营良好，这七个因素需要互相配合，互相作用。假设现在处于 A 点，你的目标是 B 点，为了达到目标，你可以运用这一模型来分析 A、B 之间的差距以及这七个要素要如何调整才能达到目标。听上去简单，但是这七个要素只是给你的思考提供了方向，真正回答问题还必须依赖于你的技术、专业和经验。

三、EVA 评价体系

（一）概念

思腾思特公司认为：企业在评价其经营状况时通常采用的会计利润指标存在缺陷，难以正确反映企业的真实经营状况，因为忽视了股东资本投入的机会成本，企业盈利只有在高于其资本成本（含股权成本和债务成本）时才为股东创造价值。经济增加值（Economic Value Added，EVA）高的企业才是真正的好企业。

我们通过对成熟股票市场上市公司的排名观察，常常发现两种奇怪现象：许多资产价值相近的企业创造的利润却大相径庭；资产价值悬殊的企业，市场价值却相近。为了对这两种现象有很好的解释，我们引入市场增加值（Market Value Added，MVA）概念。市场增加值（MVA）就是市值与股东投入资本（净资产）的差值，换句话说，市场增加值是企业变现价值与原投入资本之间的差额，它直接表明了一家企业累计为股东创造了多少财富。1988年，思腾思特公司使用MVA工具对美国的通用汽车和默克制药公司的经营表现进行了分析，结果发现，通用汽车的股东对公司投入了450亿美元的资本，而默克制药的股东对公司投入的资本仅有50亿美元，但它们的市值都是250亿美元左右。从MVA的观点看，通用汽车实际上损失了200亿美元的股东价值，相反，默克制药则创造了200亿美元的股东价值，如果按MVA的大小来确定业绩排名，默克远在通用汽车之上。这个分析促使我们思考：股东对企业的任何一项投资，都希望最终实现的价值比其投入的所有资本多（这是由资本的天生逐利性而决定的），满足了这个条件才是在创造财富。这个分析也使我们思考：判定通常意义上的企业规模（可以用市值来表示），利润已经不能满足分析判定的需要，我们必须找到产生企业价值的真正原因。

（二）应用原理

1. EVA的计算方法

MVA对于上市公司而言是一个企业价值分析的好工具，但在分析非上市公司时就无能为力了，因为无法获得非上市公司的市场价值数据。基于增加值的思想，思腾思特公司开发了经济增加值（EVA）工具，它是建立在对一些财务数据进行调整的基础上的。其计算公式为：

EVA=税后净营业利润−资本成本（机会成本）

=税后净营业利润−资本占用×加权平均资本成本率

税后净营业利润：含义和通常意义上的税后利润不同，指的是财务报表中的税后净利润加上债务利息支出，也就是公司的销售收入减去除利息支出以外的全部经营成本和费用后（包含所得税）的净值。

资本占用（资本总额）：是指所有投资者（包含债权人）投入公司经营的全部资金的账面价值，包括债务和股本资本。其中债务包含所有应付利息的长短期贷款，不包含应付账款等无利息的流动负债（通称为无息流动负债）。

加权平均资本成本率：是指公司债权资本和股权资本的加权平均资本成本率。我们在这里把债务和股本都看成是资本。其计算公式为：

加权资本成本率=（股权资本成本率×股权占总资本比例）+

（债权资本成本率×债务占总资本的比例）

2. 以EVA为核心的价值管理体系

思腾思特公司认为，以经济增加值为核心的企业价值管理体系包含四个方面：评价指标和业绩考核；管理体系；激励制度；理念意识和价值观。

业绩考核的核心指标就是经济增加值。对经济增加值的考核要注意：以企业的长期和持续价值创造为业绩考核导向。考核时要根据企业的规模、发展阶段、经营实际、行业特点选择合适的参照企业，从而确定目标值。结合传统财务指标进行考核，适当考虑和选择一些关键的非财务指标。

经济增加值作为企业的总体目标，必须有相应的管理体系去落实。这个管理体系必须将经济增加值作为核心价值观和经营思想，包含所有指导营运流程、制定战略的政策方针、方法过程。

管理者在经营企业的过程中，必须对自己企业的现状和未来发展趋势保持清醒的认识和把握。这就要求管理者做好战略回顾和计划预算。战略回顾和计划预算是管理体系的关键组成部分。战略回顾包括价值诊断、战略规划管理、资源配置管理和业务单元组合策略、投资决策管理、设计价值提升策略、财务风险管理六个方面。完善计划预算须从战略规划和年度战略目标出发，包括预算分析、预算执行预警、预算实施评估与修改三部分。

尽管 EVA 方法相比其他绩效评估方法有很多无法比拟的优势，是绩效评估工具的一种创新与改善。但是，正如任何事物不是万能的一样，它也存在一些不足与局限，主要表现在两个方面：

（1）一种观点认为，基于历史价值和市场价值计算得来的 EVA 多少会产生一些误导。公司的价值在形式上可以分为账面价值、市场价值和内在价值，由于现有制度与体系的不完善，账面价值可以作假，市场价值可以操纵。

（2）人们对 EVA 方法的另一个普遍忧虑是，用 EVA 作为绩效评估手段，会使管理者减少投资。这种投资不足不仅会出现在有形资产的投资上，也出现在那些诸如研发和品牌开发的无形资产上，还出现在并购活动上。这种忧虑源于由 EVA 产生的资本成本以及如下想法：管理者从现有资产中榨取利润——限制任何不能立即带来回报的投资。

复习思考题

1. 什么是大战略矩阵？如何应用？
2. 什么是 SPACE 矩阵？如何应用？
3. 什么是 GE 矩阵？GE 矩阵与波士顿矩阵有何区别？
4. 什么是 QSPM？如何应用？
5. 说明战略地图的构成，并结合某企业战略实施情况，画出战略地图。

参 考 文 献

[1] 林广瑞，李沛强．企业战略管理[M]．杭州：浙江大学出版社，2007．
[2] 郑俊生．企业战略管理[M]．北京：北京理工大学出版社，2020．
[3] 王建松．Y公司的战略管理研究[D]．长春：长春工业大学，2021．
[4] 段志超．战略复杂性视角下中国后发企业的组织标杆学习研究[D]．青岛：中国海洋大学，2014：17-24．
[5] 黄旭．战略管理思维与要径[M]．3版．北京：机械工业出版社，2015．
[6] 希特，霍斯克森，爱尔兰，等．战略管理：赢得竞争优势[M]．薛有志，张世云，译．2版．北京：机械工业出版社，2010．
[7] 彭湘华，李香花，杨令芝．成本领先战略实施浅探[J]．会计之友（下旬刊），2008（1）：42-43．
[8] 巴尼，赫斯特里，李新春，等．战略管理[M]．北京：机械工业出版社，2008．
[9] 谢佩洪，焦豪，甄杰．战略管理[M]．上海：复旦大学出版社，2014．
[10] 黎群，张文松，吕海军．战略管理[M]．北京：清华大学出版社，2006．
[11] 周润仙．选择一般竞争战略类型的理论与方法[J]．中南财经政法大学学报，2003（3）：11-16．
[12] 弗莱舍，本苏桑，等．商业竞争分析：有效运用新方法与经典方法[M]．叶盛龙，刘芷冰，范丽慧，等译．北京：机械工业出版社，2009．
[13] 上海上市公司协会．新三板企业优秀商业模式实践案例与启示[M]．南京：东南大学出版社，2018．
[14] 奥斯特瓦德，皮尼厄，等．商业模式新生代[M]．王帅，毛心宇，严威，等译．北京：机械工业出版社，2011．
[15] 金，莫博涅．蓝海战略[M]．吉宓，译．北京：商务印书馆，2005．
[16] 王建军，吴海民．"蓝海战略"的经济学解释[J]．中国工业经济，2007（5）：88-95．
[17] 卡彭特，桑德斯．战略管理：动态观点[M]．机械工业出版社，2009．
[18] 项梦雪．并购商誉、研发强度与企业创新质量[D]．北京：中国财政科学研究院，2022．
[19] 郑清兰，周竹梅，韩杰．内部控制、企业社会责任对公司治理的影响[J]．山东青年政治学院学报，2021（2）：64-71．
[20] 希特，爱尔兰．战略管理——竞争与全球化（概念）[M]．12版．焦豪，译．北京：机械工业出版社，2018．
[21] 林渊博，杜刚，吕佳．结构复杂性度量和复杂结构组织[J]．北京理工大学学报，2009（3）：20-23．

读书笔记